Jahrbuch der Deutschen Vereinigung für Chinastudien 7

2011
Harrassowitz Verlag · Wiesbaden

Sprache und Wirklichkeit in China

Herausgegeben von
Christian Soffel, Daniel Leese
und Marc Nürnberger

2011
Harrassowitz Verlag · Wiesbaden

Bibliografische Information der Deutschen Nationalbibliothek
Die Deutsche Nationalbibliothek verzeichnet diese Publikation in der Deutschen Nationalbibliografie; detaillierte bibliografische Daten sind im Internet über http://dnb.d-nb.de abrufbar.

Bibliographic information published by the Deutsche Nationalbibliothek
The Deutsche Nationalbibliothek lists this publication in the Deutsche Nationalbibliografie; detailed bibliographic data are available in the internet at http://dnb.d-nb.de

Informationen zum Verlagsprogramm finden Sie unter
http://www.harrassowitz-verlag.de

Gedruckt auf alterungsbeständigem Papier.
Druck und Verarbeitung: Memminger MedienCentrum AG
Printed in Germany

ISSN 1860-8531
ISBN 978-3-447-06490-3

Inhalt

Vorwort

Vom 27. bis 29. November 2009 fand in München die XX. Jahrestagung der Deutschen Vereinigung für Chinastudien e. V. unter dem Motto „Sprache und Wirklichkeit in China" statt.

Die Diskrepanz zwischen der erlebten Wirklichkeit und ihrer Beschreibung mittels des gesprochenen oder geschriebenen Wortes hat sich auf unterschiedlichste Weise in Erzeugnissen der chinesischen Kultur und Gesellschaft manifestiert. Schon die frühesten chinesischen Denker beschäftigten sich ganz bewusst mit dem Verhältnis zwischen der Realität und ihrer sprachlichen Repräsentation: man denke nur an die „Richtigstellung der Bezeichnungen" (*zheng ming* 正名) bei Konfuzius oder an die Diskussion über die Signifikanz der „Namen" (*ming* 名) zu Beginn des Buchs *Laozi*. Auch im Bereich der Literatur gehört diese Thematik zum Standardrepertoire der Diskussion, spätestens seit der Roman *Der Traum der Roten Kammer* auf spielerische Weise Wirklichkeit und Fiktion sprachlich miteinander verwob. Die Kommunistische Partei schließlich sichert ihr Machtmonopol bis heute nicht zuletzt dadurch, dass sie die Definitionshoheit bei der Beschreibung aktueller und historischer Geschehnisse beansprucht und diese in Form festgelegter Sprachregeln, sogenannter *tifa* (提法), vorgibt.

Ziel dieser Tagung war es, Untersuchungen über den Zusammenhang von Sprache und Wirklichkeit aus verschiedenen Bereichen der Chinawissenschaften zusammenzuführen und kritisch zu betrachten. Angesichts der unterschiedlichen Verortung der Sinologie in der deutschen Hochschullandschaft zwischen Philologie und Regionalwissenschaft war von Beginn an klar, dass kein einheitlicher Sprach- oder Wirklichkeitsbegriff zugrunde liegen würde; vielmehr sollten unterschiedliche Perspektiven in bewußten Dialog treten. Das thematische Spektrum der 34 Vorträge reichte daher von kosmogonischen Betrachtungen über klassische philosophische Begriffe bis hin zur Erläuterung von „weapons of the weak" (James C. Scott) im Zeitalter der Internetzensur. Im vorliegenden Sammelband finden sich die Ausarbeitungen von etwas mehr als der Hälfte der Vorträge des facettenreichen Programms. Die Anordnung folgt im Wesentlichen der chronologischen

Abfolge und überschreitet, wie so häufig in der Sinologie, angestammte Fächergrenzen.

Den Beginn macht Robert Gassmann mit einem Aufsatz, in welchem er grundlegende semantische Phänomene im Zusammenhang mit der Bedeutungsfindung im Antikchinesischen beschreibt. Im Anschluss geht Armin Selbitschka der Frage nach, inwieweit der archäologische Befund alter Gräber mit den in klassischen Ritentexten überlieferten Vorgaben übereinstimmt. Christian Soffel entwirft in seiner Untersuchung zur Semiotik der chinesischen Zeichen einen abstrakten Kriterienkatalog, um der Frage der Wortbedeutung der Trigramm-Bezeichnungen des *Zhou yi* auf den Grund zu gehen.

Im Bereich der Literaturwissenschaft angesiedelt ist der Beitrag von Kerstin Storm. Sie spürt Bai Juyi's Trauer über den Verlust seiner Tochter nach, um zu demonstrieren, wie die Wirklichkeit des eigenen Schmerzes selbst bei einem der routiniertesten Dichter der Tang-Zeit ihren einzigartigen Ausdruck findet. Die Beiträge von Kai Marchal und Martin Hofmann beschäftigen sich mit Philosophie und Textkritik der Song-Zeit. Marchal arbeitet die grundlegenden Besonderheiten von Zhu Xis Sprachphilosophie heraus, die sich im Wechselspiel der Innerlichkeit des Sprechers und einer transzendenten Ebene manifestiert. Martin Hofmann hingegen beschäftigt sich mit Kommentaren des Song-zeitlichen Gelehrten Chen Dayou zum *Shangshu*, insbesondere mit der Frage nach dem korrekten Textverständnis.

Es folgen zwei Studien mit literaturwissenschaftlichem Schwerpunkt. In seiner Untersuchung zur *Chuanqi*-Oper *Taohua shan* zeigt Rüdiger Breuer, wie sich der Verfasser Kong Shangren durch eine kunstvolle Reflexion über die Bedeutung und Symbolkraft des eigenen Mediums der traumatischen Vergangenheit stellt. Im Anschluss dekonstruiert Carsten Storm am Beispiel des *Shuihu zhuan* den Begriff der Authentizität und führt mittels eines zweistufigen Modells der Sinnkonstruktion in dessen Paradoxien ein.

Lena Henningsen beschäftigt sich in ihrem Beitrag mit der zeitgenössischen und posthumen Stilisierung Liu Tianhuas als Komponisten im Spannungsfeld zwischen musikalischer Produktion und sprachlicher Repräsentation.

Der aufgrund seiner strategemischen Weisheiten heute in chinesischen Wirtschaftskreisen populäre republikzeitliche Denker Li Zongwu steht im Mittelpunkt des Artikels von Kathrin Messing. Mithilfe der Sprechakttheorie John Austins zeigt sie, dass Li Zongwus hintergründiges Ziel keineswegs darin bestand, wirtschaftlichen oder militärischen Erfolg zu lehren, sondern darin, seine Mitmenschen zu „eigenständigem Denken" anzuregen. Im Anschluss erinnert Martina Eglauer an Zhang Dongsuns Ansätze zur Deutung des Verhältnisses von Sprache und Denken, die letztlich bis heute die westliche Theorieproduktion herausfordern.

Die fortwirkende Bedeutung der japanischen Neudorf-Bewegung im literarischen Schaffen Zhou Zuorens steht im Fokus des Artikels von Lena Jäger. Basierend auf einer breiten und multilingualen Quellenbasis zeigt sie auf, wie Zhou Zuoren das Verhältnis von Literatur und gesellschaftlichem Fortschritt definierte. Sascha Klotzbücher analysiert in seinem Beitrag über den Einfluss maoistischer Rhetorik auf individuelle Handlungen und Selbstwahrnehmung die Frage, was Menschen während der Kulturrevolution dazu brachte, traditionelle Moralvorstellungen aufzugeben und andere zu quälen oder gar zu töten. Im Anschluss zeigt Ylva Monschein anhand des Vergleichs unterschiedlicher Wiedergaben der berühmten Knoblauchrevolte im Kreis Cangshan, dass fiktionale Darstellungen der offiziellen Parteigeschichtsschreibung in punkto Wahrheitsanspruch keineswegs unterlegen sein müssen.

Die Repräsentation des gesellschaftlichen Phänomens der „Zweitfrau" (*ernai*) in Rechtssprache und -praxis ist der Gegenstand des Beitrags von Astrid Lipinsky, gefolgt von Ausführungen von Mirjam Tröster, die anhand von verschiedenen Formen des chinesischsprachigen Theaters die Problematik und die Diversität der chinesischen Sprachlichkeit auf der Bühne analysiert. Die karnevalesken Ausprägungen und die verdeckten gesellschaftskritischen Aussagen der chinesischen Internetnutzer sind der Forschungsgegenstand von Rui Wang, derweil sich Jingfei Liang mit dem Spracherwerb an chinesischen Schulen in Berlin beschäftigt. Den Abschluss bildet schließlich der postmodern fundierte Beitrag von Anett Dippner, in welchem sie das Sprechen über Sexualität im gegenwärtigen China anhand von vier paradigmatischen Diskurssträngen rekonstruiert.

Das breite Spektrum der behandelten Themen ermöglichte zahlreiche durchaus kontroverse Diskussionen im Plenum über das Verhältnis von Sprache und Wirklichkeit und wird hoffentlich auch den Leser zu einer vertieften Beschäftigung mit der Thematik anregen. Der von Seiten der Deutschen Vereinigung für Chinastudien durchaus erwünschte methodische Pluralismus eröffnete dabei unterschiedliche Blickwinkel auf diese Schlüsselfrage der Geisteswissenschaften. In ihrer Zusammenschau liefern die Beiträge ein facettenreiches Bild des Verhältnisses von Sprache und Wirklichkeit in China in Geschichte und Gegenwart, welches in Zukunft hoffentlich noch vielfältige Vertiefung erfahren wird.

Wir danken allen Tagungsteilnehmern für ihre interessanten Beiträge und dem Verlag für die gute Zusammenarbeit.

München, im Januar 2011

Christian Soffel, Daniel Leese und Marc Nürnberger

Per verbum ad sinarum rem:

Von „natürlichen“ Rekonstruktionen

Robert H. Gassmann, Universität Zürich

When reading texts, be they in old or modern Chinese, we are engaged in deciphering and creating realities by decoding and encoding language(s). These key labours have a dual focus: on the one hand, they are directed towards understanding Chinese forms of language in order to comprehend the realities they encode, on the other hand, they are part of our wish to translate this understanding into our own language(s) und thus to intelligibly reconstruct and share the results with others. The term "forms of language" encompasses here in a broad sense all formal and informational aspects of texts, i.e. from the lexicon via grammar to meanings, metaphors and style. Working on texts not only means that we are on our way *per aspera ad astra*, but that we are fundamentally moving *per verbum ad rem*. The following article focusses on semantics and metaphors, and finally reconstructs a novel understanding of the cardinal concepts of míng 名 and shí 實. It illustrates how we (should) go about such endeavours, which degree of precision it takes, and on why we should continuously and critically reexamine and revise our practices and methods.

1. Einleitende Bemerkungen

Das Tagungsthema „Sprache und Wirklichkeit“ fokussiert zwei Begriffe, welche eine grundlegende, janus-artige Schlüsseltätigkeit wissenschaftlichen Arbeitens kennzeichnen, nämlich die „Begriffsarbeit“. Wir entschlüsseln Wirklichkeiten durch Arbeit an der Sprache, und zwar in doppelter Hinsicht: zum einen als ein Bemühen, chinesische *Sprachformen* und darin kodierte Wirklichkeiten zu verstehen, zum anderen als ein Bestreben, dieses Verständnis in der eigenen Sprache zu fassen und zu rekonstruieren. Mit „Sprachformen“ meine ich, weitgefasst, alle formal-informativen Aspekte von Texten, also von der Lexik über die Grammatik zur Semantik, Metaphorik und Stilistik. Wir sind somit in einer Tätigkeit begriffen, die nicht nur *per aspera ad astra* führt, sondern die wesentlich *per verbum ad rem* abläuft. Als Wissenschaftler gilt es, diese Tätigkeit immer wieder zu reflektieren und methodisch abzusichern. Das geschieht in den sinologischen Teildisziplinen natürlich auf je spezifische Weise, aber der interdiziplinäre Vergleich ist nicht nur befruchtend, sondern kann über die Spezifika hinaus grundlegende Aspekte ins Blickfeld rücken und zur Diskussion stellen.

Die folgenden Überlegungen, welche die Sicht eines sich mit dem frühen China Befassenden wiedergeben, sollen zu dieser Diskussion beitragen. Es sollen daher im folgenden die beiden Elemente „Wort“ und „Wirklichkeit“ thematisiert und der Versuch unternommen werden, in programmatischer (wie auch provokativer) Hinsicht einige methodische Wegmarken auf- und vorzustellen.

2. Die Sicherung von Wörtern

Bei der Sicherung von Wörtern aus antiken Texten sind grundsätzlich zwei Wege zu beschreiten: (a) Festlegung der Wortklassen; (b) Erarbeitung der Bedeutung. Der phonologische Zugang kann in beiden Fällen subsidiär von Bedeutung sein. Der erste Weg besteht in der „Kartierung“ der Wörter, die mit einem identischen Schriftbild realisiert werden.[1] Wesentlich komplexer und aufwendiger ist der zweite Weg, nämlich die Gewinnung von Bedeutungen. Eine Auslegeordnung der Bedeutungsäquivalente für Wörter, die mit /dao/ 道 verschriftet sind, hat Günter Wohlfart in einer Studie erstellt.[2] Diese irritiert in mannigfacher Hinsicht, beweist aber nicht etwa die unfassbare Tiefe „fernöstlicher Weisheit“, sondern belegt vielmehr die Abneigung – oder gar Unfähigkeit – der Sinologie, in fundamentalen lexikologischen Fragen Konsenspositionen zu schaffen.

Wie also rekonstruiert man methodisch sauber die Wörter, wie klassifiziert man sie, wie sichert man ihre Bedeutung? Im Folgenden soll illustriert werden, wie hohe Anforderungen an die Präzision der gedanklichen Arbeit bei der Sicherung von Bedeutung zu stellen sind, und zeigen, dass bei der

1 Vgl. die Ausführungen in Robert H. Gassmann, “Preliminary Thoughts on the Relationship between Lexicon and Writing in the Guodian Texts.” In: *Asiatische Studien* LIX, 1 (2005), S. 233–260.

2 Günter Wohlfart: *Der Philosophische Daoismus. Philosophische Untersuchungen zu Grundbegriffen und komparative Studien mit besonderer Berücksichtigung des Laozi* (*Lao-tse*). (Reihe für asiatische und komparative Philosophie, Bd. 5, Köln: edition chōra, 2001).

Suche danach sprachliche Sehgewohnheiten unbedingt mitreflektiert werden müssen:

B 1 夫: 水之性清. 土者扫之. 故不得清. 人之性壽. 物者扫之. 故不得壽.
Although the true nature of water is to be clear, dirt will disturb this nature, and this is why it does not stay clear. Although it is the true nature of man to live to an old age, material things disturb this nature, and this is why people do not achieve longevity.[3]
Das Wasser ist von Natur klar. Wenn es durch Erde getrübt wird, so kann diese Klarheit nicht in Erscheinung treten. Der Mensch ist von Natur zu langem Leben bestimmt. Wenn er durch äussere Dinge getrübt wird, so kann dieses lange Leben nicht in Erscheinung treten.[4]

Nehmen wir Teile dieser Äusserung unter die Lupe. Dabei möge man die Explizitheit der Argumentation als unabdingbaren Teil der Methode betrachten, denn so sind Falsifizierungen erleichtert:[5]

(a) Beginnen wir mit der Kette *rén zhī xìng shòu* 人之性壽. Nach gängigem Grammatikverständnis ist die Kette *rén zhī xìng* 人之性 als expliziter Genitiv zu analysieren und als Subjektsausdruck zu interpretieren. Für *shòu* 壽 bleibt somit die Funktion des Prädikats. Und daraus ergibt sich zwingend die folgende Übersetzung: „Die Natur des Menschen ist langlebig". Vergleichen wir diese Version mit den beiden zitierten: „it is the true nature of man to live to an old age" und „der Mensch ist von Natur zu langem Leben bestimmt". So würden wir die vorliegende Kette gerne verstehen und übersetzen, denn inhaltlich wird eine Aussage über eine Eigenschaft der *Menschen* gemacht, und nicht eine Aussage über eine Eigenschaft ihrer *Natur*. Aber das herkömmliche Grammatikverständnis will hier offensichtlich nicht mitziehen. Wir kommen auf diese Frage der Grammatik unter (d) zurück.

3 *The Annals of Lü Buwei.* A Complete Translation and Study by John Knoblock and Jeffrey Riegel (Stanford: Stanford University Press, 2000), S. 64f., I/2.2 (Chapter 2: Making Life the Foundation).

4 *Frühling und Herbst des Lü Bu We.* Aus dem Chinesischen übertragen und herausgegeben von Richard Wilhelm (Düsseldorf: Eugen Diederichs 1979), S. 4 (2. Kapitel, Anpassung an das Leben).

5 Eine auf die Bedeutungssicherung ausgerichtete Untersuchung von *dé* 德 befindet sich im Druck: Robert H. Gassmann: "Coming to Terms with *dé* 德: The Deconstruction of 'virtue' and a Lesson in Scientific Morality." In: *Ethics in Ancient China and Greco-Roman Antiquity*, ed. Richard King and Dennis Schilling. Geplant 2010.

(b) In der folgenden Äusserung *wù zhě gŭ zhī* 物者扫之 ist zunächst die Referenz des Objektspronomens *zhī* 之 zu klären. In Frage kommen die Nomina *rén* 人 und *xìng* 性 aus der eben diskutierten Äusserung. Wilhelm entscheidet sich für Ersteres, „wenn er [d. i. der Mensch, RHG] durch äussere Dinge getrübt wird", Knoblock/Riegel lassen das Pronomen explizit auf Letzteres referieren, „material things disturb this nature". Wenn wir uns nur auf diese Kette von Aussagen beschränken, kann wegen der Möglichkeit übertragener Ausdrucksweisen nicht unzweideutig entscheiden werden, welche Referenz zu bevorzugen ist. Nehmen wir aber die ersten drei Ketten zum Thema „Wasser" zu Hilfe, dann ist der Entscheid wohl ziemlich klar: Erde trübt das Wasser, nicht *die Natur* des Wassers. Analog wühlen Dinge *den Menschen* auf, nicht seine Natur. Die Referenz von *zhī* 之 ist also nicht auf den Kopf *xìng* 性 der vermeintlichen Genitivkonstruktion, sondern auf das logisch zu erwartende Subjekt *rén* 人 bzw. *shuĭ* 水.

(c) Das Nomen *rén* 人 ist das Subjekt der Äusserung *gù bù dé shòu* 故不得壽 – und nicht das aus der Kette *rén zhī xìng* 人之性 stammende Nomen *xìng* 性. Dieser Umstand verstärkt unsere bisherige Vermutung, dass *rén* 人 in der ersten Äusserung in gewisser Weise das Subjekt bildet. Nebenbei: Wilhelm mit „kann dieses lange Leben nicht in Erscheinung treten" und Knoblock/Riegel mit „people do not achieve longevity" entscheiden wieder gegensätzlich.

(d) Die oben an der Genitivanalyse von *rén zhī xìng* 人之性 sich artikulierende inhaltliche Irritation lässt sich grammatisch formulieren: das Wort *xìng* 性 muss als Adverbiale, als Ausdruck der Modalität verstanden werden. Es muss also dem Prädikat *shòu* 壽 strukturell zugeordnet werden, d. h. es gehört zur Verbalphrase. Diese grundlegende Veränderung der Konstituentenstruktur führt dazu, dass uns eine ungewöhnliche Restkette verbleibt, nämlich *rén zhī* 人之. Wenn wir diesem Ausdruck (und dem parallelen *shuĭ zhī* 水之) den Status eigenständiger und wohlgeformter Syntagmen zuerkennen, so wäre dieser als „kopfloser Genitiv" zu bezeichnen. Bevor eben dieses Epitheton diesen Ausführungen angeheftet wird, seien die folgenden Sachverhalte im Sinne von Evidenz angeführt: (1) Die Prädikate *shòu* 壽 bzw. *qīng* 清 treten m. W. nirgends in Äusserungen mit einem Subjekt *xìng* 性 oder mit der genitivischen Modifikation *xìng* 性 auf. Auch in attributiven Konstruktionen sind sie nicht zu finden. Üblich sind hingegen Äusserungen mit den Subjekten *rén* 人 bzw. *shuĭ* 水 [oder mit gleichartigen Subjekten][6] und mit entsprechenden genitivischen Modifikationen[7]. (2) Man beachte in der mittleren Äusserung die Struktur der jeweiligen Subjektsausdrücke: *tŭ zhĕ* 土者 und *wù zhĕ* 物者. Es handelt sich da um genitivische Ausdrücke. Im ersten Fall stellt das modifizierende Element *tŭ* 土 eine Materialbezeichnung dar; der pronominale Kopf *zhĕ* 者 bedeutet, dass der Ausdruck unspezifisch, aber nicht indefinit ist. Die Wiedergabe lautet deshalb: „etwas [Bestimmtes] aus/mit Erde". Im zweiten Fall stellt das modifizierende Element *wù* 物 eine Klassenbezeichnung dar; der Ausdruck *wù zhĕ* 物者 ist somit mit „etwas [Bestimmtes] aus [der Klasse der] Dinge" wiederzugeben. Die Tatsache, dass beide Ausdrücke *unspezifisch* sind, fügt sich widerstandslos in die Identifizierung der Ausdrücke *rén zhī* 人之 bzw. *shuĭ zhī* 水之 als kopflose Genitive ein. Diese Form ist nämlich nicht unspezifisch, sondern *indefinit*, also: „etwas aus/mit Wasser" oder „Wässeriges" bzw. „etwas aus [der Klasse der] Menschen" oder „Menschliches" bzw. „menschliche Wesen". (3) Schliesslich sei auf die analoge Konstruktion im Modernchinesischen mit der Postposition *de* 的 hingewiesen, die ziemlich frei zur Kennzeichnung einer Klasse oder Kategorie beigefügt werden kann, z. B. *chī de* 吃的 „Essbares > zu Essendes > Essen", *chuān de* 穿的 „Tragbares > Kleider", *sòngxìn de* 送信的 „jemand, der Briefe spediert > Postbote".

Dergestalt fügt sich Intuition und syntaktische Analyse zu einer überzeugenden Interpretation zusammen und wir erhalten die folgende Übersetzung:

B 1a Wasserartiges ist von Natur klar. Trübt etwas aus Erde es und dauert dies an,[8] erhaltet [Wasserartiges seine] Klarheit nicht. Menschliche Wesen sind von Natur langlebig. Trübt etwas Bestimmtes aus [der Klasse der] Dinge sie und dauert dies an, erhalten [menschlichen Wesen ihre] Langlebigkeit nicht.[9]

6 Vgl. z. B. *Kŏng Zĭ Jiā Yŭ* 13: 莫大乎使民富且壽也; *Huái Nán Zĭ* 17: 水靜則平，平則清，清則見物之形，弗能匿也 (zitiert nach den jeweiligen Konkordanzen).

7 Z. B. *Lǚ Shì Chūn Qiū* X.2 ＜安死＞人之壽久之不過百.

8 *gù* 故 kann nicht, wie in den zitierten Übersetzungen angenommen, das konjunktionale Wort „also, aus dem Grund" verschriften, denn die angesetzte Konditionalität der vorangehenden Aussage steht dazu spezifisch im Widerspruch. Ich halte *gù* 故 daher für eine Verschreibung von *gù* 固, in der Bedeutung „verfestigen" → „(zeitlich) andauern".

9 Hier einige weitere Beispiele für den kopflosen Genitiv: (a) 水之性真清，而土汩之；人性安靜，而嗜欲亂之 "L'eau (水之) est claire par nature, mais la terre la brouille. L'homme (人) est serein par nature, mais la convoitise et le désir le troublent." (*Huái*

Die hier vorgelegte Analyse hat einschneidende Konsequenzen für die Analyse einer berühmt-berüchtigten, aber für das Verständnis des antikchinesischen Denkens fundamentalen Aussage, bei der wir die zentralen Wörter näher betrachten müssen (d. h. fast alle Wörter):

B 2 人之性惡. 其善者偽也.
Human nature ist evil; any good in humans is acquired by conscious exertion.[10]

Hier stellt sich auch die Frage, ob im ersten Äusserungsteil die Subjektsnominalphrase mit dem Genitiv *rén zhī xìng* 人之性 zu identifizieren ist, oder ob hier ein kopfloser Genitiv *rén zhī* 人之 und ein das Prädikat *è* 惡 modifizierendes Adverb *xìng* 性 anzusetzen ist. Theoretisch könnte der Mensch (> kopfloser Genitiv) oder seine Ausstattung (> Genitiv) schlecht sein. Worauf bezieht sich hier also das Prädikat „good" oder „evil"? Dazu muss man die zweite Äusserung mit in Betracht ziehen, und zwar die Referenz des Pronomens *qí* 其. Wenn *xìng* als dessen Referenz aufgefasst wird, hat das zur Folge, dass in der ersten Äusserung *xìng* als „evil" (*è*), in der zweiten – „die guten *xìng* unter ihnen" – hingegen als „good" (*shàn* 善) prädiziert wird! Die Referenz von *qí* ist also klar *rén* – was bedeutet, dass in der ersten Äusserung ein kopfloser Genitiv *rén zhī* und ein adverbiales *xìng* angesetzt werden müssen.[11] Bei der zweiten Äusserung handelt es sich um einen kausativen Nominalsatz. Wichtig ist aber die Feststellung, dass von

---

Nán Zǐ 2.26; Charles Le Blanc und Remi Mathieu: *Huainan zi* [Paris: Gallimard, 2003], S. 75); (b) 竹之性浮, 殘以為牒, 束而投之水, 則沉, 失其體也 "Bambusartiges (竹之) schwimmt in seinem naturgegebenen Zustand auf dem Wasser, aber wenn jemand es verstümmelt, um daraus Schreibplättchen zu machen, diese zu einem Bündel schnürt und ins Wasser wirft, dann versinkt es, weil [der Bambus] seine Struktur verloren hat." (*Huái Nán Zǐ* 11.10; RHG) (c) 其性與人殊, 若犬馬之與我不同類也. [Gesetzt den Fall, es wäre die Reaktion des Mundes auf eine schmackhafte Speise,] bei der sein (其), d. h. des Yì Yá, naturgegebenes Verhalten und das anderer Persönlichkeiten (人) verschieden wären, [nämlich] so wie Hundeartige oder Pferdeartige (犬馬之) und wir (我) solche sind, die nicht aus der gleichen Kategorie sind [– was wäre der Grund dafür, dass sich dann alle Geschmacksreaktionen im Reich an der Reaktion des Yì Yá auf schmackhafte Speisen orientieren?] (*Mèng* 6A.7; RHG).

10 *Xún* 23.1a; John Knoblock: *Xunzi. A Translation and Study of the Complete Works* (3 vols, Stanford: Stanford University Press, 1988–1994), III:150, 155–156.

11 Dieses Resultat bedeutet keinesfalls, dass eine Kette der Form *rén zhī xìng* 人之性 stets und in allen Fällen als "kopflos" zu analysieren ist.

guten und bösen *menschlichen Wesen* die Rede ist, und nicht von einer solchen Ausstattung.

Xún zǐ alias Junker Xún behauptet also, dass *xìng* eine naturgegebene Ausstattung bezeichne, die den Menschen nicht quasi automatisch zu gutem Verhalten drängt. *xìng* sei aber veränderbar und könne zu einer adäquateren Ausstattung geformt werden. Diese neue, sozusagen „zweite" Ausstattung oder Natur bezeichnet Junker Xún als *wèi* 偽. Er postuliert also, dass die von der Natur voreingestellten Verhaltensmuster (wie z. B. profitorientiertes Verhalten, Streitsucht, fehlende Elternliebe usw.) gewissermassen einen ersten, voreingestellten „Reflex" darstellen, vergleichbar mit einer *default* Einstellung. Der Erwerb der dazu komplementären, sozialtauglichen Verhaltensweisen, d. h. die Überwindung bzw. Korrektur der Voreinstellungen, geschieht durch Lernen (*xué* 學) – und nicht zufällig ist das erste Kapitel des *Xúnzǐ* ein Aufruf, eben dies zu tun. Die Lernfähigkeit des Menschen hat also mit der Formbarkeit, mit der Elasitizität und Veränderbarkeit seiner Ausstattung zu tun.

Die Charakterisierung von bestimmten Menschen als „schlecht", von anderen jedoch als „gut", hat eine sehr interessante Implikation: Junker Xún sagt – zunächst und insbesondere im Vergleich zu Junker Mèng – in paradoxer Weise aus, dass auch gute Verhaltensweisen *angeboren* seien. Die Logik ist einfach und schlüssig: Hat der Mensch eine „*Vorliebe* für profitorientiertes Verhalten", so hat er zwingend die Fähigkeit, „*Abneigung* gegen *un*profitables Verhalten" zu empfinden. Die treibenden Kräfte, also Vorlieben bzw. Abneigungen, sind polar und komplementär miteinander verbunden – und dies gilt für alle Emotionen und Verhaltenseinstellungen: wenn das eine angeboren möglich ist, dann ist das dazu komplementäre Andere zwingend möglich – und auch angeboren. Um bei gleichem Objekt (z. B. Profit) von der voreingestellten, untauglichen Position zur anderen, aus sozialer Sicht positiver zu wertenden Position zu kommen, braucht es also eine willentliche Anstrengung, muss Arbeit geleistet werden (was das Verständnis des produzierenden Aspekts von *wèi* erhellt). Logisch gesehen ist *xìng* eigentlich „gut", weil eben veränderbar. Aus einer Natur (*xìng*) lässt sich also eine „zweite Natur" entwickeln (*wèi*) – was zu meiner Übersetzung von Beleg B 2 führt:

B 2a Menschliche [Wesen] sind von der spezifischen [naturgegebenen] Anfangskonfiguration [der Herzanlagen] her sozial untauglich. Dass sie sozial tauglich sind, ist wegen menschengemachter Konfigurationen. (*Xún* 23.1a; RHG)
Oder einfacher:
Menschliche [Wesen] sind vom Naturzustand her sozial untauglich. Dass sie sozial tauglich sind, ist wegen erworbener „zweiter Naturen".

Da *xìng* „himmelsgegeben" bzw. „naturgegeben" ist (Xún 23.1c: 性者天之就也), drängt sich die Annahme auf, dass Junker Xún die Ansicht des Junkers Mèng über den „guten Himmel" offensichtlich nicht teilt, sondern diesem seine Rolle als ordnend in die Geschicke des Menschen eingreifende Schicksalsmacht bzw. anthropomorph handelnde Natur abspricht. Wille und Erkenntnisfähigkeit, die ja auch „naturgegeben" sind, begründen bei ihm als „Motoren" der Veränderung recht eigentlich die Freiheit des Menschen gegenüber dem Himmel (ohne ihn natürlich vom fallweisen Ausgeliefertsein zu befreien). Den Himmel kann somit Junker Xún nicht mehr als die Quelle der guten Ordnung betrachten. Wäre dies nämlich der Fall – warum sollte der Himmel dann Menschen mit Eigenschaften und Verhaltensmuster ausstatten, die einer menschlichen Ordnung nicht förderlich sind und zuerst mühsam überwunden werden müssen?

Nimmt man *xìng* als die Anfangskonfiguration und *wèi* als eine veränderte, so stellt sich die Analogie mit dem Wasser aus dem ersten Beispiel B 1 in seiner ganzen Stringenz ein – allerdings in einer Entwicklung vom besseren zum schlechteren Zustand: In seiner Erstausstattung ist Wasser klar, in einer künstlich hergestellten und verfestigten Ausstattung wird und bleibt es trüb. Damit haben wir eine passgenaue Charakterisierung der Position des Junkers Mèng, welcher der Meinung ist, dass der Mensch ursprünglich sozial tauglich sei, sich aber durchaus aufgrund widriger Lebensumstände oder unter Zwang charakterlich mangelhaft oder zum Schlechten entwickeln könne. Dies geht klar hervor aus seiner Widerrede gegen die Behauptung des Junkers Gào, der menschliche Naturzustand sei indifferent bezüglich sozialer Tauglichkeit oder Untauglichkeit:

B 3 告子曰:「性猶湍水也. 決諸東方, 則東流; 決諸西方, 則西流. 人性之無分於善不善也猶水之無分於東西也.」孟子曰:「水信無分於東西, 無分於上下乎? 人[之]性善也猶水之就下也. 人無有不善, 水無有不下. 今夫水: 搏而躍之, 可使過顙, 激而行之, 可使在山. 是豈水之性[也]哉? 其勢, 則然也. 人之可使為不善, 其性亦猶是也.」

> Junker Gào sagte: „Jemanden sich seinem Naturzustand gemäss verhalten machen, ist etwas, das dem Kanalisieren von Wasser gleicht. Wenn man ihm einen Auslass auf der östlichen Seite lässt, dann fliesst es ostwärts; wenn man ihm einen Auslass auf der westlichen Seite lässt, dann fliesst es westwärts. So wie dem Naturzustand des Menschen das Unterscheiden von [sozial] tauglichem und disruptivem Verhalten abgeht, so geht dem [Naturzustand] des Wassers das Unterscheiden von Ost- und Westwärtsgehen ab." Junker Mèng sagte: „Dem Wasser geht das Unterscheiden in Ost- oder Westwärtsgehen wahrhaftig ab, aber geht ihm das Unterscheiden in Aufwärts- oder Abwärtsgehen ab? So wie der Mensch im Naturzustand sich sozial tauglich verhält, so wendet sich das Wasser dem Unten zu. So wie es unter den Menschen nicht einen gibt, der [spontan] sozial disruptives Verhalten an den Tag legt, so gibt es unter den Gewässern nicht eines, welches [spontan] ein Nichtabwärtsfliessen an den Tag legt. Jetzt aber zu diesem „werten" Wasser: Klatscht jemand darauf und macht es hochspringen, kann es dazu gebracht werden, über die Stirne hinauszugehen, pumpt jemand es und setzt es in Bewegung, kann es dazu gebracht werden, auf einem Hügel zu verweilen. Sollte das aber etwa das naturzuständliche Verhalten von Wasser sein? Die situative Beeinflussung durch [diese Handlungen] ist es doch, die es so tun bzw. sein lässt. Dass Menschen zulassen, dass sie dazu gebracht werden, untauglich Verhaltende zu werden, ist darum, weil [ihr] Naturzustand doch analog ist zu eben *diesem* (Naturzustand des Wassers)."[12]

Um die Differenzen zu konventionellen Übersetzungen und die Ernsthaftigkeit meiner Suche nach den Wörtern hinter den Schriftzeichen ansatzweise zu legitimieren bzw. dokumentieren, seien einige kurze Hinweise gestattet: (a) Der von Junker Gào verwendete vergleichende Äusserungsteil *tuān shuǐ* 湍水 besteht aus einem Verbalnomen und seinem Objekt, dem aufgrund der folgenden Kette *jué zhū dōng fāng* 決諸東方 klar eine kausative Bedeutung zugesprochen werden muss. Weil das Prädikat *yóu* 猶 eine Analogie anzeigt, somit in Subjekt- und Objektsposition Vergleichbares stehen muss, ist das initiale *xìng* ebenfalls in einem *Handlungskontext* zu klassifizieren bzw. interpretieren. Als Ausdruck der Kausativität ist aus kontextuellen Gründen wohl die faktitive Form (machen) der lessiven Form (lassen) vorzuziehen. Wörtlich wäre der Äusserungsteil *xìng* also ebenfalls als verbalnominale Form wiederzugeben: „das sich naturzuständlich verhalten Machen". (b) Die zentralen Vergleichsgrössen sind nicht „Natur" und „Was-

12 *Mèng* 11.2/6A.2; vgl. D. C. Lao: *Mencius* (Hong Kong: Chinese University Press, [2]1984), Bd. II, S. 223.

ser", sondern „Mensch" und „Wasser" (und allenfalls deren Naturzustände). (c) Die Parallelie der Ketten *shàn bù=shàn* 善不善 und *dōng xī* 東西 verlangt, dass letztere ebenfalls verbalnominal bzw. in einem Handlungskontext zu interpretieren ist, d. h. es müssen zwei asyndetisch verbundene *Verbalnomina* angesetzt werden, die aus den zugrundeliegenden Verben *dōng* 東 „nach Osten gehen; ostwärts gehen" und *xī* 西 „nach Westen gehen; westwärts gehen" abgeleitet sind. (d) Analog dazu gibt es die Verbalnomina *shǎng* 上 „Aufwärtsgehen" und *xià* 下 „Abwärtsgehen". (e) Das häufig gebrauchte Paar *shàn* und *è* bzw. *bù shàn* – gewöhnlich mit „gut" und „schlecht" wiedergegeben – ist im Rahmen dieses Kontextes klar auf *soziale Verhaltensweisen* zu beziehen. Es geht darum, ob die Menschen aufgrund ihrer Grundausstattung als soziale Wesen taugen, sich auf ihre sozialen Rollen verstehen bzw. diese kompetent machen. Deshalb verwende ich für *è* Übersetzungen wie „(sozial) inkompetent", „sozial untauglich" oder „sozial disruptiv" bzw. für *shàn* „(sozial) kompetent" oder „sozial tauglich". Auf die Bedeutung der sozialen Rollen werde ich zurückkommen.

Obwohl weitere Überlegungen und Belege zusammenzutragen wären, ist es doch möglich, die Grundbedeutung von *xìng* beim Menschen zu skizzieren. Das Wort bezeichnet die bei der Geburt (vgl. den phonophorischen Teil *shēng* 生 des Schriftzeichens *xìng*) zur Verfügung stehende Konfiguration des menschlichen Herzens (vgl. den sinngebenden Teil *xīn* 心). Damit sind die vom Himmel bzw. von der Natur vorgegebenen emotionalen, rationalen und verhaltensmässigen (Vor)einstellungen bei der Geburt gemeint. Bei Junker Mèng sind dies bekanntlich die folgenden, sozial tauglichen „Herzanlagen" oder „Sinne":

B 4 是非之心, 人皆有之.[...]是非之心智也. 仁, 義, 禮, 智非由外鑠我也, 我固有之也.

Alle Menschen haben einen [angeborenen] Sinn für das Fürrichtig- und Fürfalschhalten. [...] [Dieser Sinn] ist derjenige für weises Verhalten. Humanes, korrektes, ritenkonformes und weises Verhalten sind nicht Verhaltensweisen, die von Aussen her in uns eingeflösst sind, sondern Verhaltensweisen, die wir grundsätzlich entwickeln.[13]

Dieser Beleg B 4 zeigt, dass ich das beliebte und gefährliche Spiel, aus der Form von Schriftzeichen auf die Wortbedeutung zu schliessen, nicht fahrläs-

13 *Mèng* 6A.06; Lau ²1984, 2:229.

sig betreibe.[14] Aber darauf und auf die Komplexität und Rationalität der altchinesischen Vorstellungen vom Herzen und seinen Anlagen will ich hier nicht weiter eingehen.

3. Die kognitive Metapher

Ansprechen möchte ich hingegen die Bedeutung einer Sprachform, deren Anwesenheit so selbstverständlich ist, dass wir ihre Rolle bei der Gewinnung und Vermittlung wissenschaftlicher Erkenntnisse meistens unzureichend reflektieren. Ich meine die bildhaften Analogien, die sogenannten *kognitiven Metaphern*, deren Einsatz wir schon im Gespräch zwischen den Junkern Gào und Mèng beobachten konnten (man vgl. die Rolle des Wassers in Beleg B 3). Analogien sind bedeutende Werkzeuge des Denkens, sowohl bei der Entwicklung von Gedankengängen und Argumentationssträngen durch Teilnehmer an einer Diskussion als auch beim nachvollziehenden Denken des Lesers und Philologen.[15] (Da sind sie auch schon fleissig am Werk: in den „Werkzeugen", den „Gängen" und „Strängen"!) Nehmen wir als Ausgangspunkt die folgenden, zunächst rätselhaften Anweisungen des Junkers Mèng:

B 5 權 – 然, 後知輕重. 度 – 然, 後知長短. 物皆然, 心為甚.
Wiegen – erst wenn man das tut, kennt man darauf das Gewicht. Messen – erst wenn man das tut, kennt man darauf die Ausdehnung. Bei allen Dingen verfährt man so, aber bei den Herzanlagen gilt das ganz besonders.[16]

Das Herz bzw. die darin lokalisierten Anlagen und Fähigkeiten sind also „Objekte", die man in vorgegebener Weise messen kann. Aufschlussreich ist auch die Verwendung des Wortes jūn 鈞 „tarieren" in der folgenden Frage:

14 Sie lässt sich ohnehin nur mit der vorliegenden, verfestigten Schriftform durchspielen. Ältere Schriftformen, z. B. aus den Guōdiàn-Texten (郭店) verweigern sich diesem Spiel.

15 Vgl. die äusserst stimulierende Arbeit von Petra Drewer: *Die kognitive Metapher als Werkzeug des Denkens. Zur Rolle der Analogie bei der Gewinnung und Vermittlung wissenschaftlicher Erkenntnisse* (Tübingen: Günter Narr Verlag, 2003).

16 *Mèng* 1A.7; Lau ^{2}1984, 1:17.

B 6 鈞是人也: 或為大人, 或為小人. 何也?
Seien wir solche, welche Menschen des folgenden Typs austarieren: Der eine wird zu einem bedeutenden Menschen, der andere wird zu einem unbedeutenden Menschen. Warum ist das?[17]

Wie in vielen Kulturen, scheint das Bild der Waage offensichtlich auch in der chinesischen als Quelle für Metaphorisierungen eine wichtige Rolle zu spielen.[18] Aus angeborener Veranlagung (xìng 性) heraus hat der Mensch gepaarte Veranlagungen, wie z. B. Lieben und Hassen. Die Zustände solcher Paare könnten als Gewichte an den beiden Enden des Balkens einer Waage visualisiert werden. Je stärker oder gewichtiger das eine Gefühl, umso schwächer oder leichter wird das andere. Der Balken neigt sich, kulminiert eventuell, und signalisiert so entweder ein zu-geneigtes oder ein abgeneigtes Gefühl. Die jeweilige Stellung des Waagebalkens, d. h. die Neigung in die eine oder andere Richtung, könnte als momentane oder habituelle Einstellung angesehen werden. Diese Einstellungen des Herzens werden mit *qíng* 情 bezeichnet, sowohl als Gesamtkonstellation wie auch als Einzelemotion, d. h. Lieben ist eine *qíng*, Hassen ist die damit kontrastierende *qíng*. Dass der Mensch mit einer Vielzahl solcher „kardialen Waagebalken" ausgerüstet ist, ist also ein Ergebnis seiner natürlichen Ausstattung. Bei der Geburt gibt es offenbar eine Ausgangskonfiguration, d. h. ein anfängliches Ausrichtungs- oder Neigungsmuster der Waagebalken, die aber nicht unverrückbar und auf Dauer festgelegt ist, sondern im Laufe des Lebens und mit geeigneten Hilfen beeinflusst werden kann – zum Guten wie zum Schlechten, zum sozial Verträglichen bzw. Unverträglichen.

Das Bild der Waage ist zwar ganz zentral, darf aber nicht zu trivial gedeutet werden. Egal ob man die im alten China übliche Laufgewichtswaage oder die Balkenwaage nimmt: eine Waage dient der Gewichtsbestimmung. Ob jemand eine tiefe Liebe oder einen abgrundtiefen Hass empfindet, kann nicht dadurch gemessen werden, dass man die beiden Gefühle gegen einander abwägt. Liebe und Hass sind nur scheinbar komplementäre Zustände. Beide müssen fallweise an einer *Norm* gemessen werden. Mit anderen Wor-

17 *Mèng* 6A.15; Lau ^{2}1984, 2:239.

18 Vgl. dazu den Aufsatz von Griet Vankeerberghen: "Choosing Balance: Weighing (*quan* 權) as a metaphor for action in early Chinese texts." *Early China* 30 (2005–2006), S. 47–89.

ten: in der einen Waagschale befindet sich das jeweilige Gefühl, in der anderen ein Kontergewicht, ein Gegen- oder eben *Ausgleich*sgewicht. Das könnte summarisch am Beispiel der Trauer so dargestellt werden:

kardiale Anlage

„Waagschale" / „Gefäss"
āi xīn 哀心 „Trauergefühl"

„Gegengewicht"
sāng lǐ 喪禮 „Trauerriten"

Das Gefühl oder die Anlage wird nun durch ein- oder ausströmendes *qì* 氣 bewegt (*dòng xīn* 動心; *Mèng* 2A.2) oder gefüllt (*chōng xīn* 充心; *Mèng* 2A.6 oder 7B.31). Dadurch wird entweder ein Gleichgewicht (*píng* 平) hergestellt oder wieder hergestellt – was als wünschbar oder ideal betrachtet wird –, oder die Anlage gerät gegenüber dem sozial erwünschten Normverhalten in geringerem oder grösserem Ausmass in die eine oder andere Richtung aus dem Lot. Ein Zuviel ist also so unerwünscht wie ein Zuwenig, und Ausgeglichenheit bedeutet nicht etwa, dass Liebe und Hass sich die Waage halten, sondern dass sowohl Liebe wie Hass in ihren je getrennten kardialen Gefühlsanlagen nicht das zulässige Mass überschreiten. Der Mensch ist – wie der folgende Beleg feststellt – von Natur aus auf Ausgeglichenheit, auf Ausgleich „getrimmt":

B 7 河水欲清, 沙石濊之; 人性欲平, 嗜欲害之.
Flüsse und Gewässer begehren, klar zu sein, aber Sand und Steine verunreinigen sie. Menschen begehren von Natur aus, ausgeglichen zu sein, aber Gelüste und Verlangen schaden ihnen.[19]

Bei den kardialen Anlagen sind also drei Schlüsselstellungen zu erkennen: (a) eine positiv bewertete, austarierte Position des Gleichgewichts (= *píng*), welche sich bei *korrektem* Tun einstellt, nämlich wenn man die Mitte trifft (= *zhòng* 中); (b) eine negativ bewertete Bewegung oder Neigung der Verhaltensseite nach unten, welche sich bei *übertrieben korrektem* Tun einstellt (*guò* 過) und signalisiert, dass das Gewicht der Norm zu gering ist bzw. diese geringgeschätzt wird (= *qīng* 輕); (c) eine negativ bewertete Bewegung oder Neigung der Verhaltensseite nach oben, welche sich bei *mangel-*

19 *Huái Nán Zǐ* 11; Le Blanc und Mathieu, S. 479.

haftem Tun einstellt (*shī* 失) und signalisiert, dass das Gewicht der Norm zu wichtig genommen bzw. als zu schwer empfunden wird (= *zhòng* 重). Damit tauchen interessante Bezüge auf zum legistischen Muster der Beurteilung (und Bestrafung) von Verhalten im Amt: Übereifer oder fehlender Eifer, Übererfüllung wie Untererfüllung (hyper und hypo) sind unerwünscht und werden gleichermassen bestraft. Aber auch die Ausübung anderer sozialer Rollen wird dann als im wahrsten Sinne des Wortes geglückt angesehen, wenn sie rollenkonform ist und normativen Vorstellungen entspricht (dazu gleich mehr).

4. Per verbum ad rem, oder die realisierende Rekonstruktion

Mit der Suche nach den Wörtern war die Wirklichkeit nicht wirklich ausgeklammert, sondern über die rekonstruierten Bedeutungen immer „irgendwie" präsent. Diese Form des Wirklichkeitsbezugs soll hier nicht weiter verfolgt werden, ganz abgesehen davon, dass mir die philosophische Kompetenz fehlt, mich mit den zahlreichen Facetten des Begriffs der Wirklichkeit auseinanderzusetzen. Interessanter scheint mir die grundlegende Frage, wie die sprachlichen Zugänge zur Wirklichkeit im „chinesischen" Kontext sich pragmatisch darbieten und ob es Differenzen zu „unseren" Zugängen gibt. Es geht also darum zu erkunden, ob wir über den in textlichen Äusserungen beobachtbaren Gebrauch von Wörtern und Sprachformen an *Vorstellungen* von Wirklichkeit herankommen können, die konstituierend sind für chinesische Realitäten.

Lassen Sie mich das an einem Beispiel illustrieren. Die hier schon thematisierte „Anfangskonfiguration" (*xìng*) ist von zahlreichen Denkern der Zhànguó-Zeit bekanntlich sehr intensiv diskutiert worden. In dieser Debatte spielt ein Wort bzw. Wortpaar eine besondere Rolle, wie sich dem Anfang eines Gesprächs zwischen Junker Mèng und seinem Diskussionspartner Junker Gōng-dū entnehmen lässt:

B 8 公都子曰:「告子曰『性無善, 無不善也』. 或曰:『性可以為善, 可以為不善. 是故文武興, 則民好善; 幽厲興, 則民好暴』. 或曰:『有性善, 有性不善. 是故以堯為君, 而有象; 以瞽瞍為父, 而有舜; 以紂為兄之子且以為君, 而有微子啟, 王子比干』. 今曰:『性善』. 然, 則彼皆非歟?」

> Junker Gōng-dū sagte: „Junker Gào sagt: ‚[Menschen] fehlt von der Anfangskonfiguration her das sozial Kompetentsein, es fehlt [ihnen aber auch] das sozial Inkompetentsein.‘ Ein anderer sagt: ‚Die Anfangskonfiguration erlaubt, [Menschen] zu sozial Kompetenten, [aber auch] zu sozial Inkompetenten zu machen. Aus diesem Grunde zeigen die Mín eine Vorliebe für das Verträglichsein, wenn Wén- oder Wǔ-Könige aufkommen, wenn aber Yōu- oder Lì-Könige hochkommen, dann zeigen die Mín eine Vorliebe für das Gewalttätigsein.‘ Ein weiterer sagt: ‚Es gibt von der Anfangskonfiguration her sozial Kompetente, es gibt von der Anfangskonfiguration her sozial Inkompetente. Aus diesem Grund gibt es einen Xiàng, auch wenn man einen Yáo zum Fürsten macht, es gibt einen Shùn, auch wenn man einen Gǔ-sǒu zum Vater macht, und es gibt einen Junker Qǐ von Wēi und einen Königssohn Bǐ-gān, auch wenn man einen Zhòu zum Sohn des älteren Bruders und ausserdem zum Fürsten macht.‘ Jetzt sagen Sie: ‚[Der Mensch] ist von der Anfangskonfiguration her sozial kompetent.‘ Wenn dem so ist, sind dann alle anderen solche, die im unrecht sind?“[20]

Das Reizwort in dieser Passage ist natürlich das Wort *shàn* 善 – und die gewählte Übersetzung mit „sozial kompetent“ mag diesen Reiz bei geneigten Lesenden wohl auch in verständliche Irritation umschlagen lassen. Den Ausdrücken *shàn* bzw. *bù shàn* wird hier nicht die übliche ethische oder moralische Bedeutungskomponente zuerkannt, sondern primär eine soziale. Dafür gibt es mehrere gute Gründe. An den Texten abzulesen sind die folgenden: (a) Es ist zu beobachten, dass von Führern und Geführten, von Fürsten und Mín die Rede ist, also von einem *sozialen Gefüge* sowie von prototypischen Gestalten und Rollen. In den Beispielen werden explizit und implizit etwa die komplementären sozialen Rollen Fürst und Untertan, Sohn und Vater sowie die zugehörigen Verhaltensweisen angesprochen. (b) Die Ausdrücke Wén Wǔ 文武 und Yōu Lì 幽厲 wie auch etwa die Namen Yáo 堯 und Shùn 舜 referieren hier nicht bloss auf die bekannten historischen Persönlichkeiten, sondern sind typisierend bzw. *generisch* verwendet. (c) Im Subtext der Stelle geht es um die Bedingungen für *Ordnung* bzw. um Elemente, welche diese gefährden. (d) Schliesslich verschriftet das Zeichen /shàn/ 善 ein Wort *shàn*, welches in seiner Grundbedeutung die Vorstellung von „Kompetenz“ vermittelt, z. B. als „sich verstehen auf“.

20 *Mèng* 6A.06; Lau ^{2}1984, 2:227–229.

Der folgende Beleg aus dem Buch *Mèngzǐ* schliesst eine Reihe von Kreisen und führt manche der hier andiskutierten Stränge zusammen: Junker Mèng bezeichnet jemand als „sozial-kompetente Person" (*shàn rén* 善人) und gibt auf Anfrage folgende Bedeutungsbestimmung des Ausdrucks:

B 9 可欲之謂善; 有諸己之謂信; 充實之謂美.
Wer die Zulässigkeit von Begierden beurteilt, wird [von mir] als „sozial-kompetent" bezeichnet; wer diese [Beurteilungsfähigkeit] in sich entstehen lässt, wird als „vertrauenswürdig" bezeichnet; wer die Realisierung [dieser zwei sozialen Rollen] erfüllt, wird als „gut" bezeichnet.[21]

Die Stelle bietet wieder schöne kopflose Modifikationskonstruktionen mit personaler Referenz an (*kě yù zhī* 可欲之; *yǒu zhū jǐ zhī* 有諸己之 und *chōng shí zhī* 充實之), aber darüber wollen wir jetzt hinwegsehen. Vielmehr stellt sich die Frage, warum *shàn*, also sozial-kompetentes Verhalten, mit Begierden in Zusammenhang gebracht wird.

B 10 飲食男女, 人之大欲存焉. 死亡貧苦, 人之大惡存焉. 故: 欲惡者心之大端也. 人藏其心, 不可測度也.
Trinken, Essen, Mannsein und Weibsein – in diesen [Verhaltensmustern] sind bedeutende Verlangen der Menschen bewahrt. Sterben, Untergehen, Armsein und Bitternis erfahren – in diesen sind bedeutende Abneigungen der Menschen bewahrt. Nun: Verlangen und Abgeneigtsein sind die grossen Anzeichen des Charakters. Die Menschen sind solche, die ihre „Herzen" verbergen und nicht zulassen, dass sie ausgelotet oder gemessen werden.[22]

Die für unsere Betrachtung zentrale Aussage ist: „Verlangen und Abgeneigtsein sind die grossen *Anzeichen* des Charakters" (*yù wù zhě xīn zhī dà duān yě* 欲惡者心之大端也). Was heisst das? Es heisst, dass jedes Verlangen, jede Abneigung auf die *Existenz* einer Herzanlage, eines Sinns oder auf eine „unsichtbare" Konfiguration von „Herzen" – eben auf den Charakter oder Charakterzüge hinweist (z. B. *xiào zǐ zhī xīn* 孝子之心 [„der Charakter eines pietätvollen Sohnes"]; *Mèng* 5A.1). Das Wort, welches hier mit „Charakter" übersetzt wird, ist wiederum *xīn* 心 „Herz". Eine „sozial-kompetente" Person hat also die Expertise, welche erlaubt, die Zulässigkeit von Begierden zu beurteilen. Die richtigen Begierden führen zur Bildung der richtigen Herzanlagen, denn diese folgen den Begierden. Und die richtigen

21 *Mèng* 7B.25; Lau ²1984, 2:295–297.

22 *Lǐ Jì* 9.23; Jamens Legge: *Li Chi, Book of Rites*: 1:380; 20.

Herzanlagen sind die Voraussetzungen für korrektes, eben: sozialkompetentes, Verhalten. Werden die Begierden nicht gemessen, fehlt es den Herzanlagen an Massstäben (vgl. Beleg B 5), wie die folgende Stelle ausführt:

B 11 事隨心, 心隨欲. 欲無度者, 其心無度. 心無度者, 則其所為不可知矣.

Das Dienen folgt dem Charakter; der Charakter folgt den Begierden. Fehlt den Begierden das, was Mass gibt, fehlt ihren [zugeordneten] Herzanlagen das Mass. Wenn einer Herzanlage das fehlt, was Mass gibt, dann wird das nicht erlauben, das was sie tut (evtl. tun soll), zu verstehen.[23]

Diese Betonung des Verhaltens, des Dienens (es sei auch an die bedeutsamen Ausführungen des Junkers Mèng über die korrekte Wahl von Fisch oder Bärentatzen erinnert), diese überragende Bedeutung von sozialen Rollen führt uns schliesslich dazu, die Wirklichkeit des berühmten Wortpaars *míng shí* 名實, angeblich „Wort und Wirklichkeit“, neu zu kontextualisieren.

Wenn im antiken China implizit oder explizit von sozialen Rollen die Rede ist, geraten wir unweigerlich in den Dunstkreis der *zhèng míng*-Diskussion (正名), also der Diskussion über das sogenannte Korrekthalten von Bezeichnungen. Eine Bezeichnung für eine soziale Rolle (etwa *fù* 父 [Vater]) ist eine *míng* 名. Das erinnert an ein bekanntes Diktum des Junkers Kǒng:

B 12 君君, 臣臣, 父父, 子子.

Der Fürst soll sich [im wahrsten Sinne des Wortes] wie ein Fürst verhalten, der Ministerial wie ein Ministerial, der Vater wie ein Vater, der Sohn wie ein Sohn.[24]

Die Erfüllung oder Realisierung (*shí* 實) einer sozialen Rolle ist am entsprechenden oder vorgeschriebenen Verhalten abzulesen. Dieses wiederum ist ein Anzeichen (*duān* 端) dafür, dass jemand über die Herzanlagen verfügt, welche den jeweiligen Verhaltensmustern zugrundliegen. Damit gelangen wir zu einem tieferen Verständnis des obigen Diktums: Ein Vater (Nomen *fù* 父) verhält sich wie ein Vater (Verb *fù* 父), weil er über die Herzanlagen, den Charakter oder die Mentalität eines Vaters verfügt (*fù xīn* 父

23 *LSCQ* 20/8.1; Knoblock/ Riegel, S. 540.

24 *Lùn Yǔ* 12.11; D.C. Lau: *Confucius. The Analects* (Lun yü) (Hong Kong: Chinese University Press 1983), S.113.

心). Allgemeiner ausgedrückt: Eine mit einem bestimmten *míng* 名 bezeichnete Person realisiert (*shí* 實) durch adäquates Verhalten spezifische Herzanlagen. In sich trägt bzw. entwickelt der Mensch als Kern (*shí* 實) die erforderlichen Herzanlagen, welche verschiedene physische, psychische und mentale Prozesse oder Anlagen umfassen.

5. Schlussbemerkung

Hiermit sei der Versuch beendet, einer sozialen Rolle (nämlich der des Vortragenden oder Autors) mit entsprechendem Verhalten gerecht zu werden. Mit dieser Aktualisierung, mit den vorgelegten Belegen und Ausführungen sollte gezeigt werden, dass die Konstituierung der Wörter eine fundamentale Aufgabe der Sinologie, ja jedes wissenschaftlichen Tuns ist. Ist dieses Fundament gut gelegt, kann mit Zuversicht von der Mikroebene zu den grossen Fragen, zur Makroebene geschritten werden. Gerade in der Frage der sogenannten „menschlichen Natur" im alten China ist aber der aktuelle und vorherrschende sinologische Diskurs in hohem Masse problematisch.[25] Dieser Diskurs schafft durch ihre kulturelle Voreingenommenheit in Bezug auf die Begrifflichkeit, z. B. von Gut und Böse, Scheinprobleme. Sie zeigt aber auch in ihrem Versagen angesichts der Komplexität der Wörter und Texte, in der unkritischen Übernahme publizierter Übersetzungen, ja in ihrer bisweilen souveränen Missachtung der textlichen Vorlagen, dass ihre Diskussionen wohl eher zeitgenössischen Problemen oder intellektuellen Modeströmungen entspringen als einem echten Bemühen um die Inhalte der antikchinesischen Texte. Das ist dann vielleicht z. B. Philosophie, aber nicht Sinologie. Es sei die Hoffnung geäussert, hiermit eine besondere Herzanlage sinnvoll eingesetzt bzw. bei Lesenden in Bewegung gesetzt zu haben, nämlich den nach Junker Mèng angeborenen Sinn für das Fürrichtig- und Fürfalschhalten (vgl. Beleg B 4), welches die Ansatzstelle für einsichtiges Verhalten sei (*shì fēi zhī xīn zhì zhī duān yě* 是非之心智之端也).

25 Donald J. Munro, Rogert T. Ames, David Hinton, Shun Kwong-loi, Charles Fu Wei-hsin, Robert E. Allinson, James Behuniak und Irene Bloom mögen hier stellvertretend genannt sein.

Bestattungssitten in den drei Ritenklassikern und die „Wahrheit“ in den Gräbern

Armin Selbitschka

Since the establishment of the People's Republic of China, the volume of field studies in and scholarship on Chinese Archaeology steadily increased, and methods of excavation and documentation also became more and more sophisticated. Only the ways to deal with the archaeological findings didn't necessarily keep up with the developments: Interpretation of material remains is often still guided by notions expressed in the so-called "Three Rites Canons" (*Liji*, *Zhouli*, *Yili*). By contrasting the mourning rituals recorded in these books with actual archaeological evidence, I am going to demonstrate, however, that it is imperative to explain archaeological data first and foremost on its own account. Only then can we search the written records for possible confirmation.

Einleitung

Seit der Gründung der Volksrepublik im Jahr 1949 ist ein stetiger Anstieg archäologischer Feldarbeit in China zu verzeichnen. In der Regel fanden dabei immer zeitgemäßere Grabungsmethoden Verwendung und die Qualität der Dokumentation der Grabungsergebnisse verbesserte sich zusehends. Die Methoden zur Interpretation des archäologischen Materials hielten indes nicht immer mit dieser fortschrittlichen Entwicklung mit. Beschäftigt man sich nämlich mit chinesischen Grabungsberichten, sieht man sich regelmäßig folgendem Phänomen gegenüber: Ohne die geographische Lage innerhalb Chinas oder die Datierung der Fundstelle zu berücksichtigen, wird die wissenschaftliche Beurteilung materieller Hinterlassenschaften (Funde) und/ oder archäologischer Befunde[1] durch die Aufzeichnungen in den sogenann-

1 Manfred K.H. Eggert: *Prähistorische Archäologie. Konzepte und Methoden.* (Tübingen/Basel: A. Francke Verlag, 2001), S. 52, erklärt einen archäologischen Fund folgendermaßen: „Dabei werden unter dem Begriff ‚Fund' sowohl konkrete Objekte der materiellen Kultur, das sogenannte ‚Sachgut', als auch sonstige kulturelle und natürliche Materialien verstanden, aus denen Erkenntnisse über den ur- und frühgeschichtlichen Menschen und seine biophysische Umwelt gewonnen werden können.“. Weiter definiert er einen archäologischen Befund als „die Gesamtheit historisch aussagefähiger Beobach-

ten drei Ritenklassikern[2] bestimmt. Dieser Ausdruck faßt die überlieferten Werke *Aufzeichnungen der Riten* (*Liji* 禮記), *Riten der Zhou* (*Zhouli* 周禮) und *Zeremoniell und Riten* (*Yili* 儀禮) zusammen. In wenigen Worten ausgedrückt, gaben sie Regeln für passendes Verhalten im sozialen Miteinander an die Hand.

Die folgenden Beispiele werden die Vorgehensweise mancher Wissenschaftler verdeutlichen. Abb. 1 zeigt die Umrisse einer männlichen (links) und einer weiblichen (rechts) Mumie. Sie tragen jeweils ein Langgewand aus mehrfarbig gemusterter Seide und wurden etwa zwischen dem 3. und 4. Jh. n. Chr. gemeinsam in einem Plankensarg bestattet. Die Ausgräber des heute als *Ruinen von Niya* (*Niya yizhi* 尼雅遺址) bekannten Fundorts am südlichen Zweig der Seidenstraße bezeichneten die Beisetzung als Grab Nr. 3 (95MN1M3). Obwohl die damalige Bevölkerung der Fundstelle im modernen Autonomen Gebiet Xinjiang bestenfalls in lockerem Kontakt zur Han-chinesischen Zivilisation stand, sind die Autoren des Grabungsberichts der Meinung, der männliche Grabherr habe ausdrücklich die Regeln des *Liji* befolgt. Basis dieser Interpretation ist das Langgewand des Verstorbenen. Es war zum Zeitpunkt der Ausgrabung unter dem rechten Arm verschlossen, obgleich sein Schnitt prinzipiell darauf ausgelegt ist, unter dem linken Arm verknotet zu werden. Für die Ausgräber besteht demnach kein Zweifel, daß sie es mit der materiellen Ausprägung einer Vorstellung aus dem Kapitel *Die großen Aufzeichnungen von Trauerritualen* (*Sang da ji* 喪大記) des *Liji* zu tun haben. Die Kernaussage des Arguments – die entsprechende *Liji*-Passage wird überdies nur durch den Kommentar *Kong Yingdas* 孔穎達 (576-648) anwendbar – läßt sich wie folgt zusammenfassen: Han-Chinesen hatten zu Lebzeiten ihre Langgewänder unter dem rechten Arm zu verknoten; sobald sie gestorben waren, mußte die Kleidung im Zuge der Trauerriten unter dem linken Arm verschlossen werden.[3] Die tatsächliche Umkeh-

---

tungen in archäologischen Fundsituationen“. Ein Grabhügel bzw. Tumulus wäre also ein Beispiel für einen archäologischen Befund.

2 Zu den drei Ritenklassikern siehe Michael Nylan: *The Five „Confucian“ Classics*. (New Haven/London: Yale University Press, 2001), S. 168-201.

3 Wang Binghua 王炳華, Lü Enguo 呂恩國 et al.: „95MN1 hao mudi de diaocha“ 95MN1號墓地的調查, in: Zhong-Ri Ri-Zhong Gongtong Niya Yiji Xueshu Kaochadui 中日日中共同尼雅遺跡學術考察隊: *Zhong-Ri Ri-Zhong gongtong Niya yiji xueshu diaocha baogaoshu* 中日日中共同尼雅遺跡學述調查報告書. Di er juan: Ben-

rung eines ohnehin vage rekonstruierbaren Rituals führt die Autoren also zur Überzeugung, daß sich sogar blonde[4] „Hinterweltler“ an konfuzianischen Riten orientierten und demnach auch einen chinesischen Lebensstil pflegten. Daß das Gewand einer weiteren männlichen Mumie aus dem Grab Nr. 1 (95MN1M1)[5] nur wenige Meter entfernt von Bestattung Nr. 3 unter dem linken Arm verschlossen war, hatte offenbar keinen Einfluß auf die Beurteilung der Gesamtsituation. Sie untersuchten (oder veröffentlichten?) weder ob auch dieses Kleidungsstück ursprünglich dafür bestimmt war, unter dem rechten Arm verschlossen zu werden, noch nahmen sie zu den unterschiedlichen Befunden Stellung.[6]

Es sollte auch darauf hingewiesen werden, daß sich der wenig reflektierte Gebrauch der Ritenklassiker als Interpretationshilfe nicht auf Publikationen in chinesischer Sprache beschränkt; auch Arbeiten in westlichen Sprachen neigen gelegentlich dazu. Beispielsweise fand ein Autor für die tatsächliche Existenz von Särgen (*guan* 棺) innerhalb größerer (gewöhnlich hölzerner) Einbauten (*guo* 椁; „encasement”) eine bequeme Erklärung im Ausspruch eines gewissen Guozi Gao 國子高 aus dem *Liji*:

> Burying means hiding away; and this hiding is from a wish that people should not see it. Hence there are clothes sufficient for an elegant covering; the coffin

wen bian 第二卷：本文編. (Wulumuqi, Kyoto: Zhongri Rizhong Gongtong Niya Yiji Xueshu Kaochadui, 1999), S. 88-132, hier: S. 108-109. Grab Nr. 3 stellt die aufwendigste von insgesamt neun Bestattungen eines kleinen Friedhofs dar, den die Ausgräber mit dem Kürzel 95MN1 bezeichneten.

4 Wang Binghua 王炳華: „Niya gushi“ 尼雅古屍, in: Wang Binghua 王炳華: *Xinjiang gushi – Gudai Xinjiang jumin jiqi wenhua* 新疆古屍 — 古代新疆居民及其文化. (Wulumuqi: Xinjiang renmin chubanshe, 1999), S. 114-143, hier: S. 120. Weitere physische Merkmale, wie z. B. ein hoher Nasenrücken und hervortretende Augenbrauenwülste (Arcus superciliaris), deuten an, daß der 174 cm große Mann sehr wahrscheinlich kein Han-Chinese war.

5 Yu Zhiyong 于志勇: „Loulan – Niya diqu chutu Han Jin wenzi zhijin chutan“ 樓蘭 — 尼雅地區出土漢晉文字織錦初探, in: *Zhongguo Lishi Wenwu* 中國歷史文物 2003.6, 38-48, hier: 42. Für den entsprechenden Grabungsbericht siehe Wang Binghua / Lü Enguo: „95MN1 diaocha“, S. 122-129.

6 Das Gleiche gilt beispielsweise für die weibliche Grabherrin von 95MN1M3, die, wie die männliche Mumie auch, ihr Gewand unter dem rechten Arm verschloß.

> all round about the clothes; the encasement all round about the coffin; and the earth all round about the encasement.[7]

Daß der Autor ausdrücklich Guozi Gaos Lebenszeit betont – er war ein Mitglied der Östlichen Zhou (770-221 v. Chr.) Gesellschaft –, sollte seinem Argument sicherlich mehr Gewicht verleihen. Daß jedoch ein einzelner Zeitgenosse der Östlichen Zhou zu den vermeintlichen Gründen einer Bestattungssitte Stellung bezieht, die nachweislich mindestens bis in die Shang-Zeit (ca. 1570-1045 v. Chr.) zurückdatiert,[8] ist nicht zwangsläufig ein Beleg für die tatsächlichen Motive hinter den Einbauten und Särgen. Besonders wenn man die Zeitspanne bedenkt, die zwischen Guozi Gaos Ausspruch und dem Zeitpunkt der Kompilation des *Liji* liegt.

Diese zwei Beispiele belegen hinreichend, daß die Autorität der Ritenklassiker bei der Interpretation des archäologischen Materials oftmals nicht in Frage gestellt wird. Eine Konferenz zum Thema *Sprache und Wirklichkeit in China* bietet nun die ideale Möglichkeit, der Frage nachzugehen, wieviel archäologisch nachprüfbare „Wahrheit" wirklich in den Ritenklassikern auszumachen ist. Man sollte meinen, daß sie in 150 Jahren sinologischer Forschung längst beantwortet wurde. In der Tat widmete sich Dieter Kuhn im Jahr 1995 in einer umfassenden Untersuchung dem Thema.[9] Etwa das erste Drittel seines Aufsatzes beschäftigt sich mit der Rekonstruktion antiker Trauerrituale auf der Grundlage verschiedener Schriftquellen, nicht nur der Ritenklassiker. Im zweiten Drittel vergleicht er archäologisches Material aus dem Neolithikum bis ins 3. Jh. v. Chr. mit den *Liji*. Der letzte Teil der Arbeit analysiert, wie sich die Informationen aus den Ritenklassikern zu Bestattungen aus der Han-Zeit (206 v.-220 n. Chr.) verhalten.

Warum sollte man dann die Frage noch ein zweites Mal angehen? Zum einen weil der vorliegende Beitrag ein anderes Ziel verfolgt. Während Die-

7 Wu Hung: „From Temple to Tomb. Ancient Chinese Art and Religion in Transition", in: *Early China* 13 (1988), S. 78-115, hier: S. 96.

8 Robert Bagley: „Shang Archaeology", in: Michael Loewe und Edward L. Shaughnessy (eds.). *The Cambridge History of Ancient China. From the Origins of Civilization to 221 B.C.* (Cambridge, New York et al.: Cambridge University Press, 1999), 124-231. Für Belege von sogenannten „äußeren" (*guo*; d. h. Einbauten) und „inneren" (*guan*) Särgen in einem Grab siehe z. B. die Seiten 168, 192, und 219.

9 Dieter Kuhn: „Tod und Beerdigung im chinesischen Altertum im Spiegel von Ritualtexten und archäologischen Funden", in: *Tribus* 44 (1995), S. 208-267.

ter Kuhn in erster Linie die Aussagen der Schriftquellen durch zusätzliche, d. h. archäologische Informationen unterstützen wollte, um eine bessere Vorstellung vergangener Rituale zu erhalten,[10] werde ich mich dem Thema mehr aus der Sicht eines Archäologen nähern. Im Vordergrund steht dabei das Problem, inwieweit es methodisch überhaupt angebracht ist, die Ritenklassiker aktiv bei der Deutung früher chinesischer Gräber zu verwenden. Zum anderen vernachlässigte Kuhn mit den häufiger in Gräbern enthaltenen Manuskripten – manche brachten sogar Teile der Ritenklassiker ans Licht – eine Fundgruppe stetig wachsender Zahl und zunehmender Bedeutung. Die relevanten Schriftfunde werden daher in die folgenden Überlegungen einbezogen. Schließlich ist es eine wichtige Beobachtung, daß einige Verstorbene wenigstens einzelne Passagen der rituellen Richtlinien mit in ihre Gräber nahmen. Ob sich die Grabherren bzw. ihre Hinterbliebenen bei den jeweiligen Bestattungen tatsächlich nach den Regeln richteten, wird sich bald zeigen.

Eine kurze Vorstellung der hier wichtigsten Aspekte der Ritenklassiker wird nun den analytischen Teil der Untersuchung einleiten. Sie wird zeigen, daß jedes der drei Bücher auf eine bestimmte Zielgruppe ausgerichtet war. Zudem wird sie verdeutlichen, daß sich der sich der jeweilige tatsächliche Entstehungszeitraum von den traditionellen Kompilationsdaten erheblich unterscheidet. Darauf folgt die Suche nach Textpassagen, die Informationen über materielle Manifestationen ritueller Aktivitäten liefern, die vielleicht auch heute noch in den Funden und Befunden aus Gräbern auszumachen sind. Dabei ist z. B. an die Anzahl und Art von Beigaben, die Höhe von Grabhügeln oder die Anzahl von Särgen zu denken. In den Bestattungen wurden die ausgegrabenen Manuskripte zwar wie Beigaben verwendet, die rituelle Notwendigkeit, sie bei den Toten zu deponieren, ist jedoch in keinem der Ritenklassiker verzeichnet; sie werden deshalb in einem eigenen Abschnitt behandelt. Der Vergleich der materiellen Manifestationen von Riten aus den Ritenklassikern mit den Funden und Befunden aus mehreren Gräbern wird letztlich die Analyse abschließen.

10 Ebd., S. 209.

Die drei Ritenklassiker

Die *Riten der Zhou* (*Zhouli*)

Der Aufbau des *Zhouli* orientiert sich an der Struktur des Verwaltungsapparats des königlichen Staates Zhou während der Herrschaft des Herzogs von Zhou (Zhou gong 周公; reg. 1042-1036 v. Chr.).[11] Die sechs übergeordneten Sektionen des *Zhouli* bezeichnete man entsprechend der sechs wichtigsten Ämter im Zhou-Staat, die wiederum in 60 weitere Titel niederer Ränge untergliedert wurden. So liefert das *Zhouli* in seiner heute erhaltenen Gestalt insgesamt 360 Ämter, deren jeweilige Aufgabenbereiche es akribisch beschreibt.[12]

Folgt man der traditionellen Sichtweise, so wurde es zu Zeiten des Herzogs von Zhou niedergeschrieben.[13] Tatsächlich entstanden die *Riten der Zhou* in ihrer überlieferten Form indes relativ spät. Aufgrund historiographischer Hinweise auf das Werk sowie grammatikalischer Charakteristika im Buch selbst geht man davon aus, daß der Text, wie wir ihn heute kennen, wohl aus dem späten 4. oder frühen 3. Jh. v. Chr. stammt.[14]

Die *Aufzeichnungen der Riten* (*Liji*)

Anders als das *Zhouli* wartet das *Liji* häufig mit Anekdoten auf, in denen Konfuzius oder dessen Schüler einen gewissen Standpunkt verdeutlichten. Andere Passagen lesen sich wie konkrete Definitionen bestimmter Rituale. Alleine der Vergleich von zwei der insgesamt 49 Überschriften verdeutlicht

11 *„Confucian Classics"*, S. 182.

12 William G. Boltz: „Chou li", in: Michael Loewe (ed.): *Early Chinese Texts: A Bibliographical Guide. Early China Monographs Series No. 2.* (Berkeley: The Society for the Study of Early China, The Institute of East Asian Studies, University of California, 1993), S. 24-32, hier: S. 24-25.

13 William G. Boltz: „I li", in: *Early Chinese Texts*, S. 234-243, hier: S. 237. Dagegen meint Michael Nylan in *„Confucian Classics"*, S. 174, daß die traditionalistischen „Han scholiasts preferred to link the composition of the *Rites* canons with Lu, the state that served as supposed repository of hallowed traditions dating back to the Duke of Zhou, to Confucius's inner circle of disciples, and to his descendants."

14 William G. Boltz: „Chou li", S. 25-26. Vgl. auch *„Confucian Classics"*, S. 175.

bereits die Heterogenität des Textes: neben das *Große Lernen* (*Daxue* 大學) gesellt sich etwa die *Bedeutung von Opfern* (*Ji yi* 祭義).

Stilistische und inhaltliche Differenzen[15] deuten an, daß das Werk mehrere Autoren hatte oder wenigstens anhand unterschiedlicher Quellen kompiliert wurde. Wann genau dies geschah, ist aber immer noch umstritten. Einige Gelehrte befürworten die frühe Westliche Han-Zeit, d. h. das späte 3. und frühe 2. Jh. v. Chr.,[16] andere wiederum bevorzugen das 1. Jh. n. Chr.[17]

Das Buch *Zeremoniell und Riten* (*Yili*)

Eine weitere Facette chinesischen Rituals wird im Werk *Yili* deutlich. Entgegen dem *Zhouli* und *Liji* formulierte das *Yili* Verhaltensregeln für die sozial niedriger positionierten „Junker“ (*shi* 士). Dabei schien die Sorge um die Toten von besonderer Bedeutung gewesen zu sein, da Trauerriten in sieben von insgesamt 17 Kapiteln thematisiert werden.[18]

Was die Datierung des *Yili* betrifft, weichen Tradition und moderne Forschungserkenntnisse zur überlieferten Version ebenfalls stark voneinander ab. Einerseits wird das *Yili* dem Herzog von Zhou zugeschrieben, andererseits finden sich historiographische Verweise auf das Werk, die lediglich auf seine Existenz im 3. Jh. v. Chr. hindeuten. Grammatikalische Eigenheiten lassen das wesentlich jüngere Datum plausibler erscheinen, auch wenn manche Teile des Texts nachweislich älteren Ursprungs sind.[19]

Insgesamt beschäftigen sich also zwei der drei Ritenklassiker mit den Ritualen der herrschenden Elite der Zhou-Gesellschaft. Das *Zhouli* demon-

15 Jeffrey K. Riegel: „Li chi“, in: Michael Loewe (ed.): *Early Chinese Texts*, S. 293-297, hier: S. 295. Englische Übersetzung von James Legge: *The Sacred Books of China. The Texts of Confucianism. Parts III and IV: The Li Ki.* (Oxford: Clarendon Press, 1885). Vgl. auch *„Confucian Classics“*, S. 187.

16 Ebd., S. 174f.

17 Jeffrey K. Riegel: „Li chi“, S. 295.

18 William G. Boltz: „I li“, S. 234-236. Eine kurze Erklärung des Begriffs *shi* und was es bedeutete, in der Zeit der Streitenden Reiche ein *shi* zu sein findet sich bei Cho-yan Hsu: „The Spring and Autumn Period“, in: Michael Loewe and Edward L. Shaughnessy (eds.). *The Cambridge History of Ancient China*, S. 545-586, hier: S. 583f., und 586. Eine umfassendere Diskussion der *shi* zur Han-Zeit bietet Robert H. Gassmann: „Through the Han Glass Darkly. On Han Dynasty Knowledge of the Ancient Chinese Term *Shi* (Gentlemen)“, in: *Monumenta Serica* 51 (2003), S. 527-542.

19 William G. Boltz: „I li“, S. 237, und *„Confucian Classics“*, S. 178.

striert den (idealisierten) Verwaltungsaufbau der Westlichen Zhou, wohingegen das *Liji* die (idealisierten) Riten dieser Periode als eine Art moralischer Kompaß anpreist. Das *Yili* verfolgt freilich das gleiche Ziel, wenn auch auf einem geringerem Gesellschaftsniveau.[20] Der Grund dafür ist relativ leicht verständlich, berücksichtigt man die Umstände, in denen die Bücher ihre heutige Form erhielten: Sie alle wurden in etwa um den Beginn der Westlichen Han-Dynastie kompiliert, daß *Liji* vielleicht noch später. Um ihre neue gewonnene Macht zu festigen, entdeckten die Herrscher der noch jungen Han-Dynastie die verbindenden Kräfte der Rituale, so wie sie die Weisen des Altertums propagierten. Bald nachdem der Thron von den Qin 秦 im Jahr 206 v. Chr. übernommen wurde, beauftragte man Gelehrte, erhaltene Riten zu sammeln und in Vergessenheit geratene Riten zu rekonstruieren.[21] Rituale wurden zum politischen Werkzeug und die drei Ritenklassiker spielten dabei eine besondere Rolle. Zusammen mit den vielen inhaltlichen Widersprüchen in den Texten selbst, sollte alleine diese Erkenntnis Grund genug sein, die Bücher mit ausreichender Vorsicht zu verwenden.[22]

Materielle Manifestationen von Ritualen in den Ritenklassikern

Um überhaupt Schriftquellen mit archäologischen Belegen vergleichen zu können, was letztlich ja Ziel dieses Beitrags ist, muß eine gemeinsame Vergleichsgrundlage geschaffen werden. Für den Archäologen bedeutet dies, nach materiellen Ausprägungen ritueller Handlungen in den Ritenklassikern zu suchen. Da es gewöhnlich keine Möglichkeit gibt, Rituale, die keine materiellen Spuren hinterlassen, im archäologischen Kontext zu erschließen, können solche Rituale im folgenden auch nicht berücksichtigt werden. Viele Textstellen bleiben demzufolge unberührt, da sie hauptsächlich Trauerrituale näherbringen, die vor dem Einsargen des Leichnams stattfanden.[23] Im Hinblick auf konkrete Hinweise auf materielle Manifestationen des rituellen

20 „*Confucian Classics*“, S. 181.

21 Ebd., S. 176f.

22 Ebd., S. 174.

23 Wie in der Einleitung bereits angesprochen wurde, widmete Professor Kuhn einen Teil seiner Untersuchung den Trauerriten. Siehe dazu Dieter Kuhn: „Tod und Beerdigung“, S. 216-220.

Umgangs mit Verstorbenen finden sich in den Ritenklassikern Verweise auf Grabhügel (Tumuli), die korrekte Orientierung des Grabs, die Holzeinbauten in den Schächten, auf Särge, Leichentücher, Beigaben, auf die Kleidung der Toten und die individuelle Vorbereitung der Verstorbenen durch Mundbeigaben. Da nur ein begrenzter Raum zur Verfügung steht, kann hier indes nicht auf alle Aspekte eingegangen werden.

Laut *Liji* gehörte es zum Ritual des *Kleinen Ankleidens* (*xiao lian* 小斂), den Leichnam eines Herrschers (*jun* 君) auf eine Bambusmatte zu legen. Dagegen mußten sich Würdenträger (*dai fu* 大夫) und „Junker" mit Grasmatten absteigender Qualität zufriedengeben. In einem weiteren Schritt dieses Rituals bedeckte man den Verstorbenen mit Decken (Leichentüchern?) verschiedener Materialien. Den Herrschern waren Decken aus kostbaren mehrfarbig gemusterten Seidengeweben vorbehalten. Jeder Tote sollte zudem mit 19 Kleidungsstücken versorgt werden.[24] Unglücklicherweise geschah dies alles noch bevor der Leichnam in den Sarg gelangte. Die Passage verrät weder, welche dieser Objekte tatsächlich in den Sarg kamen, noch gibt es eine andere Möglichkeit dies herauszufinden. Man muß sich also auf die Suche nach handfesteren Anhaltspunkten begeben.

Diese finden sich in der Form von Tumuli, die in zwei Einträgen des *Liji* und einer Passage des *Zhouli* ausdrücklich thematisiert werden. Jede der beiden *Liji*-Stellen stützt sich auf Konfuzius als maßgebliche Autorität. Im ersten Beispiel schüttete Konfuzius einen Hügel über dem Grab seiner Mutter auf, damit er ihren Begräbnisort stets in Erinnerung behalten konnte. Gerade weil diese Tat scheinbar nicht den Bräuchen der Weisen des Altertums entsprach, erwies sich Konfuzius in dieser Situation als außerordentlich pietätvoller Sohn. Schließlich stellte er das Andenken an seine Mutter über die von ihm ansonsten so hoch geschätzten althergebrachten Gepflogenheiten.[25] Im zweiten Fall pries Konfuzius die Tugend eines gewissen Jizi 季子, der darauf bestand, in Alltagskleidung beigesetzt zu werden. Überdies sollte der Hügel über seinem Grab nur so hoch sein, daß man seine ausgestreckte

24 Zhonghua Shuju 中華書局: „Liji zhengyi 禮記正義", in: Zhonghua Shuju Bianjibu 中華書局編輯部: *Shisan jing zhushu fu jiaokanji* 十三經注疏附校勘記. (Beijing: Zhonghua Shuju, 1979), S. 1229-1696, hier: juan 44, S. 1577. Auch James Legge: *Li Ki, Pt. IV*, S. 185f.

25 „Liji zhengyi", juan 6, S. 1275. *Li Ki, Pt. III*, S. 123.

Hand auf dessen Gipfel ablegen konnte.[26] Anders als Konfuzius waren andere Teile der Zhou-Gesellschaft nicht besonders erpicht darauf, ihre Tumuli so niedrig als möglich zu halten. Ganz im Gegenteil, denn zu den Hauptaufgaben des Grabhügelbeamten (*zhong ren* 冢人) zählte nämlich, die Höhen der Grabhügel entsprechend des sozialen Ranges der Verstorbenen durchzusetzen.[27]

Besonders das *Liji* liefert Informationen über die Ausgestaltung des Grabschachts. Demzufolge konstruierten schon die Leute der Shang-Zeit Einbauten (*guo*; „Außensarg"), in denen Särge (*guan*; „Innensarg") als eigentliche Totenbehältnisse zum Einsatz kamen.[28] Eine andere Textstelle eröffnet dem Leser, daß sich Einbau und Sarg im Grab eines Herrschers so weit voneinander entfernen mußten, daß ein Schlagkasten (*zhu* 柷) dazwischen paßte. Bei Würdenträgern und „Junkern" mußte Platz für eine Flasche (*hu* 壺) bzw. einen Topf (*wu* 甒) sein.[29] Der soziale Status spielte auch eine entscheidende Rolle, wenn es um Größe, Dekoration, Fütterung oder Material des Einbaus und des Sarges ging. So war es etwa das Privileg eines Kaisers (*tianzi* 天子), in insgesamt vier Särgen beerdigt zu werden. Der Text bezeichnet deren Umhüllung mit den Häuten von Nashörnern und Wasserbüffeln sogar noch als (fünften) „Sarg". Der entsprechende Einbau sollte aus Zypressenholzplanken von jeweils sechs Fuß (*chi* 尺) Länge zusammengesetzt werden. Vom innersten Sarg wurde erwartet, daß er aus dem Holz des Trompetenbaums (Gattung Catalpa) gezimmert wurde, während die beiden darauffolgenden Särge aus Espenholz bestehen sollten.[30] Einem Herrscher (*jun*) standen drei Särge zu. Der Äußerste durfte acht Zoll (*cun* 寸) Stärke nicht überschreiten und mußte aus Fichtenholz bestehen. Vermutlich für den innersten Sarg war eine Fütterung mit roter Seide vorgesehen und den Deckel sollte Lackbemalung verzieren. Vergleichbare Regeln finden sich für Würdenträger und Niedere Würdenträger (*xia daifu* 下大夫). Beiden Rängen war es gestattet, in zwei, freilich verschieden starken Särgen

26 „Liji zhengyi", juan 10, S. 1313. *Li Ii, Pt. III*, S. 192.

27 Zhonghua shuju 中華書局: „Zhouli zhushu 周禮注疏", in: *Shisan jing zhushu fu jiaokanji*, S. 629-940, hier: juan 22, S. 786.

28 „Liji zhengyi", juan 6, S. 1276. *Li Ki, Pt. III*, S. 125.

29 „Liji zhengyi", juan 45, S. 1585. *Li Ki, Pt. IV*, S. 199.

30 „Liji zhengyi", juan 8, S. 1293. *Li Ki, Pt. III*, S. 158f.

bestattet zu werden. Allerdings war nur der Sarg eines Würdenträgers mit schwarzer Seide gefüttert. Im Gegensatz dazu mussten sich „Junker“ mit nur einem Sarg zufriedengeben, der zudem noch aus unterschiedlichen, nicht näher definierten Holzarten gefertigt wurde. Ihm fehlten jegliche Fütterung oder Lackverzierungen. Darf man den Kommentatoren der entsprechenden Textstelle glauben, wurden sowohl die gesammelten Haare als auch die Fingernägel von Herrschern und Würdenträger in den vier Ecken der innersten Särge deponiert.[31]

Dieser Umstand führt jedoch bereits in den Bereich der Beigaben. Um zu erklären, warum diese überhaupt nötig waren, zitierten die Kompilatoren des *Liji* erneut Konfuzius:

> 之死而致死之，不仁而不可為也；之死而致生之，不知而不可為也。是故，竹不成用，瓦不成味，木不成斫，琴瑟張而不平，竽笙備而不和，有鐘磬而無簨虡，其曰明器，神明之也。
>
> Sich dem Totsein [eines Menschen] zuzuwenden und dabei dahin zu kommen, er sei [vollständig] tot, das ist nicht menschlich und kann nicht gemacht werden. Sich dem Totsein [eines Menschen] zuzuwenden und dabei dahin zu kommen, er sei am Leben, das ist nicht weise und kann nicht gemacht werden. Darum sind Bambus[geräte] nicht vollständig gebrauchbar, Keramik[geräte] nicht fertiggestellt und Holz[geräte] nicht vollständig geschnitzt. Die Lauten sind bespannt, aber nicht gestimmt; die Pfeifen der Mundorgeln sind angerichtet, aber nicht harmonisiert und es gibt Glocken und Klangsteine, die nicht an den entsprechenden Gerüsten hängen. Sie alle bezeichnet man als „helle Geräte“ (*mingqi* 明器), das heißt, die Geister [der Verstorbenen] können sie klar erblicken.[32]

Hier ist nicht so wichtig, warum Beigaben in den Gräbern deponiert wurden. Vielmehr interessiert die Qualität der Funde, die ein Archäologe möglicherweise entdecken könnte. Laut Konfuzius hätte er Bambus-, Holz- und Keramikobjekte zu erwarten, die auf die eine oder andere Weise weniger oder vielleicht auch minderwertig bearbeitet wurden. Überdies sollten Musikinstrumente zwar vorhanden, aber nicht anständig bespielbar sein. Vermeintlich vorhandene Glocken und Klangsteine sollten einfach auf der Grabsohle liegen. Das *Liji* äußert sich auch zu Lebensmittelbeigaben. Abermals über-

31 „Liji zhengyi“, juan 45, S. 1583. *Li Ki, Pt. IV*, S. 196.

32 „Liji zhengyi“, juan 8, S. 1289. Eine abweichende Übersetzung bietet *Li Ki, Pt. III*, S. 148.

trifft ein Herrscher seine Untertanen in Qualität und Quantität: Seine acht Körbe mit vier Sorten gerösteten Getreides blieben unerreicht von den sechs Körben mit drei Sorten gerösteten Getreides eines Würdenträgers oder den vier Körben mit zwei Sorten Getreide eines „Junkers". Hingegen ziemte es sich offenbar, Fisch und Fleisch nach eigenem Gutdünken zu verabreichen.[33]

Daß Kleidung eine wichtige Rolle im Rahmen der Trauerriten spielte, zeigte der kurze Auszug aus dem *Liji*-Kapitel *Kleines Ankleiden*. Dabei wurde bereits darauf hingewiesen, daß wir nicht wissen können, wie viele der Kleidungsstücke des *Kleinen* und *Großen Ankleidens* (*da lian* 大斂) später tatsächlich zusammen mit dem Toten beerdigt wurden. Es scheint jedoch mehr als unwahrscheinlich, daß ein Herrscher bei seiner Grablegung wirklich 100 Kleidungsstücke am Körper trug.[34] Konkretere Informationen, wenigstens was die Beisetzung eines „Junkers" betrifft, liefert das *Yili*. Er sollte zuerst gekleidet werden in

> 爵弁服、純衣、皮弁服、褖衣、緇帶、韎韐、竹笏。夏葛屨，冬白屨，皆繶緇絇純，組綦繫於踵。庶襚繼陳，不用。
>
> ein einfaches Kleid, das zur Opferkappe paßt [d. h. das dem Rang der Opferkappe entspricht]. [Dann] folgt ein Kleidungsstück mit abgesetzten Rändern, das zur Lederkappe paßt, und ein dunkler Gürtel sowie Knieschoner aus rotem Leder und ein Bambustäfelchen [als Zeichen seines Ranges]. Im Sommer sollte [ein „Junker"] Schuhe aus Garn tragen, im Winter dagegen Schuhe aus weißem Leder. Beide Arten von Schuhen sind an der Ferse verschnürt und ihre Spitzen sind mit schwarzer Seide überzogen.[35]

Nun sind einige Befunde und Funde bekannt, die möglicherweise noch im archäologischen Material erhalten sein könnten. Die Ritenklassiker forderten Tumuli über den Gräbern, unterschieden zwischen Einbauten und Särgen und erwarteten Beigaben aus Keramik, Bambus und Holz. Weiter sollten Glocken und Klangsteine in den Gräbern nicht an entsprechenden Holzgerüsten aufgehängt werden. Weniger deutlich lassen sich Kleidungsvorschriften fassen. Über die Anzahl von Kleidungsstücken in Gräbern ließe

33 „Liji zhengyi", juan 45, S. 1583. *Li Ki, Pt. IV*, S. 196.

34 Für eine Zusammenstellung der relevanten Passagen des *Kleinen* und *Großen Ankleidens* siehe Dieter Kuhn: „Tod und Beerdigung", S. 218.

35 Zhonghua shuju 中華書局: „Yili zhushu 儀禮注疏", in: *Shisan jing zhushu fu jiaokanji*, S. 941-1220, hier: juan 35, S. 1131.

sich nur spekulieren. Die Art der Kleidung wird nur für den „Junker“ ein wenig genauer beschrieben.

Ausgegrabene Manuskripte

Eine beachtliche Menge an Manuskripten wurden bislang in Gräbern des späten 5. Jh. v. bis ins 2. Jh. n. Chr. aus beinahe allen Regionen der VR China entdeckt.[36] Daß die meisten dieser Schriftfunde vor allem in südchinesischen Bestattungen ans Licht kamen, hat wohl in erster Linie klimatische und daher erhaltungsbedingte Ursachen. Die geographische Verteilung der Funde in fast ganz China deutet an, daß auch andernorts Texte als Beigaben Verwendung fanden. Nicht nur die Anzahl der bislang bekannten Manuskripte ist beeindruckend, auch ihre inhaltliche Vielfalt erstaunt. Sie umfassen beispielsweise medizinische, philosophische und historiographische Texte; Gedichte wurden ebenso entdeckt wie Divinationshandbücher. Gemessen an der Gesamtsumme aller Manuskripte und ihrer inhaltlichen Variabilität ist zu vermuten, daß sich bestimmt einige Kopien der Ritenklassiker unter den Funden befanden. Was könnte mehr über die tatsächliche Befolgung der Verhaltensregeln für Bestattungen aussagen, als die Entdeckung dieser normativen Texte in den Gräbern? Wenn ein Verstorbener oder seine Hinterbliebenen die entsprechenden Werke schon für ausreichend wichtig erachteten, um sie zusammen mit den Toten zu beerdigen, dann ist doch anzunehmen, sie hätten sich an die darin fixierten Regeln auch gehalten.

In der Tat kamen Ritenklassiker aus Gräbern ans Licht. Sie sind allerdings weitaus seltener belegt als zu erwarten wäre. Erschwerend kommt hinzu, daß bislang keine vollständigen Ausgaben oder auch nur Kapitel auftauchten. Daher lassen sich hier im Grunde bloß zwei Funde anführen. Der erste ist ein Manuskript, das inhaltlich stark dem tradierten Kapitel *Schwarze Kleidung* (*Ziyi* 緇衣) des *Liji* ähnelt. Es wurde 1983 aus einem Grab des ausgehenden 4. Jh. v. Chr. bei Guodian in der Nähe der Stadt Jingmen in

36 Einen sehr guten Überblick in die Thematik liefert der Band 51 (2003) von *Monumenta Serica*, der die Ergebnisse des (ersten) „Hamburg Tomb Text Workshop" vom 16.-19. Juni 2000 veröffentlicht. Ein weiterer Workshop mit dem Titel „The Genius Loci of Chinese Manuscripts“ fand vom 27.-29. Juni 2008 in Zürich statt. Dessen Ergebnisse wurden unlängst in *Asiatische Studien* 63.4 (2009) publiziert.

Hubei geborgen.[37] Der zweite Fund stammt aus einem Grab der Östlichen Han-Zeit (23-220 n. Chr.) in Mojuzi in Gansu. Darin stießen die Archäologen auf Holz- und Bambusstreifen, die mit verschiedenen Auszügen des *Yili* beschriftet waren.[38] Einer davon trägt den vielversprechenden Titel *Dahinscheiden eines „Junkers“* (*Sang shi* 喪士). Jedoch sind in den erhaltenen Passagen keine Spuren von Bestattungsritualen auszumachen. Die Texte beschäftigen sich lediglich mit den Beziehungen der Hinterbliebenen untereinander und angemessener Kleidung.[39] Leider gilt das gleiche auch für die *Schwarze Kleidung* aus Guodian. Die Beisetzung von Toten wird auch in diesem Text nicht thematisiert.

Materielle Ausprägungen von Riten in den Texten im Vergleich mit archäologischen Funden und Befunden

Bekanntermaßen gibt es unterschiedliche Auffassungen zur Chronologie der Ritenklassiker. Die traditionelle Sichtweise läßt sie in der *Westlichen Zhou* oder zu Konfuzius' Zeiten entstehen. Demzufolge, so sollte man annehmen, repräsentieren die Bücher eine zeitgenössische Vorstellung von Ritualen. Jedoch ist längst klar, daß die Werke in ihrer heutigen Form erst um das 3. Jh. v. Chr. entstanden. Vor diesem Hintergrund ist schwer vorstellbar, daß die ideologischen Strömungen dieser Zeit ohne Einfluß auf die Inhalte der Werke blieben. Die Texte spiegeln also wohl eher die vorherrschenden Vorstellungen des späten 4. und frühen 3. Jh. v. Chr. wider.

Wollte man die Ritenklassiker nun als Interpretationshilfe für archäologische Funde und Befunde anwenden, wäre ein Zwischenschritt unerlässlich:

37 Für den Grabungsbericht siehe Hubei sheng Jingmen shi Bowuguan 湖北省荊門市博物館: „Jingmen Guodian yihao Chu mu 荊門郭店一號楚墓“, in: *Wenwu* 文物 1997.7, S. 35-48. Der Text des Grabungsberichts wurde reproduziert in Jingmen shi Bowuguan 荊門市博物館: Guodian Chu mu zhujian 郭店楚墓竹簡. (Beijing: Wenwu Chubanshe, 1997), S. 127-137.

38 Für den Grabungsbericht siehe Gansu sheng Bowuguan 甘肅省博物館: „Gansu Mojuzi 6 hao Han mu 甘肅磨咀子6號漢墓“, in: *Kaogu* 考古 1960.5, S. 10-12. Der Text des Grabungsberichts wurde reproduziert in Gansu sheng Bowuguan 甘肅省博物館, Zhongguo Kexueyuan Kaogu Yanjiusuo 中國科學院考古研究所: *Wuwei Han jian* 武威漢簡. (Beijing: Wenwu Chubanshe, 1964).

39 *Wuwei Han jian*, S. 133-135.

die Gegenkontrolle der Datierung des jeweiligen Texts mit der Chronologie der jeweiligen archäologischen Fundstelle. Sie hilft herauszufinden, ob beide Quellengattungen auch nur annähernd vergleichbar sind. Denn es ist kaum zu erwarten, daß sich Vorstellungen im Laufe von 300 bis 700 Jahren nicht verändert haben. Zudem sollte auch der soziale Status berücksichtigt werden. Wenn bestimmte Regeln ausdrücklich für einen Herrscher formuliert wurden, hat es wenig Sinn, diese Bestimmungen auf ein relativ einfach konstruiertes und ausgestattetes Begräbnis eines anonymen Grabherrn anzuwenden. Freilich bringen diese Einschränkungen einige Schwierigkeiten mit sich. Nicht alle Verstorbenen wurde mit Insignien beerdigt, die ihren Platz in der antiken Gesellschaft deutlich kennzeichneten.

Grab Nr. 269 bei Changzhi, Shanxi

Die Publikation des Grabs Nr. 269 in Fenshuiling nahe Changzhi in Henan enthält keine Informationen über einen künstlich aufgeschütteten Tumulus. Die erste echte Analogie zu den Schriftquellen ist der fünf Meter lange und vier Meter breite Holzeinbau (Abb. 2) im sieben Meter tiefen Schacht. Der männliche Grabherr wurde in zwei verschachtelten Särgen zur Ruhe gelegt. Der innere Sarg war mit rotem Lack dekoriert und sein Boden von Zinnober bedeckt.[40]

Ob die 18 Bronzeglocken und zehn Klangsteine[41] entlang der Westwand des Einbaus tatsächlich verstimmt waren, wie es Konfuzius im *Liji* verlangte, ist heute nicht mehr zu beurteilen. Indes deuten drei Pfostenlöcher in einer Linie mit den Glocken und Klangsteinen an, daß die Instrumente höchstwahrscheinlich nicht auf der Grabsohle abgelegt wurden, sondern einst an einem Gestell hingen. Das Grab enthielt außerdem einige Fundgruppen, die in den Ritenklassikern nichts mit Bestattung zu tun haben: bronzene Achskappen von Wägen, einige Bronzetrensen an verschiedenen Stellen und

40 Shanxi sheng Wenwu Gongzuo Weiyuanhui Jin Dongnan Gongzuozu 山西省文物工作委員會晉東南工作組, Shanxi sheng Changzhi shi Bowuguan 山西省長治市博物館: „Changzhi Fenshuiling 269, 270 hao Dong Zhou mu" 長治分水嶺269, 270號東周墓, in: *Kaogu Xuebao* 考古學報 1974.2, S. 63-85, hier: S. 63-64.

41 Ebd., S. 69. Siehe die Nummern 10 bis 18, 19 bis 27 sowie 50 bis 59 in Abb. 3 dieses Beitrags.

bronzene Waffen.[42] Die Trensen und Achskappen müssen vermutlich im Kontext zur Bestattung zweier Pferde in unmittelbarer Nähe zu Grab Nr. 269 gesehen werden.[43]

Grab Nr. 1 bei Mawangdui, Hunan

Das zweite Beispiel führt uns zu einem der besterhaltensten Gräbern weltweit: Grab Nr. 1 bei Mawangdui in Hunan. Es bietet somit ideale Voraussetzungen für den Vergleich mit den Texten. Die weibliche Grabherrin war einst die Gattin eines gewissen Li Cang, eines Kanzlers von Changsha in der zweiten Hälfte des 2. Jh. v. Chr. Sie starb um das Jahr 168 v. im Alter von etwa 50 Jahren und wurde daraufhin in einem aufwendig konstruierten und üppig ausgestatteten Grab beigesetzt. Nachdem die Archäologen 1972 einen mehr als elf Meter hohen Tumulus[44] abgetragen und den Holzeinbau geöffnet hatten, stießen sie im inneren von insgesamt vier verschachtelten Särgen[45] auf den perfekt mumifizierten Körper der Grabherrin.

Ihre nicht weniger als 17 Kleidungsstücke präsentierten sich ebenfalls in sehr gutem Zustand.[46] Man versorgte die Frau unter anderem auch mit einigen Musikinstrumenten, wie einer Panflöte, einer Mundorgel und einer Brettzither.[47] Man ist der Ansicht, daß mindestens zwei dieser Instrumente nicht bespielbar seien und daher speziell für die Grablegung produziert wur-

42 Ebd., S. 69-73. Siehe z. B. die Nummern 42 bis 45 (Achskappen), 38 bis 41, 71, 72 und 82 (Trensen) sowie 94 (Lanzen), 73 bis 75 (Dolchäxte), 47 und 90 (Pfeilspitzen).

43 Ebd., S. 82f.

44 Hunan sheng Bowuguan 湖南省博物館, Zhongguo Kexueyuan Kaogu Yanjiusuo 中國科學院考古研究所: *Changsha Mawangdui yihao Han mu* 長沙馬王堆一號漢墓. (Beijing: Wenwu Chubanshe, 1973), 3. Zum entsprechenden Grabplan siehe S. 36.

45 Ebd., S. 6-27. Auf S. 6 erfährt man die verschiedenen Holzsorten, die beim Einbau und den Särgen zum Einsatz kamen. Der Einbau wurde aus dem Holz der Chinesischen Spießtanne (Cunninghamia Lancelota (Lamb.) Hook.) gezimmert, während die Särge aus dem Holz von Trompetenbäumen gefertigt wurden. Jeder der vier Särge war überdies mit aufwendigen Mustern in rotem und schwarzem Lack verziert.

46 Ebd., S. 65-70. Zu den 17 Kleidungsstücken zählen zwölf Langgewänder, drei ungefütterte Oberteile und zwei ungefütterte Röcke. Weiter trafen die Ausgräber auf drei Handschuhe, zwei Paar Strümpfe und vier Paar Schuhe.

47 Ebd., S. 102-110.

den (*mingqi*).[48] Was die Lebensmittelbeigaben der Verstorbenen angeht, so übersteigen die archäologischen Belege bei weitem die mageren Angaben zu Getreidesorten, Fisch und Fleisch des *Liji*. Man bestattete die Dame nämlich körbeweise mit Weizen-, Hirse- und Reiskörnern sowie Hanfsamen. Fleisch von diversen Nutz- und Wildtieren wie Schwein, Rind, Hase, Hirsch und Hund standen ebenso auf dem Speiseplan, wie die unterschiedlichsten Geflügelarten, zu denen etwa Huhn, Gans, Fasan und Kranich zählten. Ferner fanden sich im Grab verschiedene Fischspezies.[49]

Auf den ersten Blick scheinen sich die Funde und Befunde in diesen zwei Gräbern besonders mit den Aussagen des *Liji* zu decken. Was macht man bei genauerem Hinsehen allerdings aus der Tatsache, daß sich die Frau eines mittleren Beamten in der Manier eines Kaisers mit vier Särgen bestatten ließ? Wenn man im Altertum stets nach den Regeln der Ritenklassiker lebte, wie erklärt man sich dann beispielsweise Zaumzeuge von Pferden, Teile oder gar ganze Wägen, die in vielen Gräbern der Östlichen Zhou bis zur Westlichen Han eine bedeutende Rolle einnehmen, in den Texten aber nie angesprochen werden? Ganz zu schweigen von den Menschenopfern, die mindestens bis ins 5. Jh. v. Chr. anzutreffen sind?[50]

Zusammenfassung

Die notgedrungen kurzen Ausführungen zeigten, daß sich archäologische und schriftliche Quellen in manchen Aspekten gelegentlich überschneiden. Dafür gibt es freilich noch sehr viel mehr Beispiele als die beiden, die hier vorgebracht werden konnten. Allerdings sollte man sich davor hüten, nur diejenigen Befunde und/oder Funde herauszugreifen, zu denen Parallelen in den Texten zu finden sind, und gleichzeitig die übrigen archäologischen

48 Robert T. Mok: „Ancient Musical Instruments unearthed in 1972 from the Number One Han Tomb at Ma Wang Tui, Changsha: Translation and Commentary of Chinese Reports", in: *Asian Music* 10.1 (1978), S. 39-88, hier: S. 6.

49 Anonym: *Changsha Mawangdui yihao Han mu chutu dongwu zhiwu biaoben de yanjiu* 長沙馬王堆一號漢墓出土動物植物標本的研究. (Beijing: Wenwu Chubanshe, 1978).

50 Siehe beispielsweise die 21 Frauen, die dem Markgrafen Yi von Zeng (starb vermutlich 433 v. Chr.) in sein Grab folgten. Suixian Leigudun Yihao Mu Kaogu Fajuedui 隨縣擂鼓墩一號墓考古發掘隊: „Hubei Sui xian Zeng Hou yi mu fajue jianbao" 湖北隨縣曾侯乙墓發掘簡報, in: *Wenwu* 文物 1979.7, S. 1-16, hier: S. 14.

Informationen zu vernachlässigen. Wenn man wirklich der Auffassung ist, die Ritenklassiker propagierten feste und unveränderliche Regeln, dann muß man einen Verstoß wie den der Grabherrin von Mawangdui auch entsprechend bewerten: Sie hielt sich eben nicht an die Regeln! Auch ihre 17 Kleidungsstücke sind keineswegs die archäologische Bestätigung des Rituals des *Großen Ankleidens*. Selbst wenn man akzeptiert, daß alle 19 am Ritual beteiligten Kleidungsstücke letztlich ins Grab gelangten, war die Frau in 17 und nicht 19 Kleider gehüllt. Natürlich ist denkbar, daß sich die Dame absichtlich an den Regeln des *Liji* orientierte, um ihre soziale Position zu überhöhen. Das ist jedoch ein Problem, dem an anderer Stelle nachgegangen werden müßte.

Daß sich die Verstorbenen und/oder deren Hinterbliebene des Altertums bei Bestattungen an sozialen Konventionen orientierten, steht außer Frage. Daß dabei aber in erster Linie fest ausformulierte konfuzianische Vorstellungen die Richtung vorgaben, ist allerdings unwahrscheinlich. Diese Schlußfolgerung soll aber nicht bedeuten, daß sich die Gegenkontrolle archäologischer Interpretationen durch die Texte nicht lohnt; sie muß nur differenzierter ausfallen. Wenn bestimmte Regeln für einen Fürsten festgehalten wurden, ist es wenig sinnvoll, diese zur Interpretation eines relativ einfach ausgestatteten Grabes heranzuziehen, zumal dieser Weg aus archäologisch-methodischer Sicht sowieso unzulässig ist. Die archäologischen Befunde müssen zunächst durch sich selbst interpretiert werden. Erst wenn dieser Schritt erfolgt ist, kann man nach vermeintlicher Bestätigung in den schriftlichen Belegen suchen.

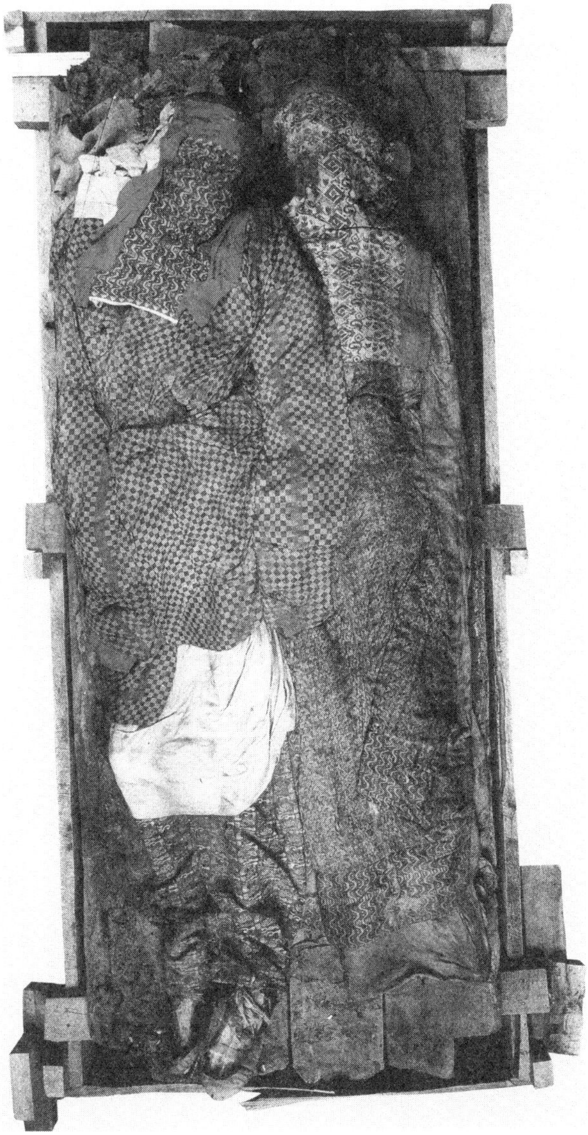

Abb. 1: Männliche und weibliche Mumie aus dem Grab 95MN1M3 in Niya, Xinjiang. Nach Wang Binghua / Lü Enguo et al.: „95MN1 mudi diaocha", ohne Paginierung.

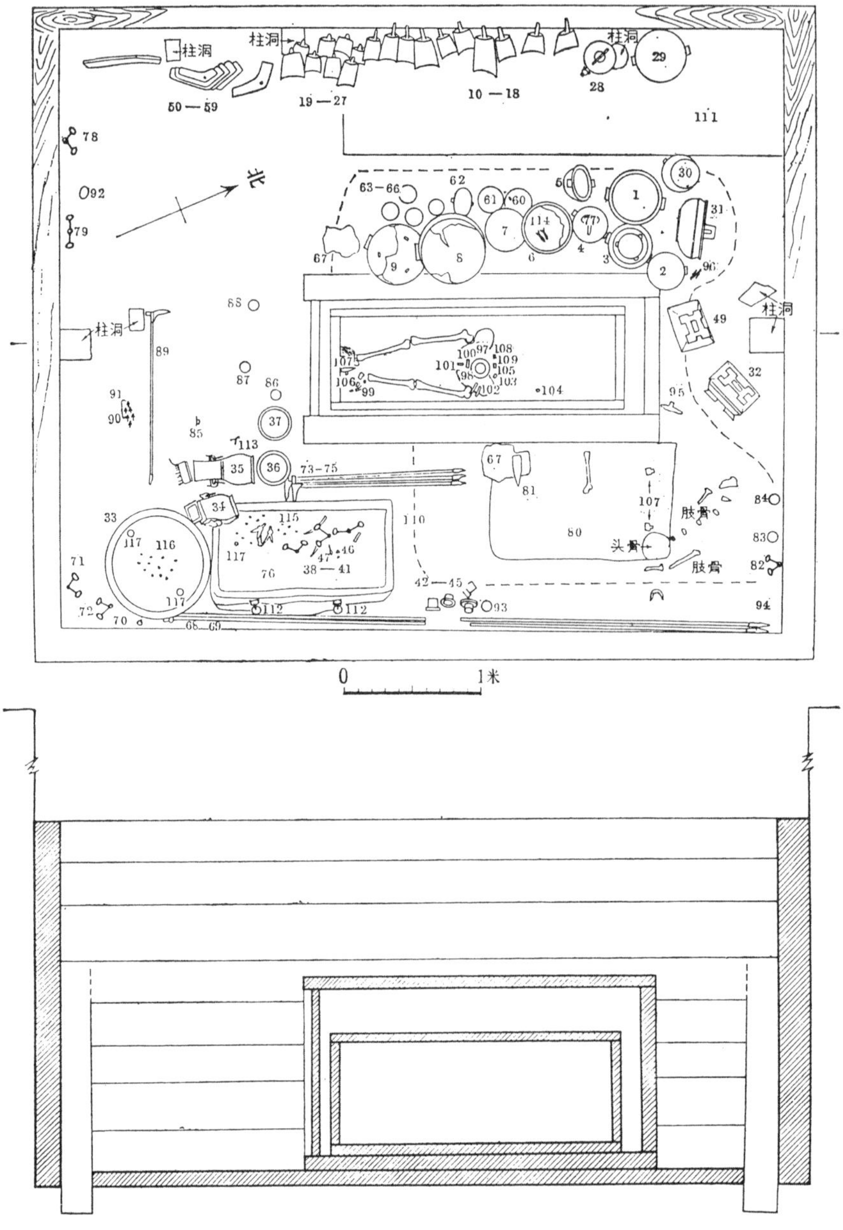

Abb. 2: Plan des Grabs Nr. 269 bei Chanzhi, Shanxi. Nach Shanxi sheng Wenwu Gongzuo Weiyuanhui Jin Dongnan Gongzuozu / Shanxi sheng Changzhi shi Bowuguan: „Changzhi 269, 270 Dong Zhou mu“, S. 65, Abb. 3.

Symbol und Wortbedeutung: Über die Begrifflichkeit der Trigramm-Bezeichnungen im *Zhou Yi*

Christian Soffel

The sixty-four hexagrams of the *Book of Changes* (*Zhou Yi*) constitute a semantic network, which operates in the area between linguistic conceptualization and felt reality. In this context, the hexagram names (*guaming* 卦名) are playing a pivotal role: On the one hand they represent the abstract symbolism given by the line diagrams; on the other hand, they are characters of the written Chinese language, at least potentially having a meaning of their own. When translating the *Book of Changes* into a foreign language, this becomes an issue: normal characters can and should be translated, while symbols should be regarded as tags without a meaning of their own. In this paper I want to analyse the characters used for the Celestial Stems and Earthly Branches (*tiangan dizhi* 天干地支), in order to develop criteria to measure the degree of symbolism within a certain character. With the help of these criteria I will be able to show the semantic value of the eight trigram names, which is different depending on the Version of the *Zhou Yi* at hand.[1]

Grundlegendes zur Symbolhaftigkeit und Wortbedeutung im Zhou Yi

Das in unterschiedlichen Versionen bekannte kanonische Buch der *Wandlungen der Zhou* (im folgenden der Einfachheit halber *Zhou Yi* genannt), das uns heute in ganz unterschiedlichen Versionen zur Verfügung steht, beruht auf einem komplexen Symbolgeflecht. Dessen Bedeutungsträger sind dabei – unabhängig von der untersuchten Version – die aus drei oder sechs Linien (*yao* 爻) zusammengesetzen Trigramme bzw. Hexagramme (*gua* 卦), die ihrerseits wieder einen aus einem oder zwei Zeichen bestehenden Namen (*guaming* 卦名) tragen.

1 An extended Chinese version of this essay with the title „*Zhou Yi* guaming de yuyixue tezheng“ 《周易》卦名的語義學特徵 is currently being prepared for publication.

Berechtigterweise ist die Frage gestellt worden, welcher Zusammenhang zwischen der Metaphorik eines Diagramms aus dem *Zhou Yi* und der Wortbedeutung des jeweiligen Diagrammnamens besteht. So steht zum Beispiel das aus drei durchgezogenen Linien bestehende Trigramm ☰ (ebenso wie das entsprechende Hexagramm ䷀) symbolisch nach traditioneller Vorstellung unter anderem für die Begriffe „Himmel", „reines *yang*" und „stabil".[2] Die Frage ist nun, welche semantische Stellung das zugehörige Zeichen *qian* 乾 besitzt. Hat es – unabhängig vom Kontext des *Zhou Yi* – eine Wortbedeutung als chinesisches Schriftzeichen, und falls ja, in welchem Zusammenhang steht diese zur symbolischen Begrifflichkeit der Diagramme ☰ bzw. ䷀? Die große Vielfalt von Auslegungen des Zeichens *qian*, die sich in der chinesischen Kommentarliteratur und in westlichsprachigen Übersetzungen findet, beweist allein schon, daß diese Frage durchaus nicht trivial ist. Verkompliziert wird der Sachverhalt zusätzlich noch dadurch, daß etwa das Zeichen 乾 (zumindest in der Lesung *qian*) in der traditionellen chinesischen Literatur ausschließlich im Kontext des *Zhou Yi* Verwendung findet.[3]

Richard Rutt nahm diese semantische Verwirrung zum Anlaß für sein Postulat, daß die Hexagramm- und Trigrammnamen im *Zhou Yi* überhaupt keine eigenständige Bedeutung besitzen sondern lediglich als Etiketten („tags") benutzt werden:

> Each hexagram statement begins with one or two detached characters, often called *guaming* 'name of the hexagram'. Rather than 'names', they are better regarded as identifying tags or labels, to be used as we should now use serial numbers. [...] These tags form a curious medley of words whose possible meanings cannot (at least nowadays) be understood as titles or descriptive names for the hexagrams or their texts. This conclusion is amply supported by the difficulty translaters have met in trying to translate some of the tags. [...] Eight hexagrams have tags that are also the names of the trigrams reduplicated in those hexagrams [...]. The origin of these names is far from clear. They have no relation to the shape of the trigrams, and they do not form a coherent set. The

2 Richard Wilhelm umschreibt dieses Diagramm mit dem Begriff „das Schöpferische"; siehe: Richard Wilhelm: *I Ging – Text und Materialien* (*Diederichs Gelbe Reihe*, München: Diederichs, ^{15}1988), S. 25. Diese Interpretation ist zwar in der westlichsprachigen Sinologie äußerst einflußreich, findet sich aber mitnichten in den Kommentaren der chinesischen Kaiserzeit.

3 Von der Zweitbedeutung „trocken" in der Lesung *gan* sei hier abgesehen.

> Chinese use them simply as tags. Richard Wilhelm thought they had meanings of their own and translated them as *Qian* 'creative', *Kun* 'receptive', *Zhen* 'arousing', *Xun* 'gentle', *Kan* 'abysmal', *Li* 'clinging', *Gen* 'keeping still', and *Dui* 'joyous'. He castigated Legge for not translating either hexagram names or trigram names, butte Legge knew what he was doing.[4]

Rutt kritisiert hier Richard Wilhelm, der versuchte, alle Hexagrammnamen zu übersetzen, während Legge das einzig Richtige getan habe, indem er die Namen allein durch ihre Umschrift wiedergegeben habe. Die Frage, ob die Hexagrammzeichen eine Wortbedeutung haben, ist demnach bei der Übersetzung des *Zhou Yi* von grundsätzlicher Bedeutung. Geht man nämlich davon aus, daß im Kontext des *Zhou Yi* eine oder mehrere bestimmbare Zeichenbedeutungen existieren, so ist es angebracht, dieselben auch in einer fremdsprachlichen Übertragung wiederzugeben. Sieht man sie jedoch nur als Etiketten, so ist die Wiedergabe durch die bloße Umschrift die einzig konsequente Lösung.

Abgesehen von Rutt wird die Frage nach einer Wortbedeutung der Diagrammzeichen, die als Ausgangspunkt für eine Übersetzung dienen könnte, in der Fachliteratur nur sehr selten aufgeworfen. Im chinesischen Kontext mag dies darin begründet sein, daß sich die Frage der Übersetzbarkeit für die Muttersprachler gar nicht erst stellt. Die zahlreich vorhandenen westlichsprachigen Übersetzungen des *Zhou Yi*[5] liefern aber in den meisten Fällen eine oder mehrere Übersetzungen für die Diagrammnamen, ohne sich der Frage aus theoretischer Sicht zu nähern.

Im weiteren Verlauf möchte ich zeigen, daß man sich dieser Problemstellung auf recht einfache und logische geradezu zwingende Weise nähern kann. Bei der Behandlung der Frage beschränke ich mich im folgenden der Einfachheit halber auf die acht Trigramme, die in der überlieferten Version des *Zhou Yi* wie folgt lauten: *qian* ☰ 乾, *kun* ☷ 坤, *zhen* ☳ 震, *gen* ☶ 艮, *li* ☲ 離, *kan* ☵ 坎, *dui* ☱ 兌 und *xun* ☴ 巽.

4 Richard Rutt: *The Book of Changes (Zhouyi)* (*Durham East Asian Series*, Richmond: Curzon Press, 1996), S. 118–120.

5 Eine aktuelle Liste der Übersetzungen des *Zhou Yi* findet sich in Dennis Schilling: *Yijing – Das Buch der Wandlungen* (Frankfurt am Main und Leipzig: Verlag der Weltreligionen, 2010), S. 864.

Ein Beispiel für reine Symbolik: Himmelszweige und Erdstämme

Wir sind in der glücklichen Lage, eine Gruppe von Zeichen zur Verfügung zu haben, die – zumindest in den uns heute erhaltenen Originalquellen – durchweg ganz eindeutig bloße Etiketten darstellen. Hierbei handelt es sich um die zehn „Himmelszweige" (*tiangan* 天干: *jia* 甲, *yi* 乙, *bing* 丙, *ding* 丁, *wu* 戊, *ji* 己, *geng* 庚, *xin* 辛, *ren* 壬, *gui* 癸) und die zwölf „Erdstämme" (*dizhi* 地支: *zi* 子, *chou* 丑, *yin* 寅, *mao* 卯, *chen* 辰, *si* 巳, *wu* 午, *wei* 未, *shen* 申, *you* 酉, *xu* 戌, *hai* 亥). Die Kombination eines Himmelszweiges mit einem Erdstamm konstituiert ein hinlänglich bekanntes Hexagesimalsystem, welches schon in den Orakelknocheninschriften der Shang-Dynastie konsequent zur Tageszählung verwendet wurde.[6] Später weitete sich sein Verwendungsbereich auf die Monats- und Jahresrechnung aus, und stellt bis heute ein wesentliches Charakteristikum des chinesischen Mondkalenders dar.

Guo Muruo 郭沫若 (1892–1978) vermutete aufgrund der graphischen Form, daß die Erdzweige ursprünglich Teile eines Fisches darstellten;[7] heute wird diese Theorie jedoch durchweg in Frage gestellt.[8]

Fest steht jedenfalls, daß die Wortbedeutung der einzelnen Zeichen – die zur Zeit der Ausformung dieser Systematik durchaus einflußreich gewesen mag – bei der Verwendung des 60er-Zyklus ab einem gewissen Zeitpunkt überhaupt keine Rolle mehr spielte. Letztendlich reduzierte sich die Verwendung der Himmelsstämme und Erdzweige auf die bloße Ordinalfunktion.

Im folgenden möchte ich nun einige prinzipielle Eigenschaften der Zyklenzeichen ableiten, welche wir später wiederum zur Diskussion der ursprünglichen Frage anwenden können.

6 Zhu Qixiang 朱歧祥: *Jiaguwen duben* 甲體文讀本 (Taipei: Liren 里仁, 1999), S. 2.

7 In *jia* 甲 sah er etwa Fischschuppen, in *yi* 乙 einen Fischdarm, in *bing* 丙 einen Fischschwanz usw. Siehe Guo Muruo 郭沫若: *Jiagu wenzi yanjiu* 甲骨文字研究 (Beijing: Zhongguo kexueyuan kaogu yanjiusuo, 1962), Kap. *Shi zhigan* 釋支干, S. 165–167.

8 Xu Zhongshu 徐中舒 [Hg.]: *Jiaguwen da zidian* 甲骨文大字典 (Chengdu: Sichuan cishu chubanshe, 1988), S. 1535, 1538, 1541.

Erstes Kriterium: Kaum Verwendung außerhalb des Kontextes der Himmelsstämme und Erdzweige

Nur sehr wenige in den Himmelsstämmen und Erdzweigen verwendete Zeichen finden regelmäßigen Gebrauch außerhalb dieses Kontextes. Von den Himmelsstämmen werden nur *jia* 甲 (in der Bedeutung „Schild, Panzer"), *ding* 丁 („Person"), *ji* 己 („selbst") und *xin* 辛 („scharf") als unabhängige Wörter benutzt, von den Erdzweigen gar nur *zi* 子 („Sohn"), *wei* 未 („noch nicht") und *shen* 申 („ausstrecken"). Man könnte vielleicht noch *wu* 午 („Mittag") und *chen* 辰 („Himmelsgestirn") in diese Reihe einordnen. In ersten, und vermutlich auch im zweiten Fall, handelt es sich aber um eine aus der Position in den Erdstämmen abgeleitete Bedeutung, die sich aus der Zuordnung der Erdstämme zu den zwölf Doppelstunden eines Tages ergibt (*chen* = 7 bis 9 Uhr vormittags – hier besteht ein Bezug zum Morgengestirn; *wu* = 11 Uhr vormittags bis 1 Uhr nachmittags).

Zweites Kriterium: Wortbedeutung und Etymologie der Zeichen ist in der Überlieferung verloren gegangen

Man kann kaum anzweifeln, daß die Zyklenzeichen ursprünglich eine Wortbedeutung besaßen; dies wird durch die den Betrachter direkt ansprechenden graphischen Elemente (z. B. 未 „Baum") deutlich, wohingegen – anders als bei den üblichen Numeralia *yi* 一, *er* 二, *san* 三 usw. – jeglicher bezug auf eine Ordinalfunktion zu fehlen scheint. Allerdings ist das Wissen um diese Bedeutung schon recht früh verloren gegangen. Die großen Schwierigkeiten, denen man beim Versuch begegnet, die ursprüngliche Bedeutung dieser Zeichen in den Orakelknocheninschriften zu entschlüsseln, sind ein Indiz dafür, daß bereits in dieser frühen Zeit die eigentliche semantische Funktion am Verblassen war. Im Laufe der späteren Überlieferung ging das Wissen darum jedoch fast vollends verloren. Dies verdeutlicht eine Gegenüberstellung der entsprechenden Zeichenetymologien der Orakelknocheninschriften (nach aktuellem Forschungsstand)[9] und dem bekannten Han-zeitlichen Zeichenwörterbuch *Shuowen jiezi* 說文解字[10]:

9 Siehe hierzu Zhu Qixiang: *Jiaguwen duben*, S. 3f., und Xu Zhongshu: *Jiaguwen da zidian*, S. 1535–1612.

10 Xu Shen 許慎: *Shuowen jiezi zhu* (Shanghai: Shanghai guji chubanshe, 1981), S. 740–752 [14b:19a-44b]. Siehe auch Marc Winter: *„... und Cang Jie erfand die Schrift" – Ein*

Himmels-stämme	Orakelknochen	*Shuowen jiezi*
甲	unbekannt	„Knospe“, „Schädel“
乙	möglicherweise „kleiner Vogel“ oder „fließendes Wasser“, schwer zu beurteilen	„Sproß einer Pflanze“
丙	möglicherweise eine Art Ständer	Zusammensetzung aus „一入冂“, wobei sich „一“ auf das *yang* bezieht
丁	„Nagel“ (steht für *ding* 釘) oder „Hausdach“ (*ding* 頂)	„groß“, „ansehnlich“
戊	eine Axt	„Zusammenkunft der Fünf Wandlungsphasen“
己	Form einer Schlinge, Bedeutung unklar	„Krümmung“
庚	„Glocke, Musikinstrument“	„das Früchtetragen der Pflanzen im Herbst“
辛	„Dolch“, „Kopfbedeckung eines Sklaven“	Zusammensetzung von 一 (d. h. *yang*) mit *qian* 䇂 (Verbrechen)
壬	unklar, vielleicht „Winkelwerkzeug“, ähnlich wie *gong* 工	„schwangere Frau“ (steht für *ren* 妊)
癸	„Pfeile, Waffen“	„Wasser, das aus vier Richtungen in die Mitte läuft“

Handbuch für den Gebrauch des Shuo Wen Jie Zi (*Schweizer Asiatische Studien, Monographien*, Bern etc.: Peter Lang, 1998), S. 537–556).

Erdzweige	Orakelknochen	*Shuowen jiezi*
子	„Kleinkind“	„Kleinkind“
丑	eine Hand, die etwas greift	„Hand“
寅	„Pfeil“	„*yang*-Dach über *yin*-Strömungen“
卯	unklar, vielleicht „Schlachten von Opfervieh“[11] (Variante von *liu* 劉)	„Öffnen einer Tür“
辰	„Muschel(dolch)“ (*shen* 蜃)	„Erschütterung“ (*zhen* 震), Zusammensetzung aus 乙匕 mit Phonetikum 厂
巳	„Kind“	„Schlange“
午	vielleicht „Peitschenknoten“, unklar	„Aufeinandertreffen von *yin* und *yang*“
未	abgeleitet von „Baum“	„mehrfache Zweige auf einem Baum“
申	„Blitz“	„Hände, die etwas umgreifen“
酉	„Weingefäß“	„Gärungsgefäß“
戌	eine Art Axt	Kombination von 戊 und 一
亥	„Schwein“ ?	Kombination von *shang* 二 (Variante von 上), 女 und 人

Diese Tabelle beschreibt die Zeichenetymologie, welche im Falle der Orakelknocheninschriften mit der ursprünglichen Wortbedeutung gleichzusetzen ist.

Fehlinterpretationen im *Shuowen jiezi* sind freilich keine Seltenheit; sie treten hier aber in besonders geballter Form auf. Alle Himmelsstämme sowie die meisten Erdzweige (mit Ausnahme von 子、丑、未 und 酉) sind davon betroffen. Dies liegt zum einen sicher an der Grundorientierung des Autors Xu Shen 許慎 (58–147), der sich an der Lehre von *yin/yang* und den Fünf Wandlungsphasen leiten ließ. Andererseits wurden die Voraussetzungen für diese falschen Etymologien unzweifelhaft erst dadurch geschaffen, daß die Wortbedeutung im Laufe der Zeit verlorengegangen war.

11 Zhu Qixiang, *Jiaguwen duben*, S. 12f..

Drittes Kriterium: Einfache Schreibweise

Die Himmelsstämme und Erdzweige sind alle aus wenigen Strichen zusammengesetzt und symbolisieren direkt einen einfachen Sachverhalt. Keines von ihnen besteht aus einer Kombinationen von Radikal und Phonetikum.

Viertes Kriterium: Kaum Schreibvarianten

Die Zeichen der Himmelsstämme und Erdzweige erfreuten sich großer Stabilität und liegen kaum in Variantenform vor. Insbesondere sind sie nur kaum von den in der frühen Han-Dynastie üblichen Alternativschreibungen mit verschiedenen Radikalen betroffen (eine Ausnahme ist *chen* 辰; vgl. unten). Zwar werden im *Shuowen* einige vereinzelte Varianten genannt, diese tauchen jedoch in Han-zeitlichen Manuskripten nur kaum auf,[12] und erst recht nicht in der überlieferten Version der klassischen Texte.

Die oben beschriebenen vier Kriterien gelten zwar nicht ausnahmslos (und es mag in einigen Einzelfällen durchaus noch Diskussionsbedarf geben), haben jedoch methodologisch den großen Vorteil, daß sie inhaltlich zunächst einmal unabhängig von der ursprünglichen Frage nach der Symbolhaftigkeit der einzelnen Zeichen sind. Deshalb lassen sie sich ohne Umschweife auf die Trigrammnamen im *Zhou Yi* anwenden und liefern so eine Lösung für unser Problem. Auch wenn jedes der vier Kriterien für sich allein genommen noch nicht genügend Überzeugungskraft bieten mag, ergeben sie in Gemeinsamkeit gleichwohl ein gutes Abbild der semantischen Funktion einer Zeichengruppe oder eines Einzelzeichens.

Die Trigramme in Mawangdui-Inschriften

Wichtig ist, davon auszugehen, daß jede Version des *Zhou Yi* ihren eigenen Gesetzmäßigkeiten folgt und deswegen die Antwort auf die Frage nach den Wortbedeutungen der Trigrammzeichen unterschiedlich ausfällt.

12 Wang Guiyuan 王貴元: *Mawangdui boshu Hanzi gouxing xitong yanjiu* 馬王堆帛書漢字構形系統研究 (Nanning: Guangxi jiaoyu chubanshe, 1999), S. 293–297.

Möchte man die Urform der *Wandlungen* untersuchen, so fiele die Wahl zunächst auf die im Museum von Shanghai aufbewahrten Bambusinschriften[13] – die älteste heute bekannte Version des *Zhou Yi* (bzw. des *Yi* überhaupt)[14] in fragmentarischer Form. Diese Fragmente betreffen insgesamt 34 Hexagramme, darunter jedoch nur ein einziges der Acht Trigramme – *gen* 艮[15] –, und sind damit zur systematischen Untersuchung der Trigrammnamen denkbar ungeeignet.[16]

Wesentlich besser ist aber die Lage bei den in Mawangdui 馬王堆 entdeckten Seidenmanuskripten. Diese Quelle aus der frühen Han-Zeit ist beinahe vollständig erhalten und auch die Begleitumstände des Fundes sind sehr gut dokumentiert.[17] Auffällig ist zunächst einmal, daß die Acht Hexagrammnamen hier – ungeachtet der archaischen Siegelschriftform – sämtlich in Gestalt von Varianten erscheinen, die sich von der überlieferten Version unterscheiden:[18]

13 *Shanghai bowuguan cang Zhanguo Chu zhu shu* 上海博物館藏戰國楚竹書, (Shanghai: Shanghai guji chubanshe, 2003), Bd. 3, S. 11–70, 131–260. Diese Bambusinschriften wurden 1994 auf einem Antiquitätenmarkt in Hong Kong „entdeckt“; die Echtheit läßt sich deshalb anzweifeln. Die Herausgeber der Faksimileedition bewahren dabei konsequentes Stillschweigen über die Herkunft der Funde.

14 Es ist umstritten, ob es sich bei den Bambusinschriften um das *Zhou Yi* oder eine andere Version des *Yi* 易 handelt. Siehe He Zeheng 何澤恆: „Lun Shang bo Chu zhushu *Zhou Yi* di Yixue fuhao yu guaxu“ 論上博楚竹書《周易》的易學符號與卦序, in: Zheng Jixiong 鄭吉雄 (Hrsg.): *Zhou Yi jingzhuan wenxian xinquan* 周易經傳文獻新詮 (Taipei: Taida chuban zhongxin, 2010), S. 9–32 (S. 31f.).

15 *Shanghai bowuguan cang Zhanguo Chu zhu shu*, S. 60f., 200– 203.

16 Rein statistisch betrachtet ist es äußert unwahrscheinlich, daß bei einer zufälligen Auswahl von 34 Hexagrammen aus dem *Zhou Yi* nur ein einziges der Acht Trigramme erscheint. Eine denkbare Erklärung wäre deshalb, daß die Texte der Acht Trigramme Bestandteil eines Abschnittes waren, der fast vollkommen verloren ist.

17 Siehe etwa Shanghai shudian chubanshe 上海書店出版社 (Hrsg.): *Mawangdui boshu yishu* 馬王堆帛書藝術 (Shanghai: Shanghai shudian chubanshe, 1996).

18 Auch hier ist beachtenswert, daß bei den übrigen sechsundfünfzig Hexagrammnamen keine derartig durchgängige Varianz vorliegt. In immerhin dreißig Fällen stimmen sie nämlich überein. Dies zeugt von einer Sonderstellung der Trigrammnamen in der frühen Zeit.

Überlieferte Version	**Mawangdui**
qian 乾	*jian* 鍵
kun 坤	*chuan* 川 (bzw. *kun* 巛)[19]
zhen 震	*chen* 辰
gen 艮	*gen* 根
li 離	*luo* 羅
kan 坎	*gan* 贛
dui 兌	*duo* 奪
xun 巽	*suan* 筭 (Variante von 算)

In der Literatur finden sich für diese große Varianz zwei Erklärungsmuster. Einige Autoren gehen stillschweigend von der Annahme aus, daß die Zeichenvarianten vom Autor bewußt gewählt worden sind, um einem gewissen Sinngehalt Ausdruck zu verleihen;[20] trifft diese Vermutung zu, so ist die Wortbedeutung der einzelnen Zeichen selbstverständlich das entscheidende Kriterium für diese Auswahl, und mithin stellen die Hexagrammnamen nicht nur bloße „Etiketten" ohne eigene semantische Relevanz dar.

Andere Fachkollegen interpretieren diese Varianten aber als Lehnschreibungen der Hexagrammnamen aus der überlieferten Version.[21] Dies läßt sich erklären durch das Fehlen von strengen Richtlinien bei der Verschriftlichung der gesprochenen Sprache bis in die frühe Han-Zeit hinein. Die Hexagrammnamen sind demnach als gesprochene Worte zu verstehen, die in un-

19 In der Fachwelt ist es umstritten, ob das *kun*-Trigrammzeichen im Mawangdui-Manuskript dem Zeichen *chuan* 川 oder *kun* 巛, eine bekannte Variante von 坤, entspricht.

20 Deng Qiubo 鄧球柏: *Boshu Zhou Yi jiaoshi* 帛書周易校釋 (Changsha: Hunan renmin chubanshe, 1987), S. 77, 141, 212, 248, 281, 315. Deng Qiubo 鄧球柏: *Baihua boshu Zhou Yi* 白話帛書周易 (Changsha: Yuelu shushe, 1995), S. 1, 58, 82, 104, 127, 150, und daran angelehnt Dominique Hertzer: *Das Mawangdui Yijing – Text und Deutung* (*Diederichs Gelbe Reihe*, München: Diederichs, 1996), sowie Edward Shaughnessy: *I Ching – The Classic of Changes* (New York: Ballantine Books, 1996), S. 287, 292, 304, 307, 312, 317.

21 Zhang Liwen 張立文: *Zhou Yi boshu jinzhu jinyi* 周易帛書今注今譯 (Taipei: Taiwan xuesheng shuju, 1991), Bd. 1, S. 44, Anm. 2, S. 141, Anm. 1, S. 230, S. 325, Anm. 1, Bd. 2, S. 409, Anm. 1, S. 492, Anm. 1, S. 580, Anm. 1, S. 665, Anm. 1.

terschiedlicher Weise niedergeschrieben worden sind. Von welchen Grundsätzen ließ sich der Autor nun bei der Auswahl der entsprechenden Schriftzeichen leiten? Hier sind zwei Erklärungen denkbar: Entweder war jedes Graphem in anschaulicher Weise mit einem semantischen Bedeutungsfeld verknüpft, welches die Auswahl nahelegte (z. B. *jian* 鍵 mit Radikal „Metall" zur Wiedergabe der „Stabilität", einer Grundeigenschaft des Trigramms *qian*, oder *luo* 羅 „Netz", entsprechend der vorherrschenden Interpretation von *li* 離 als „Anhaftendes"). Auch in diesem Falle ist die Wortbedeutung der Einzelzeichen von grundlegender Bedeutung. Die andere Erklärungsmöglichkeit besteht in der Annahme, daß die Trigrammnamen in der frühen Han-Dynastie nur als Laute – nicht unbedingt mit einer Wortbedeutung verknüpft – existierten und die Wiedergabe durch Schriftzeichen nur nach phonetischen Gesichtspunkten durch willkürliche, gleich- oder ähnlichlautende Grapheme erfolgte. Diese These wird unterstützt durch den offenbar vorhandenen engen Zusammenhang der Lautung zwischen den Hexagrammnamen im Mawangdui und in der überlieferten Version. Auch im Fließtext kommen derartige Lehnschreibungen überaus häufig vor.

Um diesen letzten Fall zu untersuchen, lassen sich nun die oben abgeleiteten Kriterien gut anwenden:

Erstes Kriterium: Kaum Verwendung außerhalb des Kontextes des *Zhou Yi*

Die Trigrammnamen aus dem Mawangdui-Manuskript sind zwar im normalen Schreibgebrauch zum Teil recht selten, kommen aber durchaus regelmäßig in ihrer ursprünglichen Bedeutung – auch unabhängig des *Zhou-Yi*-Kontexts – vor. Das einzige nicht unmittelbar einleuchtende Zeichen ist *gan* 贛, welches heute vor allem als Ortsname gebraucht wird, laut *Shuowen jiezi* aber in der Lesung *gong* in der Bedeutung „schenken, gewähren" Verwendung findet.

Zweites Kriterium: Wortbedeutung und Etymologie der Zeichen ist in der Überlieferung verloren gegangen

Dieses Kriterium trifft auf die Mawangdui-Trigramme nicht zu. Bei allen Zeichen (mit Ausnahme von *chen* 辰) wird – auch im *Shuowen jiezi* sowohl die Bedeutung als auch die Zeichenetymologie korrekt wiedergegeben.

Drittes Kriterium: Einfache Schreibweise

Dieses Kriterium trifft auf die Mawangdui-Trigramme – mit Ausnahme von *chuan* 川 (bzw. *kun* 巛) und *chen* 辰 – nicht zu. Die Mawangdui-Trigrammnamen sind komplexe Zeichen, die in der Regel aus Radikal und Phonetikum zusammengesetzt sind.

Viertes Kriterium: Kaum Schreibvarianten

Auch dieses Kriterium trifft auf die Mawangdui-Trigramme nicht zu. Die Abweichungen, die sich bei allen acht Hexagrammen in der überlieferten Version des *Zhou Yi* ergeben, weisen klar darauf hin, daß diese Zeichen in der frühen Han-Zeit eine große Varianz in der Schreibung besaßen.

Insgesamt können wir als Resultat festhalten, daß im Mawangdui-Manuskript die Wortbedeutung der Trigrammzeichen eine zentrale Rolle gespielt haben muß, die den Schreibern – unabhängig von einer möglichen Diskrepanz zwischen geschriebener und gesprochener Sprache – bewußt war. Dies gilt unabhängig von den Gründen, welche man für die Existenz der Schreibvarianten in den Seidenmanuskripten vorbringen mag.

Die Trigramme in der überlieferten Version des Zhou Yi

Die Trigrammnamen in der überlieferten Version gehen auf eine Fixierung der Schreibung zurück, die sich im Laufe der mittleren und späten Han-Dynastie vollzog. Einen guten Beleg dafür liefern die Fragmente des Xiping-Steinklassikers (熹平石經), die einige hundert Zeichen aus dem *Zhou Yi* enthalten, darunter eine Passage aus dem *Shuogua* 說卦. In ihr finden sich lediglich die Varianten *kun* 巛 für 坤 und *kan* 欿 für 坎,[22] während *qian* 乾, *zhen* 震, *gen* 艮, *li* 離, *dui* 兌 und *xun* 巽 in ihrer Gestalt mit der überlieferten Fassung übereinstimmen. Wir können nun unsere vier Kriterien auf die Hexagramme der Xiping-Inschrift bzw. der überlieferten Version anwenden:

22 Siehe die Abbildung gegenüber von S. 71 in Ma Heng 馬衡: „Han Xiping shijing Zhou Yi canzi ba" 漢熹平石經周易殘字跋, in: Gu Jiegang 顧頡剛 (Hrsg.): *Gu shi bian* 古史辨 (Hong Kong: Taiping shuju, 1963), Bd. 3, S. 70–73.

Erstes Kriterium: Kaum Verwendung außerhalb des Kontextes des *Zhou Yi*

Hier ergibt sich ein recht gemischtes Bild: Während *qian* 乾, *kun* 坤 / 巛, *gen* 艮 und *xun* 巽 dem Kontext des *Zhou Yi* vorbehalten sind, sind *zhen* 震, *li* 離, *kan* 坎 und *dui* 兌 auch in anderen Texten durchaus gebräuchlich.

Zweites Kriterium: Wortbedeutung und Etymologie der Zeichen ist in der Überlieferung verloren gegangen

Interessanterweise liefert dieses Kriterium dasselbe Resultat, wie das erste. Die ursprünglichen Wortbedeutungen von *qian* 乾, *kun* 坤 / 巛, *gen* 艮 und *xun* 巽 sind unbekannt oder zumindest strittig, während *zhen* 震, *li* 離, *kan* 坎 und *dui* 兌 kein Problem darstellen. Es überrascht nicht, daß die Verwendung von Zeichen in gewöhnlichen Texten dazu beiträgt, die Grundbedeutung im Gedächtnis zu behalten.

Drittes Kriterium: Einfache Schreibweise

Allein die drei Hexagramme *gen* 艮, *kan* 坎, *dui* 兌 und die einfache Form von *kun* 巛 erfüllen dieses Kriterium, während die anderen aus mehreren Einzelbestandteilen zusammengesetzt sind. Die Situation ist also wiederum relativ ausgeglichen.

Viertes Kriterium: Kaum Schreibvarianten

Dieses Kriterium ist liefert ein klareres Ergebnis. Der Vergleich der Xiping-Steinklassiker mit der überlieferten Version zeigt, daß nur bei *kun* 巛/ 坤 und *kan* 欿 / 坎 Varianten vorliegen, während die übrigen Formen stabil sind. Diese Invarianz spricht also für eine relative Unabhängigkeit von der Wortbedeutung.

Insgesamt verdichtet sich hier der Eindruck, daß in der überlieferten Version (bzw. in der Xiping-Steininschrift) sowohl die Wortbedeutung als auch die Symbolhaftigkeit eine Rolle spielen. Eine besondere Hybridstellung nehmen dabei die vier 4 Hexagramme *qian* 乾, *kun* 坤 / 巛, *gen* 艮 und *xun* 巽 ein, bei denen die Rolle als Symbol ohne vorgegebene Wortbedeutung besonders stark ausgeprägt ist. Auf der anderen Seite stehen *zhen* 震, *li* 離,

kan 坎 und *dui* 兌; hier nimmt die Zeichenbedeutung entscheidenden Einfluß auf die Funktion der Hexagrammnamen. Vor allem bei *zhen* und *kan* ist dies ganz unmittelbar anschaulich.

Die hierdurch vorgegebene funktionell-semantische Unschärfe erzeugt bei der Begrifflichkeit der Trigrammnamen eine Art Gleichgewichtszustand, der den Boden für spätere Interpretationen bereitet, in denen die Grenze zwischen Wortbedeutung und Symbolhaftigkeit regelmäßig verwischt oder überwunden wird.

Abschließende Bemerkungen

Die obigen Überlegungen sind vor allem grundsätzlicher methodologischer Natur. Die Distribution der einzelnen Zeichen in den Texten aus dem Altertum, die Zeichenetymologie, die Schreibweise und die Zeichenvarianten kann im Einzelfall noch genauer untersucht werden, jedoch geben die oben abgeleiteten Kriterien ein bequemes argumentatives Grundgerüst zur Lösung der Frage nach den Wortbedeutungen der Hexagrammzeichen.

Ab der späten Han-Zeit werden jedoch die Hexagrammnamen zunehmend standardisiert. Dies ist einerseits ein Ergebnis einer immer weiteren Verbreitung der Kanontexte durch verbesserte Schreibmaterialien, liegt anererseits auch sicher am zunehmenden Bedürfnis nach Standardisierung der Schrift ganz allgemein.

Aus diesem Grunde läßt sich die obige Methode nicht mehr sinnvoll für Quellen ab dem 3. Jh. anwenden. Das Problem, ob die Trigramm- und Hexagrammzeichen ihre Wortbedeutung in den Kontext des *Zhou Yi* mit einbringen bestand jedoch weiter fort. Man muß deshalb bei jeder Version des *Zhou Yi* aus der Kaiserzeit getrennt argumentieren, welche semantische Funktion vorherrschend ist, und sollte das Ergebnis dieser Untersuchungen auch maßgeblich in die Entscheidung einfließen lassen, ob man die Hexagrammzeichen einer Version des *Zhou Yi* übersetzen will oder nicht.

„Wer auf der ganzen Welt weinte nicht um ein Kind?" – Kindertotenlieder in der Lyrik von Bai Juyi (772–846)

Kerstin Storm

Bai Juyi, the most productive poet of the Tang dynasty, was a successful court official and prominent lay Buddhist, but he was also a father and grandfather. His poetry tells us of three children, two of whom died before age three. Bai composed six poems lamenting the deaths of a daughter and a son. This article shows that in these verses the poet depicts his daughter with more individuality than he portrays his son. Moreover, between formal prosody and conventional expressions, in the poems Bai Juyi expresses the emotional reality of a poet who believes that mourning for a child is the most natural thing in the world.

Der Tang-zeitliche (618–907) Literat Bai Juyi 白居易 ist bis heute bekannt als erfolgreicher Beamter, als vorübergehend Verbannter, als der produktivste Dichter seiner Zeit, beinahe besessen davon, sein literarisches Oeuvre der Nachwelt zu hinterlassen, und als Laienbuddhist, der mit zunehmendem Alter immer mehr darauf bedacht war, die irdischen Fesseln abzustreifen.[1] Doch war er auch Vater zweier Töchter sowie eines Sohnes, Ziehvater mehrerer Nichten und Neffen, sogar mindestens zweifacher Großvater. Auf den Tod zweier seiner leiblichen Kinder verfasste der Dichter sechs Totenklagen, davon vier auf den Verlust seiner Tochter, zwei für seinen Sohn.

Ohne Anspruch auf Repräsentativität zu erheben, soll eine stichprobenartige Analyse der Kindertotenklagen zeigen, dass (1.) Wu Pei-yis 吳百益 (1927–2009) Annahme für die Song-Zeit (960–1279), Dichter brächten bei Klagen auf im Kindesalter verstorbene Mädchen mehr Individualität ein,[2] auf Bai Juyi bereits zutrifft, und dass (2.) zwischen formalen Regeln und sprachlichen Konventionen in den Gedichten eine individuelle emotionale Wirklichkeit des Poeten steckt, der das Weinen um ein verstorbenes Kind

1 Zum unvergleichlichen Engagement von Bai Juyi hinsichtlich der Zusammenstellung und Bewahrung seiner literarischen Sammlung siehe Christopher M. B. Nugent: „Literary Collections in Tang Dynasty China", in: *TP* 93 (2007), S. 1–52.

2 Wu Pei-yi: „Childhood Remembered: Parents and Children in China, 800 to 1700", in: Anne Behnke Kinney (Hrsg.): *Chinese Views of Childhood* (Honolulu: University of Hawai'i Press, 1995), S. 144.

für natürlich hält und den Versuch unternimmt, seine eigene Trauer zu bewältigen.[3]

Kindheit in der Dichtung

Die Kindheit in der chinesischen Poesie hat eine etwa ebenso weit zurückreichende Geschichte wie die chinesische Dichtung selbst. Die Ursprünge der Kindheitsdichtung werden im *Shi jing* 詩經 vermutet, genauer in jenem Lied „Der Efeu" (*Wan lan* 芄蘭), das humorvoll einen Knaben umschreibt, den das lyrische Ich wissen lässt, er könne sich noch so sehr mit dem Schmuck von Erwachsenen behängen, gleich komme er ihnen nicht:

芄蘭之支	Der Epheu, – Ranken sind an ihm,
童子佩觿	Der Bursch da trägt den Gürtelpfriem;
雖則佩觿	Doch trägt er auch den Gürtelpfriem,
能不我知	Ist unser Witz doch nicht in ihm.
容兮遂兮	Sein Aussehn, ach, wie schlottrig, ach!
垂帶悸兮	Wie schleppt ihm, ach, sein Gürtel nach! [4]

3 Seitdem Philippe Ariès 1960 in *Die Geschichte der Kindheit* für das europäische Mittelalter festgestellt hatte, dass Eltern dem Tod ihrer Kinder gewissermaßen gleichgültig gegenüberstanden, sind erfolgreiche Versuche unternommen worden, das zu widerlegen. Harsch kritisiert wurde der französische Historiker auch von Jochen Martin und August Nitschke im Vorwort der transkulturellen Studie *Zur Sozialgeschichte der Kindheit*, die einen Beitrag zur Kindheit in der chinesischen Kaiserzeit von Gudula Linck beinhaltet. Die von Bai Juyi verfassten Kindertotenlieder sind m.E. ein Zeichen gegen die Indifferenz von Eltern gegenüber dem Tod ihres Kindes im 9. Jh. n. Chr. in China. Philippe Ariès (1914–1984): *Die Geschichte der Kindheit* ([Erste Ausgabe unter dem Titel *L'Enfant et la Vie Familiale Sous L'Ancien Régime*, Paris: Verlag Plon, 1960] München: DTV, 2007), insb. S. 46. Martin und Nitschke (Hrsg.): *Zur Sozialgeschichte der Kindheit* (Freiburg/München: Karl Alber Verlag, 1986).

4 Das Zitat entspricht der ersten Strophe des Liedes Mao #60. *Shi jing*, in: Ruan Yuan 阮元 (1764–1849; Hrsg.): *Shi san jing zhu shu* 十三經注疏 (Taibei: Yiwen yinshu, 1956), S.137f. [3.3, 8a–10b]. Zitate aus den Dreizehn Klassikern sind fortan alle dieser Ausgabe entnommen. Die Übersetzung der Ode ist von Victor von Strauß (1809–1899): *Schi-king. Das kanonische Liederbuch der Chinesen* ([Heidelberg: C. Winter, 1880] Nachdruck, Darmstadt: WBG, 1969), S. 137. Vgl. die abweichende Interpretation des Liedes von Arthur Waley (1889–1966) in: Joseph R. Allen (Hrsg.): *The Book of Songs Shijing. The Ancient Chinese Classic of Poetry* (New York: Grove Press, 1996), S. 52. Als den Ursprung der Kindheitsdichtung bezeichnete Wang Xulin 王許林 diese Ode. Siehe Wang: „Gudai ertong shi chutan" 古代兒童詩初探, in: *Jianghui luntan* 江匯論壇 6 (1991), S. 76.

Die Gedichte zum Thema Kindheit in der Tang-Zeit orientieren sich jedoch häufig an zwei bekannten Liedern aus der Zeit der Sechs Dynastien (222–589): zum einen das „Gedicht auf meine zarten Töchter“ (*Jiao nü shi* 嬌女詩) von Zuo Si 左思 (c. 250–305); zum anderen die „Belehrung der Söhne“ (*Ze zi* 責子) des seit der Tang-Zeit viel gerühmten Einsiedler-Dichters Tao Qian 陶潛 (365–427).[5]

Doch was genau ist unter dem Begriff der Kindheitsdichtung, der dem modernchinesischen Begriff *ertong shi* 兒童詩 entspricht, zu verstehen?[6] Dass die betroffenen Gedichte in drei Kategorien zu teilen sind, wusste Gao Fan 高帆 und unterschied dabei erstens von Kindern verfasste Gedichte, zweitens von Erwachsenen verfasste Gedichte über Kinder und drittens von Erwachsenen verfasste Gedichte für Kinder. Zur ersten Gruppe sind etwa die unter dem Titel *Gedichte eines Wunderkindes* (*Shen tong shi* 神童詩) bekannten 45 Vierzeiler des in der Song-Zeit lebenden Wang Zhu 汪洙 (fl. 1100) zu zählen, die im Kindesalter verfasst worden sein sollen.[7]

5 Zuo Sis Gedicht ist in die Anthologie *Neue Gesänge von der Jadeterasse* eingegangen, Xu Ling 徐陵 (507–583; Hrsg.): *Yu tai xin yong* 玉臺新詠 (Beijing, Zhonghua shuju, 1999), 2.90–94. Tao Qians Gedicht liegt vor in Lu Qinli 逯欽立 (Hrsg.): *Tao Yuanming ji* 陶淵明集 (Beijing: Zhonghua shuju, 1979), 3.106. Zur humoristischen Seite beider Gedichte siehe Cheng Lifang 程麗芳: „Zuo Si ‚Jiao nü shi' yu Tao Yuanming ‚Ze zi shi' de tan xi“ 左思「嬌女詩」與陶淵明「責子詩」的探析, in: *Journal of Xianyang Normal University* 咸陽師範學院學報 22.5 (2007), S. 96–98.

6 Zur Kindheitsdichtung in China ist bislang wenig und m.W. nur auf dem chinesischen Festland geforscht worden, wenn man die historisch oder anthropologisch ausgerichteten Arbeiten außer Acht lässt, die am Rande das ein oder andere Gedicht behandeln. Doch auch in China beschränkt sich die Forschung auf eine Handvoll Aufsätze, darunter Cao Jieping 曹潔萍: „Qianxi Tang dai ertong shi de shenmei tezheng“ 淺析唐代兒童詩的審美特徵, in: *Wuhan Chuanbo zhiye jishu xueyuan xuebao* 武漢船舶職業技術學院學報 2 (2007), S. 111–114; Gao Fan 高帆: „Zhongguo gudai ertong shi qiantan“ 中國古代兒童詩淺探, in: *Dongbei shida xuebao* 東北師大學報 3 (1996), S. 66–71; Wang Xulin: „Gudai ertong shi chutan“, S. 75–81 und 32; Fang Weiping 方衛平: „Zhongguo gudai ertong shige lilun piping lüeying“ 中國古代兒童詩歌理論批評綠掠影, in: *Zhejiang shehui kexue* 浙江社會科學 (1993.4), S. 67–72.

7 Die Authentizität der Gedichte ist zweifelhaft, mindestens zwei der Vierzeiler konnten dem Tang-Dichter Li Bai 李白 (701–762) zugeschrieben werden. Überdies ist nicht gesichert, dass Wang Zhu die übrigen Gedichte tatsächlich im Alter von acht oder neun Jahren verfasst hat. Hierzu siehe Bai Limin: *Shaping the Ideal Child. Children and Their Primers in Late Imperial China* (Hongkong: The Chinese University Press, 2005), S. 98f.

Zur zweiten Gruppe gehören laut Gao Gedichte, die Erwachsene über Kinder schreiben, darunter sind Trauergedichte auf früh verstorbene Kinder, Hirtenknabenlieder (*mu tong shi* 牧童詩) oder Verse der Zuneigung zu einem Kind. Lieder, die der letzten Gruppe angehören und für Kinder verfasst worden sind, sind mitunter erkennbar an ihrer simplen Sprache. Darunter seien auch die kurzen Kinderlieder *(tong yao* 童謠) zu verstehen, die sich durch Spott und Doppeldeutigkeit meist der Gesellschaftskritik verpflichtet hatten oder Binsenweisheiten überliefern.[8]

In der Tang-Zeit nehmen die Kindheitsgedichte quantitativ nicht inflationär zu, vielmehr hinterließ die allgemein stark zunehmende Produktivität in der Dichtkunst auch bei den Kindheitsgedichten ihre Spuren. Sie sind zahlreich genug, um sie sinnvollerweise in Subgattungen zu teilen. Dazu gehören Lehrgedichte wie das von Han Yu 韓愈 (768–824) an seinen Sohn gerichtete „Als Fu im Süden der Stadt studierte" (*Fu du shu cheng nan* 符讀書城南); Gedichte auf Wunderkinder oder Frühreife, wie Bai Juyi eines auf den zwölfjährigen Bambusflötenmeister Xue Yangtao 薛陽陶 schrieb; auch die genannten Hirtenknabengedichte bilden eine Subgattung, ebenso wie Poesie, die wie Yuan Zhens 元稹 (779–831) Zehnerzyklus „Klage um den Sohn" (*Ku zi* 哭子) den Tod eines Kindes beklagt.[9]

Die Kindertotenlieder von Bai Juyi

Von Bai Juyis drei leiblichen und namentlich bekannten Kindern, zwei Töchtern, Goldglocke (*Jin luan zi* 金鑾子; geb. 809) und Gaze (*Luo zi* 羅子; geb. 816), sowie eines Sohnes, Cui 崔 (geb. 829), hat nur Gaze die

8 Zur Unterteilung der Kindheitsdichtung in diese drei Gruppen sowie einer weiteren Bildung von Subgattungen siehe Gao Fan, „Zhongguo gudai ertong shi qiantan", S. 66–71. Politisch kritische Gedichte, die das Motiv der Kindheit oder des Kindes als Bild verwenden, um soziale Missstände anzuprangern, schließt Gao aus seiner Definition von *ertong shi* aus (S. 67).

9 Die Belegstellen beziehen sich für die drei genannten Gedichte von Han Yu, Bai Juyi und Yuan Zhen in eben dieser Reihenfolge auf die Anthologie *Gesamte Gedichte der Tang*: Peng Dingqiu 彭定求 (1645–1719) et al. (Hrsg.): *Quan Tang shi* 全唐詩 (Beijing: Zhonghua shuju, 1985), 341.3822; 444.4971; 404.4514f., fortan kurz *QTS*.

Kindheit überlebt.[10] Ihre Geschwister verstarben im dritten Lebensjahr. In beiden Fällen ist das Ereignis nur in Bai Juyis Poesie überliefert; dass weder Grabinschrift (*mu zhi ming* 墓誌銘) noch Opfertext (*ji wen* 祭文) existieren, liegt vermutlich an den Vorschriften des Etiketten- und Zeremonienklassikers *Yi li* 儀禮, der Kindern unter acht Jahren keine rituelle Trauer zugestand:

> Neunzehn- bis Sechzehnjährige sind ältere früh Verstorbene, Fünfzehn- bis Zwölfjährige sind mittlere früh Verstorbene, Elf- bis Achtjährige sind jüngere früh Verstorbene. Die das achte Lebensjahr noch nicht erreicht haben, sind allesamt früh Verstorbene, für die keine Trauergewänder [anzulegen sind]. Für früh Verstorbene, für die keine Trauergewänder [anzulegen sind], ist ein Tag für einen Monat [ihrer Lebenszeit zu trauern].
> 年十九至十六為長殤十五至十二為中殤十一至八歲為下殤不滿八歲以下皆為無服之殤無服之殤以日易月.[11]

10 Eine dritte Tochter wurde während des Exils in Jiangzhou 江州 im Jahr 818 geboren. Siehe Arthur Waley: *The Life And Times Of Po Chü-I 772–846 A.D.* ([New York: Macmillan Company, 1949] Nachdruck, London: George Allen & Unwin LTD, 1951), S. 133 und Yao Ping: „Women, Feminity, and Love in the Writings of Bo Juyi (772–846)” (Dissertation, University of Illinois at Urbana-Champaign, 1997), S. 48 u. 161. Yao verweist auf ein Gedicht, dass die Geburt der Tochter ankündigt; Waley referiert auf ein Regelgedicht, das Bai anlässlich seines Abschieds aus Zhongzhou 忠州 zwei Jahre nach der Geburt des Mädchens verfasste. Dort heißt es im letzten Verspaar: „Unvermeidlich, dass das Dummchen, eine Tochter von drei Jahren, / Sich um meine Hüfte schlingt, weinend, sucht den Silberfisch.“ 無奈嬌癡三歲女，繞腰啼哭覓銀魚。 Zhu Jincheng 朱金城: *Bai Juyi ji jian jiao* 白居易集箋校 (Shanghai; Shanghai guji chubanshe, 2003), 17.1125 und 18.1202–1204, fortan kurz *BJYJJJ*. Der Silberfisch war das Insignium des Gouverneurpostens, den Bai inne hatte. Die Angabe der Lebensjahre richtet sich hier und im Folgenden nach der chinesischen Zählweise, nach der das Kind bei der Geburt bereits das erste Lebensjahr erreicht hat. Über diese beiden Gedichte hinaus sind keine weiteren Angaben Bai Juyis zu dieser dritten Tochter überliefert.

11 *Yi li*, S. 370 [31.14a]. Die Vorschriften im *Yi li* erzeugten ein Dilemma, das etwa Li Shangyin 李商隱 (812–858) dazu bewegte, seinen Emotionen nachzugeben und die Regeln zu umgehen. Er verfasste einen Opfertext für die Begräbniszeremonie in vollen Trauergewändern seiner fünfjährigen Nichte, in dem es heißt: „Mir ist vollkommen klar, dass der [Opfer-]text über die Etikette hinaus geht, [doch] wie soll ich sonst die Ansammlung tiefster Gefühle ertragen?“ 明知過禮之文，何忍深情所屬 (Liu Xuekai 劉學鍇 und Yu Shucheng 余恕誠: *Li Shangyin wen bian nian jiao zhu* 李商隱文編年校注 [Beijing, Zhonghua shuju, 2002], S. 830f). Übersetzt hat den gesamten Opfertext Wu Peiyi: „Childhood Remembered“, S. 141f.

So versuchte Bai Juyi, in seinen poetischen Werken die Trauer um seine Kinder zu bewältigen. Für seine Tochter Goldglocke verfasste er vier Totenklagen, von denen die erste noch im Todesjahr 811 entstand.[12] Bai Juyi war eben erst nach Xiagui 下邽 im heutigen Shaanxi 陝西 zurückgekehrt, um dort die Trauerperiode für seine jüngst verstorbene Mutter zu begehen, als Goldglocke einer kurzen, nicht näher spezifizierten Krankheit erlag. Der Dichter selbst fühlte sich nicht wohl, die Symptome sind unklar, doch wissen wir aus anderer Quelle, dass etwa zu dieser Zeit seine Sehkraft nachzulassen begann.[13] Auf den scheinbar unerwarteten Tod seiner Tochter schreibt er unter dem Titel „Krank klage ich um Goldglocke" (*Bing zhong ku Jin luan zi* 病中哭金鑾子):

豈料吾方病，	Sollt ich denn ahnen, selbst grad erkrankt,
翻悲汝不全？	Dass das Leid sich wendet, du nicht heilst?
臥驚從枕上，	Aus dem Schlaf geschreckt, aus den Kissen gerafft,
扶哭就燈前。	Aufgestützt, klagend, geh ich vor bis zum Leuchter.
有女誠為累，	Eine Tochter hatt ich, gewiss eine Last,
無兒豈免憐。	Eines Sohns entbehr ich: Sollt ich Liebe umgehn?
病來纔十日，	Die Krankheit kam, währte nur zehn Tage,
養得已三年。	Aufgezogen hatt ich sie schon drei Jahr.
慈淚隨聲迸，	Des Vaters Tränen folgen Ach und Weh,
悲腸遇物牽。	Leid im Innern ist des Alltags Last.
故衣猶架上，	Die gewohnten Kleider liegen noch im Regal,
殘藥尚頭邊。	Ein Rest Arznei wie zuvor am Kopfende.[14]
送出深村巷，	Beim letzten Geleit tief durch Gassen im Dorf,
看封小墓田。	Sah ich, wie sie ihr kleines Grab schlossen.
莫言三里地，	Sage nicht, es sei'n nur drei *li* bis dorthin,
此別是終天。	Dieser Abschied ist auf ewig.[15]

12 Da die Totenklagen alle autobiographisch zu betrachten sind, werden im Folgenden die Begriffe Poet und lyrisches Ich synonym verwendet.

13 Waley: *The Life And Times*, S. 77.

14 Das Bild der „gewohnten Kleider" und des „Rests Arznei" übernimmt Yuan Zhen, als er acht Jahre später anlässlich des Todes seiner Tochter Fan in seiner „Klage um Tochter Fan, vierzig Reime" (*Ku nü Fan si shi yun* 哭女樊四十韻) dichtet: „Die alten Kleider, friedlich im Schrank, sind ausgebreitet / Der Rest Arznei im gefüllten Becher ist umgekippt" 舊衣和篋施，殘藥滿甌傾 (*QTS* 404.4514).

15 *BJYJJJ* 14.846.

Diese erste von vier Klagen um seine Tochter, ein Geregeltes Langgedicht (*pai lü* 排律), bezeugt die Bitterkeit und die Leere, die der Tod des Mädchens hinterlassen hat.[16] Vier Verse schildern unmittelbar den Schmerz, den das lyrische Ich, der Vater, empfindet: Es schreckt vor Kummer nachts aus dem Schlaf (Verse drei und vier), weint und klagt lautstark bei der Empfindung von „Leid im Innern“ (*bei chang* 悲腸), das wörtlich richtiger mit „leidende Eingeweide“ wiederzugeben wäre, also den inneren Organen zu schaffen macht, ihm vielleicht auf den Magen schlägt, und immerhin den Alltagsablauf negativ beeinflusst (Verse neun und zehn). Die letzten sechs Verse des Gedichts zeigen indes in indirekter, schlichter Art und Weise die Folgen, die der Tod des kleinen Menschen mit sich bringt: eine spürbare Leere im Haus, die greifbar scheint, weil niemand es fertig gebracht hat, Kleider und Medizin wegzuwerfen; einen Trauerzug, der mit dem Aufschütten des Kindergrabes endet; und letztlich die Erkenntnis der Endgültigkeit dieses Scheidens. Die für die Poesie der mittleren Tang typische einleitende Phrase „Sage nicht […]“ verstärkt durch die Gegenüberstellung einer geographisch überwindbaren Entfernung von drei *li* und der unüberwindbaren Entfernung bis ins Reich der Toten die Tragik dieses Abschieds. In seinen Überlegungen zum Privatleben in der Dichtung der Tang-Mitte schreibt Stephen Owen, die Einführung eines externen Betrachters durch die Phrase „Sage nicht“ und die damit verbundene Trivialisierung der Sache (hier: „es sei’n nur drei *li* bis dorthin“) garantiere die Einzigartigkeit der Interpretation des Poeten, die dem nachfolgenden Vers abzulesen sei (hier: „Dieser Abschied ist auf ewig.).“[17] Das heißt, während der externe Betrachter den Tod des Kindes durch die Nennung der geographischen Entfernung bis zur Grabstätte banalisiert, empfindet allein der Poet die Ewigkeit des Abschieds. Bai Juyi schafft also in diesem letzten Vers eine individualisierte Privatheit, in die er seine gesamte persönliche Trauer legt.

Mit dem Ausdruck der „leidenden Eingeweide“ beziehungsweise des „Leids im Innern“, der einen durch die Trauer verursachten physischen Schmerz

16 Eine kurze Einführung in die formalen Kriterien der Regeldichung zur Tang-Zeit gibt Reinhard Emmerich: „Östliche Han bis Tang“, in: *Chinesische Literaturgeschichte* (Stuttgart/Weimar: J. B. Metzler, 2004), S. 141f.

17 Stephen Owen: *The End of the Chinese ‘Middle Ages’. Essays in Mid-Tang Literary Culture* (Stanford: Stanford University Press, 1996), S. 86.

andeutet, benutzt Bai Juyi ein geradezu singuläres Bild, das er nur ein weiteres Mal bemühen sollte. Auch damals hatte er ein Kind zu betrauern, seinen im Jahr 831 verstorbenen Sohn Cui:

Klage um Kind Cui (*Ku Cui er* 哭崔兒)

掌珠一顆兒三歲，	In der Hand die einzige Perle: drei Jahre alt das Kind,
鬢雪千莖父六旬。	Im Haar Schnee, tausend Strähnen: sein Vater sechs Jahrzehnt.
豈料汝先為異物，	Sollt ich ahnen, du würdest vor mir zu den Toten übergehn?
常憂吾不見成人。	Stets sorgt ich mich, ich würde nicht den erwachsenen Menschen sehn.[18]
悲腸自斷非因劍，	Leid im Innern, selbstverstümmelt, nicht von einem Schwert,
啼眼加昏不是塵。	Trän im Auge trübt den Blick, ohne dass es staubig wär.
懷抱又空天默默，	An meiner Brust ist's wieder leer, der Himmel schweigt und schweigt,
依前重作鄧攸身。	Gestützt auf die Vergangenheit schafft er erneut in mir Deng You.[19]

Wie schon das zitierte Gedicht auf seine Tochter, erfreut sich auch dieses Regelgedicht (*lü shi* 律詩) mit Ausnahme des letzten Verses einer gewissen Leichtverständlichkeit. Der Verweis auf Deng You entspricht einer konventionellen Anspielung im Falle des Ausbleibens eines männlichen Erben oder bei dessen Verlust. Der während der Jin-Dynastie (265–420) lebende Deng You hatte einst auf der Flucht vor Banditen seinen Sohn dem Tod überlassen, um das Leben des Neffen retten zu können. Deng You hatte vergeblich darauf gehofft, nach dem erfolgreichen Entkommen noch einmal eigene

18 In der Song-zeitlichen Anthologie *Wen yuan ying hua* 文苑英華 heißt es nicht *chang you* 常憂, sondern abweichend *zao zhi* 早知. Die Übersetzung lautete dementsprechend „Hätt ich nur eher gewusst, dass ich nicht den erwachsenen Menschen seh." Li Fang 李昉 (925–996; Hrsg.): *Wen yuan ying hua* (Beijing: Zhonghua shuju, 1966), 2.1553.

19 *BJYJJ* 28.1976.

Kinder, und damit Erben, haben zu können.[20] Die Parallele zu Bai Juyi, der den Sohn seines im Jahr 826 bereits verstorbenen jüngeren Bruders Bai Xingjian 白行簡 aufzog, ist unverkennbar.

Aller Konvention zum Trotz erlebt der bereits betagte Vater wie schon zwanzig Jahre zuvor noch einmal das „Leid in den Eingeweiden“ (Vers fünf). Es scheint ihn dieses Mal noch schwerer getroffen zu haben, vergleicht er den Schmerz doch mit dem eines Schwertes, das ihm durch den Körper fahre. Zwar ist der Ausdruck der „leidenden Eingeweide“ eine Neuerung, doch hatte Bai Juyi beim Verfassen beider Gedichte gewiss die Anekdote aus Liu Yiqings 劉義慶 (403–444) *Shi shuo xin yu* 世說新語 im Sinn, der zufolge einer Gibbon-Mutter nach der Gefangennahme ihres Jungen vor Schmerz „die Eingeweide einzeln Zentimeter um Zentimeter zerrissen“ 腸皆寸寸斷.[21]

Dass der Verlust eines Sohnes nicht nur emotional verarbeitet werden muss, sondern ganz andere Sorgen mit sich bringt als der Tod eines Mädchens, drückt Bai Juyi im letzten Verspaar seiner zweiten und letzten Klage um Cui aus, ein Regelgedicht, das er im selben Jahr unter dem Titel „Nach dem Begräbnis des Kindes Cui berichte ich [Yuan] Weizhi und [Cui] Huishu“ (*Chu sang Cui er bao Weizhi Huishu* 初喪崔兒報微之晦叔) verfasste:[22]

> Schriften in zehn Kästen, ein Amt von drittem Rang, / Bin ich nicht mehr, wem sie geben? Wer soll sie bewahr’n?
> 文章十帙官三品，身後傳誰庇廕誰！[23]

20 Fang Xuanling 房玄齡 (578–648): *Jin shu* 晉書 (Beijing: Zhonghua shuju, 1974), 90.2338–2340. Ein Hinweis auf die Konventionalität dieser Anspielung ist deren zweifache Empfehlung als schöner Ausdruck beim Verfassen von Poesie in der von Bai Juyi verfassten und in der Song-Zeit von Kong Chuan 孔傳 (fl. 1150) erweiterten Enzyklopädie in der Kategorie „Vater und Sohn“ (*Fu zi* 父子). Bai Juyi und Kong Chuan: *Bai Kong liu tie fu suoyin* 白孔六帖附索隱 (Taibei: Xinxing shuju, 1976), S. 287a/b.

21 Yu Jiaxi 余嘉錫: *Shi shuo xin yu jian shu* 箋疏 (Beijing: Zhonghua shuju, 1983), 28.864f. Die Übersetzung liegt vor bei Richard B. Mather: *Shih-shuo Hsin-yü. A New Account of Tales of the World* (Ann Arbor: Center for Chinese Studies / University of Michigan, 2002), S. 485.

22 Yuan Weizhi und Cui Huishu sind Bai Juyis enge Freunde Yuan Zhen, der wenig später starb, und Cui Xuanliang 玄亮 (772–833), mit dem er im Jahr 800 die *jin shi* 進士 Prüfung abgelegt hatte.

23 *BJYJJJ* 28.1978.

Explizit thematisiert Bai Juyi das zentrale Problem des Fehlens eines Erben, denn nach dem Tod seines Sohnes bleibt ihm niemand, dem er seinen literarischen Nachlass vererben oder dem er den Weg in die Beamtenlaufbahn ebnen könnte.[24] Hier dürfte eine Anspielung auf die *Familieninstruktionen des Herrn Yan* vorliegen, denn im Kapitel „Ermunterung zum Lernen“ (*Quan xue* 勸學) heißt es, ein Kind werde eines Tages niemanden mehr haben, der es beschütze (*bi yin* 庇廕).[25] Im Gedicht ist es nicht das Kind, dem der Beschützer fehlt, sondern es sind die Schriften des Vaters, denen der Bewahrer durch den Tod Cuis verlustig geht. Für Bai scheinen Schriften und Amt ein wertvolles „Kind“ zu sein, das es zu beschützen gilt. Gleichwohl wäre eben diese Aufgabe neben der obligatorischen Fortführung der Ahnenopfer durch den Stammhalter dem einzigen Sohn zugefallen, sein Verlust ist also keinesfalls zu unterschätzen.

Während sich Bai Juyi nach dieser zweiten Klage mit dem Tod seines Sohnes zumindest poetisch abgefunden hat, waren zur Überwindung des Verlusts der Tochter einige Jahre zuvor drei weitere Gedichte notwendig, die in größeren zeitlichen Abständen entstanden. Zu zweien hatte ihn die Begegnung mit der alten Amme inspiriert, im Jahr 813 schrieb er im Alten Stil (*gu ti* 古體) „In Erinnerung an Goldglocke, zwei Lieder“ (*Nian Jin luan zi er shou* 念金鑾子二首).[26] Bereits im sechsten Verspaar des ersten Liedes klingt eine aktive Trauerbewältigung an:[27]

24 Bai Juyi hinterlässt letztlich fünf Ausgaben seiner gesammelten Schriften, drei davon in Klöstern, eine seiner Tochter Gaze und eine weitere seinem Neffen Schildkröte (*Gui er* 龜兒), dem Sohn seines jüngeren Bruders. Siehe Nugent: „Literary Collections“, S. 20f.

25 Wang Liqi 王利器: *Yan shi jia xun ji jie* 顏氏家訓集解 (Beijing: Zhonghua shuju, 1996), 3.157. Vgl. auch Owens abweichende Übersetzung des Doppelverses, der *yin* 廕 als Variante des homophonen 蔭 versteht, das Privileg, das Söhnen von hohen Beamten das Vorrecht einräumt, eine Beamtenlaufbahn einzuschlagen, ohne zuvor die Examina abgelegt zu haben: „Ten cases of writings, an office of the third rank – / to whom will I pass the one on after my death, who will get the yin privilege?“ (Owen: *The Late Tang. Chinese Poetry of the Mid-Ninth Century* [Cambridge/MA and London: Harvard University Press, 2006], S. 54).

26 Die Wahl des Alten Stils lässt Bai Juyi hinsichtlich der Konturtöne „schief“ (*ze* 仄) und „eben“ (*ping* 平) größeren Spielraum, die emotionale Bewegtheit auch auf formaler Ebene auszudrücken. In der Tat überwiegen in beiden Gedichten die Schieftöne mit einem Anteil von rund sechzig Prozent. Beachtenswert ist, dass Bai die Totenlieder auf den Sohn in der Form des starreren Regelgedichts verfasst.

27 In Kindertotenliedern der Renaissance weist Achim Aurnhammer nach, dass bestimmte sprachliche Mittel Indizien für unbewältigte Traumata der Eltern sind, darunter etwa die

Nur der Gedanke, Vergangenes existierte nie, / Lässt mich vernünftig sein: fort schick ich Schmerz und Qual.
唯思未有前，以理遣傷苦。[28]

Im zweiten Gedicht nimmt dieser Versuch der Trauerbewältigung konkretere Form an und endet mit der Erkenntnis, sich von den Emotionen nicht lösen zu können:

與爾為父子，	Ich und du waren Vater und Kind,
八十有六旬。	Sechsundachtzig Dekaden.[29]
忽然又不見，	Plötzlich aber warst Du nicht mehr,
邇來三四春。	Seither sind dahin drei, vier Lenze.
性質本非實，	Die Substanz des Wesens ist von Geburt an unbeständig,
氣聚偶成身。	Eine Sammlung von *Qi* formt aus Erde den Körper.
恩愛元是妄，	Gütige Liebe entbehrt seit jeher den Sinn,
緣合暫為親。	Schicksale werden vereint, um für kurze Zeit verwandt zu sein.
念茲庶有悟，	Dies ruf ich mir ins Gedächtnis, alles um mich rüttelt mich wach,
聊用遣悲辛。	Mich darauf stützend, schicke ich fort Leid und Harm.
暫將理自奪，	Für kurze Zeit will ich mit Vernunft mich besiegen,
不是忘情人。	Doch bin ich kein Mensch, der die Gefühle vergisst.[30]

Die buddhistische Vorstellung einer flüchtigen weltlichen Begegnung, die als Zufälligkeit und nicht als Bedeutsamkeit zu gelten habe, soll dem Vater

Schilderung überdeutlicher Details, desorganisierte Argumentation, Wiederholungen, bildliche Periphrasen und Satzbrüche. Durch die strenge Reglementierung Tang-zeitlicher Gedichte ist es fast unmöglich, solche Anzeichen in den zitierten Gedichten auszumachen. Ins Auge fallen die Wortwiederholungen „Leid“ (*bei* 悲) in der ersten Totenklage für Goldglocke sowie „für kurze Zeit“ (*zan* 暫) in dem zweiten Gedicht des Paares „In Erinnerung an Goldglocke“. Ein Merkmal aller Totenklagen von Bai Juyi ist der ungewöhnliche, häufige Einsatz der Personalpronomen der ersten und zweiten Person *wu* 吾 und *ru* 汝. Aurnhammer: „Kindertotenlieder in der Renaissance“, in: Klaus Bergdolt et al. (Hrsg.): *Das Kind in der Renaissance*, Wolfenbütteler Abhandlungen zur Renaissanceforschung 25 (Wiesbaden: Harrassowitz, 2008), S. 101–128, insb. S. 107.

28 *BJYJJJ* 10.529f.

29 Sechsundachtzig Dekaden entsprechen achthundertsechzig Tagen und damit dem Alter des Kindes zu dessen Todeszeitpunkt, nämlich etwa zwei Jahre und vier Monate.

30 *BJYJJJ* 10.529f.

Bai Juyi den Verlust des Kindes erleichtern. Der Versuch, den Schmerz von sich zu weisen, misslingt jedoch. Bai zählt sich zu den Menschen, die – so der letzte Vers – ihre Gefühle nicht zu vergessen imstande sind. Dass es sich hierbei um die Vielzahl der Menschen handelt, zeigt folgender Passus aus dem *Shi shuo xin yu*, auf den der Vers zweifelsohne referiert:

> Als Wang Rong [234–305] seinen Sohn Wan zi verlor, machte sich Shan Jian auf den Weg, nach ihm zu sehen. Wang litt so sehr, dass er sich nicht beherrschen konnte, und Jian sprach: „Das Kind ist [nur] ein Ding, das du im Arm hältst, warum gehst du für es so weit?“ Wang sprach: „Die Vollkommenen vergessen die Gefühle und die Niedersten haben erst gar keine Gefühle; der Ort, an dem Gefühle überfließen, genau dort befinden wir uns.“ Jian beherzigte seine Worte und trauerte umso mehr um ihn.
> 王戎喪兒萬子，山簡往省之，王悲不自勝．簡曰：「孩抱中物，何至於此？」王曰：「聖人忘情，最下不及情；情之所鍾，正在我輩．」簡服其言，更為之慟。[31]

Bai Juyi kommt zu dem Schluss, dass er weder ein Vollkommener ist, noch zu den Niedersten gehört, und aufgrund dessen seinen menschlichen Emotionen nicht entsagen kann. Insgesamt vier Mal zeigt er sich in seiner Poesie den eigenen Gefühlen machtlos ausgeliefert, darunter als er im Jahr 815 den mittlerweile vierten Todestag seiner Tochter im Gedicht „Wieder klage ich um die kleine Tochter“ (*Chong shang xiao nü zi* 重傷小女子) letztmals besingt.[32] Wohl dank dieses größeren zeitlichen Abstandes fasst der Dichter die eigenen Trauer- und Schmerzbekundungen kürzer und gesteht der Charakterisierung des Mädchens mehr poetischen Raum zu, sie macht etwa die Hälfte des Gedichts aus:

31 *Shi shuo xin yu* 17.638. Die Übersetzung ist angelehnt an die englische von Mather: *Shih-shuo Hsin-yü*, S. 324.

32 Bei den übrigen Stellen handelt es sich zum einen um ein Gedicht, das Bai anlässlich des Todes seines weißen Pferdes schrieb, das ihn auf vielen Reisen begleitet hatte, zum anderen um „ Das Lied vom Unvermögen, die Gefühle zu vergessen“ (*Bu neng wang qing yin* 不能忘情吟), das entstand, als er sich gezwungen sah, seine Lieblingskurtisane Fan Su 樊素 fortzuschicken. *BJYJJJ* 25.1728 und 71.3810.

學人言語憑牀行，	Sie erlernte die menschliche Sprache, aufs Bett gestützt das Geh’n,
嫩似花房脆似瓊。	Zierlich wie ein Blütenkelch, zart wie ein Edelstein.
纔知恩愛迎三歲，	Ich hatte gütige Liebe verstanden, traf auf sie drei Jahr,
未辯東西過一生。	Sie unterschied noch nicht Ost von Westen, da schwand ihr einz’ges Leben.
汝異下殤應殺禮，	Du gleichst nicht den Untersten früh Verstorbenen, man soll an Riten sparen,[33]
吾非上聖詎忘情。	Ich bin kein Höchster Vollkommener, vergesse nicht die Gefühle!
傷心自歎鳩巢拙，	Es schmerzt das Herz und seufzt mein Selbst, das Kuckucksnest war schäbig,[34]
長墮春雛養不成。	Aus der Höh fiel das Frühlingsküken, ich brachte es nicht durch.[35]

Das erste Verspaar beschreibt statisch das Entwicklungsstadium des Kindes sowie das zarte Äußere vor seinem Tod. Die Metapher des Blütenkelchs hat an dieser Stelle ihren Ursprung. In den nachfolgenden vier Versen tritt erneut der Ausdruck der „gütigen Liebe“ (*en ai* 恩愛) auf, eine Emotion, die in dem Gedicht zwei Jahre zuvor noch für „sinnlos“ (*wang* 妄) befunden worden war. Hier nun scheinen die drei Jahre der gütigen Liebe zu kurz bemessen gewesen zu sein. Vers vier umschreibt den besonders frühen Tod des Mädchens, indem festgestellt wird, dass es die Himmelsrichtungen noch nicht habe unterscheiden können.

Die zweite Hälfte des Gedichts beginnt mit einem Wechsel zur direkten Anrede des Kindes auf der prominenten ersten Silbe des Verses (*ru* 汝); pa-

33 Hier liegt eine Anspielung auf die vormals zitierte Stelle aus dem *Yi li* vor. Für verstorbene Kinder unter acht Jahren werden keine Trauergewänder angelegt.

34 Das „Kuckucksnest“ ist eine Anspielung auf ein Lied aus dem *Shi jing*, Mao #12. Die Metapher des Kuckucks steht dort für eine heiratsfähige Tochter, die im Nest der Elster, also des Bräutigams, nach der Hochzeit ein neues Heim findet. Das Bild ist keinesfalls negativ zu verstehen, vielmehr wird die Braut mit Freuden im „Elsternnest“ willkommen geheißen. *Shi jing*, S. 45f. [1.3, 12b–14b]. Siehe auch die Übersetzung der Ode von Arthur Waley in *The Book of Songs*, S. 12.

35 *BJYJJJ* 15.897

rallel dazu bringt das lyrische Ich sich mit einem Personalpronomen in das Lied ein (*wu* 吾). Dieser eher ungewöhnliche und explizite Gebrauch der Personalpronomen „ich“ und „du“, der auch in den ersten beiden Totenklagen wiederzufinden ist, drückt verstärkt die persönliche Ebene der Gedichte aus.[36]

Inhaltlich knüpft dieses vorletzte Verspaar dort an, wo das zuvor angeführte Kindertotenlied endete: Das Zitat aus der Anekdote des *Shi shuo xin yu* wird hier noch ausführlicher wiedergegeben. Bai Juyi schafft Intertextualität innerhalb seines eigenen Oeuvres, wiederholt lässt die Tochter ihn nicht „die Gefühle vergessen“ (*wang qing* 忘情).

Das Gedicht endet mit einer Anspielung auf das kanonische *Buch der Lieder* und bringt eine neue Ebene in die Kindertotendichtung des Bai Juyi. Die Wahl der Metapher aus der Vogelwelt scheint vertraut, nicht nur weil sie aus dem *Shi jing* stammt, sondern weil der deutschen Sprache Vogelmetaphern als Bezeichnung für Kinder nicht fremd sind.[37] Über die Vogelmetapher hinaus transportiert Bai eine weitere Botschaft, indem er indirekt die Frage nach Schuld stellt. Das Einführen der Personalpronomen in den Versen fünf und sechs sowie die Verwendung des Reflexivums „Selbst“ (*zi* 自) in Vers sieben, lässt keine Zweifel offen, dass auch im letzten Vers das lyrische Ich als Subjekt assoziiert werden muss: „Ich brachte es nicht durch.“ Der Dichter scheint den Tod des Mädchens dem eigenen Versagen zuzuschreiben.[38] Trotz aller buddhistischen Praktiken und trotz des Vorzugs, der einem Jungen allein wegen der Frage des Nachlasses zu gewähren

36 Da die deutsche Übersetzung meist ein explizites Subjekt verlangt, enthält der deutsche Text deutlich mehr Personalpronomina als der chinesische.

37 Etwa Nesthäkchen oder Küken als Bezeichnung für die jüngsten Kinder einer Familie oder der Ausdruck des Flüggewerdens als Bezeichnung für das Erwachsenwerden. Die Metapher des Vogels für ein Kind verwendet Bai Juyi nicht nur in der Totenklage, sondern auch in anderen Gedichten auf seine Kinder, beispielsweise trägt ein Gedicht auf seine Tochter Gaze den Titel „Mein Küken“ (*Wu chu* 吾雛). *BJYJJ* 8.439.

38 Die Thematisierung von Schuld ruft ein Gedicht von Han Yu in Erinnerung, das er anlässlich des Todes aller Söhne des Meng Jiao 孟郊 (751–814) verfasste. Es beginnt, indem es Meng Jiao mit den Worten zitiert: „Dass man die Söhne verloren hat, wem kann man die Schuld geben? Ich will dem Himmel dort oben die Schuld geben.“ 失子將何尤，吾將上尤天 (*QTS* 339.3799). Die Übersetzung ist von Erwin von Zach (1872–1942): *Han Yü's Poetische Werke*, Harvard-Yenching Institute Studies 7 (Cambridge/Mass.: Harvard University Press, 1952), S. 98–100.

ist, bringt Bai Juyi es nicht fertig, einem Mädchen, und schon gar nicht dem Tod eines Mädchens, Indifferenz entgegenzubringen.

Schluss

Bereits die doppelte Anzahl von Klageliedern auf den Tod seiner Tochter Goldglocke mag als Indiz gelten, dass Bai Juyi dem Mädchen gegenüber in seiner Poesie mehr Individualität entgegenbrachte, denn dort, wo mehr poetischer Raum zur Verfügung steht, ist auch mehr potentieller Raum für Individualität. Dennoch ist erhöhte Individualität nicht nur in der Quantität der Gedichte zu suchen und zu finden. Durch die Tatsache, dass beide Kinder etwa gleichaltrig verstorben sind, eignen sich die Totenlieder besonders zum Vergleich, selbst wenn zwischen ihrem Tod etwa zwanzig Jahre liegen. Über den Sohn Cui sind in beiden Totenliedern über sein Alter hinaus kaum Details überliefert, auch die Todesursache bleibt unbekannt. Der Schmerz des Vaters steht im Vordergrund des ersten Liedes, das Erbschaftsproblem scheint die größte Sorge des zweiten zu sein. Tochter Goldglocke starb an einer Krankheit, derentwegen sie Medizin einnahm, deren Symptome aber unbekannt bleiben. Darüber hinaus erfahren wir in der ersten Klage kaum Details über das Mädchen, finden hingegen ausgedehnte Illustrationen von Schmerz und Trauer vor. Die beiden Lieder, die zwei Jahre nach dem Tod des Mädchens entstanden sind, dienen überwiegend der Darstellung einer erfolglosen Trauerbewältigung. Erst im letzten Gedicht widmet Bai Juyi der Beschreibung der Tochter mehrere Verse, schildert ihr Entwicklungsstadium zum Todeszeitpunkt, verwendet eine neuartige Blütenkelchmetapher und vergleicht Goldglocke mit der Zartheit eines Edelsteins. Vermutlich wird es sich bei diesen Ausdrücken weniger um wirklichkeitsgetreue Darstellungen des Kindes handeln, als vielmehr um idealisierte Beschreibungen eines Vaters, der sich vier Jahre nach dem Tod seiner Tochter erinnert. Dennoch bleibt festzuhalten, dass solche poetischen Darstellungen in den Totenliedern auf seinen Sohn ausbleiben.

Auch mithilfe konventioneller Anspielungen erreicht Bai Juyi in den Klagen eine Form von Individualität, die trotz aller sprachlichen Kunstfertigkeit Emotionen impliziert, die er annähernd ausschließlich seinen Kindern vorbehält. Dies gilt für den Ausdruck der „leidenden Eingeweide“ ebenso, wie für die Anspielung auf die Anekdote des Wang Rong, der wie Bai Juyi niemand war, der seine „Gefühle vergisst“. Dass Bai Juyi im ersten Fall der „leidenden Eingeweide“ das Kompositum *bei chang* neu erfindet und einzig seinen Kindern widmet, und im zweiten Fall sich lediglich in zwei weiteren seiner rund dreitausend Poeme nicht imstande sieht, seiner Emotionen Herr zu werden, zeigt, wie er konventionelle Ausdrücke einsetzt, um damit höchst individuelle Aussagen zu treffen, die der Wirklichkeit vermutlich nahe kamen. Auch die einleitende Phrase „Sage nicht“ im ersten Gedicht auf seine Tochter fällt in diese Kategorie, da sie den vom Dichter empfundenen „ewigen Abschied“ durch das Einführen des externen Betrachters individualisiert.

Dass Bai Juyi das Klagen um ein Kind für selbstverständlich hielt und dabei vielleicht an Menzius 孟軻 (c. 379–304 v.Chr.) dachte, der bekanntlich die angeborene spontane Neigung des Menschen zum Guten mit der fiktiven, aber leicht nachvollziehbaren Überlegung aufwies, jeder Mensch eilte ohne weiteres Überlegen einem in den Brunnen gefallenen Kind zu Hilfe,[39] geht aus einer rhetorischen Frage der zweiten Klage um seinen Sohn hervor, denn es heißt:

> Wer auf der ganzen Welt weinte nicht um ein Kind?
> 天下何人不哭兒？[40]

39 *Meng zi* 孟子, 3B, S. 65 [6ab]. Ins Deutsche übersetzte Richard Wilhelm (1873–1930): *Mong Dsï. Die Lehrgespräche des Meisters Meng K'o* ([Jena: Eugen Diederichs, 1916] Neuausgabe, München: Eugen Diederichs, 1994), S. 74.

40 *BJYJJJ* 28.1978.

Zhu Xi und das Problem der Sprache

Kai Marchal

In this paper I want to discuss some aspects of Zhu Xi's (1130-1200) understanding of language. Like all other pre-modern Chinese thinkers, Zhu did not have a distinct abstract notion of language (as a formal system, a set of rules, a universal medium); however, as I will argue, it is possible to elucidate the unspoken premises at work in his thought and articulate Zhu's implicit stance on language. I demonstrate that Zhu was aware not only of the importance of spoken and written words in daily life, but also thought deeply about the role of linguistic practice in the process of self-cultivation. My discussion will also suggest that Zhu Xi, while believing in the natural origin of Chinese characters, was convinced that language originates from the human "heart-mind". In sum, I try to demonstrate that Zhu Xi has taken not a pragmatic or instrumental, but rather an expressive approach to language largely focused on the first-person perspective.

Einleitung[1]

Sprache ist in der Philosophie des 20. Jahrhunderts zu dem grundlegenden Thema geworden, das sie nie zuvor gewesen ist. Für altgriechische Denker war Sprache nebensächlich, strenggenommen nicht einmal präsent: die Wirklichkeit erschließt sich bei Platon oder Aristoteles vorrangig im Denken, in den Namen und Zeichen wird nur eine dem Sprachlichen vorgängige Gedankenwelt repräsentiert. Erst in der Renaissance entstand allmählich die Vorstellung, dass die Eigenheiten unserer Sprache auch den Gehalt unseres Denkens beeinflussen können; und während bei Philosophen wie Descartes, Hobbes oder Locke Namen und Wörter vor allem als Instrumente zur Kontrolle der Wirklichkeit gedacht werden, das Subjekt ermächtigend, gerät die Sprache als ein abgrenzbares Zeichensystem, als ein eigenständiger Gegenstand jenseits der alltäglich erfahrbaren Sprachphänomene (nämlich als *lan-*

1 Der vorliegende Aufsatz entstand im Rahmen eines Forschungsprojekts zum philosophischen und politischen Denken Zhu Xis (96-2411-H-211-001-MY3), für dessen großzügige finanzielle Förderung ich dem *National Science Council* Taiwans danke. Jean François Billeter und Christian Helmut Wenzel bin ich verbunden für detaillierte Hinweise und Korrekturen, die mir bei der Überarbeitung einer ersten Rohfassung sehr geholfen haben.

gue, nicht *parole*) erst bei Ferdinand de Saussure in den Blick. Das so entstandende, logosorientierte oder „intellektualistische" Sprachkonzept, das Sprache zum ersten Mal wirklich autonomisiert, indem es Vernünftigkeit und Ordnung nicht mehr jenseits oder vor der Sprache ansiedelt, sondern *in ihr selbst*, ist in den letzten Jahrzehnten von radikaleren sprachtheoretischen Ansätzen in Frage gestellt worden: Denker wie Wittgenstein, Austin, Lacan, Derrida oder Butler haben die geläufige Vorstellung einer „Sprache" (jenseits des wirklichen Sprechens) längst in Verruf gebracht.[2] Die Frage nach Sprache und Sprachlichkeit ist dennoch oder gerade deshalb keineswegs gelöst, sondern steht weiterhin im Zentrum zeitgenössischer Debatten.

Der Sinologie diente die Frage nach der Sprache lange Zeit als ein unverzichtbares, aber oft auch trügerisches Leitgestirn. Die Andersartigkeit Chinas und damit auch die Legitimationsgrundlage der Sinologie als eines eigenständigen Faches wurde immer wieder an der chinesischen Sprache festgemacht; und über lange Zeit hinweg prägten hartnäckige Klischees über eine grundständige, oft mystisch eingefärbte Alterität des Chinesischen die Fachdiskussion.[3] Erst stärker empirisch und kontextuell ausgerichtete Forschungsarbeiten haben die Fehlurteile der Vergangenheit richtiggestellt.[4] Das Problem der chinesischen Sprache ist nun sicher wichtig; gleichwohl sollte es nicht überbewertet werden – kaum vermag heute noch die (von

2 Sybille Krämer: *Sprache, Sprechakt, Kommunikation. Sprachtheoretische Positionen des 20. Jahrhunderts* (Frankfurt a.M.: Suhrkamp, 2001), S. 97-103. Zur Einführung in die Geschichte der Sprachphilosophie vgl. auch Jürgen Trabant: *Mithridates im Paradies. Kleine Geschichte des Sprachdenkens* (München: C.H. Beck Verlag, 2003).

3 Das wohl umstrittenste Interpretationsmodell hat Chad Hansen vorgeschlagen, dem zufolge die vormodernen Chinesen Sprache öffentlich und kontextuell, nicht privat und essentialistisch verstanden hätten (Hansen: *Language and Logic in Ancient China* (Ann Arbor, The University of Michigan Press, 1983), S. 58). Hansens berühmte und im engeren Sinne linguistische These über die angebliche Prominenz der „mass-nouns" im klassischen Chinesisch hat die philologische Kritik A.C. Grahams und Christoph Harbsmeiers jedoch nicht unbeschadet überstanden (vgl. die ausführliche Diskussion in Martina Eglauer, Die *Welt als Kaleidoskop. Zhang Dongsuns Reflexionen über den Zusammenhang von Sprache und Denken* (Bochum: projekt verlag, 1999), S. 56-58, 91-104). Vgl. außerdem den kritischen Rückblick auf die sinologische Forschung in Robert Wardy: *Aristotle in China: Language, Categories and Translation* (*Needham Research Institute Studies*, Cambridge: Cambridge University Press, 2006), S. 1-68.

4 Siehe insbesondere Christoph Harbsmeier: *Language and Logic in Traditional China* (Joseph Needham (Hrsg.), *Science and Civilisation in China: Volume 7, The Social Background; Part 1,* Cambridge: Cambridge University Press, 1998).

Sapir-Whorf inspirierte) These überzeugen, dass zwischen den Eigenarten der chinesischen Sprache und dem Denken in China ein direkter kausaler Nexus herzustellen sei.[5] Anstelle über *die* Sprache in China zu sprechen, ist es vielleicht hilfreicher, erst einmal zu untersuchen, was chinesische Denker selbst über die Funktion der Sprache gesagt haben.

Vor diesem Hintergrund scheint eine genauere Analyse des Sprachdenkens des chinesischen „Neokonfuzianers" Zhu Xi 朱熹 (1130-1200) vielversprechend.[6] Zhu Xis immenser Einfluß auf die Geistesgeschichte Chinas (und Asiens) ist bekannt, als historische Erfahrung, die sich tief in der kulturellen Sphäre Ostasiens sedimentiert hat, darüberhinaus bis heute wirkmächtig. Es steht mithin zu erwarten, dass Zhu Xis tiefschürfende Relektüre der chinesischen Tradition auch einen spezifischen Blick auf das Phänomen der Sprache bereithält. Im Rahmen des vorliegenden Beitrages möchte ich insbesondere eine zentrale These belegen: dass nämlich *für Zhu Xi Sprachlichkeit aufs engste mit dem Sprecher, dem moralischen Akteur selbst verknüpft ist, in ihm sichtbar wird und ihn zum Ausdruck bringt.* Da es kaum Sekundärliteratur zu dem Problem der Sprache bei Zhu Xi gibt, betrete ich Neuland; einige meiner Gedanken fallen deshalb notgedrungen noch etwas holzschnittartig aus. Die hier verfolgte hermeneutische Strategie dient dem Ziel, Zhus Sprachdenken in einer Weise zu rekonstruieren, die erlaubt, es als im Prinzip anschließbar an gegenwärtige systematische Debatten der Sprachphilosophie zu erweisen, ohne dass dabei der Bezug auf

5 Über die Notwendigkeit, zwischen Aussagen über die grammatische Struktur des Chinesischen und solchen über die linguistische und kommunikative Praxis in China strikt zu unterscheiden vgl. Yang Xiao: „Reading the *Analects* with Davidson: Mood, Force, and Communicative Practice in Early China," in: Mou Bo (Hrsg.): *Davidson's Philosophy and Chinese Philosophy. Constructive Engagement* (Leiden, Boston: Brill, 2006), S. 247-268.

6 Zu Zhu Xis Denken im allgemeinen vgl. die Kapitel von John Berthrong und Kwong-loi Shun in John Makeham (Hrsg.): *Dao Companion to Neo-Confucian Philosophy* (Dordrecht, Heidelberg, New York: Springer, 2010). Die beste Einführung in chinesischer Sprache dürfte immer noch Liu Shuxians bekannte Monographie sein, siehe Liu Shuxian 劉述先: *Zhuzi zhexue sixiang de fazhan yu wancheng* 朱子哲學思想的發展與完成 (Taipei: Xuesheng shuju, 1982). Eine Zusammenfassung der Sekundärliteratur in chinesischer und japanischer Sprache, sowie in westlichen Sprachen bietet Wu Zhanliang 吳展良: *Zhuzi yanjiu shumu xinbian 1900-2002* 朱子研究書目新編 1900-2002 (Taipei: Taida chuban zhongxin, 2005).

die Textbestände verloren ginge.[7] Ich setze zudem voraus, dass eine adäquate Auseinandersetzung mit Zhu Xis Sprachdenken uns in vieler Hinsicht helfen wird, weitere zentrale Motive seines Denkens zu erschließen.

Zhu Xi und das Problem der Sprache

Zhu Xi war einer der sprachmächtigsten Denker des vormodernen Chinas. Vor seinen Schülern wußte er mit größter Kunstfertigkeit, Akribie, ja sogar Witz schwierigste Gedanken anschaulich zu entwickeln; oft und mit großem Erfolg griff er dabei auf Analogien und Beispiele aus der songzeitlichen Lebenswirklichkeit zurück. Einerseits wird die Wechselrede zwischen Lehrer und Schüler den Erkenntnisdrang seiner Zuhörerschaft angestachelt haben; andererseits scheint sie auch „therapeutisch" gewirkt zu haben: Zhu Xi suchte seine Zuhörer von der konfuzianischen Vision eines guten Lebens zu überzeugen, sie von Zweifeln und falschen Vorannahmen zu erlösen und so unmittelbar auf sie einzuwirken.[8] Auch Zhus Kommentarwerke zeugen von einer schier unendlichen Aufmerksamkeit für die sprachliche Oberfläche kanonischer, historischer, aber auch literarischer Texte.[9] Dennoch kommt all dies nicht einer wirklichen Besinnung auf die Sprache oder gar einer Sprachtheorie gleich; nirgendwo läßt sich ein systematisierendes, an einer umfassenden Beschreibung von Sprachphänomenen ausgerichtetes Nach-

7 Damit sei nicht gesagt, dass der im folgenden beschriebene Blick auf die Sprache sich Zhu Xis Ingenium allein verdanke: Zhu hat vielmehr unterschiedlichste Stränge und Begrifflichkeiten (aus konfuzianischen, daoistischen und buddhistischen Quellen) aufgenommen und sie zu einer neuartigen Sichtweise gebündelt.

8 Damit ist jener Zhu Xi gemeint, wie er in den *Thematisch angeordneten Aussprüchen des Meister Zhu* (*Zhuzi yulei* 朱子語類) seinen Auftritt hat. Natürlich ist seine historische Persönlichkeit durch dieses Medium gebrochen, ja in gewisser Weise verzerrt; dennoch handelt es sich ohne Zweifel um die vollständigste und lebensnächste Darstellung des Denkers und Menschen Zhu Xi, die wir besitzen. Wing-tsit Chan hat Zhu Xis lebhafte Verwendung von Analogien beschrieben, vgl. Wing-tsit Chan: *Chu Hsi. New Studies* (Honolulu: University of Hawaii Press, 1989), 271-292.

9 Man beachte etwa Zhu Xis Interpretation, ja Überarbeitung der *Lehrgespräche des Konfuzius* (*Lunyu* 論語) und des *Umfassenden Spiegels zur Hilfe bei der Regierung* (*Zizhi tongjian* 資治通鑒) von Sima Guang 司馬光 (1019-1086); vgl. dazu John Makeham: *Transmitters and Creators: Chinese Commentators and Commentaries on the Analects* (Cambridge: Harvard University Asia Center, 2003); und auch Charles Hartman: "The Reluctant Historian: Sun Ti, Chu Hsi, and the Fall of Northern Sung", in: *T'oung Pao* 89 (2003), S. 100-148.

denken über das Wesen und die Funktion von Sprache finden. Es gibt Überlegungen zu bestimmten Aspekten des Lesens und Verstehens (insbesondere in den berühmten Abschnitten zur „Methode des Studierens" „Dushu fa" 讀書法 in den *Thematisch angeordneten Aussprüchen des Meister Zhu* (*Zhuzi yulei* 朱子語類)), doch bleiben die Beobachtungen zur *sprachlichen* Konstitution von Texten erstaunlich unbestimmt.

Der Grund für diese Unbestimmtheit scheint nicht schwer zu finden zu sein: obgleich Zhu Xi zahllose Begriffe für Facetten von Sprachlichkeit (Schreiben, Sprechen, Hören, Lesen) zur Hand hatte („Worte/Äußerungen" (*yanyu* 言語), „Schriftsprache / gesprochene Sprache" (*yuyan* 語言), „Schriftzeichen" (*wenzi* 文字), „Text/rhetorischer Schmuck" (*wen* 文), usw.), fehlte ihm – wie auch allen anderen vormodernen Gelehrten Chinas – „a distinct abstract notion of language".[10] Zhu Xi besaß zweifellos reiche Kenntnisse über das Funktionieren der chinesischen Schriftsprache, über Satzbau, Konjunktionen, Wortschatz, usw. Gleichwohl prägte, wie Michael Lackner gezeigt hat, eine „culture of the implicit" das Verhältnis der Gelehrten zur Sprache im vormodernen China,[11] was dazu führte, dass auch Zhu Xi sich kaum je um die Beschreibung von grammatischen oder syntaktischen Strukturen bemüht hat. Sprache wurde nie als eine Ganzheit sichtbar, sondern immer nur ausschnittsweise und auch dies oft nur implizit.

Doch erklärt eine solche kulturell begründete „Sprachunbewußtheit", die weitaus radikaler erscheint als die der Griechen (die bekanntlich auch kein Wort für „die Sprache" besaßen),[12] wirklich Zhu Xis Schweigen?! Besagt das fehlende Wort für „die Sprache" bereits, dass es auch kein diesbezügliches Problembewußtsein gab? Wie Bernard Williams gezeigt hat, bedeutet die Tatsache, dass es bei Homer keine Bezeichnung für „Selbst", „Geist" oder „Bewußtsein" gibt, keineswegs, dass Homer nicht über diese Vorstellungen verfügte (so wie ja auch das deutsche Wort „Schadenfreude" kein Pendant in der englischen Sprache besitzt, als Vorstellung aber je-

10 Harbsmeier: *Language and Logic in Traditional China*, S. 47.

11 Michael Lackner, „Circumnavigating the Unfamiliar", in: Michael Lackner, Iwo Amelung, Joachim Kurtz (Hrsg.): *New Terms for New Ideas. Western Knowledge and Lexical Change in Late Imperial China* (Leiden, Boston, Köln: Brill, 2001), S. 358-360.

12 Hans-Georg Gadamer: *Wahrheit und Methode. Grundzüge einer philosophischen Hermeneutik* ([Tübingen: J.C.B. Mohr: 1960] Tübingen: J.C.B. Mohr, ^{9}1990), S. 407f.

dem/r Engländer/in oder Amerikaner/in geläufig ist).[13] Es gab im songzeitlichen China eine jahrhundertealte Literatur zu grundsätzlichen Problemen der Sprachlichkeit, die problematisierend und reflektierend auftritt und bar jener kultischen Ehrfurcht vor einer heiligen Schriftsprache ist, wie sie ein ausschließlich mythisches Verhältnis zur Sprache nahelegen würde (man denke nur an Mozi 墨子, Xunzi 荀子, Zhuangzi 莊子 oder Wang Bi 王弼, aber auch an buddhistische Schriften).[14] Sollte sich Zhu Xis Denken diesem Problemfeld einfach entzogen haben?

Bei genauerem Hinsehen zeigt es sich, dass es, wenngleich sehr sporadisch, durchaus Äußerungen Zhu Xis gibt, die so etwas wie eine grundsätzliche Haltung zum Problem der Sprachlichkeit anzeigen. Etwa die folgende Passage:

> 凡人之能言語動作，思慮營爲，皆氣也，而理存焉。故發而爲孝弟忠信仁義禮智，皆理也。
>
> Grundsätzlich (*fan*) gilt, dass alles, was der Mensch sagen, bewegen, denken oder planen kann, (der Sphäre des) Wirkstoffes (*qi*) zugehört – doch sind ihm zugleich gewisse Muster (*li*) zu eigen. Aus diesem Grund entsprechen (seine Worte, Bewegungen, Gedanken und Pläne), wenn sie sich als Ehrfurcht vor den Eltern, Bruderliebe, Loyalität, Vertrauen, Mitmenschlichkeit, Rechtsgefühl, Ritenbewußtsein und Weisheit verwirklicht haben, dann auch diesen Mustern.[15]

Offensichtlich haben wir es hier mit einer universale Geltung beanspruchenden Äußerung zu tun (die Partikel *fan*!). Wie so oft bei Zhu Xi ist die normative Dimension nicht deutlich von der deskriptiven unterschieden – es ist mit anderen Worten nicht völlig klar, ob sich Zhu Xi hier von konkreten Beobachtungen über das Sprachgeschehen leiten läßt oder ob er nicht doch vor allem an der Rekonstruktion einer als Ideal verstandenen Sprachbetrachtung interessiert ist, die sich der Auslegung konfuzianischer Texte verdankt

13 Bernard Williams, *Shame and Necessity* (Berkeley: University of California Press, 1993), S. 34.

14 Vgl. etwa John Makeham, *Name and Actuality in Early Chinese Thought* (Albany: State University of New York Press, 1994); Jean François Billeter: *Études sur Tchouang-tseu* (Paris: Editions Allia, 2008); und Eske Møllgaard: *An Introduction to Daoist Thought. Action, Language, and Ethics in Zhuangzi* (London and New York: Routledge, 2007).

15 Li Jingde 黎靖德 (Hrsg.): *Zhuzi yulei* 朱子語類, (Beijing, Zhonghua shuju, 1994), 4:65. Ich danke Christian Soffel und Kai Vogelsang für hilfreiche Hinweise zu dieser Passage. Vgl. auch die Parallelstelle in Li Jingde: *Zhuzi yulei* 52:1246.

(letzteres scheint durchaus wahrscheinlicher). Die Wendung „alles, was der Mensch sagen kann" (*fan ren zhi neng yan* 凡人之能言) benennt offensichtlich eine auf einen Akt gerichtete Potenz im Inneren des Menschen, eine Potenz, die artikuliert oder „verwirklicht" (*fa* 發) werden kann – ihre Ausrichtung ergibt sich aus den „Mustern" im „Wirkstoff", die, im Übergang zum Akt, die Worte strukturieren bzw. ihnen eine Ordnung verleihen: im Idealfall drücken meine Worte „Vertrauen" aus, „Ehrfurcht" und „Mitmenschlichkeit", sie entsprechen den Riten, usw.[16] Wir können festhalten, dass das Sprechen für Zhu Xi einen doppelten Charakter aufweist: es ist einerseits, indem es eine Manifestation des „Wirkstoffs" darstellt, leibliche, energetische Wirksamkeit, die Zhu Xi zufolge nicht nur den Körper, sondern das ganze Weltall durchwebt, ja konstituiert. Andererseits ist das Sprechen aber auch „immateriell" und ungegenständlich, indem es aus „Mustern" besteht, nämlich ordnungsgebenden, normativen Strukturen.

Darüber hinaus legt diese kurze Passage Zhu Xis die Vermutung nahe, dass die Grundlage für das Sprechen und Verstehen nicht eine ursprüngliche Übereinkunft oder ein in der Gegenwart immer wieder vollzogenes Übereinstimmen zwischen den Menschen sein kann. Zhus Sprachverständnis ist nicht konventionalistisch. Einem Schüler, der ihn auf die Rolle Cang Jies 倉頡 als des angeblichen Erfinders der chinesischen Schrift anspricht, antwortet er mit knappen Worten, dass diese nicht dem schöpferischen Ingenium eines Einzelnen zu verdanken sei, sondern dass „die Muster von selbst so beschaffen seien" (*zi shi li ru ci* 自是理如此); die Schriftzeichen waren also schon immer da und brauchten nur noch aus Cang Jie herauszuströ-

16 Zur Beziehung zwischen Leiblichkeit und „Wirkstoff" vgl. Shigehisa Kuriyama: *The Expressiveness of the Body and the Divergence of Greek and Chinese Medicine* (New York: Zone Books, 1999); zum theoretischen Hintergrund des Begriffes „Wirkstoff" vgl. auch Fabian Heubel: „Culture de soi et créativité – Reflexions sur la relation entre Mou Zongsan et le Confucianisme énergétique", in: *Extrême-Orient Extrême-Occident*, Nr. 29 (Oktober 2007), S. 152-177. Der Begriff *li* 理 schillert bekanntlich von Bedeutungsfülle und ist u.a. als „organism" (ein strukturiertes Ganzes, dessen Teile in einer spontanen Harmonie interagieren), „pattern", „Ordnungsmuster", „ontologisches Grundprinzip" und „Gesetz" übersetzt worden. In der anglo-amerikanischen Forschung hat sich in den letzten Jahren die Übersetzung als „coherence" eingebürgert (siehe etwa Stephen C. Angle: *Sagehood. The Contemporary Significance of Neo-Confucian Philosophy.* (Oxford: Oxford University Press, 2009), S. 38-49); vgl. Liu Shuxian, *Zhuzi zhexue fazhan yu wancheng*, S. 274-283, Chen Lai 陳來: *Zhuzi zhexue yanjiu* 朱子哲學研究 (Shanghai: Huadong Shifan daxue chubanshe, 2008), S. 73-154).

men.[17] Auch die mythische Erzählung über die Entdeckung der acht Trigramme, die oft als Ursprungserzählung über die Erfindung einer piktographischen Schrift gedeutet worden ist, liest Zhu Xi nicht im Sinne einer momentanen „Erzeugung" (*zuo* 作), sondern als zeitlose, beinahe unwillkürlich geschehende Widerspiegelung der „Natürlichkeit himmlischer Muster" (*tianli zhi ziran* 天理之自然).[18] Nicht gewollter Stiftungsakt, sondern spontane Selbstzeugung: damit ist wohl ein grundsätzliches Paradigma in Zhu Xis Denken benannt, das nicht nur sein Sprachdenken tief beeinflußt hat und sich wahrscheinlich insbesondere Guo Xiangs 郭象 (?-312) Interpretation des *Zhuangzi* verdankt.[19] Der Grund dafür mag in der folgenden Tatsache zu suchen sein: da Zhu Xi nicht strikt zwischen akustischer Verlautbarung und schriftlicher Fixierung unterscheidet, sondern beide für ihn eine Manifestation desselben alles durchwebenden „Wirkstoffes" sind, kann Sprache prinzipiell auch nicht als eine gemeinschaftliche Übereinkunft in Form eines schriftlich fixierten Vertrages gedeutet werden, eine Vorstellung, die in Aristoteles' berühmter Wendung *katà synthéken* („gemäß einer Übereinkunft", *De interpretatione*) mitschwingt.[20]

Über die Erfahrung eines Unaussprechlichen bei Zhu Xi

Eine weitere Eigentümlichkeit zeigt sich bei der Durchsicht von Zhu Xis Schriften: die beständig beschworene Spannung zwischen der Sprache und einem ihr Transzendenten, einer nicht versprachlichbaren, mystischen Erfahrung. Diese Spannung zwischen sprachlichem Ausdruck und der Erfah-

17 Li Jingde: *Zhuzi yulei* 140:3335. Vgl. auch Chen Zhixin 陳志信: *Zhu Xi jingxue zhiye de xingcheng yu shijian* 朱熹經學志業的形成與實踐 (Taipei: Xuesheng shuju, 2003), S. 88f.

18 Li Jingde: *Zhuzi yulei* 74:1875. Als ein weiteres Indiz könnte Zhu Xis Kommentarpassage zu *Menzius* 3B/6 herangezogen werden: Menzius' Hinweis auf den konventionellen Charakter menschlichen Sprechens wird nicht weiter problematisiert (Zhu Xi: *Sishu zhangju jizhu* 四書章句集注 (Beijing: Zhonghua shuju, 1983), S. 269). Offensichtlich spielte die Xunzi'sche Sprachskepsis in Zhu Xis Denken keine Rolle (vgl. Harbsmeier: *Language and Logic in Traditional China*, S. 51f.).

19 Brook Ziporyn: *The Penumbra Unbound. The Neo-Taoist Philosophy of Guo Xiang* (Albany: State University of New York Press, 2003).

20 Vgl. Matthias Flatscher, „Aristoteles und Heidegger. Eine geschichtliche Besinnung auf das Phänomen Sprache", in: Günther Pöltner, Matthias Flatscher (Hrsg.), *Heidegger und die Antike* (Frankfurt am Main u.a.: Peter Lang, 2005), S. 97-123; hier: 121.

rung einer mystischen „Weltfremdheit" charakterisierte ja bereits das Auftreten und die Lehrtätigkeit des Konfuzius.[21] Ob es dann Zhuangzi, Wang Bi, Guo Xiang oder die Meister der verschiedenen Zen-Schulen waren: alle diese Positionen eint die Überzeugung, dass sprachlicher Ausdruck, sachliche Rede, ja Sprache an sich notwendig „defizitär" sei und deshalb auch nicht allzu ernst genommen werden dürfe.[22] Wenn sich in der chinesischen Philosophiegeschichte nie so etwas wie die dialektische, auf die präzise Bedeutung einzelner Begriffe ausgerichtete Dialogkunst des Sokrates herausgebildet hat, hängt dies sicher auch damit zusammen, dass kaum ein Denker davon überzeugt war, dass sich auf diesem Wege etwas *entdecken* ließe. Auch bei den konfuzianisch inspirierten Gelehrten der Song-Dynastie, bei Zhang Zai, den Cheng-Brüdern, Zhu Xi oder Lu Jiuyuan, ist eine solche Sprachskepsis immer unterschwellig vorhanden; insbesondere das Sprach- und Kommunikationsverständnis der Zen-Meister dürfte einflußreich gewesen sein.[23]

Das Ziel, zu dessen Erreichung auch Zhu Xi alle seine Kräfte einsetzt, der „Weg" (*dao* 道), ist nicht leicht in einer modernen Fachsprache zu beschreiben; angezeigt wird es offenbar insbesondere von einem Zustand absoluter kognitiver Klarheit, in dem alle Begrenztheiten aufgehoben sind, der notgedrungen fragmentarische Charakter der Alltagserfahrung überwunden und das Innere nicht mehr von dem All zu trennen ist. Eine solche empirische Begrenztheit, die überwunden werden muß, ist nun offenbar die Sprache. In seiner Kommentarglosse zu dem berühmten Einleitungssatz des Textes „Maß und Mitte" („Zhongyong" 中庸) weist Zhu den Leser daraufhin, dass er oder sie die hierin verborgene Lehre „tief in sich erleben und

21 Man denke nur an die zahlreichen Passagen in den *Lehrgesprächen*, in denen Konfuzius sich hinter eine Nebelwand aus Ironie und Schweigen zurückzieht; in solchen Fällen konnte ihm anscheinend nur noch sein Lieblingsschüler Yan Hui 顏回 folgen – doch auch das nur „wortlos" (*mo* 默; siehe *Lunyu* 2:9, *Sishu zhangju jizhu*, S. 56). Bei der Abschnittnummerierung des *Lunyu* folge ich der Ausgabe Yang Bojun 楊伯峻: *Lunyu yizhu* 論語譯注 (Beijing: Zhonghua shuju, 2006).

22 Bernard Faure, „Fair and Unfair Language Games in Chan/Zen", in: Steven T. Katz (Hrsg.): *Mysticism and Language* (New York, Oxford: Oxford University Press, 1992), S. 158-180.

23 Tang Junyi 唐君毅: *Zhongguo zhexue yuanlun: Daolun pian* 中國哲學原論・導論篇 (*Tang Junyi quanji* 12, [Taipei: Xuesheng shuju, 1986] Taipei: Xuesheng shuju, ^{3}2004), S. 223-247.

schweigend verinnerlichen soll“ 讀者所宜深體而默識也.[24] Das letzte Ziel liegt jenseits allen Sprechens.

Diese mystische, sprachfeindliche Tendenz zeigt sich insbesondere am Begriff des „Wesens“ (*xing* 性). Das „Wesen“ ist bei Zhu Xi bekanntlich grundsätzlich identisch mit den „Mustern“ (*li*); es ist der Grund menschlicher Existenz, sozusagen der ursprüngliche Kern seiner Subjektivität. Dennoch fehlt ihm die Gegenständlichkeit, die den „zehntausend Dingen“ innewohnt; und weil es „ohne bestimmte Form“ ist, gilt es auch als unaussprechlich (性無定形，不可言),[25] als „nur unter größten Schwierigkeiten zu versprachlichen“ (*zui nan shuo* 最難說).[26] Sogar Menzius‘ berühmte Lehre von dem in jedem Menschen ursprünglich angelegten „Guten“ (*shan* 善) wird insofern relativiert, als Zhu Xi sie nicht direkt auf das „Wesen“, sondern nur auf die „Affekte“ (*qing* 情), bzw. die „vier Anlagen“ (*si duan* 四端) bezieht.[27]

Der Hinweis auf die Unaussprechbarkeit des „Wesens“ bedeutet jedoch nicht, dass die Aufgabe und Bedeutung der Sprache an sich von Zhu Xi in Zweifel gezogen worden wäre; ganz im Gegenteil: Zhu Xi umkreist das „Wesen“ vielmehr beharrlich mit sprachlichen Mitteln, er verknüpft es mit anderen Begriffen seiner „moral psychology“ (dem „Herz“, den Affekten, den Gedanken, usw.), so dass sich der Eindruck verfestigt, dass der Zugang zur „Pforte des Höchsten“ (Friedrich Schlegel) bei Zhu Xi doch nur um den Preis des endlosen Sprechens und Benennens (und nicht des mystischen Schweigens) zu haben sei. Auch wenn die Neu- und Überprägung des ursprünglichen „Wesens“-Begriffes bei Menzius durch buddhistische Meister, unter deren Einfluß Zhu Xi zweifellos stand,[28] ihn sozusagen der Wörtlichkeit zu entziehen drohte, so bindet Zhus nüchterner, sachlicher Bezug auf

24 Zhu Xi: *Sishu zhangju jizhu*, S. 17.

25 Li Jingde: *Zhuzi yulei* 59:1380.

26 Ebd., 4:58; vgl. ebd., 5: 83, 5:89, und Zhu Xi: *Sishu zhangju jizhu*, S. 238, sowie eine ähnliche Passage in der „Vorlesung am Jadeberg“ 玉山講義 von 1194 (Chen Junmin 陳俊民 (Hrsg.): *Zhu Zi wenji* 朱子文集 (Taipei: Defuwen Jijinhui 德富文基金會, 2000), 74:3733).

27 Li Jingde: *Zhuzi yulei* 5:89.

28 Peter N. Gregory: *Tsung-mi and the Sinification of Buddhism* (Princeton, N.J.: Princeton University Press, 1991), S. 295-312, und Tang Junyi 唐君毅: *Zhongguo zhexue yuanlun: Yuanxing pian* 中國哲學原論・原性篇 (Taipei: Xuesheng shuju, 1989), S. 320-353.

die konfuzianischen Textbestände diesen Begriff letztlich doch zurück an die Alltagssprache.

Ein Bekenntnis zur Versprachlichung

„Nur wenn man (den Gegenstand) ausgesprochen und auch benannt hat, sieht man ihn wirklich“ 說得出，又名得出，方是見得分明, behauptet Zhu Xi einmal.[29] Tatsächlich bekennt sich Zhu Xi wiederholt zur Notwendigkeit der Versprachlichung. Vor allem gegen die Sprachfeindlichkeit gewisser Zen-Meister dürfte er sich wenden, wenn er vor seinen Schülern die Vorstellung anprangert, man könne sich unter Berufung auf ein nicht weiter mitteilbares „Erweckungserlebnis“ (*yi ge wuchu* 一箇悟處) der Kritik entziehen.[30] Auch den Versuchen seines Gegenspielers Lu Jiuyuan 陸九淵 (1139-1193), die sprachliche Kommunikation zu vereinfachen bzw. durch die unmittelbare Einsicht in den „Weg“ zu ersetzen, widersteht er – z. B. in der folgenden Passage aus den *Zhuzi yulei*, die auf die Jahre nach 1183 datiert:

> 或問：「陸子靜每見學者才有說話，不曰『此只是議論』，即曰『此只是意見』。果如是，則議論意見皆可廢乎？」
> 曰：「既不尙議論，則是默然無言而已。既不貴意見，則是寂然無思而已。聖門問學，不應如此。若曰偏議論、私意見，則可去，不當概以議論意見爲可去也。」
> Jemand fragte (Zhu Xi): „Lu Jiuyuan sagt immer nur dann etwas, wenn er einen Studenten sieht, und auch dann sagt er nur etwas wie ‚Das ist doch nur so ein Redebeitrag!’ oder ‚Das ist nur so eine Meinung.’ Ist es wirklich so, dass Redebeiträge und Meinungen verworfen werden können?!“
> Daraufhin erklärte (Zhu Xi): „Wenn er Redebeiträge nicht schätzt, dann wird er nur im Schweigen verharren; und wenn er Meinungen nicht zu würdigen bereit ist, dann kann er nur in Stille verweilen und das Denken einstellen. Doch wir (d. i. die *Daoxue*-Gemeinschaft) sollten uns (diese Haltung) nicht zum Vorbild nehmen! Dass man einseitige Redebeiträge und allzu subjektive Meinungen verwirft, ist ja durchaus angebracht; auf keinen Fall aber dürfen sämtliche Redebeiträge und Meinungen aus der Welt geschaffen werden.“[31]

29 Li Jingde: *Zhuzi yulei* 5:89. Für das adverbiale *fenming* vgl. Wu Fuxiang 吳福祥, *„Zhuzi yulei jilüe“ yufa yanjiu*《朱子語類輯略》語法研究 (Kaifeng: Henan daxue chubanshe, 2003), S. 141.

30 Li Jingde: *Zhuzi yulei* 27:682. Vgl. Faure, „Fair and Unfair Language Games“, S. 160.

31 Li Jingde: *Zhuzi yulei* 124:2972.

Dieser kurze Wortwechsel handelt zweifellos von der Wichtigkeit sprachlichen Ausdrucks im Prozeß der moralischen Bildung und Vervollkommnung des Menschen. Nicht nur betont Zhu Xi in ihm, wie wichtig das ausführliche Erörtern unterschiedlicher Meinungen für die Auslegung eines kanonischen Textes ist (denn darum es geht ihm ja primär!); er bringt auch prägnant die notwendige Verbindung zwischen „Nachdenken" (*si*) und Sprachlichkeit zum Ausdruck. Auch wenn er der Beziehung zwischen Denken und Sprechen nur selten weiter nachgeht, impliziert Zhu Xi, dass das Denken ohne Sprechen zum Stillstand käme.

Die gedankliche Grundlage für diese Hochschätzung der Sprache liefert Zhu Xi nun die berühmte, aber äußerst schwierige *Menzius*-Passage 2A/2. Menzius wird dort von einem Schüler nach dem Unterschied zwischen seinem Verständnis des „unerschütterlichen Herzens" (*bu dong xin* 不動心) und dem des Gaozi gefragt; Menzius antwortet darauf, indem er einen aus sechzehn Zeichen bestehenden Lehrsatz des Gaozi über die Beziehung zwischen den „Lehren/Worten" *yan* 言, dem „Herz" *xin* 心 und dem „Wirkstoff" *qi* 氣 zitiert; Menzius billigt die zweite Hälfte dieses Lehrsatzes, weist aber die erste Hälfte zurück, die – Zhu Xi zufolge – eine Aufforderung ist, sich nicht um die Falschheit der eigenen Worte zu sorgen und auch nicht im eigenen „Herzen" nach der Möglichkeit einer Berichtigung zu suchen. Menzius führt weiter aus, dass ein notwendiger Zusammenhang bestehe zwischen der „Kenntnis der Worte" (*zhi yan* 知言) und der Fähigkeit, den „Wirkstoff" zu verfeinern und einen Zustand moralischer Vollkommenheit zu erreichen, nämlich einen Zustand der „Standhaftigkeit" (*yong* 勇), in dem man auch unter widrigen Umständen nicht ins Wanken gerät. Zhu Xi versteht Gaozis Position nun so: da die erste Hälfte von Gaozis Lehrsatz die Verbindung zwischen „Herz" und „Worten" unterbreche, bedeute Gaozis Position nichts anderes, als „dass (der Sprechende) nicht nur im Äußeren (in den Worten) in die Irre geht, sondern dann auch noch sein Inneres verspielt" 既失於外，而遂遺其內.[32] Zhu Xi entnimmt dieser Passage eine erste, entscheidende Einsicht: (1) der Prozeß der moralischen Selbstvervollkommnung kann nicht ohne ein gründliches Studium sprachlich vermittelter Kenntnisse betrieben werden; oder, wie er an anderer Stelle summarisch festhält: die von Menzius gepriesene „Kenntnis der Worte" ist nichts ande-

32 Zhu Xi: *Sishu zhangju jizhu*, S. 230.

res als die „Kenntnis der Muster" aller Dinge und Geschehnisse (*zhi yan, zhi li ye* 知言，知理也).[33] Damit gliedert er den Menzius-Text natürlich in sein „rationalistisches" Denken ein, ein Schritt, der ihm die harsche Kritik vieler späterer Konfuzianer eingebracht hat. Wie andere Passagen belegen, dient ihm der Begriff der „Kenntnis" (*zhi* 知) aber auch als eine unverzichtbare Schranke gegen den Absolutheitsanspruch des buddhistischen Schweigens: echtes Wissen muß – wie er mehrfach betont – „ausgesprochen werden können" (*ke shuo* 可說).[34]

Eine weitere Einsicht besteht darin, dass (2) Menzius in dieser Passage, obzwar er uns auffordert, die Worte bezüglich aller Dinge und Geschehnisse zu studieren, zugleich anders als Gaozi, der von der Eigenständigkeit der Worte ausgeht, [35] die Worte in eine notwendige Verbindung mit dem „Herz" und dem „Wirkstoff" bringt – Worte sind notwendig immer *meine eigenen* Worte, Worte, auch wenn sie auf die Außenwelt verweisen, liegen nicht etwa „außerhalb" (*wai* 外) meines „Herzens", sondern haben ihren Ursprung in diesem, ja bilden mit ihm eine unauflösbare Einheit. Zhu Xi geht noch einen Schritt weiter und erklärt in einer weiteren Kommentarzeile zu *Menzius* 2A/2:

> 人之有言，皆本於心。其心明乎正理而無蔽，然後其言平正通達而無病；苟爲不然，則必有是四者之病矣。
> Alle Worte, die der Mensch besitzt, entstammen dem Herzen. Wenn sein Herz durchsichtig ist für das korrekte Muster und ungetrübt, dann sind auch seine Worte glatt, flüssig und ohne Makel; andernfalls treten die (von Menzius benannten) vier Makel auf.[36]

33 Li Jingde: *Zhuzi yulei* 52:1241. Das heißt aber auch, dass die Menzius-Passage in den Augen Zhu Xis belegt, dass die „Kenntnis der Worte" nichts anderes ist als die Tätigkeit der „Ausforschung der Dinge und der Erweiterung des Wissens" (*gewu zhizhi* 格物、致知; siehe Li Jingde: *Zhuzi yulei* 52:1241). Zur Problematik des *gewu* vgl. Mou Zongsan, *Xinti yu xingti*, Bd. 3, S. 386-404, und Wolfgang Ommerborn (Übers.): *Jinsilu. Aufzeichnungen des Nachdenkens über Naheliegendes* (Frankfurt und Leipzig: Verlag der Weltreligionen, 2008), S. 352-358.

34 Ebd., 28:715; vgl. *Lunyu* 5:6, Zhu Xi: *Sishu zhangju jizhu*, S. 76.

35 Yang Rubin zufolge vertritt Gaozi ein „realistisches" Sprachmodell (Yang Rubin 楊儒賓: *Rujia shentiguan* 儒家身體觀 (Taipei: Zhongyang yanjiuyuan Zhongguo wenzhesuo, 1996), S. 182f.

36 Zhu Xi: *Sishu zhangju jizhu*, S. 233.

Die Spracherfahrung ist für Zhu Xi untrennbar verbunden mit der Innerlichkeit des Sprechenden. Auch wenn diese Auslegung der *Menzius*-Passage umstritten ist[37] und es durchaus nicht ganz klar ist, in welchem Maße Zhu Xis Neuverortung der Sprache sich einer neuen Erfahrung des Sprachgeschehens selbst verdankt, sollte diese neue Sprachkonzeption als eine philosophische Position ernstgenommen werden.

Was diese Position weiter bedeutet, wird aus der folgenden Passage deutlich:

> 有問「知言」。先生曰：「言之所發，便是道理。人只將做言看，做外面看。且如而今對人說話，人說許多，自家對他，便是自家己事，如何說是外面事！」
>
> Jemand fragte (Zhu) nach der „Kenntnis der Worte"-Passage. Er antwortete: Worte drücken nichts anderes aus als Wahrheiten. Die Menschen betrachten (diese Wahrheiten) nur als Worte, als etwas Äußerliches; doch wenn (ich) heute mit jemandem spreche, dann antwortet er mir, worauf ich wieder etwas erwidere: und damit sind (alle diese Wahrheiten) auch schon zu meiner eigenen Angelegenheit geworden – wie könnte man (die Worte) dann noch (wie Gaozi) als etwas Äußerliches ansehen?!"[38]

Auf den ersten Blick scheint Zhu Xi damit nur einen Gemeinplatz zu umschreiben: die gesprochene Sprache ist ohne einen *Sprechenden* nicht denkbar, Worte müssen, um für mich wirklich zu werden, erst *von mir* ausgesprochen worden. Doch dahinter verbirgt sich ein tieferer Gedanke: alles Sprechen und Verstehen wird von Zhu Xi offensichtlich aus einer „first-person perspective" verstanden. Unter dem Einfluß des extrem internalistischen Denkens des Menzius wird die Grundlage aller Normativität im Inneren des Sprechenden verortet – nicht etwa im Dialog, in der Kommunikati-

37 Vgl. die ausführliche Diskussion in Kwong-loi Shun: *Mencius and Early Chinese Thought* (Stanford: Stanford University Press, 1997), S. 112-126.

38 Li Jingde: *Zhuzi yulei* 52:1242. Vgl. auch Wu Qichao 吳啓超: „Zhuzi dui ‚Zhiyan yangqi shuo' de quanshi: fangfa yu ruijian" 朱子對「知言養氣說」的詮釋：方法與睿見, in: *Zhongguo zhexue yu wenhua* 中國哲學與文化 (2008), Nr. 3, S. 341-358. Christoph Harbsmeier schlägt vor, *daoli* bei Zhu Xi als „a point made" zu verstehen, was ich überzeugend finde (Harbsmeier: *Language and Logic in Traditional China*, S. 184, 208). „Wahrheit" darf natürlich nicht im Sinne eines Abbildmodells der Sprache verstanden werden, dem zufolge wir beim Sprechen unseren inneren Abbildern der Außenwelt Ausdruck verleihen, die mit der Welt übereinstimmen können oder auch nicht.

on, im Sprechgeschehen oder in einem dem Sprechen vorrangigen Regelsystem.[39] Besonders deutlich wird diese Haltung, wenn Zhu Xi über die „Worte der Weisen" (*shengren zhi yan* 聖人之言) spricht, die es in der Lektüre zu verinnerlichen gelte: man solle sich von ihnen führen lassen, sich in seinem Alltag ganz nach ihnen richten, sie zu seinen eigenen Worten machen, so wie beim Essen der Geschmack erst dann wirklich erkannt wird, wenn man selbst ißt. „Wenn es nicht wirklich auf einen selbst bezogen wird, dann ist es bloß Geschwafel." 若是不切己，只是說話。[40]

Um das Bisherige noch einmal zusammenzufassen: Die „Worte" (*yan* 言) – und hier scheint es kaum mehr möglich, zwischen der Bedeutung von *yan* als „Lehren" und derjenigen als „gesprochene/geschriebene Worte" zu unterscheiden – sind die Sphäre, in der wir uns täglich bewegen und uns systematisch Wissen aneignen können über die unterschiedlichsten Sphären der menschlichen Existenz (von der Botanik über die Kosmologie bis zur Geschichte und Literatur); wir dürfen jedoch nicht dem Fehlschluß verfallen, dass diese Worte nichts mit uns zu tun hätten, als wären sie nur ein Instrument der Wissensanhäufung, sondern wir müssen – behauptet Zhu Xi – begreifen, dass „Worte" immer aus unserem eigenen Inneren kommen, deshalb auch dieses Innere *ausdrücken*, darum aber auch nie uns nur ein „Bild" der Welt bereitstellen. Aus diesem Grund, könnte man zuspitzen, gibt es keine rein *deskriptiven* Äußerungen, sondern jede Äußerung ist *expressiv* und damit auch moralisch *bewertend*.[41] Jede sprachliche Äußerung ist eine

39 Chad Hansen spricht von Menzius' „anti-language innatism": jegliche Form von Normativität sei im „Herzen" begründet, deshalb könne sie auch nicht versprachlicht, d.h. veräußerlicht werden (Hansen, *A Daoist Theory of Chinese Thought: A Philosophical Interpretation* (Oxford, New York: Oxford University Press, 1992), S. 183f., 202). Ich denke, Hansens Hinweis auf die „innate" Natur der Sprache bei Menzius' ist richtig, doch glaube ich, dass sich weder bei Menzius, noch bei Zhu Xi eine grundsätzliche Sprachfeindlichkeit antreffen läßt.

40 Zhu Xi: *Zhuyi yulei* 8:140. Zur Bedeutung der Wendung *qie ji* vgl. Lin Wei-chieh: *Verstehen und Praxis. Ein Vergleich zwischen dem Konfuzianismus Zhu Xis und der philosophischen Hermeneutik Gadamers*. Frankfurt am Main u.a., Peter Lang: 2001, S. 67-69.

41 Li Minghui 李明輝 versteht in einem auch sonst sehr instruktiven Aufsatz *yan* als „normative Sprache" oder auch „moralische Urteile" (Ders.: „Mengzi zhiyan yangqi zhang de yili jiegou"《孟子》知言養氣章的義理結構, in: Ders., *Mengzi chongtan* 孟子重探 (Taipei: Lianjing, 2001), S. 1-40; hier: 21. Vgl. auch Charles Taylor: „Language and Human Nature" in: Ders., *Human Agency and Language. Philosophical Papers 1* (Cambridge: Cambridge University Press, 1985), S. 215-247.

moralische Selbstausweisung, insofern sie mich (meine Stellung zur Welt) enthält, ja zur Anschauung bringt – wie jede Handbewegung, jedes Zurechtzupfen eines Kleidungsstückes, jede Verbeugung auch.

Schluß

Zum Schluß möchte ich meine bisherigen Beobachtungen zu Zhu Xis Sprachdenken noch einmal in zwei Thesen zuspitzen: dass Zhu Xi (1) Sprache keineswegs aus ihrem Gebrauch, sondern primär unter dem Aspekt der Innerlichkeit des Sprechers denkt; und (2) dass es für Zhu Xi ein die Sprache transzendierendes mystisches Element gibt, das ihn trotzdem nicht an der Notwendigkeit der Versprachlichung zweifeln läßt.

(1) Hegels berühmte These von der *fehlenden Innerlichkeit* in China hat die sinologische Auseinandersetzung mit der chinesischen Sprache jahrhundertelang umgetrieben.[42] Monologische Anpassung an die Außenwelt sei entscheidend, nicht Reflexion oder gar Dialog. Seit Marcel Granet heißt es immer wieder, dass Sprache im alten China unmittelbar verhaltensleitend gewirkt habe, ohne dass je Rückversicherung bei einer mentalen Instanz gesucht wurde.[43] Nicht nur fehle jede Vorstellung einer repräsentationalen Sprachauffassung, sondern den vormodernen Chinesen sei es prinzipiell unmöglich gewesen, in einem Abstraktionsprozeß ihre eigenen Voraussetzungen zu hinterfragen; chinesisches Denken sei metaphysikfrei, gehe „indikativ“ vor und ziele nie auf das Wesen einer Sache.[44]

Diese Sichtweise hat zweifellos gewisse Stärken; dennoch zeigt sich, dass sie Zhu Xis Sprachverständnis nur bedingt zu erfassen vermag. So ist es schon mehrfach deutlich geworden, dass Zhu Xi dem *Inneren* des Sprechers große Bedeutung zumißt: Wörter wie *yi* 意, *yisi* 意思, *yiwei* 意味, etc. (Bedeutung, Gedanke, Intention) scheinen auf eine „mentale“ Ebene

42 Siehe Heiner Roetz, *Die chinesische Ethik der Achsenzeit. Eine Rekonstruktion unter dem Aspekt des Durchbruchs zu postkonventionellem Denken* (Frankfurt a.M.: Suhrkamp, 1992), S. 20 f.

43 In den Worten Marcel Granets: die chinesische Sprache „est tout entière façonné pour communiquer des attitudes sentimentales, pour suggérer des conduites, pour convaincre, pour convertir.” (Marcel Granet, *La pensée chinoise* (Paris: La Renaissance du livre, 1934), S. 82).

44 Vgl. etwa auch François Jullien, *Le détour et l'accès. Stratégies du sens en Chine, en Grèce* (Paris: Éditions Grasset, 1995), S. 225.

hinzudeuten, jenseits des öffentlichen Sprachgebrauchs. Natürlich ist Zhu Xi nie auf den Gedanken verfallen, eine trennscharfe Grenzlinie zwischen Sprache und Sein, „Geist“ und „Welt“ anzunehmen: die *wu* 物 (die Dinge) und ihre Benennungen und Beschreibungen in den Büchern sind nicht kategorisch voneinander unterschieden: beide liegen unter demselben Horizont, beide können unmittelbar *in mir* anwesend sein.[45]

Es wäre trotzdem auf jeden Fall falsch, Zhu Xi als einen radikalen Nominalisten zu kennzeichnen, dem es nur darum gegangen sei, seinen Schülern den richtigen Gebrauch bestimmter Namen anzutrainieren, ohne jeglichen Bezug auf eine „mentale“ Ebene, oder sie gar von ihrer Verhexung durch die Sprache zu kurieren. „Man suche nur nichts hinter den Phänomenen: sie selbst sind die Lehre (Goethe)“:[46] dieser Satz beschreibt Wittgensteins Programm, nicht das Zhu Xis! Nicht nur kann sein Denken durchaus ähnlich einer „dualistischen Metaphysik“ rekonstruiert werden,[47] es gibt darüber hinaus Anzeichen dafür, dass sich Zhu Xi das Problem der Allgemeinheit, bzw. der Abstraktion gestellt hat. Denn die Annahme scheint kaum plausibel, dass es ihm in den langen, in den *Zhuzi yulei* dokumentierten Gesprächen über bestimmte Sachfragen nur um die korrekte Beziehung zwischen Name und Wirklichkeit gegangen ist und nicht um so etwas wie die Klärung des *Wesens* des Gegenstandes.[48] Anders ausgedrückt, es ist davon auszugehen, dass für Zhu Xi Wörter wie *taiji* 太極, *li* 理, *dao* 道, usw. einen abstrakten Charakter besaßen, im Sinne von „ ‚abstract‘ hypostasised concepts which are sometimes spoken about as if they were referring to a higher realm of ultimate reality to which Chinese mystical thinkers gain direct access through meditation not totally unlike that cultivated by some Neo-Platonists.“[49] Es gibt eine andere Sphäre der Wirklichkeit jenseits des Wandels, eine Welt der „Muster“, die unzerstörbar ist, quasi überzeitlich, zu der

45 Vgl. Wolfgang Ommerborn: “Die Bedeutung des Lesens als Teil des Erkenntnisprozesses im Neo-Konfuzianismus,” in: Bernhard Führer (Hrsg.): *Aspekte des Lesens in China in Vergangenheit und Gegenwart* (Bochum: projekt verlag, 2005), S. 147f.

46 Zit. in Ludwig Wittgenstein, *Bemerkungen über die Philosophie der Psychologie* (*Werkausgabe in 8 Bänden*, Band 7, Frankfurt a.M.: Suhrkamp, 1984), S. 163, § 889.

47 Liu Shuxian, *Zhuzi zhexue sixiang de fazhan yu wancheng*, S. 639-662; vgl. auch Eglauer, *Die Welt als Kaleidoskop*, S. 38f., 90-94.

48 Siehe z. B. Li Jingde: *Zhuzi yulei* 5:82.

49 Harbsmeier: *Language and Logic in Traditional China*, S. 234. Vgl. zum Problem der Definition und der „property“ ebd., S. 54-62, 184-191, 229-241.

wir mithilfe der Meditation, der Selbstreflexion und des kritischen Nachdenkens Zugang erlangen können. Dennoch trennt Zhu Xi eine tiefe Kluft von den Fragestellungen des griechischen Sprachdenkens und seinen Fortentwicklungen. So fehlt z. B. nicht nur jeder Gedanke an eine Abbildungsfunktion der Sprache, sondern auch der altgriechische „Vorrang der logisch-grammatischen Fassung der Sprache“ (Heidegger).[50]

Vielleicht läßt sich diese Kluft beispielhaft am Problem der Bedeutung und des Sinns ermessen: Lin Wei-chiehs 林維杰 Rekonstruktion zufolge unterscheidet Zhu Xi sehr präzise zwischen einem Textsinn, der durch die Jahrhunderte identisch bleibt, und einer Textbedeutung, die individuell unterschiedlich und deshalb auch nicht lehrbar ist. „Jede Interpretation“, führt Lin Wei-chieh aus, „verdeutlicht den Textsinn, bringt aber nichts Neues. Aber bei der Bedeutung (*yiwei*) wird etwas Neues hervorgebracht. Die Bedeutung bereichert den Textinhalt; der Sinn behält die Identität des Textes.“[51] Vordergründig geht es Zhu Xi natürlich darum, dass wir über die Lektüre der Klassiker die „Gedanken der Weisen“ (*shengren zhi yi* 聖人之意) in uns aufnehmen, ja verinnerlichen.[52] Ein statisch gedachter Textsinn umschreibt und begrenzt eine relativ offene Textbedeutung.

Da wir jedoch aus strukturellen Gründen keinen direkten Zugang zu den „Gedanken der Weisen“ haben und der Vermittlung durch „konstruktive Interpretationen der Klassiker“ bedürfen,[53] kann nur bedingt davon gesprochen werden, dass die Bedeutung mit der Intention des Autoren zusammenfällt: vielmehr ist Bedeutung auch im Text lokalisiert (in Lin Wei-chiehs Worten: als „Textsinn“). Dennoch ist es prinzipiell möglich, diese Bedeutung zu verinnerlichen (als „Textbedeutung“). Anders als Platon oder Aristoteles, die zwar noch nicht zwischen Zeichen und Bedeutung trennen, aber die von der Sprache geleistete Begriffsbildung ins Zentrum ihrer Überlegungen stellen, ist Zhu Xi nun nicht an einer *allgemeingültigen* Beschreibung eines Problems interessiert, sondern an der korrekten Bestimmung der konfuzianischen Tradition. Die Bedeutung dieser Tradition ist überzeitlich,

50 Zit. in Flatscher: „Aristoteles und Heidegger“, S. 106.

51 Siehe Lin Wei-chieh: *Verstehen und Praxis*, S. 75.

52 Vgl. insbesondere Zhu Xis lange Kommentarglosse zu *Lehrgespräche* 17:19, Zhu Xi: *Sishu zhangju jizhu*, S. 180.

53 Siehe Yang Xiao, A.P. Martinich, „Ideal Interpretation: The Theories of Zhu Xi and Ronald Dworkin.” *Philosophy East and West* 60.1 (Januar 2010), S. 88-114; hier S. 91.

insofern sie in den konfuzianischen Texten vorliegt und nur auf die *Entdeckung* durch den Exegeten wartet. Damit scheint es aber auch nicht möglich, sie von diesen Texten (und der dahinterstehenden historischen Existenz des Konfuzius) vollständig abzulösen. Insofern wäre Zhu Xis Verständnis von Bedeutung letztendlich doch „personalistisch" zu nennen.[54] In der Frage nach der Beziehung zwischen geistiger Bedeutung und den materiellen Zeichen bleibt aber ein Rest von Ambiguität.

(2) Könnte es also sein, dass Zhu Xis Idee von Sprachlichkeit vielleicht doch mystisch fundiert ist? Hans-Georg Möller hat in seiner Analyse von Wang Bis Sprachdenken gezeigt, wie Sprache bei diesem divinatorisch und vormetaphysisch konstruiert ist: sie ist nie mehr als der „Dienst", und zwar „Dienst" an einer heiligen Schrift, ist „Medium des Übergangs zur Heiligkeit", nie wirkliches, d. h. reflexives und dialogisches Sprechen.[55] Wang Bis Einfluß auf Zhu Xi ist bekannt, wenn auch keineswegs hinlänglich erforscht;[56] genausowenig dürfte zu leugnen sein, dass seine Beschreibung des moralischen Ideals gewisse mystische Züge aufweist. Für Konfuzius war es die Aufgabe der Sprachhandlungen (neben der Ritenpraxis), das Verhalten – in den Worten Jean François Billeters – als „forme organisatrice" zu begleiten, als ein weiteres Mittel, um einen Ordnungszustand zu perpetuieren bzw. wiederherzustellen und auf Situationen angemessen zu antworten.[57] Zhu Xi ist sicher auch an richtiger Sprachpraxis interessiert; und dennoch erscheint Sprache bei ihm so stark verinnerlicht, dass der Verweis auf den „Dienst" oder das Wiederherstellen einer Ordnung nur bedingt hilfreich ist: es geht auch um Prüfung, um Reflexion, um das Nachvollziehen der äußeren

54 In diesem Sinne schreibt Christoph Harbsmeier: „In China, the crucial semantic concept is not that of sentence meaning but of speaker's meaning… The hermeneutics of these texts is personal (what did Confucius mean?), not scriptural or logocentric (what does the text mean?)." (Harbsmeier: *Language and Logic in Traditional China*, S. 186-7).

55 Hans-Georg Möller, *Die Bedeutung der Sprache in der frühen chinesischen Philosophie* (Aachen: Verlag Shaker, 1994), S. 93, 202f.

56 Vgl. Anne Philipp, *Wang Bi's Weg hinter die Kultur: Zum Abstraktionsgewinn im Vorfeld des Songkonfuzianismus* (*Mitteldeutsche Studien zu Ostasien* 4, Leipzig: Leipziger Universitätsverlag, 2001).

57 Siehe Billeter, *Études sur Tchouang-tseu*, S. 183.

Welt im eigenen Inneren, das – wenn auch mit gebotener Vorsicht – durchaus als ein „Dialog der Seele mit sich selbst" charakterisiert werden darf.[58]

Gerade deshalb darf Zhu Xis Versuch, ein Höheres, Transzendentes in seine Worte bannen, letztendlich nicht vorschnell dem mystischen Vollzug allein zugeschlagen werden – dafür war er viel zu sehr an einer sachlichen, sprachlich begründbaren Artikulation der Wirklichkeit interessiert, an einer Artikulation der Welt im moralischen Selbst, aber eben nicht an einer *Vergegenständlichung* der Welt in der Sprache.

58 Einer scharfsinnigen Beobachtung Lao Sze-kwangs 勞思光 zufolge war die konfuzianische Tradition stets auf die Perspektive des einzelnen Subjekts fokussiert und hat deshalb nie eine wirkliche Pluralität von Akteuren denken können (siehe Lao Sze-kwang 勞思光: *Xinbian Zhongguo zhexueshi* 新編中國哲學史 (Taipei: Sanmin chubanshe, 2006), 3b: 489-492). Ohne dass ich dies hier im Detail nachweisen kann, scheint mir die dialogische Dimension bei Zhu Xi trotzdem nicht vollständig abwesend.

Frag-würdige Probleme – Chen Dayous (1198–1250) Bemühen um ein korrektes Verständnis des *Shangshu*

Martin Hofmann

As one of the Confucian Classics, the *Shangshu* 尚書 (*Book of Documents*) cotained the wisdom and ideal order of the Sage Rulers and served as a benchmark of orthodoxy for scholars throughout imperial times. However, the true meaning of the text was the subject of intense debate. Numerous scholars authored commentaries on this Classic, generating an ever-growing corpus of diverse interpretations. The exegetes were confronted with conflicting opinions about each sentence of the text. In order to distinguish correct understandings from misleading ones, it was necessary for them to define standards of validity. Chen Dayou 陳大猷 (1198–1250) of the Song Dynasty attempted to do just that in his *Shujizhuan huowen* 書集傳或問 (*Questions on the Collected Commentaries on the Book of Documents*). He analyzed the commentaries of former scholars, striving to reconcile exegetical elaboration with a correct interpretation of the *Shangshu.* This article outlines Chen Dayou's endeavor and argues that for him, the most important standard for interpretations was coherence with the content of the Classic itself.

Seit der Han-Zeit (206 v. Chr. – 220 n. Chr.) haben chinesische Gelehrte wieder und wieder Kommentare zu den Klassikern verfasst. Allein zum *Shangshu* 尚書 (*Buch der Dokumente*) wissen wir von etwa dreihundert Kommentaren bis zum Ende der Song-Zeit (960–1279).[1] Diese hohe Zahl an Kommentarwerken spiegelt zum einen die enorme Bedeutung, die ein Klassiker wie das *Shangshu* für die moralischen, politischen und sozialen Vorstellungen hatte, zum anderen ist sie aber auch Kennzeichen einer grundlegenden Problematik, die den Klassikern anhaftete: Die Gelehrten sahen in ihnen die schriftlich festgehaltene Weisheit und das kulturelle Vermächtnis der Herrscher des Altertums, doch waren die in ihnen enthaltenen Aussagen ambivalent und somit Gegenstand intensiver Auseinandersetzungen.

Kommentare sollten die Sprache der Klassiker verständlich machen. Sie hatten also die Funktion eines Vermittlers zwischen der Darstellung der

1 Liu Qiyu 劉起釪: *Shangshu yuanliu ji zhuanben* 尚書源流及傳本 (Shenyang: Liaoning daxue chubanshe 1997), S. 64.

Welt des Altertums in den Klassikern und der konkreten Lebenswirklichkeit derer, die um ein Verständnis der Klassiker bemüht waren. Die Aussagen etwa des *Shangshu* zu Moral, sozialer Ordnung, Institutionen, lokalen Besonderheiten und der geographischen Ordnung wiesen teils schattenhafte, teils klare Verbindungen zu der greifbaren, erlebbaren, gelebten Wirklichkeit der Gelehrten auf, doch bot die Sprache des klassischen Texts einen weiten Rahmen an Interpretationsmöglichkeiten.

Die unablässigen Versuche, die Inhalte des *Shangshu* zu erklären, führten nicht, oder zumindest nie für einen längeren Zeitraum, zu einem allgemein akzeptierten Verständnis der Klassiker. Sie fachten den Streit um die richtige Auslegung nur an. Zwar konnten neue Kommentare auch neue Einsichten hervorbringen, doch drohte umgekehrt die stetig wachsende Zahl an Kommentaren das korrekte Verständnis der Klassiker noch zu erschweren, denn aus der großen Menge der Interpretationen konnten nur bestimmte zutreffend sein, während andere zwangsläufig als irreführend oder fehlerhaft angesehen werden mussten. Wollten die Gelehrten also nicht einfach einer bestimmten Auslegung vertrauen, mussten sie bestimmte Standards für die Gültigkeit von Interpretationen finden.

Dieser Aufsatz betrachtet am Beispiel des *Shu jizhuan huowen* 書集傳或問 (*Fragen zu den gesammelten Erklärungen zum Buch der Dokumente*) des Song-Gelehrten Chen Dayou 陳大猷 (1198–1250), mit welchen Argumenten treffende von unzutreffenden Interpretationen geschieden wurden, um letztlich zu einem korrekten Verständnis des *Shangshu* zu kommen. Chen Dayous Kommentar ist für eine solche Untersuchung besonders aufschlussreich, da er, wie ich im Folgenden zeigen werde, eigens dazu verfasst wurde, die Auswahl von Aussagen früherer Gelehrter zu erläutern, und somit Maßstäbe der Bewertung von Interpretationen zu den Klassikern offenbart.

Neben dem *Shujizhuan huowen* verfasste Chen Dayou mit dem *Shujizhuan* 書集傳 (*Gesammelte Erklärungen zum Buch der Dokumente*) einen weiteren Kommentar zum *Shangshu*, der jedoch lange Zeit als verloren galt.[2]

2 Sowohl die Kompilatoren des *Siku quanshu* 四庫全書 (*Sämtliche Schriften der vier bibliographischen Abteilungen*) als auch Zhu Yizun 朱彝尊 (1629-1709) meinten, er sei nicht erhalten. Siehe 陳大猷: *Shujizhuan huowen* 書集傳或問, in: *Wenyuange siku*

Dieses *Shujizhuan* reiht Aussagen verschiedener früherer Gelehrter zu den jeweiligen Passagen des klassischen Texts aneinander. Nur in unregelmäßigen Abständen fügt Chen seine eigenen Ansichten ein, doch wird aus diesen häufig nicht deutlich, warum Chen die Interpretation eines bestimmten Gelehrten zitiert und die eines anderen übergeht. Diese Art der Kommentierung, die in vielen Werken der Song-Zeit anzutreffen ist, lässt die Überlegungen des Autors bei der Auswahl seiner Zitate aus der Kommentartradition also kaum nachvollziehen. Das *Shujizhuan huowen* dagegen stellt gerade den Aspekt der Auswahl in den Vordergrund. In seinem Vorwort erklärt Chen seine Motivation, einen zweiten Kommentar zum *Shangshu* zu schreiben, folgendermaßen:

> Nachdem ich die Sammlung der Erklärungen zum *Buch der Dokumente* erstellte hatte, wurde ich deswegen vielfach von interessierten Gelehrten zu strittigen Interpretation befragt. Ich habe [die Gründe für] deren Zurückweisung oder Annahme in allen Einzelheiten niedergeschrieben, woraus dieses Werk entstanden ist.[3]

Es lässt sich nicht klären, ob andere Gelehrte Chen Dayou tatsächlich einige der im *Shujizhuan huowen* formulierten Fragen gestellt hatten. Da Chen an verschiedenen Stellen im *Shujizhuan* bereits auf den *Huowen*-Kommentar verweist, kann man davon ausgehen, dass das *Shujizhuan huowen* zumindest als Entwurf bei der Fertigstellung von Chens erstem Kommentar bereits existierte. Folglich war die Formulierung und Beantwortung von Fragen zumindest größtenteils ein rein stilistisches Mittel und basierte nicht primär auf Fragen zu seinem ersten Kommentar.

---

quanshu 文淵閣四庫全書 60 (Taibei: Taiwan shangwu yinshuguan, 1983), [*mulu*:]2b und Zhu Yizun 朱彝尊, *Jingyikao* 經義考, in: *Wenyuange siku quanshu* 文淵閣四庫全書 677-680 (Taibei: Taiwan shangwu yinshuguan, 1983), 83:11a-12a. Im *Xuxiu Siku quanshu* 續修四庫全書 (*Fortsetzung der sämtlichen Schriften der vier bibliographischen Abteilungen*) findet sich jedoch ein Abdruck einer leider nicht ganz vollständigen und teilweise unlesbaren Version des Textes aus der Yuan-Zeit. Chen Dayous *Shujizhuan* ist nicht zu verwechseln mit dem gleichnamigen Werk von Cai Shen 蔡沈 (1167-1230).

3 Chen Dayou: *Shujizhuan huowen*, 1:1a.

Werke in Dialogform zu verfassen, war in der Song-Zeit weit verbreitet.[4] Und ebenso gab es unter den *Shangshu*-Kommentaren der Song-Zeit Vorbilder für Chen Dayous Entscheidung, im *Shujizhuan huowen* die traditionelle Form der Kommentierung, die Schritt für Schritt den Aussagen des Klassikers Erläuterungen anfügt, zugunsten einer freieren Kommentierung nach bestimmten Themen oder Fragestellungen aufzugeben.[5] Der Zusatz *huowen* im Titel war eine eindeutige Anlehnung an Zhu Xi, wenngleich Chen Dayou kein direkter Schüler Zhu Xis war, sondern wohl Lü Zuqian 呂祖謙 (1137–1181) nahe stand.[6] Zhu Xi hatte zwar keinen Kommentar zum *Shangshu* geschrieben, aber als Ergänzung zu seinem berühmten *Sishu zhangju jizhu* 四書章句集注 (*Gesammelte Kommentare zu Abschnitten und Sätzen der Vier Bücher*) hatte er auch einen weiteren Kommentar zu den Vier Büchern, das *Sishu huowen* 四書或問 (*Fragen zu den Vier Büchern*), verfasst. Chen Dayous *Huowen*-Kommentar weist tatsächlich Ähnlichkeiten zu dem Kommentar Zhu Xis auf.[7] Jedoch schenkt Chen Dayou, wie ich im Folgenden zeigen werde, der Auseinandersetzung mit der Kommentartradition deutlich größere Aufmerksamkeit, und daher ist gerade sein

4 Daniel K. Gardner „Modes of Thinking and Modes of Discourse in the Song: Some Thoughts on the Yu-lu ('Recorded Conversations') Texts", in: *The Journal of Asian Studies* 50.3 (1991), S. 574-603.

5 Siehe etwa Wei Liaoweng 魏了翁: *Shangshu yaoyi* 尚書要義, in: *Wenyuange siku quanshu* 文淵閣四庫全書 60 (Taibei: Taiwan shangwu yinshuguan, 1983) und Cheng Dachang 程大昌: *Yugong lun* 禹貢論, in: *Wenyuange siku quanshu* 文淵閣四庫全書 56 (Taibei: Taiwan shangwu yinshuguan, 1983).

6 Die Zuordnung Chen Dayous zu einer intellektuellen Strömung der Südlichen Song-Zeit ist umstritten. Liu Qiyu stuft ihn als Anhänger Lu Jiuyuans 陸九淵 (1139-1192) ein (siehe Liu Qiyu: *Shangshu yuanliu ji zhuanben*, S. 69). Ich schließe mich aber der sehr detaillierten Argumentation Xu Huafengs an, der Chen Dayou der Schule Lü Zuqians zuordnet. Siehe Xu Huafeng 許華峰: „Chen Dayou *Shujizhuan* yu *Shujizhuan huowen* de xuepai guishu wenti" 陳大猷書集傳與書集傳或問的學派歸屬問題, in: Jiang Qiuhua 蔣秋華, Feng Xiaoting 馮曉庭 (Hrsg.): *Songdai jingxue guoji yantaohui lunwenji* 宋代經學國際研討會論文集 (Taibei: Zhongyang yanjiuyuan Zhongguo wenzhe yanjiusuo, 2006), S. 229-248.

7 Zum Einfluss Zhu Xis auf Chen Dayous *Shujizhuan huowen* siehe Xu Huafeng 許華峰: „Chen Dayou *Shujizhuan* de jie jing yuanze ji qi yiyi" 陳大猷書集傳的解經原則及其意義, in: Zhou Deliang 周德良 (Hrsg.): *Gudian wenxian de kaozheng yu quanshi* 古典文獻的考證與詮釋 (*Wenxianxue congkan*, Taibei: Taiwan Xueshang Shuju, 2006), S. 122-126.

Werk so interessant für die Untersuchung des Umgangs mit den widerstreitenden Interpretationen zu den Klassikern.

Das gesamte *Shujizhuan huowen* ist entsprechend der Kapitel des *Shangshu* unterteilt. Einzige Ausnahme ist das *Yugong* 禹貢 (*Tribute des Yu*) Kapitel, das besonders eingehend diskutiert wird und daher in mehrere Abschnitte untergliedert ist. An verschiedenen Stellen im Text, häufig aber zu Beginn eines Abschnitts, finden sich gesonderte Bewertungen von bestimmten Kommentaren oder auch kurze, grundsätzliche Aussagen zur Kommentartradition. So hebt Chen beispielsweise zu Beginn seiner Erläuterungen zu den Neun Provinzen (*jiu zhou* 九州) den Kommentar Lin Zhiqis 林之奇 (1112–1176) lobend hervor: „Zu der Reihenfolge der Neun Provinzen sind die Erörterungen von Meister Lin [Zhiqi] äußerst treffend.“[8] Der überwiegende Teil des Kommentars aber ist in Form eines Frage-Antwort-Schemas aufgebaut. Eine nicht näher benannte Person fragt, meist relativ knapp, nach einer Einschätzung zu einer problematischen Stelle des klassischen Texts, zu einer bestimmten Interpretation oder zu konkurrierenden Interpretationen. Direkt daran anschließend erläutert Chen Dayou, ob und warum diese Interpretation zutreffend oder inkorrekt ist beziehungsweise welche der verschiedenen Interpretationen ihm passend erscheinen. Der nachfolgende Ausschnitt aus dem *Shujizhuan huowen* bietet ein typisches Beispiel des Stils, in dem Chen Dayou seine Argumente vorbringt:

> Jemand fragt: Meister Wang [Yan] aus Xin'an sagt: „In den nördlichen Gebieten ist es kalt, und daher ist die Kleidung [dort] aus Tierhäuten [gemacht]. In den südlichen Gebieten ist es warm, daher ist die Kleidung [dort] aus Pflanzen [gemacht].“ Was ist davon zu halten?
>
> Ich sage: Dies ist nicht zutreffend. Natürlich sagt [der klassische Text] an dieser Stelle, dass alles einen Herkunftsort hat. Wenn es aber in den nördlichen Gebieten [ausschließlich] Kleidung aus Tierhäuten gegeben hätte, wie hätte man sich damit auch im Sommer kleiden können? Wenn es in den südlichen Gebieten [ausschließlich] Bananenblätter und Kudzu[9] gegeben hätte, wie hätte

8 Chen Dayou: *Shujizhuan huowen*, 1:45a.

9 Kudzu (*Pueraria thunbergiana*), auch bekannt als Kopoubohne, ist eine schnell wuchernde Schlingpflanze. Aus dieser Pflanze ließen sich, ebenso wie aus den Bananenblättern, Fasern zur Herstellung von Kleidung gewinnen. Siehe Dieter Kuhn, *Science and Civilisa-*

man sich damit auch im Winter kleiden können? Baumwolle und [Fasern des] Kapokbaums[10] etwa stammen ausnahmslos aus den südlichen Gebieten, doch sind dies allesamt keine [Materialien für] Kleidung bei sommerlicher Hitze.[11]

Weder die in dieser Textpassage genannte Erklärung von Wang Yan 王炎 (1137–1218) noch die hier erörterte Thematik des Zusammenhangs von Kleidungsarten und klimatischen Bedingungen kommen in Chen Dayous *Shujizhuan* vor. Dennoch steht diese Textpassage zumindest in indirektem Zusammenhang mit seinem ersten Kommentarwerk, da Chen erläutert, warum er sie für falsch hält und damit eine Begründung liefert, weshalb er sie im *Shujizhuan* übergeht. An anderen Stellen ist die Verbindung zwischen den beiden Kommentaren Chen Dayous noch enger. So kommentiert er beispielsweise im *Shujizhuan* einen Abschnitt aus dem *Tanggao* 湯誥 (*Die Ankündigung des Tang*) Kapitel des *Shangshu* mit Hilfe einer kurzen Worterklärung Kong Anguos sowie einer längeren Erläuterung Xia Zhuans 夏僎 (*jinshi*-Grad 1178).[12] Im *Shujizhuan huowen* findet sich an der entsprechenden Stelle die Frage, was von Zhu Xis Interpretation dieser Aussage des Klassikers zu halten sei. Chen Dayou stellt zu nächst dar, warum er Zhu Xis Auslegung ablehnt, und fügt dann als Begründung seiner Art der Kommentierung im *Shujizhuan* an:

Die Erklärung von Xia [Zhuan] basiert auf der von Su [Shi], aber ihr Wortlaut ist ausgesprochen klar und passend. Daher habe ich [im *Shujizhuan*] nur die Erklärung von Xia [Zhuan] niedergeschrieben. Die anderen [Erklärungen] ähneln dieser zumeist.[13]

Kennzeichnend für das *Shujizhuan huowen* ist, dass sich die Fragen und Antworten jeweils auf ein konkretes Problem beziehen. Damit weicht Chen

---

tion in China Vol. 5, Part IX: Textile Technology: Spinning and Reeling (Cambridge: Cambridge University Press 1988), S. 39-52.

10 Ich übersetze *mumian* 木綿 an dieser Stelle nicht ebenfalls als Baumwolle, sondern in der etwas selteneren Verwendung als Kapok, da die Struktur des Satzes nahelegt, dass sich Chen Dayou auf zwei verschiedene Pflanzen bezieht. Zur Geschichte und Verwendung von Baumwolle und Kapokfasern in China siehe Dieter Kuhn, *Science and Civilisation in China Vol. 5, Part IX*, S. 52-59.

11 Chen Dayou: *Shujizhuan huowen*, 1:47a.

12 Chen Dayou 陳大猷: *Shujizhuan* 書集傳, in: *Xuxiu Siku quanshu* 續修四庫全書 42 (Shanghai: Shanghai guji chubanshe, 1995-99), S. 60 [4:12a].

13 Chen Dayou: *Shujizhuan huowen*, 1:74b.

Dayou deutlich von Zhu Xis Stil der Kommentierung im *Sishu huowen* ab. Zhu Xi formuliert viele Fragen allgemein und ohne Benennung einer konkreten Problematik, etwa: „Jemand fragt nach einer Erklärung zum 13. Abschnitt."[14] Die darauf folgenden Antworten sind vielfach sehr ausführlich und erstrecken sich über mehrere Seiten,[15] wobei Zhu Xi sich vorwiegend der Erläuterung des Sinns der jeweiligen Passagen der Klassiker widmet. Die Kommentartradition spielt für Zhu Xi nur eine untergeordnete Rolle. Sofern er sie überhaupt thematisiert, fügt er Kommentare anderer Gelehrter zumeist nur als Ergänzung seiner vorherigen Ausführungen an.[16] Während Zhu Xi den *Huowen*-Kommentar also vorwiegend dazu nutzt, seine eigene Auslegung der Klassiker näher zu erläutern, liegt Chen Dayous Augenmerk auf den Gründen, weshalb ein Argument überzeugend ist, und warum er bestimmte Interpretationen befürwortet und andere verwirft. Oder um es anders auszudrücken: Zhu Xis *Huowen*-Kommentar lässt sich im Verhältnis zu seinem Ausgangskommentar[17] als Erweiterung der Erklärung beschreiben, Chen Dayous *Huowen*-Kommentar dagegen eher als Erklärung der Erklärung.

Nach welchen Grundsätzen aber unterscheidet Chen Dayou zutreffende Erklärungen des klassischen Texts von unzutreffenden? Da sich Chen Dayou im *Shujizhuan huowen* vorwiegend mit konkreten Details des Klassikers oder bestimmten Aussagen früherer Gelehrter befasst, sind seine Argumente häufig an den speziellen Textzusammenhang gebunden und lassen sich nicht direkt auf andere Fragestellungen innerhalb seines Werks anwenden. Chens

14 Zhu Xi 朱熹: *Sishu huowen* 四書或問, in: *Wenyuange siku quanshu* 文淵閣四庫全書 197 (Taibei: Taiwan shangwu yinshuguan, 1983), 9:19a.

15 Mit 39 *juan* ist Zhu Xis *Sishu huowen* folglich auch deutlich umfangreicher als Chen Dayous *Shujizhuan huowen*, welches nur zwei *juan* umfasst.

16 Eingeleitet werden diese Auseinandersetzungen mit der Kommentar-Tradition bei Zhu Xi häufig mit der wiederum relativ unspezifischen Frage: „Was ist von sämtlichen Erklärungen zu halten?" Siehe beispielsweise Zhu Xi: *Sishu huowen*, 3:22a, 7:1b und 12:9b.

17 Untersuchungen zu Zhu Xis Kommentaren zeigen, dass er beide Kommentare etwa zur gleichen Zeit fertigstellte. Siehe Chen Feng-yuen 陳逢源: „Zhu Xi zhu *Sishu* zhi zhuanzhe – yi *Xueyong zhangju*, *Huowen* wei bidui fanwei" 朱熹注四書之轉折 - 以學庸章句，或問為比對範圍, in: *Dongwu zhongwen xuebao* 東吳中文學報 15 (2008.5), S. 18. Die einseitige Bezugnahme des *Sishu huowen* auf das *Sishu zhangju jizhu* rechtfertigt aus meiner Sicht aber, letzteren als Ausgangskommentar zu betrachten.

Aussage im obigen Beispiel zum Verhältnis von Kleidung und Temperatur etwa beruht wohl auf seiner konkreten Lebenserfahrung oder Kenntnis über die Eignung bestimmter Kleidungsarten bei bestimmten klimatischen Bedingungen, doch ist diese nur in diesem konkreten Zusammenhang von Bedeutung. An verschiedenen Stellen des *Shujizhuan huowen* jedoch finden sich Aussagen, die einige grundlegende Prinzipien seiner Argumentationsweise und seiner Beurteilung der verschiedenen Interpretationen des *Shangshu* erkennen lassen.

Ein mehrfach von Chen Dayou formulierter Anspruch an Interpretationen des Klassikers ist die Beachtung des Gesamtkontexts. So beantwortet Chen Dayou etwa die Frage, ob es zulässig sei, für ein bestimmtes Wort, das an verschiedenen Stellen im klassischen Text vorkommt, unterschiedliche Erklärungen zu geben:

> Wer den Klassiker erläutert, sollte [stets] die Bedeutung des vorangegangenen und des nachfolgenden Textes betrachten, und es ist sicher nicht ratsam, auf einem bestimmten Prinzip [der Kommentierung] zu beharren.[18]

Chen Dayou fordert also Flexibilität in der Erklärung einzelner Begriffe. Diese können durchaus im gesamten klassischen Text die gleiche Bedeutung haben, doch muss dies nicht immer der Fall sein. Die tatsächliche Bedeutung eines Begriffs lässt sich nur durch Betrachtung des Kontexts erschließen. Ebenso ist bei der Auslegung von kurzen Passagen oder Sinnabschnitten auf die Einbettung in den Zusammenhang des klassischen Textes zu achten, und so verwirft Chen Dayou Interpretationen, die nach seiner Ansicht nicht dem Kontext entsprechen.[19] Umgekehrt fügt er Erklärungen anderer Gelehrter in seinen Kommentar ein, die ihm zwar erzwungen scheinen, die aber in Einklang mit dem klassischen Text stehen.[20] Die Übereinstimmung mit dem Kontext ist für Chen also ein so wesentlicher Maßstab bei der Beurteilung von Interpretationen, dass er bereit ist, Aussagen, die dieser Anforderung entsprechen, zumindest zu akzeptieren und in sein Werk aufzunehmen, selbst wenn sie ihn nicht restlos überzeugen.

Der klassische Text selbst bietet in Chen Dayous Augen noch in einer weiteren Weise ein bedeutendes Kriterium zur Bewertung der ihm beige-

18 Chen Dayou: *Shujizhuan huowen*, 1:76b.

19 Ebd., 2:79b.

20 Ebd., 9:5a.

fügten Erläuterungen: Jede Textpassage gibt einen bestimmten Wortlaut vor, und zu den einzelnen Begriffen sowie zu ihrer Anordnung finden sich innerhalb des klassischen Textes häufig konkrete Referenzstellen. Diese haben für Chen höchste Autorität, denn, so schreibt er, „[...] wenn die erhabenen Klassiker nicht als Beleg ausreichen, welche Bücher könnten dann noch als Belege dienen?“[21] Man kann also für bestimmte Interpretationen direkte und unzweifelhafte Belege im *Shangshu* selbst finden.[22] Die Akzentuierung dieser textimmanenten Beweisführung bedeutet umgekehrt aber auch, dass Interpretationen, die sich nicht unmittelbar durch den klassischen Text bestätigen lassen, in Frage gezogen werden müssen. Chen Dayou urteilt daher beispielsweise über eine Interpretation, die den umstrittenen geographischen Begriff *san jiang* 三江 mit Verweis auf das *Dilizhi* 地理志 (*Abhandlung zur Geographie*) aus dem *Hanshu* 漢書 (*Geschichte der Han-Dynastie*) von Ban Gu 班固 (32–92) erläutert:

> Diese Erklärung ist im Vergleich zu denen aller anderen Gelehrten außerordentlich sinnvoll, doch im klassischen Text gibt es keinen eindeutigen Beleg für sie, und so wage ich nicht, sie als zutreffend einzustufen.[23]

Wie aus diesem Zitat ersichtlich wird, bewertet Chen Dayou zwar Aussagen danach, ob sie ihm sinnvoll erscheinen oder nicht, doch kann die Erfüllung dieses Kriteriums allein ihn nicht überzeugen. Ebenso reichen ihm Verweise auf alte Quellen, in diesem Fall auf das *Hanshu*, nicht als letztgültiger Beleg für die Richtigkeit einer Interpretation. Darüber hinaus besitzt nicht jeder klassische Text die gleiche Beweiskraft wie das *Shangshu* selbst, denn Chen weist auch Angaben aus dem *Mengzi* 孟子 (*Buch Menzius*), die aus seiner Sicht im Widerspruch zum *Shangshu* stehen, als unzutreffend zurück.[24] Im

21 Ebd., 1:57a.

22 Die Problematik, dass die Belege aus dem klassischen Text selbst auf einem bestimmten Verständnis des Texts beruhen, wird von Chen Dayou nicht thematisiert.

23 Ebd., 1:53b.

24 Ebd., 2:9b. Eine solche Differenzierung der Glaubwürdigkeit der verschiedenen Klassiker war unter den Kommentatoren der Südlichen Song-Zeit umstritten. Chen Dayous Zeitgenosse Fu Yin 傅寅 (1148-1215) etwa war in seinem Kommentar zum *Yugong* Kapitel streng darauf bedacht, die Aussagen des *Shangshu* und des *Mengzi* miteinander in Einklang zu bringen. Siehe beispielsweise Fu Yin 傅寅: *Yugong shuoduan* 禹貢說斷, in: *Congshu jicheng chubian* 叢書集成初編 2990-2991 (Shanghai: Shangwu yinshuguan, 1936), S. 10 und S. 33.

Gegensatz dazu nimmt er bei der Übereinstimmung einer Erklärung mit konkreten Belegstellen innerhalb des *Shangshu*, ebenso wie im Falle seiner Anforderung an Interpretationen, dem allgemeinen Kontext des klassischen Texts zu entsprechen, mögliche Vorbehalte in Kauf. So schreibt er beispielsweise zur Rechtfertigung seiner Zitierung einer Erklärung von Zheng Xuan 鄭玄 (127–200; *Zi*: Kangcheng 康成) im *Shujizhuan*:[25]

> Die Gelehrten sollten sich von den Kommentaren und historischen Aufzeichnungen lösen und dem Wortlaut des klassischen Texts folgen. Obwohl ich nicht erkennen kann, worauf er sie stützt, stimmt die Erklärung von Zheng Kangcheng im Wesentlichen mit dem Wortlaut des klassischen Texts überein. Diese Erklärung ist [folglich] zutreffend.[26]

Die hier formulierte Aufforderung, sich von den Kommentaren zu lösen, darf sicher nicht kategorisch verstanden werden. Chen schreibt selbst zwei Kommentarwerke, stützt sich in beiden auf frühere Kommentare und diskutiert diese intensiv. Vielmehr scheint sich Chen mit dieser Aussage gegen einen Missstand in der Beschäftigung mit den Klassikern zu wenden, den auch einige andere Gelehrte der Südlichen Song-Zeit anprangerten: Die Aufmerksamkeit gilt nicht mehr dem Klassiker selbst, sondern den sie begleitenden Kommentaren. Die Forderung, sich von den Kommentaren oder thematisch relevanten historischen Werken zu lösen, bedeutet für Chen also, dem Klassiker wieder seine Stellung als primärer Text zu gewähren, dem die Kommentare untergeordnet sind.[27] Darüber hinaus sieht Chen in den Kommentaren die Gefahr, dass sie den Leser aufgrund ihrer sprachlichen Überzeugungskraft irreführen können. Wiederholt weist er darauf hin, dass Aussagen früherer Gelehrter überzeugend wirken oder elegant formuliert sind, aber letztlich doch nicht die tatsächliche Aussage des Klassikers treffen.[28]

25 Chen Dayou: *Shujizhuan*, S. 137 [9:37a].

26 Chen Dayou: *Shujizhuan huowen*, 2:54b.

27 Das Verhältnis von klassischem Text und Kommentar wird von Zhu Xi eingehend diskutiert. Siehe hierzu Zhu Xi: *Learning to Be a Sage – Selections from the Conversations of Master Chu, Arranged Topically* [Translated with a Commentary by Daniel K. Gardner] (Berkeley: University of California Press, 1990), S. 45-48 und S. 155-159 sowie John Makeham: *Transmitters and Creators - Chinese Commentators and Commentaries on the Analects* (Cambridge, Mass.: Harvard University Asia Center, 2003), S. 190-191.

28 Siehe beispielsweise Chen Dayou: *Shujizhuan huowen*, 1:43a.

Dass Chen Dayou aus eben diesem Grund auch Ansichten des ihm nahestehenden Lü Zuqian zurückweist,[29] verdeutlicht eine weitere grundlegende Charakteristik seiner Kommentierung im *Shujizhuan huowen*. Auch wenn sich allein durch Häufigkeit der Zitierung eine Vorliebe für die Kommentare von Lü Zuqian, Wang Yan und Lin Zhiqi erkennen lässt,[30] ist Chen Dayou bemüht, unabhängig von Lehrmeinungen und politischen Gesinnungen die jeweiligen Aussagen zu beurteilen.[31] Es geht Cheng also beispielsweise nicht um eine politisch motivierte Zurückweisung der Ansichten des umstrittenen Reformers Wang Anshi 王安石 (1021-1086), wie sie sich bei Su Shi 蘇軾 (1037-1101), Lin Zhiqi und einigen anderen Song-Gelehrten findet.[32] Auch gibt er den Kommentaren der Song-Zeit nicht zwangsläufig höheres Gewicht als den Aussagen früherer Gelehrter, sondern wägt ihre Überzeugungskraft stets aufs Neue ab. Der nachfolgende Ausschnitt, in dem verschiedene Aussagen zu dem geographischen Begriff *heng zhang* 衡漳 erörtert werden, gibt ein Beispiel von dieser Haltung:

> Jemand fragt: Meister Wang [Yan] aus Xin'an hält die Erklärung zu *heng zhang* von Meister Kong [Anguo] sowie Su [Shi], Wang [Anshi] und den übrigen Gelehrten für unzutreffend. Was ist davon zu halten? [...]
>
> Ich sage: Die [zeitliche] Entfernung von Meister Kong [Anguo] zum Altertum war relativ gering. Die Gelehrten wie Su Shi und Wang Anshi hatten alle Zugang zur nördlichen Ebene. Spricht man über den Zhang 漳, sollte man ihn selbst gesehen haben. Auch wenn die Erklärung von Wang Yan zum Oberlauf des Zhang sehr genau ist, so stimmt diese gewiss nicht mit der alten Spur des großen Yu überein. Wang [Yan] ist eine Person aus der heutigen Zeit und hatte

29 Ebd., 2:63b-64a.

30 Siehe hierzu die auf dem *Shujizhuan* basierenden Statistiken in Xu Huafeng: „Chen Dayou *Shujizhuan* yu *Shujizhuan huowen* de xuepai guishu wenti", S. 240-247.

31 Nicht alle Kommentare zum *Shangshu* der Song-Zeit weisen dieses Merkmal auf. Huang Luns 黄倫 (12. Jhd.) *Shangshu jingyi* 尚書精義 etwa gibt den Aussagen von Zhang Jiucheng 張九成 (1092-1159) klaren Vorrang vor anderen Interpretationen. Siehe Huang Luns 黄倫: *Shangshu jingyi* 尚書精義, in *Congshu jicheng chubian* 叢書集成初編 3598-3605 (Shanghai: Shangwu yinshuguan, 1937).

32 Wang Dingzhang 王定璋: *„Shangshu" zhi mi* 尚書之謎 (Chengdu: Sichuan jiaoyu chubanshe, 2000), S. 88, Qian Jibo 錢基博: *Jingxue tongzhi* 經學通志 (Taibei: Zhonghua shuju, 1962), S. 63-68 und Li Zhenxing 李振興: *Shangshu xueshu (shang)* 尚書學述（上）(Taibei: Dongda tushu gongsi, 1994), S. 42-43.

> nie selbst Zugang zur nördlichen Ebene. Daher scheint es mir nicht ratsam, [seiner Erklärung] zu folgen.[33]

Chen Dayou gibt an dieser Stelle den Kommentatoren den Vorzug, die durch eigene Anschauung die natürlichen Gegebenheiten beurteilen konnten. Diese Hervorhebung eigener Beobachtung ist in Chens Kommentar jedoch die Ausnahme und drückt nicht eine generelle Aufforderung zum Abgleich mit den tatsächlichen Gegebenheiten der Gegenwart aus. Im Gegenteil, ein solcher Vergleich ist eine Ursache für Fehlinterpretationen. So antwortet Chen auf die Frage, ob man in Altertum von den Flüssen Huai 淮 und Si 泗 in den Gelben Fluss gelangen konnte:

> Da der klassische Text ja von „erreichen" (*da* 達) spricht, muss es folglich zu jener Zeit einen Weg gegeben haben, auf dem man hingelangen konnte. Man sollte nicht auf der Grundlage der Durchgangswege und Blockierungen späterer Zeit Zweifel an den alten Spuren des Großen Yu hegen.[34]

Ebenso wie man von den natürlichen Gegebenheiten der Gegenwart nicht auf direkt auf die Zustände im Altertum schließen soll, ist nach Chens Ansicht auch beim Umgang mit Bezeichnungen Vorsicht geboten, da auch diese sich gewandelt haben können, und die simple Übertragung von Begriffen des klassischen Texts auf die Gegenwart zu fehlerhaften Interpretationen führt.[35] Vielmehr soll man, wie das obige Beispiel deutlich zeigt, dem Wortlaut des *Shangshu* folgen und an diesem seine Interpretation ausrichten.

Auffällig an Chen Dayous Argumentationsweise ist die Betonung des klassischen Texts. Interpretationen des *Shangshu* können ihm genau, sinnvoll oder stilistisch elegant erscheinen, sie können von einem von Chen geschätzten Gelehrten stammen oder von einem Gelehrten, dessen Aussagen zu einer anderen Stelle des klassischen Texts er als zutreffend einstuft, Chen zieht die verschiedenen Aussagen gleichermaßen in Zweifel. Den letztgültigen Beleg für ihre Gültigkeit oder ihr Versagen findet er immer wieder im *Shangshu* selbst. Und so sehr er sich im *Shujizhuan huowen* auch mit der Kommentartradition auseinandersetzt, die intensive Beschäftigung mit dem klassischen Text ist für Chen Voraussetzung für treffende Interpretationen.

33 Chen Dayou: *Shujizhuan huowen*, 1:45b-46a.

34 Ebd., 1:50a.

35 Ebd., 2:10b.

Schließlich ist Chen Dayous Motivation zur Abfassung eines *Huowen*-Kommentars bemerkenswert. Offensichtlich ging er davon aus, dass das *Shujizhuan* mit seiner traditionellen Form der Kommentierung Fragen offen ließ. Auch für seine Zeitgenossen war also die Entscheidung für oder gegen bestimmte Interpretationen nicht ohne Weiteres verständlich, und so drohte der Kommentar seine Funktion als Vermittler zwischen der Sprache des Altertums und der Gedankenwelt sowie den realen Gegebenheiten der Song-Zeit nicht in befriedigender Weise zu erfüllen. Um Zweifel am Umgang mit der Kommentartradition auszuräumen und somit eine nachvollziehbare Interpretation des klassischen Texts zu bieten, bedurfte es des *Shujizhuan huowen*. Es ist eine Ironie der Geschichte, dass das *Shujizhuan* lange als verloren galt und somit viele Erklärungen im *Shujizhuan huowen* ihren direkten Bezugspunkt verloren. Chen Dayous Bemühen, durch zwei unterschiedliche Kommentarwerke ein korrektes Verständnis des *Shangshu* zu gewährleisten, wurde so auf die Fragen zu problematischen Stellen des klassischen Texts und zur Kommentartradition reduziert.

Literarische Vergangenheitsbewältigung zwischen verbürgter Geschichte und dramatischer Erfindung: Die Unterhaltungskünstler Liu Jingting und Su Kunsheng in Kong Shangrens *Taohua shan*

Rüdiger Breuer

The traumatic events of the Ming–Qing transition period during the 1640s and the years that followed were variously reflected in the arts, literature, and historiography. A foremost example of a work pointing out alternatives for how to come to terms with the past is the *kunqu* opera *Taohua shan* (*The Peach Blossom Fan*) by Kong Shangren (1648–1718), which was completed in 1699, that is fifty-five years after the official end of the Ming Dynasty. Among the historical figures in the play are the professional performative storyteller Liu Jingting (1592–1674/75) and the singer of *kunqu* arias, Su Kunsheng (1602/05–1679). They are presented as intermediaries between the *dramatis personae* and, in terms of structural cohesion, serve an important function in connecting individual scenes. In terms of meaning, they can also be understood as personifications of the idealized emotional state of loyal Ming adherents (*yimin*). Focusing on the first scene, which shows Liu Jingting performing a "drum song" (*guci*), and on the epilogue, in which both Liu and Su sing arias, the article examines the actions of these two characters and the mutual integration of dramatic invention with historical facts.

Nach mehr als zehnjähriger Arbeit und drei ausgearbeiteten Versionen konnte Kong Shangren 孔尚任 (1648–1718) im Jahre 1699 seine *Chuanqi*-Oper (傳奇) im *Kunqu*-Stil (昆曲) *Taohua shan* 桃花扇 (*Der Pfirsichblütenfächer*) beenden.[1] Das Stück, bestehend aus 40 Szenen und vier Zusatzszenen, wurde

1 Kong Shangren stammte aus Qufu 曲阜 (Provinz Shandong) und war Nachkomme des Konfuzius in der 64. Generation. 1684 wurde er vom Kaiser zum Doktor der Hanlin-Akademie ernannt, arbeitete zwischenzeitlich als Wasserbau-Inspektor, wurde 1694 zum Sekretär in der Finanzdirektion und fünf Jahre später zum Stellvertretenden Leiter befördert, aber 1700 aus nicht näher bekannten Gründen entlassen. Ein Zusammenhang zwischen dem Stück und Kongs Entlassung, wie er immer wieder behauptet wird, bleibt reine Spekulation. *Taohua shan* war Kongs zweites und letztes *chuanqi*-Drama. Für eine Kurzbiographie siehe Lienche Fang: „K'ung Shang-jên", in: Arthur W. Hummel (Hrsg.): *Eminent Chinese of the Ch'ing Period* (2 Bde.; Washington: U.S. Government Printing Office, 1943–44), Bd. 1, S. 434f. Eine ausführliche Studie zu Kong Shangrens Leben und

im 6. Monat des Jahres Kangxi 康熙 39, also an einem nicht näher bekannten Tag zwischen dem 16. Juli und dem 14. August 1700 in der Hauptstadt uraufgeführt und machte dort unmittelbar Furore. Bald darauf erfolgte die Drucklegung, woraufhin das Stück im ganzen Lande zirkulierte.[2]

Der Pfirsichblütenfächer thematisiert Gründung, einjährige Dauer und Untergang des ersten und wichtigsten Regimes der so genannten Südlichen Ming unter dem Prinzen von Fu (福王), der unter der Ärabezeichnung Hongguang 弘光 zwei Monate nach der Eroberung Pekings durch Aufständische unter Li Zicheng 李自成 in der „Südlichen Hauptstadt" Nanjing den Thron bestiegen hatte. Unter den Zuschauern des Stücks fanden sich sowohl Angehörige der neuen Generation, die bereits unter der Herrschaft der Manchu geboren worden waren, wie auch Ältere, die noch die Ming-Zeit miterlebt hatten oder in den Jahren der Eroberungsfeldzüge zur Welt gekommen waren. Offensichtlich traf das politisch geladene Thema den Nerv der Zeit: Viele Zuschauer fühlten sich angesprochen, da sie im Stück, selbst 55 Jahre nach dem offiziellen Ende der Südlichen Ming, Antworten auf das moralische Dilemma zwischen loyaler Verweigerung und pragmatischer Anpassung an die neuen Machtverhältnisse zu finden hofften. *Taohua shan* verlor denn auch erst gegen Ende des 18. Jahrhunderts an Beliebtheit, als der Abstand zu den dargestellten Ereignissen sich deutlich vergrößert und die Qing-Dynastie, auch in den Köpfen, ihre Herrschaft konsolidiert hatte. Ungünstig wirkte sich zusätzlich aus, dass die *Kunqu*-Form als Ganzes durch die aufkommende Peking-Oper und andere Regionalformen zurückgedrängt wurde.

Eine der hervorstechenden, innovativen Eigenschaften des Stücks ist die Nähe zu den historischen Fakten und die sorgfältige Handhabung der Figuren. Alle dreißig Charaktere des Stücks, egal ob in Haupt- oder Nebenrollen, sind in kleinerem oder größerem Umfang historisch dokumentiert. Kong Shangren selbst forderte seine Leser in einer Einleitung („*Taohua shan* xiaoyin" 桃花扇小引) dazu auf, das Stück als konkrete bzw. authentische Dar-

---

Werk ist Richard E. Strassberg: *The World of K'ung Shang-Jen: A Man of Letters in Early Ch'ing China* (New York: Columbia University Press, 1983).

2 Vgl. Kong Shangren 孔尚任 (Hrsg. Wang Jisi 王季思 und Su Huanzhong 苏寰中): *Taohua shan* 桃花扇 (Beijing: Renmin Wenxue Chubanshe, 1959), S. 6 („*Taohua shan* benmo" 桃花扇本末; getr. Pag.).

stellung von Personen, Orten und Ereignissen zu lesen, und unterstrich diesen Anspruch mit einem ausführlichen, wenn auch unvollständigen Quellenverzeichnis („*Taohua shan* kaoju“ 桃花扇考據).[3]

Der Autor verarbeitet in seinem Stück drei signifikante kulturelle Phänomene der ausgehenden Ming- und frühen Qing-Zeit: Zum einen stellt er Vertreter der politisch agierenden Literatenvereinigungen des Donglin 東林 (Ostwald) bzw. ihrer Nachfolgebewegung, der Fushe 復社 (Gesellschaft zur Wiederherstellung [der klassischen Bildung]), dar, die in Opposition zu den Regimes des Eunuchen Wei Zhongxian 魏忠賢 (1568–1627) bzw. des Kanzlers Ma Shiying 馬士英 (*ca.* 1590–1646) und des Kriegsministers Ruan Dacheng 阮大鋮 (*ca.* 1587–1646) standen. Der Fushe-Bewegung gehören im Stück der männliche Protagonist, Hou Fangyu 侯方域 (1618–1655), und eine Reihe von weiteren positiv besetzten Figuren an.

Zum zweiten bildet Kong Shangren die gebildete Kurtisane ab, die als erstklassige Künstlerin zahlungskräftige Literaten unterhielt. Zentrum dieser eleganten Unterhaltungskultur im alten Nanjing war das Prostituiertenviertel entlang des Qinhuai-Kanals (秦淮), das in unmittelbarer Nähe zu den staatlichen Prüfungsstätten lag. Wichtigste Repräsentantin dieser Gruppe ist im Stück die Protagonistin Li Xiangjun 李香君 (eigentlich Li Xiang 李香), die auch als historische Person mit Hou Fangyu liiert war.

Drittens treten in *Taohua shan* mehrere Unterhaltungskünstler männlichen Geschlechts auf, die sich auf die gehobenen Ansprüche wohlhabender Literaten spezialisiert hatten und zeitweise fest in deren Haushalten engagiert waren, darunter der Geschichtenerzähler Liu Jingting 柳敬亭 (1592–1674/75) und der Sänger Su Kunsheng 蘇崑生 (1602/05–1679). Im Vergleich zu den ebenfalls historisch belegten Sängern Ding Jizhi 丁繼之, Shen Gongxian 沈公憲 und Zhang Yanzhu 張燕筑, denen im Stück untergeordnete Rollen zugewiesen wurden, sind diese beiden für den Aufbau und die Aussagekraft des Stücks von herausragender Bedeutung und nicht zuletzt aufgrund ihrer funktionalen Komplexität für die literaturwissenschaftliche Untersuchung sogar interessanter als die Hauptfiguren.[4]

3 Kong Shangren 孔尚任: *Taohua shan* 桃花扇, S. 1 (Einleitung) bzw. S. 15–21 (Quellenverzeichnis) (getr. Pag.).

4 Im „Prolog“ (試一齣), der der ersten Szene vorgeschaltet ist, fasst der alte Zeremonienmeister – die personifizierte Stimme des Autors – das Stück in einem Vierzeiler zusam-

Im Stück wie auch in der historischen Realität bildeten Künstler wie Liu Jingting und Su Kunsheng eine dritte, moderierende Komponente im Verhältnis von Beamtenschaft und Kurtisanenmilieu. *Taohua shan* verdeutlicht, wie Literaten – zumindest im 17. Jahrhundert – mit solchen erstklassigen Unterhaltungskünstlern, unbeschadet des finanziell geregelten Dienstleistungsverhältnisses, wie unter Ihresgleichen verkehrten.[5] Auch wenn Liu eine im *Chuanqi*-Rollengefüge traditionell eher niedrig angesiedelte Clown-Partie (*chou* 丑) zugewiesen erhält (Su dagegen ist ein „kraftvoll-vitaler Charakter" [*jing* 淨]), werden ihm von Seiten der Bildungselite Respekt und Wertschätzung entgegengebracht: So weist in Szene 1 Chen Dingsheng 陳定生 (Chen Zhenhui 陳貞慧; 1604–1656), einer der mit Hou Fangyu befreundeten Literaten aus der Fushe, seinen Diener zurecht, als dieser es wagt, Liu Jingting mit dessen Spitznamen Liu Mazi 柳麻子, also „Liu der Pockennarbige", zu bezeichnen, denn Liu sei „ein berühmter Meister der

---

men, in dem es in Zeile 2 heißt: „Ein geschickter Liu und Su halten dank ihrer Kontakte ein feinmaschiges Faden(netz) zusammen" (巧柳蘇往來牽密綫), was sich sowohl auf einzelne Aktionen der beiden Figuren in ihrer Rolle als Nachrichtenträger und Unterhändler wie auch auf ihre imminent wichtige Funktion für den strukturellen Zusammenhang des Stücks bezieht. Siehe Kong Shangren: *Taohua shan*, S. 2. Vgl. Huang Hongyu: *History, Romance, and Identity: Wu Weiye (1609–1672) and His Literary Legacy*, Dissertation, Yale University (New Haven, 2007), S. 208. Die Bedeutung der beiden Künstler in *Taohua shan* lässt sich auch quantitativ erfassen: Liu Jingting beispielsweise tritt in elf Szenen auf (1, 5, 8, 10, 11, 13, 31, 33, 38, 39, 40+), was einem Viertel des Stücks entspricht, und wird außerdem in sieben weiteren Szenen erwähnt (6, 12, 17, 24, 25, 36, 40). Von den insgesamt 280 Arien und Liedern des Stücks singt er elf, also 3.9%. Dies mag wenig scheinen, allerdings ist zu berücksichtigen, dass in *Taohua shan* sehr viele Figuren singen – selbst die beiden Protagonisten, Hou Fangyu und Li Xiangjun, erhalten lediglich 38 bzw. 28 der Arien zugewiesen, d.h. 13.6% bzw. 10%. Siehe Zhang Caiqiu 张彩秋: „Tan *Taohua shan* zhong renwu xingge he yinyue fengge de tongyi" 谈《桃花扇》中人物性格和音乐风格的统一, in: *Dianying pingjia* 电影评介 (2008.15), S. 110. Die unpraktische Vielzahl der singenden Rollen mag ebenfalls ein Grund dafür gewesen sein, dass das Stück nach der Qianlong-Zeit immer seltener aufgeführt wurde.

5 Solche gleichrangigen Kontakte sind auch für andere Epochen belegt. Während das Phänomen in früheren Dynastien jedoch in den meisten Fällen das Verhältnis bestimmter Hofbeamter zum Kaiser betrifft, scheint sich, vielfältigen Quellen nach zu urteilen, der soziale Status von Unterhaltungskünstlern außerhalb des Hofes in der ausgehenden Ming- und frühen Qing-Zeit generell deutlich verbessert zu haben.

Unterhaltungskunst", den der Diener „Herr Liu" (Liu xianggong 柳相公) zu nennen habe. Geistige und moralische Ebenbürtigkeit kommt aber vor allem auch auf implizite Weise zum Tragen, wenn z. B. in Szene 33 gezeigt wird, wie der von den Schergen der Ma-Ruan-Clique verhaftete Liu Jingting im selben Kerker wie die Angehörigen der Fushe-Gesellschaft gefangen gehalten wird und an ihren Konversationen teilnimmt.[6] In der Tat sind es in *Taohua shan* gerade die vorgeblich sozial niedergestellten Charaktere, die eher noch als die Literaten konfuzianische Werte vertreten und praktizieren, sich als Vorbilder *in puncto* Loyalität (*zhong* 忠) und Vertrauenswürdigkeit (*xin* 信) erweisen und wichtige Aufgaben von nationaler Bedeutung übernehmen. Der Autor verweist folgerichtig in der „Entstehungsgeschichte" (*Taohua shan* „benmo" 桃花扇本末) und in seinen „Instruktionen" (*Taohua shan* „fanli" 桃花扇凡例) auf die wichtige Funktion der Unterhaltungskünstler und fordert, dass deren Gesangspartien unter allen Umständen ungekürzt dargeboten werden.[7] Gerne wird, vor allem in der chinesischen Sekundärliteratur, aus dieser hervorgehobenen Stellung der Unterhaltungskünstler im Stück eine fortschrittliche gesellschaftliche Auffassung des Autors abgeleitet.[8] Plausibler scheint jedoch, dass Kong Shangren – ungeachtet der Notwendigkeit zur dramatischen Erfindung – die Realitäten, d.h. die soziale Kultur des 17. Jahrhunderts in der Übergangszeit von der Ming zur Qing, im Grundsatz treffend wiedergegeben hat.

Trotz aller authentischer Darstellung hat Kong Shangren aber gerade die Figur des Liu Jingting in einem wichtigen Punkt verfälschend dargestellt: Während Liu im Stück noch vor Beginn der ersten Szene seinen Dienst unter dem intriganten Politiker des Stücks und ehemaligen Anhänger der Wei-Zhongxian-Fraktion, Ruan Dacheng, quittierte, als er von dessen Machenschaften erfuhr,[9] und sich nach dem Fall der Südlichen Ming weigert, unter

6 Vgl. C[hia] H[sin] Wang: „The Double Plot of *T'ao-Hua Shan*", in: *JAOS* 110.1 (1990), S. 12.

7 Kong Shangren: *Taohua shan*, S. 5 (Entstehungsgeschichte), S. 11 (Instruktionen).

8 Vgl. auch Strassberg: *The World of K'ung Shang-Jen*, S. 261f.: „That K'ung should have chosen an illiterate performer and placed his vision higher than those of the elite literati around him indicates the new social consciousness of many early Ch'ing dramatists."

9 Kong Shangren verarbeitet hier das historische Ereignis des gegen Ruan gerichteten Manifests *Liu du fang luan gong jie* 留都防亂公揭 (Öffentliche Proklamation zur Ver-

der neuen Dynastie zu dienen und sich stattdessen in die Berge nahe Nanjing zurückzieht, hatte sich der historische Liu Jingting durchaus von übergelaufenen Beamten und Generälen engagieren lassen und wäre somit aus Sicht eines loyal gebliebenen ehemaligen Ming-Beamten sicherlich kein akzeptables Vorbild gewesen.[10]

Aber auch die Erzähl- und Unterhaltungsformate, die Liu Jingting im Stück vertritt, sind nicht authentisch oder doch zumindest nicht repräsentativ für seine Kunst, denn in den erhaltenen Zeitzeugnissen wird Jingting als Erzähler von Geschichten in Prosa ohne musikalische Begleitung (*pinghua* 評話) beschrieben.[11] In *Taohua shan* führt er dagegen ausschließlich Trommellieder (*guci* 鼓詞) und Saitenlieder (*tanci* 彈詞) auf oder gibt witzige Anekdoten zum Besten. Ob der historische Liu Jingting diese Genres ebenfalls beherrschte und ob Kong Shangren davon Kenntnis hatte, wird sich womöglich nicht mit Sicherheit klären lassen. Plausibler ist es, einen Kunstgriff des Dramenautors anzunehmen, denn das Genre „Theater" erforderte insofern eine Anpassung, als sich mündliches Erzählen nur zu einem gewissen Grade integrieren ließ: Dem Drama fehlt schlicht der „lange Atem", der für die ausgedehnte Darbietung eines Geschichtenerzählers oder erzählenden Sängers notwendig ist. Der Autor bringt in seinem Stück diese Inkonsistenz bewusst zur Sprache: In Szene 5 schlägt Liu Jingting, als bei einem Würfelspiel die Reihe an ihn fällt und er zum Thema „Tee" improvisieren soll, zunächst vor, seinem Metier entsprechend eine Geschichte aus dem *Shuihu*-Komplex (水滸) vorzutragen, nämlich die Episode, in der Zhang Wenyuan 張文遠 alias Sanlang 三郎 mit seiner Geliebten Yan Poxi 閻婆惜 Tee

---

hinderung von Unordnung durch die, die in der Hauptstadt bleiben), das 1639 von 140 Anhängern der Fushe-Bewegung unterzeichnet worden war.

10 Zu Lius Auftraggebern und Gönnern zählten u.a. die Literaten Qian Qianyi 錢謙益 (1582–1664) und Wu Weiye 吳偉業 (1609–1672) sowie der Militärkommandeur Ma Fengzhi 馬逢知 (alias Ma Jinbao 馬進寶, 1615–1661). Siehe Chen Ruheng 陈汝衡: *Shuoshu yiren Liu Jingting* 说书艺人柳敬亭 (Shanghai: Shanghai Wenyi Chubanshe, 1979), S. 51–56, 89–93.

11 Die bislang umfangreichste Anthologie von historischen und literarischen Quellen ist Jiangsu Sheng Zhengxie Wenshi Ziliao Weiyuanhui 江苏省政协文史资料委员会 und Taizhou Shi Zhengxie Wenshi Ziliao Weiyuanhui 泰州市政协文史资料委员会 (Hrsg.): *Pinghua zongshi Liu Jingting* 评话宗师柳敬亭 (Nanjing: *Jiangsu Wenshi Ziliao* Bianjibu, 1995).

trinkt.[12] Liu wird von der Gastgeberin aufgefordert, stattdessen einen Witz zu erzählen, da eine regelrechte Erzählung zu lange dauere, und gibt eine amüsante Anekdote aus dem Leben des Dichters Su Shi 蘇軾 (1037–1101) zum Besten, die gleichzeitig ein gekonntes Wortspiel mit dem Namen des Ruan Dacheng darstellt.[13]

12 Vgl. die betreffende Stelle im Roman *Shuihu zhuan* 水滸傳, Kap. 20.

13 Liu schildert einen buddhistisch inspirierten, geistreichen Schlagabtausch unter Leitung des Chan-Meisters Foyin 佛印 (1032–1098) zwischen Su Shi (*hao* Dongpo 東坡) und seinem Schüler, dem Dichter Huang Tingjian 黃庭堅 (1045–1105; *hao* Shan'gu 山谷). Su Shi wird dabei von Foyin mit *huzi* 鬍子, „der Bärtige" tituliert, einem Spitznamen, der in *Taohua shan* von den Angehörigen der Fushe-Partei auch für Ruan Dacheng verwendet wird. *Huzi* ist gleichzeitig homophon zu *huzi* 壺子, „(Tee)kanne", d.h. bei der von Liu zitierten „weichen Kanne" (*ruan huzi* 軟壺子) handelt es sich somit um eine Anspielung auf Ruan Dacheng alias „Ruan den Bärtigen" (Ruan *huzi*). *Xiucai* 秀才 (hier übersetzt als „Magister") ist sowohl der akademische Titel, den Huang Tingjian zur damaligen Zeit errungen hatte, wie auch der Titel, den der Protagonist des Stücks, Hou Fangyu, führt. Liu Jingting fordert somit Hou Fangyu indirekt auf, sich aktiv gegen Ruan Dacheng zu stellen. Die Anekdote, die Liu vorträgt, endet wie folgt: „Su stellte eine weitere Frage: ‚Wenn man eine Laus in der Hose hat, kann man die sehen oder nicht?' Noch bevor Shan'gu antworten konnte, griff Dongpo nach einem Stock und schlug ihn. Shan'gu goss sich gerade Tee aus einer Kanne ein, die ihm aus der Hand auf den Boden fiel, wo sie zerbrach. Dongpo rief: ‚Mönch notiere: Der Bärtige hat den Magister geschlagen.' Foyin lachte: ‚Du hast doch das Scheppern gehört! Nicht der Bärtige hat den Magister geschlagen [鬍子沒打着秀才], sondern der Magister hat die Kanne zerschlagen [秀才倒打了壺子了].' [*Allgemeines Gelächter.*] [*Der Clown*]: Ich bitte die Anwesenden nicht zu lachen. So ein Magister hat es in sich! [*Die Kanne streichelnd*]: Wenn [ein Magister] so eine harte Kanne zerschlagen kann, dann erst recht eine weiche!"" Siehe Kong Shangren 孔尚任: *Taohua shan* 桃花扇, S. 39f. Für eine vollständige englische Übersetzung der Passage siehe K'ung Shang-jen (übers. von Chen Shih-hsiang, Harold Acton und Cyril Birch): *The Peach Blossom Fan* (*T'ao-hua-shan*) (Berkeley, Los Angeles, London: University of California Press, 1976), S. 44.

Die „Analekten" performativ

In Szene 1 erhält Liu Jingting Besuch von den drei Fushe-Literaten Hou Fangyu, Chen Dingyi und Wu Yingji 吳應箕 (Wu Ciwei 吳次尾; 1594–1645) und wird um eine Kostprobe seiner Kunst gebeten. Liu verhält sich höflich und gibt sich zunächst bescheiden, scheint aber auf diese Gelegenheit nur gewartet zu haben:

> 相公都是讀書君子，甚麼《史記》、《通鑑》不曾看熟，倒來聽老漢的俗談。……只怕演義盲詞，難入尊耳。沒奈何，且把相公們讀的《論語》說一章罷！
> Ihr Herren seid alle Gelehrte und aufs Genaueste vertraut mit Werken wie den *Aufzeichnungen des Historikers* und dem *Umfassenden Spiegel*, und doch wollt ihr das laienhafte Gerede eines alten Kerls wie mir hören. [...] Ich fürchte, dass meine interpretativen Blinden-Verse beleidigend für eure Ohren sind. Aber was soll ich machen, ich erzähle einfach einen Abschnitt aus den *Analekten des Konfuzius* [*Lunyu*], welche die Herren studiert haben!

Als Hou Fangyu sich verwundert-indigniert über das Thema äußert, das ja seine ureigene Expertise als Literat berührt und dessen Diskussion eine gewisse Gleichrangigkeit von sozialem Status und Bildungshintergrund voraussetzt, erklärt Liu Jingting mit erkennbarem Selbstbewusstsein:

> 相公說得，老漢就說不得？今日偏要假斯文，說他一回。
> Ihr könnt darüber diskutieren und ich alter Kerl wohl nicht? Heute will ich mich unbedingt einmal als Literat geben und (zu diesem Thema) vortragen.

Liu führt sodann eine kurzweilige Erzählung in Form eines Trommelliedes auf, die er in völlig unorthodoxer Art und Weise aus zwei Abschnitten der *Analekten* zusammengestellt hat, ohne dass diese in einem kausalen oder zeitlichen Bezug stünden:

> 子曰：「吾自衛反于魯，然後樂正，雅頌各得其所。」
> Der Meister sprach: Als ich von Wei nach Lu zurückkehrte, wurden die Maßstäbe für die Musik zurechtgerückt [*yue zheng*] und die Festgesänge [*ya*] und Hymnen [*song*] erhielten wieder die ihnen gebührende Rangfolge.[14]

14 *Lunyu* 9:14. Übers. Ernst Schwarz: *Konfuzius. Gespräche des Meister Kung* (*Lun Yü*) (München: Deutscher Taschenbuch Verlag, 1985), S. 72; Transkription angepasst.

大師摯適齊，亞飯幹適楚，三飯繚適蔡，四飯缺適秦。鼓方叔入於河，播鼗武入於漢，少師陽、擊磬襄入於海。

Der Oberste Hofmusikmeister, Zhi, verließ den Hof von Lu und begab sich nach Qi. Gan, Musikmeister bei der zweiten Mahlzeit, ging nach Chu. Liao, Musikmeister bei der dritten Mahlzeit, ging nach Cai. Que, Musikmeister bei der vierten Mahlzeit, ging nach Qin. Der Hoftrommler Fang Shu ließ sich an einem Ort nördlich des Gelben Flusses nieder. Der Meister der Handtrommel, Wu, wanderte nach Han aus. Yang, der Stellvertreter des Obersten Hofmusikmeisters, und Xiang, Meister der Klangsteine, zogen sich auf eine Insel im Meer zurück.[15]

Liu Jingtings erzählerische Interpretation fällt mit 647 Schriftzeichen deutlich umfangreicher aus als die 59 Zeichen der Vorlage und nimmt in der englischen Übersetzung dreieinhalb Druckseiten ein:[16] Als Konfuzius aus dem Staate Wei nach Lu zurückkehrte, habe er dort die Musik reformiert. Diese „Richtigstellung der Musik" habe bewirkt, dass die Musiker dreier Minister „plötzlich alle zur Erkenntnis gelangten" (恍然大悟) und voller Scham die machtpolitischen Ambitionen ihrer unwürdigen Herren durchschauten (愧悔交集). Einer nach dem anderen hätten sie daraufhin Lu verlassen und sich auf die Suche nach einer neuen Perspektive begeben (一個個各尋門路奔前程). Das Narrativ wird von Liu Jingting mit einer Menge an lyrischem Detail angereichert und jeder einzelne Musiker kommt zu Wort, um seine Motivation zu erklären und sein zukünftiges Handeln zu rechtfertigen. Die Redundanz, mit der die immer wieder gleichen oder ähnliche Worte und Handlungen der Musiker vorgetragen werden, verstärkt den Eindruck, dass Kong Shangren durch den Mund dieser Figur den drei Zuhörern innerhalb des Stücks wie auch den Zuschauern bzw. Lesern des Stücks selbst bedeutungsschwangere Informationen vortragen lässt.

Liu Jingtings Darstellung und Interpretation der Klassiker wird von den drei anwesenden Literaten bewundert kommentiert: „Keiner der vom Kaiser kommissionierten Klassiker-Kommentare der heutigen Zeit zeichnet sich durch eine so vergnügliche und unbeschwerte Art und Weise aus – das ist wirklich einzigartige Kunst!" (如今應制講義，那能如此痛快，真絕技也). Natürlich ist sich Liu Jingting der Absurdität bewusst, konfuzianischen Gelehrten, die auf die Interpretation orthodoxer Texte spezialisiert sind,

15 *Lunyu* 18:9. Übers. Schwarz, *Konfuzius*, S. 124; Transkription angepasst.

16 K'ung Shang-jen: *The Peach Blossom Fan* (*T'ao-hua-shan*), S. 10–14.

einen konfuzianischen Klassiker zu erläutern, aber wie auch seine Zuhörer begreifen, ist Lius Trommellied-Erzählung nicht als veritabler Konfuzius-Kommentar zu verstehen, sondern als komplexe Metapher: Auf der Ebene der Handlung sollen die Zuschauer (wie auch die drei Zuhörer im Stück) Liu Jingting mit den genannten Musikern personifizieren, die ja wie er als Unterhaltungskünstler wirkten. Ganz wie Musikmeister Zhi, der angeregt durch die „Säuberungsmaßnahme" des Konfuzius seinen unwürdigen Souverän verlassen hatte, so verließ Liu seinen ehemaligen Herrn Ruan Dacheng, einen der beiden machthungrigsten und korruptesten Politiker in *Taohua shan*. Konfuzius wiederum, als Widerpart des zhouzeitlichen Herrschers und seiner verkommenen Regierung, kann von Liu Jingtings Zuhörern als Personifizierung der Fushe-Bewegung gesehen werden, der Hou, Chen und Wu selbst angehören.[17]

Gleichzeitig stellt die Erzählung auch für den Zuschauer ein Programm auf, wie im Fall der aufgekündigten Loyalität das weitere Leben zu gestalten sei: Vier der Musiker suchten und fanden laut Liu Jingting neue Herren, während vier andere sich zurückzogen und sich mit einem kleinen Boot auf den Weg machten, den „Pfirsichblütenquell" (Taohua Yuan 桃花源) zu suchen – obgleich bekanntlich, wenn man die Sage genau nimmt, jede bewusste, aktive Suche nach diesem Quasi-Paradies zum Scheitern verurteilt ist. Jingting empfiehlt also, mit anderen Worten, entweder die Suche nach neuen, würdigeren Herren oder alternativ den gänzlichen Rückzug aus der Welt. Ob mit diesen neuen Herren die Manchu gemeint waren, bleibt offen, zumal die Aussage Liu Jingtings nicht unbedingt mit der Meinung des Au-

17 Wai-yee Li behauptet in ihrer Analyse von *Taohua shan*, die allerdings einen anderen Fokus hat, dass Liu Jingting in seinem Trommellied nicht die Fushe-Literaten, sondern sich selbst mit Konfuzius vergleiche: So wie dieser durch die „Richtigstellung der Musik" die moralische Ordnung des Staates Lu wiederhergestellt habe, so nehme Liu Jingting für sich in Anspruch, Effizienz und Moral im professionellen Geschichtenerzählen und im Drama wiederherzustellen. Siehe Wai-yee Li: „The Representation of History in *The Peach Blossom Fan*", in: *JAOS* 115.3 (1995), S. 424. Diese Interpretation scheint mir durch den Text nicht gedeckt. Die Analogie Konfuzius/Fushe-Literaten vs. Liu Jingting/Musiker ist direkter und plausibler: So wie die Musiker von Konfuzius aus ihrer Verblendung befreit wurden, so wurde Liu Jingting im Vorfeld der im Stück dargestellten Handlung auf die Ränkespiele Ruan Dachengs aufmerksam gemacht und verließ diesen daraufhin empört.

tors zu identifizieren ist. Der Liu Jingting des Stücks entscheidet sich in der letzten Zusatzszene 40+ (續四十齣), dem „Epilog", für die zweite Option. Eine der maßgeblichen Fragen von *Taohua shan*, nämlich nach den Möglichkeiten und der Bedeutung individueller Handlungsweisen in Situationen der nationalen Krise, wird somit in den Mund einer wichtigen Nebenfigur gelegt.[18]

Der Text der Trommelballade, die Liu Jingting vorträgt, stammt nicht von Kong Shangren oder gar von Liu Jingting selbst (es sind keinerlei schriftliche Texte von Liu Jingting überliefert), sondern von Kongs „Landsmann" aus Qufu, Jia Fuxi 賈鳧西 (1589/90–1670/74), der sich nach einer anfänglich recht erfolgreichen Karriere auf Provinzebene aus Unzufriedenheit mit den politischen Verhältnissen seiner Zeit noch vor Ende der Ming-Dynastie unter dem Pseudonym Mupi Sanke 木皮散客 aus dem öffentlichen Leben zurückgezogen hatte.[19] Nach seiner Rückkehr nach Qufu begann Jia mit dem Verfassen von Trommelliedern, in denen er seiner Frustration Luft machte. Als ursprüngliche Motivation des besagten *guci* aus Szene 1 kann unterstellt werden, dass Jia Fuxi seinen – eigentlich illoyalen – Rücktritt von seinen Ämtern und sein anschließendes jahrelanges Eremitentum unter der Qing-Herrschaft zu rechtfertigen suchte.[20]

Es liegen keinerlei sachlich dokumentierte Hinweise vor, dass Liu Jingting jemals aus *Lunyu* erzählt hätte. Trotzdem ist es nicht abwegig zu be-

18 Vgl. Wai-yee Li: „The Representation of History", S. 424. Ganz abgesehen von der textimmanenten Bedeutung von Liu Jingtings Trommellied, ist es erstaunlich und vielsagend zugleich, dass Kong Shangren als Nachkomme des Konfuzius und ausgewiesener Ritenexperte einen Geschichtenerzähler die Lehren seines Vorfahren interpretieren (oder gar „missbrauchen") lässt.

19 Der Ausdruck *mupi* wird sich auf das Material beziehen, aus dem Trommeln hergestellt wurden, nicht auf „Baumrinde", wogegen *san* auf ungebundene, unkonventionelle Menschen verweist. „Mupi Sanke" ist also der nicht den Konventionen unterworfene Gelehrte, der in der Rolle des trommelnden Unterhaltungskünstlers als „Gast in der Fremde" (*ke*) weilt. Das Trommellied „Taishi Zhi shi Qi quanzhang" 太師摯適齊全章 findet sich abgedruckt in Guan Dedong 關德棟 und Zhou Zhongming 周中明: *Jia Fuxi Mupi ci jiaozhu* 贾凫西木皮词校注 (Ji'nan: Ji Lu Shushe, 1982), S. 149–152. Jias Balladen zirkulierten nach seinem Tod zunächst handschriftlich und regional und wurden erst während der ausgehenden Qing-Zeit gedruckt, ohne dass die wahre Identität des Autors zu diesem Zeitpunkt schon bekannt war (der Nachweis erfolgte erst 1931).

20 Vgl. Strassberg, *The World of K'ung Shang-Jen*, S. 36.

haupten, dass professionelles Erzählen konfuzianischer Klassiker tatsächlich praktiziert wurde. Jia Fuxi werden beispielsweise noch zwei weitere Trommelballaden zugeschrieben, die ihr Material ebenfalls aus orthodoxen Texten beziehen: „Der Mann aus Qi mit Ehefrau und Konkubine" (*Qiren yi qi yi qie* 齊人一妻一妾), basierend auf *Menzius* 4b:33, und „Herzog Jing von Qi empfängt Konfuzius" (*Qi Jing gong dai Kongzi* 齊景公待孔子), basierend auf *Lunyu* 18:3. Es existiert ferner ein performativer Text im Bannerträger-Genre (*zidishu* 子弟書) aus der ausgehenden Qing-Zeit, „Meister Meng zu Audienz bei König Hui von Liang" (孟子見梁惠王) (*Menzius* 1a:1–5), und schließlich wird auch im Roman *Jinghua yuan* 鏡花緣 (Kap. 83) geschildert, wie eine Geschichtenerzählerin namens Zizhi 紫芝 einen Abschnitt aus *Lunyu* 18:7 vorträgt. Ähnlich Jia Fuxi alias Liu Jingting fügt Zizhi dort eigentlich zusammenhanglose Abschnitte zu einem großen Ganzen zusammen und füllt sie mit zusätzlichem fiktiven Detail auf.

Der Rückzug aus der Welt als Alternative

Bereits in Szene 1 von *Taohua shan* deutet Liu Jingting vorausschauend an, dass er sich, vor die Wahl gestellt, eher als Einsiedler zurückziehen würde, als unter neuen Herrschern zu dienen. Diese Entscheidung ist Voraussetzung für die das Stück abschließende Epilog-Szene, die drei Jahre nach den dargestellten Ereignissen spielt, nämlich genau am 7. Tag des 9. Monats des Jahres *wuzi* 戊子, d.h. am 22. Oktober 1648. Aufgrund ihres hohen Gehalts an solo vorgetragenen Liedern und Arien wirkt sie mehr wie ein narratives Gedicht denn als gespielte Szene und ist durchzogen von einer desolat-düsteren Grundhaltung und weihevoller, ergreifender Sprache.

Für den Handlungsverlauf ist die zusätzliche Szene eigentlich überflüssig: Die Südliche Ming ist gefallen (auch wenn der letzte militärische Widerstand gegen die Qing historisch gesehen erst im Jahr 1683 zusammenbrach), die meisten Generäle und Ming-Politiker sind tot und die Protagonisten mittlerweile getrennt voneinander in daoistische Klöster eingetreten. Im Epilog kulminieren jedoch einige der Kernaussagen und überhaupt das gesamte Sentiment des Stücks: Der alte Zeremonienmeister, der als Figur in *Taohua shan* eine wichtige kommentierende Funktion ausübt und am ehesten mit der Stimme des Autors identifiziert werden kann, trifft an einem Flüsschen außerhalb von Nanjing auf den Sänger Su Kunsheng, der mittlerweile als Holzsammler lebt, und auf Liu Jingting, der Fischer geworden ist – und somit, historisch betrachtet, eben dem Beruf nachgeht, den er angeblich ausübte, bevor er Geschichtenerzähler wurde.[21] Durch ihren Rückzug aus der Welt gelingt es ihnen, ihre moralische Integrität zu bewahren und sich von Korruption und politischen Machenschaften fernzuhalten. Man trifft sich regelmäßig, um sich gegenseitig mit Liedern oder Geschichten zu unterhalten, aber auch, um miteinander zu trauern, sich zu erinnern und sich den Fall der Ming verständlich zu machen.

Der Zeremonienmeister hat sich mittlerweile mit den neuen politischen Verhältnissen arrangiert und intoniert ein Schamanenlied (*shenxian ge* 神弦歌) „Ich frage den Himmel“ (*Wen cangtian* 問蒼天) im Stil der *Chuci* (*Lieder aus Chu*), das geprägt ist von eher gelöster Resignation und Akzeptanz. Folgerichtig verweist er denn auch gleich zu Beginn seines Liedes auf den „neuen Kalender, die Regierung Shunzhi“ (新曆數，順治朝).[22] Der Versöhnungsgedanke wird allerdings in der darauffolgenden Darbietung Liu Jingtings sofort wieder aufgehoben, der zur Melodie „Moling qiu“ 秣陵秋 (Herbst über Moling, d.h. Nanjing) ein melancholisches „Saitenlied“ (*tanci*) anstimmt, in welchem er über das Schicksal der Südlichen Ming reflektiert. Als unausweichliche Gründe für deren Fall macht Liu die übermäßige Hingabe an sinnliche Genüsse, politische Gier, militärisches Unvermögen und die Unfähigkeit des Kaisers aus. Liu erkennt als Spezialist für historische Erzählungen und in seiner Rolle als „Historiker“ des Stücks in dieser Konstellation ein typisches Muster und zieht Parallelen zwischen der Südlichen Ming und anderen dekadenten Perioden wie der Chen, Sui, Späten Tang und Südlichen Tang. Statt Versöhnung, wie beim Zeremonienmeister, steht bei Jingting nur mehr das Gefühl des Verlusts und der Trauer.

21 Das daoistische Motiv von Fischer und Holzsammler, die ihr Leben frei von weltlichen Verstrickungen und Verpflichtungen unter Ablehnung von Ruhm und äußerem Wohlstand im Einklang mit der Natur verbringen, lässt sich bis in die Tang-Zeit zurückverfolgen. Für eine Zusammenfassung relevanter Gedichte, Essays, Musikstücke und Liedtexte siehe die Website „Dialogue between a Fisherman and Woodcutter“ von John Thompson (http://www.silkqin.com/02qnpu/20tyxp/yqwd.htm; Zugriff 5.7.2010).

22 Vgl. Wai-yee Li, „The Representation of History“, S. 431.

Dieses Gefühl wird von Su Kunsheng mit einer Arienfolge (*taoqu* 套曲) im nördlichen Stil (*beiqu* 北曲) zu einem dramatischen Höhepunkt getrieben.[23] Fassungslos, aber auch voller Nostalgie beschreibt Su darin, wie er nach seiner Flucht in die Berge nach mehreren Jahren zum ersten Mal wieder nach Nanjing kam. Der Kontrast der *Yiyang*- zur vorherrschenden *Kunqu*-Melodik des Stücks und zum vorher erklungenen *tanci* von Liu Jingting verleiht seinem Gesang eine besondere, schockierende Eindringlichkeit.

Die sechs Arien in Su Kunshengs „Trauer um Jiangnan“ (*Ai Jiangnan* 哀江南), also den kulturellen Süden, gelten einigen der bekanntesten einstigen Sehenswürdigkeiten von Nanjing:

1. „Moling“ 秣陵, d.h. der Stadt selbst – Nanjing wurde unter diesem Namen als Kreisstadt unter dem Ersten Kaiser der Qin gegründet;
2. „Xiaoling“ 孝陵, dem Grab des ersten Kaisers der Ming, Zhu Yuanzhang 朱元璋 (reg. 1368–1398) – das Mausoleum, erbaut in den Jahren von 1381 bis 1405, fungierte in der frühen Qing-Zeit als Pilgerstätte für Ming-Loyalisten;
3. dem ehemaligen Kaiserpalast, gebaut in den Jahren 1366 bis 1367 – dieser dient gleichermaßen als Kristallisationspunkt nostalgischer Gedanken;

23 Kong Shangren: *Taohua shan*, S. 259f. Für Übersetzungen siehe K'ung Shang-jen: *The Peach Blossom Fan*, S. 304–306, und Stephen Owen, „Place: Meditation on the Past at Chin-ling“, in: *HJAS* 50.2 (1990), S. 455–457. Su Kunshengs Arienfolge ist aufgrund ihres Inhalts und ihrer Eindringlichkeit auch in das Lehrwerk für den Sprach- und Literaturunterricht in der 2. Stufe der Oberschule aufgenommen worden. Siehe *Gaozhong yuwen* 高中语文 (5 Bde.; Beijing: Renmin Jiaoyu Chubanshe, 2001), Bd. 4. Die immer wieder aufs Neue geäußerte Behauptung, dass auch „Ai Jiangnan“ nicht von Kong Shangren selbst, sondern ebenfalls von Jia Fuxi stamme (siehe z. B. Zeng Yongyi 曾永义: „*Taohua shan* ‚Ai Jiangnan‘ quci de zuozhe wenti“ 桃花扇哀江南曲词的作者问题, in: *Xiandai xueyuan* 现代学苑 106 [1973], S. 23–25; Strassberg, *The World of K'ung Shang-Jen*, S. 34; Huang Hongyu, *History, Romance, and Identity*, S. 211), konnte mittlerweile überzeugend widerlegt werden. Siehe Xu Qinjun 徐沁君 und Huang Qiang 黄强: „*Taohua shan* zhong *Jishan*, *Yuyin* chu taoqu de zuozhe wenti“ 《桃花扇》中《寄扇》《余韵》出套曲的作者问题, in: *Yangzhou Daxue xuebao* 扬州大学学报, *renwen shehui kexue ban* 人文社会科学版 (1993.1), S. 11–15.

4. dem Qinhuai-Kanal, an dessen Ufern sich das Vergnügungsviertel der Stadt erstreckte;
5. der „Rote-Holzplanken-Brücke" (Hongban Qiao 紅板橋, auch Changqiao 長橋 bzw. Hongban Changqiao 紅板長橋), das bekannteste Wahrzeichen des Vergnügungsviertels;
6. dem „Alte Hof" (Jiuyuan 舊院), die älteste und angesehenste Residenz für Kurtisanen.

Die Arienfolge schließt ab mit einer Zusammenschau. Laut Su Kunsheng ist die vergangene Pracht, obwohl nur wenige Jahre seit dem Fall der Südlichen Ming vergangen sind, allenfalls noch zu erahnen. Wie die zeitgenössischen Zuschauer des Stücks sicherlich gewusst haben, war die Stadt aber nicht von den Manchu erobert und eingenommen, sondern kampflos und in geregelter Form übergeben worden, um dem Schicksal anderer Städte wie z. B. Yangzhou zu entgehen, wo furchtbare Exempel statuiert worden waren.[24] Die von Su Kunsheng beschriebenen Orte sind also nicht bewusst zerstört worden, sondern wurden dem Verfall preisgegeben. Da sämtliche Kulturstätten, sowohl die staatlichen Symbole mingzeitlicher Herrschaft wie auch die des Amüsements, gleichermaßen darniederliegen, so die starke politische Implikation, gehören mingzeitliche Pracht und Stabilität und spätmingzeitliche Literatenkultur untrennbar zueinander.

Die laut Kong Shangren eigentlichen Faktoren für den Untergang – die Unfähigkeit des Kaisers, lähmende Machtkämpfe innerhalb der Beamtenschaft, Rangkämpfe zwischen den einzelnen Generälen, mangelnder Nachschub für die Armeen usw. –, die in ihrer Gesamtheit einen effektiven Widerstand gegen die Heere der aufständischen Bauern und Manchu vereitelten, wurden in den vorausgehenden Szenen des Stücks thematisiert. Auch wenn mitunter der exzessive Genuss und der ausschließliche Fokus auf die Unterhaltung als Lebensinhalt angeprangert werden,[25] so ist doch klar, dass Kong Shangren diesem Kulturphänomen und seiner Funktion eine

24 Vgl. Jonathan Hay: „Ming Palace and Tomb in Early Qing Jiangning: Dynastic Memory and the Openness of History", in: *Late Imperial China* 20.1 (1999), S. 45f.

25 Vgl. das Verhalten des Kaisers in Szene 25, der nachts vor lauter Sorge nicht schlafen kann, allerdings nicht wegen der bedrohlichen politischen Lage – sondern weil sich keine geeigneten Schauspieler für seine Theatertruppe finden lassen.

maßgebliche Bedeutung und Symbolkraft beimisst. Angesiedelt zwischen dramatischer Erfindung und historischen Fakten personifizieren die Unterhaltungskünstler in *Taohua shan*, allen voran Liu Jingting und Su Kunsheng, die idealisierte Gefühlslage von Ming-Loyalisten und zeigen sich auf geistiger und moralischer Ebene als den Literaten ebenbürtig. Als komplex angelegte Figuren vereinen sie auf metaphorischer Ebene eine Vielzahl von Stimmen, die zwischen Resignation, Widerstand und Entsagung anzusiedeln sind. Es ist nicht zuletzt dieses Spektrum unterschiedlicher, auch existentieller Fragen und Antworten, die *Taohua shan* als Theaterstück auch heute noch interessant machen.

Authentizität und Rezeption. Überlegungen zur Wahrnehmung und Konstruktion historischer Wirklichkeit

Carsten Storm

Historical reality is primarily a matter of language, legitimised by a specific use of discursive and narrative rules, that is: a historio-literary code which sets the borders for historiographical and fictionalised depictions of history. "Historical truthfulness" has long been the major signifier of an authentic fictional depiction of history. The historical novel thus legitimates itself, despite its fictional character, as a meaningful construction of the past by setting respective signals of authenticity. Changes in the concept of historicity, i.e. commencing with the change to modernity, result in changes of the code and concomitant changes in the signifiers of authenticity. Formative elements in constructing fictionalised history are temporal distances between the plot-time, the time of writing (1st phase of construction), and the time of reception (2nd phase of construction). Both phases are characterised by specific contemporary historio-literary codes by which historical meaning is constructed. It is argued that the issue of authenticity and the construction of historical reality can be theorized by interrelations of the historio-literary codes. The field of authenticity can be navigated within a matrix of congruence or incongruence of both phases. In this paper, the case of *Shuihu zhuan* serves as a basis for some theoretical considerations on the authenticity of historical reality.

Geschichte ist die sprachlich verfasste Wirklichkeit der Vergangenheit. Der Aspekt der Formung der Geschichte und ihrer eigentlichen „Existenz“ in der Sprache ist spätestens seit der linguistischen Wende und den Arbeiten von Hayden White selbstverständlich geworden; dennoch bleibt das Verhältnis von Geschichte und Wirklichkeit weiterhin problematisch. Dies gilt umso mehr, wenn es sich um eine fiktional aufgearbeitete Form von Geschichte handelt, wie sie im historischen Roman zu finden ist. Entsprechend war die Orientierung an und Vermittlung von historischer Wahrheit traditionell das wohl wichtigste Wertungskriterium für historische Dichtung.

Für den historischen Roman gewannen Whites Thesen Bedeutung, weil sie durch die Betonung narrativer Strukturen und verwendeter Topoi geschichtswissenschaftliche Texte mit historischen Romanen in Bezug auf die Relation zur historischen Wirklichkeit auf eine Stufe stellten. Die elementare Übereinstimmung hinsichtlich der Konstruiertheit an sich, hat jedoch nicht zur Folge, dass die spezifische Modalität der Konstruktivität identisch ist, infolgedessen auch nicht, dass Historiographie und historischer Roman ununterscheidbar wären.[1] Geschichte sieht im historischen Roman anders aus als in der Historiographie, nicht nur hinsichtlich der Darstellungsmodalitäten wie Sprachstil, Topoinutzung oder „emplotment“[2], sondern vor allem in Bezug auf Sinnkonstruktion, Gegenwartsbezug und Selektionsmechanismen, die bestimmen, welcher Ausschnitt von Geschichte überhaupt und zu welcher Darstellung gelangt.

Stellvertretend für die unüberschaubare Anzahl von wissenschaftlichen Texten zum historischen Roman in China[3] seien hier nur drei, aus unterschiedlichen Gründen repräsentative, in Ausschnitten vorgestellt, die für das Problem der Wirklichkeitsdarstellung wichtig sind.[4]

1 Insbesondere Ansgar Nünning hat einen Katalog „fiktionaler Signale“ erarbeitet, die es erlauben, den Roman theoretisch und praktisch von Geschichtstexten zu unterscheiden und zwar auch ohne textexterne Zusatzinformationen. Nünning, Ansgar, *Von historischer Fiktion zu historiographischer Metafiktion. Bd. I: Theorie, Typologie und Poetik des historischen Romans* (Trier: Wissenschaftlicher Verlag Trier, 1995), S. 129–343.

2 Hayden White: *Metahistory. Die historische Einbildungskraft im 19. Jahrhundert in Europa* (Frankfurt: Fischer Taschenbuch 1991), S. 10–11.

3 Als historischer Roman wird hier ein Roman verstanden, der in allgemeinster Weise einen Plot beschreibt, der in der Vergangenheit angesiedelt ist. Neben dem klassischen Genre *yanyi xiaoshuo* 演義小說 fällt darunter die *lishi xiaoshuo* 历史小说 und eine Anzahl, davon abgeleiteter Spezialformen, wie der neue historische Roman (*xin lishi xiaoshuo* 新历史小说), der revolutionäre historische Roman (*geming lishi xiaoshuo* 革命历史小说), der moderne historische Roman (*xiandai lishi xiaoshuo* 现代历史小说) oder der historistische Roman (*lishi zhuyi xiaoshuo* 历史主义小说). Vgl. u. a. Liao Feng 廖锋: „20 shiji lishi xiaoshuo chuangzuo guannian de yanbian 20世纪历史小说创作观念的演变 [Entwicklungen der Konzepte des historischen Romans im 20. Jahrhundert]“, in: *Yunnan dianda xuebao* 云南电大学报 6.2 (2004), S. 48–51 und Wu Xiuming 吴秀明: „Wenhua zhuanxing yujing zhong de lishi xushi yu benti yanbian 文化转型语境中的历史叙事与本体演变 [Über die Entwicklung des Narrativen in historischer Fiktion und der Kontext kultureller Transformation]“, in: *Zhejiang daxue xuebao* 浙江大学学报 (*Renwen shehui kexue ban* 人文社会科学版) 32.1 (2002), S. 62–68.

4 Die Diskussion um den historischen Roman umfassender deskriptiv darzustellen ist hier nicht Ziel und müßte angesichts der schieren Flut von Veröffentlichungen ohnehin scheitern. Neben den drei nachfolgend in ausgewählten Aspekten dargestellten Arbeiten sind vor allem die folgenden von Interesse: Duan Qiming 段启明 und Zhang Pingren 张平仁: *Lishi xiaoshuo jianshi* 历史小说简史 [Kurze Geschichte des historischen Romans] (Taiyuan: Shanxi renmin chubanshe, 2005), Ji Dejun 纪德君: *Zhongguo lishi xiaoshuo de yishu liubian* 中国历史小说的艺术流变 [Künstlerische Entwicklungen des chinesi-

Zum einen ist dies die schon klassisch zu nennende *Kurze Geschichte der chinesischen Romandichtung* (*Zhongguo xiaoshuo shilüe* 中國小說史略) von Lu Xun 魯迅 (1881–1936). In den Kapiteln 14 und 15, „Historische Erzählungen der Yuan- und Ming-Dynastie, 1 und 2“ (*Yuan Ming chuanlai zhi jiangshi, shang, xia* 元明傳來之講史，上，下) führt er zunächst eine Reihe traditioneller Charakteristika auf und fügt dann den Hinweis hinzu, daß einige Romane, statt über die Dynastiegeschichte im eigentlichen Sinne zu berichten:

> die Betonung auf ein Individuum oder eine Gruppe von Menschen [legten]. Wu Zimu erzählt uns in seinen *Erinnerungen an Hangzhou* [d. i. *Wulin jiushi*, 武林舊事 (*Altes aus Wulin*), C.S.], daß in der zweiten Hälfte des dreizehnten Jahrhunderts ein Geschichtenerzähler namens Wang-liu-dai-fu [王六大夫, C.S.] große Menschenmengen anzog, seine Erzählungen über berühmte Generäle während der Song-Dynastie zu hören. Diese sollte man auch als historische Erzählungen betrachten. *Shui hu zhuan* [水滸傳, C.S.] ist ein solches Werk.“ [Hervorhebungen im Original][5]

Mit dem Hinweis auf das *Shuihu zhuan* nimmt er u. a. einen Aspekt auf, der die Diskussion um historische Fiktion insgesamt maßgeblich beeinflusst hat, nämlich das kritische Verhältnis von Faktizität zu Fiktionalität.[6]

---

schen historischen Romans] (Beijing: Zhongguo shehui kexue chubanshe, 2002), ders.: „Ming Qing lishi yanyi xiaoshuo de xushi jujiao yishu“ 明清历史演义小说的叙事聚焦艺术 [Die Kunst der historischen Schärfenseinstellung in historischen Romanen der Ming- und Qing-Dynastien], in: *Fuyin baokan ziliao, J2: Zhongguo gudai, jindai wenxue yanjiu* 复印报刊资料, J2: 中国古代、近代文学研究 4 (2001), S. 130–134, Wu Xiuming 吴秀明: „Cong lishi zhenshi dao xiandai xiaofei de liang du chuangzuo. Lun lishi wenxue zhenshi de xiandai zhuanhuan“从历史真实到现代消费的两度创作。论历史文学真实的现代转换 [Von historischer Authentizität zu modernem Konsum. Zu modernen Transformationen der Authentizität historischer Literatur]“, in: *Wenxue pinglun* 文学评论 2 (1998), S. 106–114, Ma Y[au]-w[oon]: „The Chinese Historical Novel: An Outline of Themes and Contexts“, in: *The Journal of Asian Studies* 34.2 (1975), S. 277–294 und Lin Qingxin, *Brushing History Against the Grain. Reading the Chinese New Historical Fiction (1986-1999)* (Hong Kong: Hong Kong University Press, 2005).

5 Lu Xun: *Kurze Geschichte der chinesischen Romandichtung* (Beijing: Verlag für fremdsprachige Literatur, 1981), S. 204, vgl. auch ders.: *Zhongguo xiaoshuo shi lüe* 中国小说史略 [Geschichte der chinesischen Romandichtung], in: *Lu Xun quan ji* 鲁迅全集 (Beijing: Remin wenxue chubanshe, 1981), vol. 9, S. 148.

6 Lu Xun: *Zhongguo xiaoshuo shi lüe*, S. 129; *Kurze Geschichte*, S. 174f.

Auf dieses Problem geht auch Ouyang Jian 欧阳健 in der *Geschichte des historischen Romans* ein. Ausgehend von historiographischem Schrifttum beschäftigt er sich mit dem divergenten Verhältnis von historischer Wirklichkeit und Roman. Historiographie stellt hierbei das Ausgangsmaterial und dient zugleich als Autorität, auf die sich historische Romane rückbeziehen. Von einer ursprünglichen, weitgehenden Nähe beider Formen, die er bestimmt als „gemeinsame Quellen, und gleicher Stil" (*tong yuan tong ti* 同源同体) habe sich der historische Roman verselbständigt, was er wiederum mit „gemeinsame Quellen, aber verschiedene Stile" (*tong yuan yi ti* 同源异体) beschreibt.[7] Das Besondere an historischen Romanen liege zudem in einer spezifischen Position zur außerliterarischen Wirklichkeit begründet. Geschichte liege selbst nur in Schriftform vor, ist daher selbst sprachlich und sei anders nicht vorhanden. Historische Romane beziehen sich daher innerkulturell auf anderes Schrifttum und ändern vor allem den Stil ihres historiographischen Ausgangsmaterials. Der einfachste Grund für ihre Existenz liegt in dem Umstand, dass sie Geschichte in eine Populärfassung transformierten.[8] Daraus ergibt sich auch für Ouyang ein zentraler Problembereich, nämlich das Verhältnis historischer Wahrheit zu einer von ihr abweichenden fiktionalen Ausschmückung.[9]

Lei Da 雷达 schließlich beschäftigt sich in dem kurzen Aufsatz *Über das Geschichtsverständnis in historischen Romanen* zunächst mit dem Wechsel vom traditionellen zum modernen historischen Roman. Die primäre Orientierung auf die Wahrheit dargestellter Historie habe sich erst mit Guo Moruo 郭沫若 (1892–1978) geändert. In der Moderne gebe es eine Aufgabenteilung: während dem Historiker die Pflicht zur wahrheitsgetreuen Erschließung des Geistes der Geschichte obliege und er die „Wahrheit in den Tatsachen suchen" (*shi shi qiu shi* 实事求是) müsse, läge die Aufgabe des Romanciers darin, „im Abweichen von den Tatsachen nach Ähnlichkeiten zu suchen" (*shi shi qiu si* 失事求似).[10] Zentrales Problem ist für ihn die

7 Ouyang Jian: *Lishi xiaoshuo shi* 历史小说史 [Geschichte des historischen Romans] (Hangzhou: Zhejiang guji chubanshe, 2003), S. 3–6.

8 Ebd., S. 12f.

9 Ebd., S. 15–25.

10 Lei Da: „Guanyu lishi xiaoshuo zhong de lishi guan" 关于历史小说中的历史观 [Über das Geschichtsverständnis in historischen Romanen], in: *Fuyin baokan ziliao, J3: Zhong-*

historische Änderung der Geschichtsauffassung selbst und damit verbunden die Vorstellung davon, was das Authentische im Zugang zur Geschichte ausmache. Für den traditionellen Roman, so Lei Da weiter, galten Konzepte eines zirkulären Zeitverständnisses, von Fatalismus und der Bedeutung einzelner Helden. Seit Gründung der VR bis in die 80er Jahre habe dann ein Klassenkampfverständnis von Geschichte gegolten, das mit der Darstellung von Bauernaufständen und der Einbettung in ein materialistisches Geschichtsbild zugleich Authentizität verband, was sich beispielhaft in Erzählungen und Dramen wie denen über Hai Rui 海瑞 (1514–1585, Beiname Gangfeng 刚峰)[11] äußerte. Auch in den 80er Jahren gebe es zwar weiterhin viele Romane über Bauernaufstände, allerdings werde hier das Geschichtsverständnis wieder anders gefasst. Bauernaufstände und Klassendenken würden nun gekoppelt mit einem neuen Verständnis historischer Abhängigkeiten und des Verhältnisses zwischen Han- und mandschurischer Bevölkerung. Literarisch sei dies erkennbar an ambivalenteren Charakteren. Geschichte werde demnach nicht nur durch die revolutionären Massen vorangetrieben, sondern auch durch herausragende Individuen: Herrscher und auch deren Verwandte seien fast schon im Typus des „Gelehrten und der Schönen" (*caizi jiaren* 才子佳人)[12] dargestellt. Das Geschichtsdenken der Romane sei so von der allzu strikten Orientierung auf Klassengegensätze gelöst worden.

---

guo xiandai, dangdai wenxue yanjiu 复印报刊资料：J3，中国现代，当代文学研究 11 (2003), S. 40f, hier: S. 40.

11 Hai Rui erscheint in der Literatur zuerst in der ming-zeitlichen Sammlung *Hai Gangfeng xiansheng juguan gong'an* 海刚峰先生居官公案 (*Fälle aus der Amtszeit des Herrn Hai Gangfeng*). Hier angesprochen ist die volksrepublikanische Theateradaption *Hai Rui ba guan* 海瑞罢官 *(Hai Rui wird aus dem Amt entlassen*) durch den Dramatiker Wu Han 吴晗 (1909–1969). Eine allgemeine Studie zum Hai Rui-Stoff, die auch auf den historischen Hai Rui eingeht, bietet Huang Yanbo 黄岩柏: *Hai gong xilie xiaoshuo* 海公系列小说 [Die Erzählungen um Richter Hai] (Shenyang: Liaoning jiaoyu chubanshe, 1993).

12 Zum Motiv des „Gelehrten und der Schönen" vgl. u. a. Keith McMahon: „The Classic 'Beauty Scholar' Romance and the Superiority of the Talented Woman", in: Angela Zito and Tani E. Barlow, (eds.): *Body, Subject and Power in China* (Chicago: University of Chicago Press, 1994), S. 227–252 und Miao Zhuang 苗壮, *Caizi jiaren xiaoshuo shihua* 才子佳人小说史话 [Geschichte der Caizi jiaren Romane] (Shenyang: Liaoning jiaoyu chubanshe, 1993).

Für die 90er Jahre diagnostiziert er vier Trends: 1. Weiterhin wird das Konzept eines Miteinanders von Massen und Individuen gestärkt. 2. Die Darstellung verschiebt sich weg von Regierungshandeln zur Darstellung von Handel und Kultur. 3. Die Geschichte der Klassengegensätze wird abgelöst durch eine Geschichte herrschaftlicher und wirtschaftlicher Transformationen. 4. Es ist eine stärkere Orientierung auf das Individualschicksal und die psychologischen Komponenten zu beobachten. Besonders durch letzteres habe sich der Blick auf historische Umstände geändert, wie etwa in Darstellungen über Lin Zexu 林則徐 (1785–1850) oder Zeng Guofan 曾國藩 (1811–1872). Chen Zhongshis 陈忠实 (geb. 1942) *Bailu yuan* 白鹿原 (*Die Ebene der Familien Bai und Lu*) z. B. habe das Verständnis des ländlichen Klassenkampfes verändert. Lei bewertet diese Trends ambivalent: Zwar suchten alle genannten Beispiele den eigentlichen Geist des geschichtlichen Fortschritts, jedoch seien auch negative Tendenzen, wie moralischer Relativismus, die Lobpreisung von Vagabundentum wie in Zhang Xiaotians 张笑天 (geb. 1939) *Taiping tianguo* 太平天国 (*Das himmlische Königreich*) zu verzeichnen oder eine zu einseitige Orientierung auf den Unterhaltungswert.[13]

Die Ausführungen Lei Das verweisen zunächst auf die Geschichtlichkeit der diskursiven Felder „Geschichte" und „Wirklichkeit" hin, damit verbunden sind jedoch auch Änderungen im Rezeptionsverhalten. Trotz der wissenschaftlichen Debatte und der Auflösung des Wahrheitsbegriffes folgen dennoch viele Autoren und sicherlich ein Großteil des Publikums nach wie vor einem traditionellen Verständnis des historischen Romans. Wahrscheinlich bedient sogar die Mehrheit der Romane, die unter dem Label „historisch" verlegt, verkauft oder gekauft werden, eher ein traditionelles Konzept von Geschichte, welches das Referenzverhältnis zur historischen Wirklichkeit (der damit zumeist ein objektiver Charakter unterstellt wird) als maßgebliches Bewertungskriterium versteht. Statt der Macht- und Herrschaftsgeschichte sind nun zwar andere Elemente in den Vordergrund gerückt, wie Mentalitäts- und Alltagsgeschichte oder eine weitgehende Psychologisierung der Charaktere, weiterhin zeichnen sich aber viele Romane darin aus, durch eine weitgehend ungebrochene Illusion historische Vorstellungs- und Wirklichkeitswelten zu vermitteln.

13 Lei Da, „Guanyu lishi xiaoshuo zhong de lishi guan", S. 40f.

Die Geschichtlichkeit des historischen Romans verweist auf die zentrale Frage, wie die Darstellung historischer Wirklichkeit gestaltet sein muss, damit sie glaubwürdig erscheint. Authentizität gerät so zur Wertungskategorie, in der sowohl sprachliche und narrative Muster als auch außertextliche Elemente formative und legitimierende Rollen spielen. Wie das Verständnis von Historizität selbst sind auch die entsprechenden Authentizitätssignale historisch. Authentizität muß sich folglich in jedem Rezeptionsakt aufs Neue erweisen und ist daher im Wesentlichen abhängig von der Gegenwart des Rezipierens.

Mit dem Standort „Gegenwart" sind erzähltechnische und rezeptionsorientierte Konsequenzen verbunden, die beeinflusst werden von drei bestimmbaren Zeitstufen, die für den historischen Roman von Bedeutung sind: (i) die „Plotzeit", die im Roman beschrieben wird und Gegenstand der Darstellung ist[14], (ii) eine erste Stufe der Sinnkonstruktion, die im wesentlichen die Entstehung des Romans betrifft und aus ihrer jeweiligen Gegenwart ein Bild der Plotzeit entwirft, und (iii) eine zweite Stufe der Sinnkonstruktion, die mit der Rezeption verbunden ist und aus ihrer Gegenwart heraus u. U. divergierende Bilder der Plotzeit, der ersten Stufe und der vorgefundenen Darstellung im Text konstruiert. Aspekte wie Authentizität, Historizität oder die Produktion von temporaler Nähe und Distanz im historischen Roman erwachsen, wie zu zeigen ist, vornehmlich aus der spezifischen Relation der drei Stufen zueinander und der mit ihnen verbundenen historischen, intellektuellen, mentalen, wissenschaftlichen, materiellen etc. Formationen.

14 „Plotzeit" entspricht in etwa dem, was in der Erzähltheorie „erzählte Zeit" genannt wird. Wenn hier alternativ der Begriff „Plotzeit" gewählt wird, so in dem Bestreben, die sich in der Folge aufdrängende Assoziation entweder der ersten oder der zweiten Stufe der Sinnkonstruktion mit dem Begriff der „Erzählzeit" zu vermeiden. Der „Erzählzeit" als der meßbaren Zeit, die zum Erzählen benötigt wird, kommt in den vorliegenden Erwägungen keine spezifische Bedeutung zu, da hier Zeitstufen nicht in Bezug auf ihre poetische Funktion im Roman, d. h. im Vorgang des Erzählens selbst, betrachten werden, sondern in Bezug auf historisch sich verändernde Vorstellungen von der Geschichte, soweit sie sich im historischen Roman, seiner Produktion und Rezeption zeigen. Allenfalls noch könnte der Aspekt der Erzählergegenwart mit der ersten Stufe assoziiert werden, wenngleich auch hier unter anderem Blickwinkel. Vgl. z. B. Eberhard Lämmert: *Bauformen des Erzählens* (Stuttgart: Metzlersche Verlagsbuchhandlung, 1991), S. 32–34, 67–73, Paul Ricœur: *Zeit und Erzählung*. Bd. 2: *Zeit und literarische Erzählung* (München: Fink, 1989), S. 129–136.

Der historische Roman benötigt also ein Tableau an spezifischen Erzählweisen und Referenzen, die teils außertextlich sind. Ein glaubwürdiges Erscheinungsbild als historische Erzählung liegt im Wesentlichen begründet in der Adaption oder Imitation von Erzählmodi, die als typisch für jeweilige historische, resp. historiographische Darstellungsweisen gelten. Der historische Roman funktioniert, weil er sich auf sanktionierte Auffassungen darüber, wie Geschichte erzählt wird und was als Geschichte zählt, mindestens verfremdend bezieht.

Was zunächst wie ein Widerspruch in sich erscheint, nämlich fiktionale Authentizität, ist ein Problem, mit dem auch andere Genres, die dokumentarische Textformen fingieren, wie z. B. fiktionale Autobiographien oder Tagebücher, konfrontiert sind. Glaubwürdigkeit hängt in allen diesen Genres ab von der überzeugenden Setzung textueller Signale, die Authentizität vermitteln oder literarisch erzeugen, und ihrer entsprechenden Rezeption. Authentizitätssignifikanten entsprechen insofern einem – in diesem Falle – historio-literarischen Code; ein Code, der geprägt ist durch ein – mitunter nur „vermeintliches" – Wissen um Strukturen und Funktionsweisen der angesprochenen vergangenen Welt. Dieser Code ist diachronen Veränderungen unterworfen, erlangt aber in synchroner Hinsicht nahezu absolute Gültigkeit.

Dieses Wissen wird in professionellen und populären Laienvarianten und durch geschichtswissenschaftlich legitimiertes und kanonisiertes Wissen vermittelt. Die Nichtbeachtung der Regeln des Codes führt dazu, dass der Darstellung Glaubwürdigkeit und Sinnhaftigkeit abgesprochen wird. So erscheint uns heute z. B. der Film *Ba wang bie ji* 霸王别姬 (*Lebewohl meine Konkubine*) von Chen Kaige 陈凯歌 (geb. 1952) in Bezug auf die Darstellung der politischen und sozialen Umbrüche der Republikzeit und der VR-Zeit als glaubwürdige Darstellung, nicht aber in Bezug auf die Umstände um den Herrscher von Chu angesichts der Niederlage gegen Liu Bang, die in der titelgebenden Oper und gespiegelt in der Charakterkonstellation thematisiert werden. Die Vermittlung von Authentizität liegt also zunächst in der Übereinstimmung von genrespezifischen und textexternen Rezipientenerwartungen an den Roman mit den darin vorgefundenen Darstellungsmodalitäten.[15]

15 Zhou Baiyi 周百义 betont in „Yan er wu wen, xing zhi bu yuan. Cong jieshou jiaodu kan lishi xiaoshuo" 言而无文，行之不远。从接受角度看历史小说 [Ohne Stil keine

Shuihu zhuan *und geschichtliche Narration*

Im Musterbeispiel des historischen Romans in China, dem *Sanguo zhi yanyi* 三國志演義 (*Geschichte der drei Reiche*) ist dieser Zusammenhang relativ offensichtlich durch den engen Bezug, den der Text in vielen Aspekten zur Dynastiegeschichte der Sanguo-Zeit herstellt und der sich zeigt im „placement“ von Personen- und Ortsnamen, von Ereignisgeschichte, und nicht zuletzt in der Adaption von typischen Erzählweisen, die aus der Historiographie entlehnt sind. Ein Text wie das *Shuihu zhuan* (*Die Räuber vom Liangshan Moor*)[16] ist hier ein viel schwierigeres Beispiel, ablesbar an den sehr unterschiedlichen Stellungnahmen zur Frage, ob das *Shuihu zhuan* überhaupt ein historischer Roman sei oder nicht.

Hier kommt es wesentlich darauf an, wie das Genre im Schnittfeld des traditionellen Begriffs *yanyi xiaoshuo* 演義小說 und des modernen *lishi xiaoshuo* 历史小说 definiert wird. Unzweifelhaft erzählt der Roman – so viel lässt sich bei allen Schwierigkeiten der Autorfrage und der Editionsgeschichte doch sagen – eine Handlung, die zur Zeit seiner Entstehung in der Vergangenheit, nämlich der Song-Dynastie angesiedelt ist, und die mit Song Jiang einen historischen Charakter zum Protagonisten nimmt, wie schwach die historiographische Spur auch immer sein mag. Ma Yao-woon hingegen lehnte die Einordnung von Romanen wie dem *Shuihu zhuan* oder dem *Pingyao zhuan* 平妖傳 (*Der Aufstand der Zauberer*)[17] als historische Romane

---

Wirkung. Historische Romane aus dem Blickwinkel der Rezeption] (in: *Lilun yu chuangzuo* 理论与创作 1 (2004), S. 26f.) die Wichtigkeit der Rezipientenerwartung für die Akzeptanz und damit den Erfolg von historischen Romanen. Die Erwartung richtet sich dabei an Erfordernissen der Gegenwart aus und bleibt unerfüllt, wenn Charaktere, ihre Psyche oder Aspekte der historischen Forschung mangelhaft beschrieben werden. Vgl. zu Problemen der Authentifizierung auch Ma Zhenfang 马振方: „Lishi xiaoshuo chuangzuo jiben gong chuyi“ 历史小说创作基本功刍议 [Grundlegende Fertigkeiten beim Schreiben von historischen Romanen], in: *Wenxue pinglun* 文学评论 1 (2002), S. 101–108.

16 Auf Grundlage der 71-Kapitel Version des Werkes von Franz Kuhn ins Deutsche übersetzt als *Die Räuber vom Liangshan Moor* (u.a. Frankfurt: Insel, 1975) und von Johanna Herzfeldt als Schi Nai-an: *Die Räuber vom Liangshan* (2 Bde. Leipzig: Insel, 1974).

17 Ins Deutsche übersetzt von Manfred Porkert als Luo Guanzhong: *Der Aufstand der Zauberer. Ein Roman aus der Ming-Zeit in der Fassung von Feng Menglong* (Frankfurt: Insel, 1986).

vehement ab.[18] Besieht man sich jedoch die Kategorienbildung bei Ma genauer, so wird der historische Roman bei ihm erkennbar als ein Sujet, das sich mit den großen Ereignissen der Geschichte beschäftigt, einen hohen Anspruch an historiographische Genauigkeit hat, kurz: eine notdürftig in Romanform gegossene Darstellung von Herrschafts- und Militärgeschichte ist, mit dem *Sanguo zhi yanyi* als Idealbeispiel. Er bezieht sich dabei auf das *yanyi*-Genre, dem eben ein Roman wie das *Shuihu zhuan* nicht zugehöre. Dies ist jedoch nur dann so unumstößlich richtig, wenn man mit der von Jin Shengtan 金聖嘆 (1610–1661) auf 1 + 70 Kapitel gekürzten Fassung arbeitet. In den 100- und 120-Kapitel umfassenden Ausgaben, die die Schlachten gegen die Song-Armee, die Amnestierung und die Feldzüge gegen diverse Gegner des Song-Kaisers umfassen, „kippt" die Darstellung nach der Zusammenkunft der 108 Recken auf dem Liangshan von der Kampfkunst-Darstellung (*wuxia* 武俠) einzelner Helden und ihrer Bewährung hin zu einer *yanyi*-Darstellung mit dem dafür üblichen Tableau aus Heerlagern, strategischen Planungen und Schlachten. Legt man eine moderne Auffassung vom historischen Roman zugrunde, der eben nur einen historischen Rahmen bei weitgehender literarischer Freiheit in der Darstellung von Protagonisten fordert, die nicht unbedingt historisch nachweisbar sein müssen, ist das *Shuihu zhuan* hingegen unbedingt als historischer Roman zu verstehen. Hier steht also in der heutigen Diskussion zunächst ein recht weiter moderner Begriff von *lishi xiaoshuo* dem traditionellen *yanyi xiaoshuo* gegenüber. Auch deshalb, so denke ich, sollte man *yanyi xiaoshuo* zutreffender mit „historiographischer Roman" übersetzen und als eine Sonderform des historischen Romans begreifen. Wenn also das *Shuihu zhuan* nicht im klassischen Sinne ein vollwertiges Beispiel für das *yanyi*-Genre ist, so ist es in gewissem Sinne in der Gegenwart zunehmend zu einem Vertreter von *lishi xiaoshuo* „geworden", das sich in den vorderen Kapiteln weitreichender *wuxia*-Elemente bedient. Hierin wird ein Wechsel im Rezeptionsverhalten sichtbar. Die offensichtlichen Veränderungen in der Rezeption werfen die Frage nach jeweils legitimierenden Faktoren auf. Abgesehen von Entwicklungen in den literarischen Formen selbst, sind hier Änderungen in den Formen und Bedeutungen von Geschichte und Geschichtlichkeit maßgeblich.

18 Vgl. Ma Yao-woon: „The Chinese Historical Novel", S. 278.

Angesichts solcher Änderungen erweist sich Authentizität als relativ und in weiten Teilen abhängig davon, in welcher Relation Auffassungen von „realer" und „fiktionaler" Welt im fraglichen Text sowie intertextuelle Zusammenhänge im Verständnis der Rezipienten zueinander stehen und welche Verbindungen oder Brüche zwischen ihnen konstatiert werden. Was als Authentizitätssignifikant wirkt, hängt insofern von der Zeit und der spezifischen Gruppe der angesprochenen Rezipienten ab. Weder wirkt heute das gleiche Element in identischer Weise wie zur Zeit der Ming-Dynastie, noch innerhalb derselben Zeit bei professionellen genauso wie laienhaften Rezipienten, oder unter Historikern genauso wie z. B. unter Kaufleuten. Es sind daher verschiedene Möglichkeiten des Wirkens historischer Signale nebeneinander zu betrachten und diversen zeitlichen Stufen und Gruppen zuzuordnen. Vergleichsweise unbezweifelbar dürfte sein, soweit ist dem Vorbehalt Ma Yao-woons zu folgen, dass das *Shuihu zhuan* von Rezipienten der Ming- und Qing-Zeit nicht als historiographischer Roman im Sinne des *yanyi* rezipiert wurde. Ob aber ein historiographisch nicht versiertes, laienhaftes Publikum darin historische Signale jenseits des im engeren Sinne Historiographischen gesehen und eine „freie" Erzählung über Geschichte der Song-Zeit vermutet hat, ist damit nicht beantwortet.

Eine mögliche, für den Leser erkennbare, strukturelle Übereinstimmung der Welt innerhalb der Fiktion und seines Verständnisses der Welt außerhalb würde sich dann besonders an einem Element zeigen, das heutzutage in keinem historischen Roman mehr Authentizität zu fingieren vermag, nämlich der Verknüpfung der Handlung mit nicht hinterfragten, schicksalsorientierten Elementen sowie mit einer normativen ethischen Grundierung – sei sie satirisch gebrochen oder nicht. In Kapitel 42 z. B. wird Song Jiang von Soldaten beinahe gefasst. Er versteckt sich in einem Tempel der Mystischen Göttin (*xuan nü zhi miao* 玄女之廟) und wird dort in einen Traum entführt, in dem er zur Mystischen Göttin geleitet und von ihr über sein eigentliches Wesen und sein Schicksal informiert wird.[19]

19 Shi Nai'an 施耐庵 und Luo Guanzhong 羅貫中: *Rongyu tang ben Shuihu zhuan* 容與堂本水滸傳 [Die Rongyu tang Ausgabe des Shuihu zhuan] (Komp. von Ling Geng 凌賡, Heng He 恆鶴 und Diao Ning 刁寧; 2 Bde; Shanghai: Shanghai guji chubanshe, 1988), Kap. 42, S. 614–618, dies., *Outlaws of the March* (Transl. by Sidney Shapiro; 4 Bde.; Beijing: Foreign Languages Press, [4]2003), S. 881–886.

Der moderne Leser wird dies schnell als Aberglauben, resp. rein erzähltechnisch begründete Fiktion werten. Die teils mit der Beschreibung verbundene, situative Burleske sollte nicht darüber hinwegtäuschen, dass ein vormoderner Rezipient der Ming- oder auch des größten Teils der Qing-Zeit diese Grundannahme eines kategorischen Fehlens von Realitätsreferenz aller mythischen Elemente kaum treffen wird. Das Vorhandensein von Jenseitswelten ist in dem Falle nicht – wie ein moderner Leser dies tun wird – als Fiktionalitätssignifikant zu werten, freilich allein aus sich heraus auch nicht als Authentizitätssignifikant, der die Handlung aus Sicht eines spät mingzeitlichen Rezipienten mit historischer Glaubwürdigkeit versähe.

Noch ein weiterer Aspekt, der für historische Romane zentral ist, bezieht sich indes wesentlich auf das Wirken jenseitiger Kräfte. Die Auffassung des „herausgehobenen" Menschen, des Helden, ist vormodern in einem volkstümliche Elemente umfassenden Umfeld künstlerischer Gestaltung ohne ein Verständnis von Fügung kaum glaubhaft zu konstruieren. Die herausragende Person hat ihre Eigenschaft eben nicht aufgrund persönlich angeeigneter rational zu begründender Fähigkeiten oder, weil sie die Gunst der Stunde nutzte, sondern weil es ihr aufgrund ihrer kosmologischen Disposition zukommt. Dahinter wird ein Schicksalsgedanke sichtbar, der auf eine grundsätzliche Verwobenheit diesseitiger und jenseitiger Phänomene hinweist, die irdischer Existenz Sinn verleiht. Song Jiang ist insofern durch seinen Status als Reinkarnation des Himmlischen Leitsterns (*tian kuixing* 天魁星), wie auch durch seine Traumbegegnungen mit der Mystischen Göttin ausgezeichnet.[20]

Damit erhebt sich nicht nur der „besondere" Mensch aufgrund seiner Taten als Auserwählter über die „Gemeinen", sondern im Umkehrschluss erscheinen übernatürliche Fähigkeiten als notwendige Vorbedingung and Erklärung für die entsprechenden Taten. Aus der Sicht eines gemessen an konfuzianischen wie auch daoistischen Eliten eher laienhaften Publikums, das eben – aus einem modernen Blickwinkel – nicht nur notgedrungen bereit

20 Wichtig ist hier, daß historisierende Darstellung im vormodernen Roman keine Glaubwürdigkeit erlangen kann, ohne diesen Topos zu bedienen. Ein Verzicht darauf wird erst mit einem Wechsel in den Leitvorstellungen dessen, was Geschichte ausmacht, möglich, wie er sich in der Moderne etwa mit dem Aufstieg der Alltags- und Sozialgeschichte verbindet.

war, an den Einfluss mythischer Mächte und magischer Fähigkeiten auf irdisches Geschehen zu glauben, wäre die Annahme wohl abzulehnen, Ereignisse von eminenter Bedeutung könnten ohne solchen aktiven magischen, resp. kosmischen Einfluss stattfinden.[21] Insofern wird hier gerade durch den Verweis auf kosmologische Einbindung und durch die vielfältigen magischen Elemente Authentizität erzeugt und die Erzählung glaubhaft.

Ein anderes Element, das historiographische Verständnisweisen und Darstellungsmodi imitiert, liegt in der Aufbereitung von Geschichte in Zyklen und Exempeln, wie es in der Historiographie u. a. in Fürstenspiegeln, wie z. B. dem *Tongjian jishi benmo* 通鑒紀事本末 des Yuan Shu 袁樞 (1131–1205) aus den 70er Jahren des 12. Jhs. Bedeutung erlangt hat. Im *Shuihu zhuan* sind es vor allem interne Historisierungen, die auf eine noch vor der Plotzeit angesiedelte Zeitebene verweisen. Mehrfach wird z. B. auf Helden der Sanguo-Zeit (220–280) wie Zhuge Liang 諸葛亮 (181–234) oder Guan Yu 關羽 (ca. 160–219?) verwiesen, auf angebliche, also fiktive Familiengeschichte der Helden, oder auf fingierte Dokumente, aber auch auf echte historiographische Texte Bezug genommen.

Auch die deutliche Nutzung von toposhaften Strukturen fällt hierunter. Besonders deutlich wird der Zusammenhang von Zyklus und Topos in den Sequenzen, die die Einzelgeschichten einiger der 108 Kämpen umfänglich darstellen. Der Durchgang, beginnend mit dem aus persönlichem Gerechtigkeitsgefühl erfolgten Rechtsbruch, über die Flucht, die Gefangennahme und Verurteilung, hin zu erneuter Flucht aus dem Exil und Aufnahme in die Liangshan-Bande schafft ein festes Muster, das die „unschuldige" Verfolgung und den dadurch „erzwungenen" Anschluß an die alternative Macht umfaßt.[22]

21 In der Strenge gilt diese Aussage nur in einem laienhaften Umfeld. Im philosophischen Konfuzianismus, Daoismus und Buddhismus sind durchaus Konzepte der Freiheit zur eigenen Tat in unterschiedlich ausgeprägtem Maße vorhanden.

22 In ähnlicher Weise bilden z. B. die „Bekehrung" kaiserlicher Generäle, die nach der Niederlage ob ihrer ehrenhaften und freundlichen Behandlung durch Song Jiang die Seite wechseln, der Sieg über andere Bandenführer und deren Anschluß an den „ruhmreichen" Song Jiang feste Muster. Auch der Ablauf der fünf Schlachten der vereinigten Liangshan-Bande gegen die kaiserliche Armee (Kap. 75–80) und – in der 120-Kapitel-Fassung – der drei Feldzüge gegen die Liao, Tian Hu und Wang Qing (in dortiger Zählung: Kap. 83–110) ist vergleichbar konstruiert. Vgl. zu sich wiederholenden narrativen Strukturen vor allem Peter Li: „Narrative Patters in 'San-kuo' and 'Shui-hu' ", in: Andrew H. Plaks

In einem vormodernen Umfeld ist anzunehmen, dass die Ähnlichkeit von Topos, Exempel und zyklischen Strukturen nicht zufällig ist, sondern, dass Topoi im *Shuihu zhuan* verstanden werden müssen als sprachlicher Ausdruck eines zeitgenössischen, zyklischen Geschichtsverständnisses. So wie der Rückbezug auf Exempel und die Betonung zyklischer Strukturen dem Text Authentizität verleihen, gilt dies auch in narrativer Hinsicht für die Toposnutzung, die im Text Glaubwürdigkeit stiftet.

Ähnlich zeigt sich eine Topoisierung – im doppelten Sinne des Wortes – in der Erwähnung von Stätten (Steintafeln, Klöstern, Grabstätten etc.), die im Umfeld Song Jiangs angeblich errichtet wurden und noch immer zu besichtigen seien. Nach seinem Tod etwa wird Song auf Empfehlung Marschall Sus durch den Kaiser posthum mit Ehrentiteln ausgezeichnet, außerdem wird aus kaiserlichem Budget auf dem Liangshan ein Tempel mit Namen „Tempel der Friedlichkeit und Loyalität" (*jingzhong zhi miao* 靖忠之廟) errichtet. Der Geist Songs sei dort des öfteren erschienen, ebenso wie an einem aus privaten Mitteln erbauten Tempel an seinem Grabmal. Im Text heißt es dazu: „Bis auf den heutigen Tag existieren die alten Stätten noch." (至今古跡尚存).[23] Besonders gegen Ende des Romans nehmen derartige Hinweise zu.[24] Die Nennung von – fiktiven – Erinnerungsstätten an Song Jiang, die der Rezipient angeblich noch „heute" besichtigen könne, wirkt nicht nur authentizitätsstiftend, weil so auf eine angeblich „wahre" textexterne Realität verwiesen wird, sondern auch, weil so das zeitgenössisch bekannte Handlungsmuster des Errichtens ebensolcher Erinnerungsstätten für berühmte Personen imitiert wird. Authentizität wird so selbst dann simuliert, wenn es diese Stätten realiter gar nicht gibt.

Derartige Verweise wirken also auf verschiedenen Ebenen: (i) textintern zwischen Plotzeit und ebenso fiktiver, weiter zurückliegender Vorvergangenheit als intertextueller Bezug, (ii) textextern zu kanonisiertem geschicht-

---

(ed.): *Chinese Narrative. Critical and Theoretical Essays* (Princeton: Princeton University Press, 1977), S. 73–84.

23 Shi Nai'an und Luo Guanzhong: *Shuihu zhuan,* Kap. 100, S. 1481f., *Outlaws of the Marsh,* S. 2140f.

24 U. a. Shi Nai'an und Luo Guanzhong: *Shuihu zhuan,* Kap. 89, S. 1304; Kap. 94, S. 1373; Kap. 96, S. 1402; Kap. 97, S. 1424; Kap. 99, S. 1463, *Outlaws of the Marsh*, S. 1891, 1985, 2023–2024, 2059, 2112. In narrativer Hinsicht ist hier auch die Imitation von zeitgenössischen Formen der Ereignisverschriftlichung von Bedeutung.

lichen, kulturellen etc. Wissen der Rezipienten, (iii) narrativ, indem zur Zeit der Kompilation gängige Verfahren historiographischer Schreibweisen und der Erinnerungskultur fingiert werden. Die Einbindung von Geschichte(n) in etablierte Wertungsstrukturen und die Beobachtung, dass sie Bekanntem entsprechen, vermitteln ein Image von Authentizität. Legitimiert durch die weiterhin bestehende Gültigkeit von Verhaltensmerkmalen, Motivstrukturen, Ereignisabläufen etc., wird Geschichte als idealisierte Grundlegung von Existenz konstruiert. Wichtig ist hier nicht die historische Besonderheit oder gar Einzigartigkeit, sondern die Wiederholung grundlegender Strukturen. Geschichte entspricht damit einem primär ethisch verfassten Verfügungs- und Geltungsraum statt einer fortschreitenden, linearen Kausalkette. Dies verweist auf die Vorstellung einer ethisch determinierten Einheit der Welt, die an sich in ihrer angenommenen Gültigkeit zeitlos ist, sich aber beispielhaft in der Tradition zeigt.

Einem typischen Element der Authentifizierung in modernen historischen Romanen kommt hier indes keinerlei Bedeutung zu und wäre aus vormodernem Verständnis sogar kontraproduktiv: nämlich der historisch und archäologisch exakten Beschreibung der materiellen Umwelt, also von Kleidung, Gegenständen, Höflichkeitsformeln etc. in diesem Falle der Nördlichen Song-Dynastie, der Zeit also, in der der Roman angesiedelt ist. Die unterstellte und kulturell produzierte, zeitübergreifende unveränderliche Geltung der Geschichte und der in ihr vermittelten Ethik zeigt sich eben darin, dass sich die Wertungsparameter in eine dem Publikum vertraute, materielle Gegenwart versetzen lassen.[25] Im Sinne zeitgenössischer Erzeugung von Authentizität ist insofern das Verdikt, das *Shuihu zhuan* sage wenig über die Kultur der Song-Dynastie aus, dafür aber umso mehr über die der Ming-Dynastie, also den Zeitraum der maßgeblichen Kompilationen, sogar notwendig.[26] Ein wichtiger Authentizitätssignifikant liegt demnach

25 Im westlichen Umfeld manifestiert sich dies z. B. an der Entwicklung mittelalterlicher Kreuzigungsdarstellungen, bei denen Mode, Bewaffnung und Charakterdarstellung wenig über antike römisch-jüdische Realität aussagt, dafür Einblick in je mittelalterliche zeitgenössische Vorstellungen geben kann.

26 Vgl. u. a. die ausführliche Studie von Sa Mengwu 薩孟武: *Shuihu zhuan yu Zhongguo shehui* 水滸傳與中國社會 [Das *Shuihu zhuan* und die chinesische Gesellschaft]. (Taibei: Zhengzhong shuju, 1947) und Zhou Baiyi: „Yan er wu wen, xing zhi bu yuan", S. 26.

für vormoderne Kunst in der ethischen Autorität des erzählten Plots selbst, der eine Reihe normierter Elemente nicht zu „neuem" Sinn zusammenfügt, sondern vor allem den kanonisierten ethischen Verweisrahmen in der jeweiligen Gegenwart des Erzählens und Rezipierens aktualisieren muß.

In einem vormodernen Rezeptionszusammenhang, würde man nun eben gerade eine Aufarbeitung wie Chen Kaiges Film *Ba wang bieji* in anderer Weise für ein Historie darstellendes Kunstwerk halten. Und zwar für eines, das nicht die Republik- und frühe VR-Zeit darstellt, wie dies der moderne Zuschauer wahrnimmt, sondern das eben die Geschichte um den König von Chu nach der Niederlage gegen Liu Bang zum Thema hat, vor allem, weil hier offensichtlich der ursprüngliche Plot im Verhältnis der Protagonisten in ein zeitgemäßes Umfeld übersetzt werden kann.[27]

Die Verschiebung der historischen Wirklichkeit

Der historische Roman ist selbst historisch, und zwar nicht nur im Sinne einer Entwicklung seiner Formen und Inhalte, sondern vor allem, weil ihm der Status des Historischen im Verhältnis zu einer bestimmten Gegenwart des Schreibens, Publizierens und Rezipierens zukommt, ein Umstand, der mit dem Übergang von der Vormoderne zur Moderne und dem Wechsel der historiographischen Leitvorstellungen und Narrationsmuster nachhaltige Bedeutung hat. So gewinnen für den heutigen, postmodernen Leser Romane wie das *Shuihu zhuan* oder auch das *Sanguo zhi yanyi* ihrerseits den Charakter eines Artefakts. Der in ihnen konstruierte geschichtliche Sinn wird als

Die Darstellung der Sitten, der gesellschaftlichen Ordnung und der materiellen Umwelt spiegelt die Zeit der Entstehung des Romans, also die Ming-Zeit.

27 Ähnlich zu werten ist z. B. George Romeros Artusadaption *Knightriders* (1981), der den gesamten Artusplot und die Figurenkonstellation in eine Motorradgang verlegt, deren Mitglieder einerseits ihren Lebensunterhalt damit verdienen, mit Motorrädern als Pferdeersatz modernisierte „Ritterkämpfe" zirkusreif zur Aufführung zu bringen, andererseits in ihren gruppeninternen Interaktionen die Geschichte um Artus, Guinevere und Mordred wiederholen. Der Film spielt aus heutiger Sicht zwar mit dem historischen Motiv, wird aber eben nicht als Historienfilm im eigentlichen Sinne rezipiert. Zu *Knightriders* vgl. u. a. Kevin J. Harty: „Camelot Twice Removed: 'Knightriders' and the Film Versions of 'A Connecticut Yankee at King Arthur's Court'", in: ders. (ed.): *Cinema Arthuriana. Essays on Arthurian Film* (New York: Garland, 1991), S. 105–120.

seinerseits historisch erachtet und damit als für die Gegenwart nicht mehr gültig. Mit dieser Neueinstufung des Textes ändert sich die Erwartungshaltung an den Text, die nun nicht mehr primär darin besteht, eine adäquate und sinnvolle Darstellung fiktionaler oder fiktionalisierter Begebenheiten der Vergangenheit zu liefern. Daneben tritt die ästhetische Erwartung an sprachliche (lexikalische und grammatische) und literarische Darstellungsformen in einem „alten" Text, die von gegenwärtigen Modalitäten abweichen. Ferner lässt sich die ihrerseits in geschichtlichem Interesse motivierte Erwartung konstatieren, Auskunft über zur Zeit der Publikation gültige Kategorien historischer Sinnkonstruktion zu erhalten, etwa darüber, wie zur Zeit der Ming-Dynastie über die Sanguo-Zeit geschrieben wurde. Der heutige Rezipient sieht sich also einer doppelten temporalen Distanz gegenüber: einmal zu der im Text beschriebenen Zeitstufe (Plotzeit), und zweitens zur ersten Stufe der Sinnkonstruktion und zu ihr zukommenden, selbst schon historischen Verständnisweisen und Sinnkonstruktionen von der Plotzeit. Dem gegenwärtigen Leser kommt durch seine, auf den ersten Blick temporal verfasste Distanz zu dieser ersten Stufe eine zweite Stufe der Sinnkonstruktion zu, die sich eben gerade in Anschauungen von Geschichte, Historizität und dazugehörigen narrativen Mustern unterscheidet.

Die Annahme einer weitgehenden Kongruenz zwischen den beiden Stufen der Sinnkonstruktion ist die wesentliche Legitimation dafür, die im Text vollzogenen Sinnkonstruktionen als glaubwürdige Darstellung von Vergangenheit zu werten und ihren Kategorien Konstruktionskompetenz beizumessen. Bei weitgehender Inkongruenz hingegen wird die Sinnkonstruktion des Textes als selbst historisch gewertet und seine Sinnhaftigkeit für die Gegenwart fragwürdig.

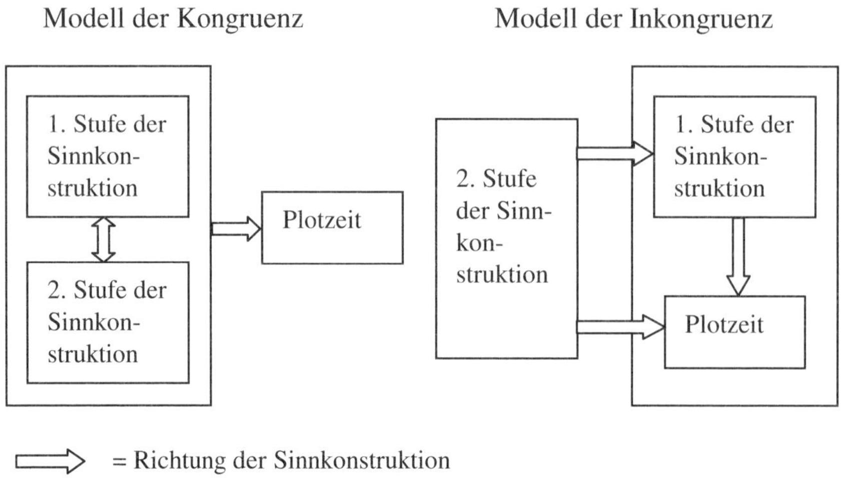

Die heute konstatierte, mangelnde „Zeitgemäßheit“ solcher „veralteter“ Sinnkonstruktionen kann für ein postmodern geschultes Publikum in doppelter Weise wirksam werden. Die Darstellungsweisen der Plotzeit können in einem vormodernen Roman aufgrund der beobachteten Inkongruenz zwischen erster und zweiter Stufe der Sinnkonstruktion als unsinnig und unglaubwürdig empfunden werden. Hier: Das *Shuihu zhuan* läßt sich nicht mehr sinnvoll als historischer Roman über die Song-Zeit lesen. Andererseits kann die Darstellungsweise als besonders glaubwürdig gelten, weil Konstruktionsweisen erkennbar sind, die für die Zeit der Romanniederschrift als adäquat erachtet werden. In dem Fall wird die im Roman erkennbare erste Stufe der Sinnkonstruktion ihrerseits als authentische Sinnbildungsleistung erachtet: Ihre Inkongruenz zur zweiten Stufe der Sinnkonstruktion, in diesem Fall der des postmodernen Rezipienten, entspricht einer postulierten Andersartigkeit der Vergangenheit und sie spricht somit ein modernes Bild der Geschichte als das „Andere“ der Gegenwart an. Ergo: Das *Shuihu zhuan* läßt sich nun sinnvoll verstehen als typisch ming-zeitliche historische Fiktion über die Song-Zeit.

Damit wendet sich die Aufmerksamkeit des modernen Lesers von der im Plot formulierten Vorstellung historischer Wirklichkeit hin zur ihrer Rezeptionsgeschichte und einer historisierten Diskurstätigkeit. Das Historische besteht nun nicht mehr, wie für den spät ming-zeitlichen Rezipienten darin, daß aus der Vergangenheit in die Gegenwart reichende Erzählmuster und

Wertvorstellungen sich als weiterhin gültig erweisen. Es zeigt sich im Gegenteil daran, daß diese Konstruktionsmuster ungültig geworden sind, sowie an einer modernen Fortschrittsvorstellungen entsprechenden Distanz der Gegenwart von der Vergangenheit. An dem Beispiel eines „alten" Textes, wie dem *Shuihu zhuan*, wird diese doppelte temporale Distanz des Rezipienten zwar besonders augenfällig, jedoch muß aus der Sicht postmoderner Dekonstruktion und der Rezeptionsforschung[28] natürlich angemerkt werden, daß diese Annahme grundsätzlich gilt, also auch bei der Rezeption neuerer historischer Romane.

In der unterschiedlichen zeitlichen Distanz wird eine Verschiebung in mehrfacher Hinsicht erkennbar. Zum einen vom gegenwärtigen historischen Roman, dem legitim eine Konstruktionsleistung von Geschichte beigemessen wird, hin zum „älteren", der vornehmlich Gegenstand dekonstruktiven Zugangs ist, und zum zweiten hinsichtlich der Erwartungshaltungen, die den Texten gegenüber eingenommen werden. Damit verbunden ist eine Verschiebung der Bedeutung, die die Schaffung von Glaubwürdigkeit und Authentizität gewinnt. Authentizität ist folglich keine essentielle Eigenschaft, die bestimmten Texten innewohnte, sondern wird gesellschaftlich sowie kulturell vermittelt und zugesprochen, wenn die Formen historischer Darstellung und Sinnkonstruktion im Text zu den jeweils gültigen geschichtlichen und historiographischen Vorstellungen in ausreichendem Maße kongruent sind und deshalb sinnvoll erscheinen. Im Falle konstatierter Inkongruenz verlieren hingegen zuvor wirksame Authentizitätssignifikanten ihre Wirkung.

Es stellt sich die Frage nach den zeitlichen Parametern dieser Verschiebung und des Eintretens diskursiver Inkongruenz, die aber weder absolut noch dem Prinzip nach allein in temporaler Hinsicht zu beantworten ist, sondern in höchst relativer Weise von der je gegenwärtigen Verortung des Rezipienten im historischen Diskurs und gegenüber dem betreffenden Werk abhängt. Inkongruenz, verstanden als erhebliche Differenz in den geschicht-

28 Im Verständnis der Rezeptionsforschung, wie sie sich in den Überlegungen z. B. von Hans Robert Jauß in *Ästhetische Erfahrung und literarische Hermeneutik* (München: Fink, 1977) oder von Wolfgang Iser in *Der implizite Leser* (München: Fink, 1972) oder *Der Akt des Lesens* (München: Fink, 1976) manifestiert, konstituiert sich der Text als Sinnkonstruktion überhaupt erst in der Rezeption und damit in dem, was hier 2. Stufe der Sinnkonstruktion genannt ist.

liche Narration leitenden Wertesystemen und Konstruktionskategorien, kann auch Folge eines Ideenstreits und der Auseinandersetzung um kulturelle Hegemonie[29] sowie potentiell auch ein Widerstandsphänomen sein. Dennoch ist zeitliche Distanz ein wesentlicher Aspekt für die Wahrnehmung von Inkongruenz.

Zusammenfassung

Das fiktionalisierte Bild historischer Wirklichkeit authentifiziert sich zunächst unter der Voraussetzung, daß der Rezipient die im Text erkennbaren Konstruktionsweisen von Geschichte im historiographischen und literarischen Sinne als sinnvolle und gültige Formen der Beschreibung von Geschichte anerkennt. Dies ist im wesentlichen dann der Fall, wenn die mit der 1. und 2. Stufe der Sinnkonstruktion verbundenen Vorstellungen davon, was Geschichte ist und wie ihre Darstellung fiktional und nicht-fiktional zu erfolgen hat, um authentisch zu wirken, hinreichend kongruent sind. Bei entsprechender Inkongruenz der beiden Stufen, wird der Text entweder nicht mehr als legitimes und damit glaubwürdiges Bild historischer Wirklichkeit rezipiert oder es findet eine Verschiebung des Historischen statt, dahingehend, den Text als seinerseits historisches Dokument zu verstehen, das Auskunft gibt über spezifische Geschichtsvorstellungen der 1. Stufe der Sinnkonstruktion.

Das Authentische erweist sich demnach als zeitlich und sicherlich auch regional determiniert und zwar sowohl in Bezug auf sich wandelnde Formen des historischen Romans als auch auf Vorstellungen von Historizität selbst und damit verbundener Authentizitätssignifikanten. Es ist ein Produkt diskursiver Tätigkeit, die inhaltlichen und narrativen Regeln folgt, hier einem historio-literarischen Code. Damit ist das Authentische zugleich nicht wofür es gern gehalten wird: nämlich kein originales, unkopierbares Moment unverbrüchlicher Selbstheit, sondern im Gegenteil etwas, das nur in der kollektiven gesellschaftlichen Vermittlung wirkt und so Vorstellungen von Wirklichkeit sowohl herstellt als auch legitimiert.

29 Dies zeigt sich z. B. in der Behandlung historischer Romane in der Hochzeit des Kalten Krieges und der Konfrontation der politischen und weltanschaulichen Systeme, denen wechselseitig ein inadäquates Geschichtsverständnis vorgeworfen wurde.

Nationale chinesische Musik und die Erfindung des „Komponisten": Der Fall Liu Tianhua

Lena Henningsen

Today, Liu Tianhua is well-known as a composer, educator and reformer in the field of 'traditional' Chinese music. His efforts centered on a reform of 'traditional' Chinese music involving the adoption of elements from 'Western' music in his own pieces. Yet, 'traditional' Chinese music did not know of a concept such as the "composer". It has been argued that the canonization of Liu's works (and with it, his transformation into a composer) had much to do with the politics at music institutions in the first years after the foundation of the People's Republic of China. In this paper, however, I argue that Liu Tianhua's transformation from being "only" a musician to being a composer already began during his lifetime, as may be demonstrated from music journals in which he was involved: the linguistic representation of his works and of the process of their creation demonstrates that he and his contemporaries already regarded him as a composer – even though the word "to compose" (*zuoqu* 作曲) itself seems to be cautiously avoided.

Im Wörterbuch der chinesischen Musik wird Liu Tianhua 刘天华 (1895-1932) aufgeführt als „Komponist, Interpret auf chinesischen Volksmusik-Instrumenten und Musikerzieher" (作曲家、民族乐器演奏家、音乐教育家).[1] Er kann zweifelsfrei als einer der bedeutendsten Musiker und Musikreformer des republikzeitlichen Chinas gesehen werden, der sich besonders um die Erneuerung der ‚traditionellen'[2] chinesischen Musik verdient gemacht hat und in diesem Musikstil ein – wenn auch bescheidenes – Oeuvre

1 Zhongguo yishu yanjiuyuan yinyue yanjiusuo Zhongguo yinyue cidian bianjibu 中国艺术研究院音乐研究所中国音乐词典编辑部 (Hrsg.): *Zhongguo yinyue cidian* 中国音乐词典 (Beijing: Renmin yinyue chubanshe, 1984), S. 237.

2 Beim Umgang mit den Begriffen ‚traditionell' und ‚westlich' ist Vorsicht geboten. Ich verwende in diesem Aufsatz den Ausdruck ‚westliche' Musik so, wie er in den Texten von Liu Tianhua und seinen Zeitgenossen auftaucht: gemeint ist hiemit in erster Linie die Tradition europäischer Musik (z. B. Orchestermusik, aber auch Gebrauchsmusik wie Märsche oder Hymnen). Mit ‚traditioneller' chinesischer Musik beziehe ich mich auf chinesische Musikpraktiken, die von den Autoren den ‚westlichen' gegenübergestellt werden: hier legt Liu den Fokus auf Praktiken aus der Volksmusik, die er anders als viele Zeitgenossen sehr wertschätzte, studierte und um deren Überlieferung er bemüht war.

hinterlassen hat: Es besteht aus 15 Stücken für die *Erhu* 二胡, dreien für die *Pipa* 琵琶, einer Reihe von Etuden für beide Instrumente sowie einem Ensemblestück, die meisten davon mit einer Aufführungsdauer von wenigen Minuten. Im China nach 1949 genoss Liu Tianhua zwar nicht den gleichen Ruhm wie die „revolutionären Komponisten" Nie Er 聂耳 (1912-1935) oder Xian Xinghai 冼星海 (1905-1945). Doch unter Interpreten der ‚traditionellen' chinesischen Musik genießt er nach wie vor hohes Ansehen. Dies hat zum Einen mit der Bedeutung von Liu (und seinen Mitstreitern) für die Erneuerung der chinesischen Musik zu tun, kann zum Anderen aber auch – wie Terence Liu gezeigt hat – zu einem großen Teil zurückgeführt werden auf die Tatsache, dass Schüler von Liu Tianhua nach der Gründung der VR China einflussreiche Positionen an den Musikinstitutionen des Landes erhielten und ihre eigene Legitimation, ihren Einfluss und ihr Renommee steigern konnten, indem sie ihren Lehrer und seine Stücke in den musikalischen Kanon chinesischer Komponisten erhoben.[3]

Wirft man aber einen Blick in die Biographie von Liu Tianhua, so stechen zwei Tatsachen ins Auge, die in Widerspruch zu dieser Erklärung seiner Kanonisierung stehen. Zum Einen wird Lius erstes Stück auf das Jahr 1915 datiert – den ersten Kompositionsunterricht erhielt er aber erst 1927 von dem amerikanischen Missionar Bliss Mitchell Wiant.[4] Zum Anderen bewegte er sich in einer musikalischen Tradition, der das Konzept des Komponisten fremd war. Vielmehr basierte musikalisches Schaffen insbesondere in der von Liu hochgeschätzten Volksmusik auf Improvisation.[5] Musikstücke wurden also vornehmlich durch Variation von vorhandenem Material geschaffen – und der schaffende Musiker berief sich auf das bereits Vorhandene anstatt als „Komponist" sein schöpferisches Genie zu betonen.

Kann Liu Tianhua also tatsächlich als Komponist gesehen werden? Hat er sich selbst als Komponist gesehen? Haben seine Zeitgenossen ihn als solchen bezeichnet? Welchen Stellenwert hatten ‚westliche' Institutionen – also auch der Begriff „Komponist" oder das Konzept „Komponieren" – im

3 Terence M. Liu: *The Development of the Chinese Two-Stringed Lute* Erhu *Following the New Culture Movement (c.1915-1985)* (Kent State University: Ph.D. dissertation, 1988).

4 Qin Qiming 秦启明: „Liu Tianhua nianpu" 刘天华年谱, in: *Yiyuan* 艺苑, S. 30-37, S. 34.

5 Hierzu siehe: Jonathan Stock: *Musical Creativity in Twentieth-Century China. Abing, His Music, and its Changing Meanings* (Rochester: University of Rochester Press, 1996).

republikzeitlichen China? Wie sah das Zusammenspiel von „Komposition“ und der musikalischen Praxis des Improvisierens aus, auf der die ‚traditionelle‘ chinesische Musik basierte? Wie wird hier Realität sprachlich repräsentiert?

In diesem Aufsatz werde ich zeigen, dass der Musiker Liu Tianhua zwischen zwei Traditionen stand: der der chinesischen improvisierten und der der ‚westlichen‘ komponierten Musik. Der oben angedeutete Widerspruch zwischen der Realität von Lius musikalischer Praxis und ihrer sprachlichen Repräsentation kann in meinen Augen erklärt werden mit dem institutionellen und sprachlichen Wandel, der im republikzeitlichen China stattfand.[6] Erst durch sprachliche Repräsentation – durch sein eigenes Schreiben, das seiner Zeitgenossen, aber auch der Nachwelt – wurde aus dem „Musiker“ Liu Tianhua ein „Komponist“. Im Folgenden werde ich also die Vorgeschichte dazu nachvollziehen, wie aus dem Musiker Liu Tianhua ein Komponist wurde. Dieser Prozess setzte nicht erst nach Gründung der VR China ein, sondern kann bereits in zeitgenössischen Texten erkannt werden. Daher werde ich mit einem kurzen Überblick über die Biographie und das Werk Liu Tianhuas sowie über den Kontext des republikzeitlichen musikalischen Felds beginnen. Anhand der Begriffe, mit denen die Werke von Liu bezeichnet wurden, und anhand des Berichts eines Zeitgenossen werde ich im Weiteren zeigen, wie Liu seine Stücke tatsächlich geschrieben hat – und wie dieser Schaffensprozess sprachlich repräsentiert wurde.

Liu Tianhua – Zu Person und Werk

Liu Tianhua stammte aus einer verarmten Gelehrtenfamilie aus der Jiangnan-Region. Sein Vater hatte bereits eine reformorientierte Schule gegründet, sein älterer Bruder war der Schriftsteller und Linguist Liu Bannong 刘半农 (1891-1934). Er lernte bereits in seiner Jugend eine Reihe von chinesischen und ‚westlichen‘ Instrumenten und lebte einige Zeit mit

6 Hierzu siehe: Federico Masini: *The Formation of Modern Chinese Lexicon and Its Evolution Towards a National Language. The Period from 1848 to 1898* (Berkeley: University of California, 1993). Lydia H. Liu: *Translingual Practice. Literature, National Culture, and Translated Modernity – China, 1900-1937* (Stanford: Standford University Press, 1995).

seinem älteren Bruder in Shanghai. Von 1915 bis 1922 unterrichtete er Musik an einer Mittelschule in Changzhou, danach am Musikinstitut der Peking Universität sowie an weiteren Musikinstituten in Beijing. Dort unterrichtete er die erste Generation von in ‚westlichem' Sinne formal ausgebildeten Musikern, erlernte selbst das Geigenspiel sowie Komposition von ‚westlichen' Musikern und war an einer Reihe von musikalischen Aktivitäten beteiligt: an Konzerten, Musikzeitschriften und Musikgesellschaften. Gleichzeitig setzte er sich aber auch weiterhin mit ‚traditioneller' chinesischer Musik auseinander, indem er Transkriptionen der Musik des Peking-Opern-Stars Mei Lanfang 梅兰芳 (1894-1961) für dessen legendäre Reise nach Amerika erstellte und von Straßenmusikern deren Stücke erlernte. Am 6. Juni 1932 erlag er einer Scharlacherkrankung.[7] Seine bereits erwähnten Stücke entstanden ab 1915: Sein erstes und vielleicht bekanntestes Erhustück – „Bingzhongyin" (病中吟, Stöhnen in Krankheit) – entstand als Reaktion auf den Tod seines Vaters 1915. Von 1917-1922 bearbeitete Liu es weiter und stellte es 1923 fertig, ehe es 1930 gedruckt wurde.[8]

Generell zeichnet sich Lius Tonsprache aus durch eine Synthese von chinesischen und ‚westlichen' Elementen und Techniken:[9] chinesische Volksmusik der Jiangnan-Region hat ihre Spuren in seinen Stücken hinterlassen (insbesondere die Jiangnan-Sizhu-Musik), aber auch die Peking-Oper, die Gattung *Songci qupai* 宋词曲牌 sowie chinesische Variationsprinzipien können in seiner Musik identifiziert werden, daneben aber auch eine Tonsprache, die Naturlaute wie das Singen der Vögel imitiert (so in „Kongshan niaoyu" 空山鸟语, Vogelgesang in verlassenen Bergen).[10] Aus dem Repertoire der ‚westlichen' Musik hat Liu Spieltechniken der Violine studiert und

7 Siehe Qin: „Liu Tianhua nianpu"; Liu: *The Development*; Yuan Jingfang 袁静芳: „Shilun Liu Tianhua de yishu sixiang he chengjiu, wei jinian Liu Tianhua xiansheng qushi wushi zhounian er zuo" 试论刘天华的艺术思想和成就，为纪念刘天华先生去世五十周年而作, in: Sun Congyin 孙从音 (Hrsg.): *Minzu yinyue lunwenji* 民族音乐论文集 (Beijing: Renmin yinyue chubanshe, 1982) S. 23-38; Liu Beimao 刘北茂: „Jinian zhang dixiong Bannong xiansheng" 纪念长弟兄半农先生, in: Bao Jing 鲍晶 1985 (Hrsg.): *Liu Bannong yanjiu ziliao* 刘半农研究资料 (Tianjin: Tianjin renmin chubanshe, 1985 [1957]), S. 57-65.

8 Liu: *The Development*, S. 196.

9 Chen Zhenduo 陈振铎: *Liu Tianhua de chuangzuo he gongxian* 刘天华的创作和贡献 (Beijing, Zhongguo wenlian chubanshe, 1997), S. 19-30.

10 Liu: *The Development*, S. 193.

diese in seinen Stücken auf die *Erhu* übertragen. Später erlernte er Kompositionstechniken und ließ sich vom Romantizismus beeinflussen – oder von ganz konkreten Stücken: so soll er das Stück „Guangmingxing“ (光明行, Marsch ins Helle) unter dem Einfluss von Fritz Kreislers „Tambourin Chinois“ geschaffen haben.[11]

Liu Tianhuas Rolle im institutionellen Wandel des musikalischen Felds

Liu Tianhua bewegte sich in einem musikalischen Feld, dessen Institutionen einem rasanten Wandel unterworfen waren. Geht man davon aus, dass Institutionen für Stabilität in einer Gesellschaft (oder einem Subsystem) sorgen,[12] so bedeuten Phasen institutionellen Wandels, dass eine neue Form von Stabilität generiert wird, und dass (möglicherweise) die Machtverhältnisse verändert werden. Als Institutionen verstehe ich hier zum Einen formelle Organisationen mit einem klar bestimmten juristischen Rahmen.[13] So wurden im republikzeitlichen China die ersten Bildungseinrichtungen gegründet, an denen Musik gelehrt wurde: die bereits erwähnten Beijinger Institute, an denen Liu unterrichtete, ebenso wie das 1927 gegründete Shanghaier Konservatorium. Daneben organisierten sich viele Musiker in Musikgesellschaften, ähnlich den von Michel Hockx beschriebenen literarischen Gesellschaften,[14] die Konzerte organisierten und in Zeitschriften – also einer weiteren Institution – ihre eigenen Aufsätze, aber auch Übersetzungen ‚westlicher‘ Texte, sowie Notenmaterial publizierten.

Liu Tianhua war in einer Reihe dieser Institutionen involviert: so beteiligte er sich bereits in seiner Jugend an der *Kaiming jushe* (开明剧社). In

11 Chen Zhenduo: *Liu Tianhua de chuangzuo he gongxian,* S. 19-30.

12 Niklas Luhmann: „Institutionalisierung – Funktion und Mechanismus im sozialen System der Gesellschaft“, in: Helmut Schelsky (Hrsg.): *Zur Theorie der Institution* (Düsseldorf: Bertelsmann Universitätsverlag, 1970), S. 27-41.

13 Die hier zugrundeliegende politikwissenschaftliche Defintion des Begrifft findet sich bei Richard Rose: „Under what Circumstances do Political Institutions matter?“, in: Hans-Hermann Hartwich (Hrsg.): *Macht und Ohnmacht politischer Institutionen* (Opladen: Westdeutscher Verlag, 1989), S. 370-382, hier: S. 370.

14 Michel Hockx: *Questions of Style. Literary Societies and Literary Journals in Modern China, 1911-1937* (Leiden: Brill, 2003).

Beijing war er Mitglied der *Beijing Aimeiyueshe* (北京爱美乐社 *Peking Amateur Music Society*) sowie 1927 ein Mitbegründer der *Guoyue Gaijinshe* (国乐改进社 *Society for the Reform and Advancement of Traditional Music*).[15] Aufsätze, Übersetzungen von Texten zu ‚westlicher' Harmonielehre, sowie Noten einiger seiner Stücke finden sich in den von diesen beiden Gesellschaften herausgegebenen Zeitschriften: der *Xin Yuechao* (新乐潮 *The New Music Tide*) sowie der *Yinyue Zazhi* (音乐杂志 *Music Magazine*).

Zum Anderen können aber auch weniger formelle Institutionen beobachtet werden. Hierzu zählt der Einfluss ‚westlicher' Konzepte, die zu neuen musikalischen Praktiken führten: das Komponieren von Musik ebenso wie die Notation von Musik stellen ‚westliche' musikalische Praktiken dar, die es in dieser Form in der ‚traditionellen' chinesischen Musik, aus der Lius *Erhu*- und *Pipa*-Musik erwachsen ist, nicht gab, basierte diese doch auf Improvisation und mündlicher Überlieferung. Der lange Entstehungsprozess von „Bingzhongyin" mag als ein erstes Indiz dafür genommen werden, dass Lius Stücke möglicherweise auch als Improvisation begonnen wurden.

Die „Verwandlung" Liu Tianhuas vom Musiker zum Komponisten

Der hier beschriebene institutionelle Wandel im musikalischen Feld wurde auch von sprachlichem Wandel begleitet: Für die neuen Institutionen wurden neue Begriffe geprägt. Aber nicht nur, dass den Akteuren neue Begriffe zur Verfügung standen, der Wandel wurde auch begleitet von Beiträgen in den oben erwähnten Musikzeitschriften, in denen über neue Institutionen und Konzepte diskutiert wurde und in denen die Akteure sich selbst und die von ihnen subjektiv erlebte Wirklichkeit verhandelten. Aus den Texten über Musik im Allgemeinen, sowie aus den Texten von und über Liu Tianhua im Besonderen lässt sich erkennen, wie er durch sprachliche Repräsentation zu einem Komponisten wurde, und wie aus seinen Stücken Kompositionen wurden.

15 Andrew F. Jones: *Yellow Music, Media Culture and Colonial Modernity in the Chinese Jazz Age* (Durham: Duke University Press, 2001), S. 40.

Notation von Musik als sprachliche Repräsentation

Der erste Schritt in dieser Transformation besteht in der schriftlichen Fixierung der Musik. Zwar existierten bereits im vormodernen China Notenschriften, insbesondere für das Gelehrteninstrument *Guqin* 古琴, doch diese Notationen dienten primär der Erinnerung des Gelernten, nicht aber der Überlieferung des musikalischen Textes. Zu Liu Tianhuas Lebzeiten gab es in China drei weit verbreitete Notenschriften: die uns geläufige Notenschrift basierend auf fünf Linien (*wuxianpu* 五线谱); das auf dem Do-re-mi-fa-sol-System basierende *Jianpu*-System (简谱);[16] sowie die ‚traditionelle‘ *Gongchepu*-Notation (公尺谱), die mithilfe spezieller Schriftzeichen insbesondere für die Musik der *Guqin* verwendet wurde. Die Volksmusik hingegen wurde bis in die Republikzeit hinein weitgehend mündlich tradiert: vom Vater zum Sohn, vom Lehrer zum Schüler. Diese Art der Weitergabe von Musik erklärt auch die große Bedeutung von Improvisation in der chinesischen Volksmusik: sie ermöglichte es den Musikern, ein Stück ihren eigenen Fähigkeiten und Vorlieben oder der Aufführungssituation anzupassen. Außerdem sind die in der Improvisation angewandten Variationstechniken ein Mittel zur Weiterentwicklung des musikalischen Materials.[17]

Aus dieser Tradition heraus war Liu Tianhua ein entschiedener Verfechter von Notation. Dies schlug sich nieder in der bereits erwähnten Verschriftlichung der Peking-Oper-Musik von Mei Lanfang, aber auch seiner eigenen Stücke. Die Notwendigkeit von Notation begründete er aber auch in seinen Texten: Notenschrift sei genauso wichtig wie die Verschritflichung der Sprache, unter anderem weil sie es ermöglicht, Volksmusik zu sammeln und die Musik generell weiter zu erforschen.[18] Im

16 Im *Jianpu*-System wird die Höhe eines Tons entsprechend seiner diatonischen Position mit einer Zahl von 1-7 notiert. Durch Punkte ober- oder unterhalb des Systems wird die Oktavlage und durch Unterstriche und Punktierungen hinter der Zahl wird die absolute Länge des Tons festgelegt.

17 Stock: *Musical Creativity in Twentieth-Century China.*

18 Liu Tianhua 刘天华, Xu Tanglin 徐汤麟, Wu Bochao 吴伯超, Ke Zhenghe 柯政和, Zhang Youhe 张友鹤: „Guoyue Gaijinshe yuanqi“ 国乐改进社缘起, in: *Xin Yuechao* 新乐潮 1.1 (1927), S. 9-11; Liu Tianhua 刘天华: „Mei Lanfang gequpu, bianzhe xu“ 梅兰芳歌曲谱，编者序, in: Liu Tianhua 刘天华 (Hrsg.): *Mei Lanfang gequpu* 梅兰芳歌曲谱 (1930), zitiert nach: *China Medley*, http://www.chinamedley.com/juxian/liutianhua/liutianhua_lunzhu_1.shtml (Zugriff am 20. März 2009).

Gründungsdokument der *Guoyue Gaijinshe* argumentieren Liu und seine Mit-Autoren daher für eine universelle Notenschrift: „Wir wollen die Notationsmethoden verbessern, so dass sie einheitlich mit denen der [restlichen] Welt sind; wir wollen alle Arten von Spieltechniken niederschreiben, eine Serie von Werken in einheitlichem System herausgeben, um den einfachen Leuten das Studium zu erleichtern."[19] Zum Einen soll notierte Musik also dem normalen Bürger das Erlernen neuer Stücke erleichtern, zum Anderen streben die Autoren nach einem Anschluss an den Rest der Welt: Nur wenn die chinesische Musik in einem universell verständlichen System verschriftlicht wird, kann sie international zu Geltung kommen. Bei ihren Bemühungen um eine Reform der chinesischen Musik nehmen Liu und seine Mitstreiter die ‚westliche' Musik und die von ihr gesetzen Standards als Ausgangspunkt, plädieren dabei aber für einen durchaus selbstbewussten Umgang mit dem eigenen musikalischen Erbe. Dies gilt sowohl für die Aktivitäten der *Guoyue Gaijinshe* als auch für die der *Beijing Aimeiyueshe*.[20]

Notation bedeutet dabei für Liu Tianhua nicht nur das Festhalten eines Melodieverlaufs sowie der Dauer der Töne. Er ergänzt die von ihm veröffentlichten Stücke mit genauen Anweisungen dazu, wie sie gespielt werden sollen,[21] denn nur so könne die richtige Klangqualität erzeugt werden. Zwar schlägt Liu vor, sein *Erhu*-Stück auch auf der Violine zu spielen, doch an seinen Spielanweisungen wird deutlich, dass er den Kontext der Improvisation deutlich hinter sich gelassen hat. Möglicherweise entstanden seine Stücke aus der Improvisation heraus. Die fertigen Stücke hingegen sind für ihren Schöpfer offenbar Werke, die nach Möglichkeit nicht vom Spieler eigenmächtig geändert werden sollen. Die Stücke sind damit zu Kompositionen geworden und Liu Tianhua zu einem Komponist, der auch über die Interpretation seiner Werke die Kontrolle behalten will.

19 Liu Tianhua et al.: „Guoyue Gaijinshe yuanqi".

20 Zu Letzterer siehe: Beijing Aimeiyueshe 北京爱美乐社: „Beijing Aimeiyueshe yuanqi" 北京爱美乐社缘起, in: *Xin Yuechao* 新乐潮 1.1 (1927).

21 Liu Tianhua 刘天华: „Yueye ji Chuye xiaochang shuoming" 月夜及除夜小唱说明, in: *Yinyue Zazhi* 音乐杂志 1.2 (1928), S. 8-9.

Schreiben über Musik als sprachliche Repräsentation

Ein zweiter Schritt zur Transformation Liu Tianhuas zum Komponisten lässt sich in den Texten über Musik von ihm und seinen Mitstreitern nachvollziehen, bzw. konkret in deren Schreiben über den Kompositionsvorgang und über die komponierten Stücke.

Zunächst einmal lohnt ein Blick auf die Begriffe, mit denen die Stücke von Liu Tianhua bezeichnet werden: in der Zeitschrift *Yinyue Zazhi* wurde in jeder Ausgabe eine Reihe von Stücken veröffentlicht – von ‚westlichen‘ ebenso wie von chinesischen Komponisten. Der heute geläufige Begriff für „komponieren“ (*zuoqu* 作曲) wird hier verwendet, um Kompositionen von europäischen Komponisten zu kennzeichnen sowie sämtliche Kompositionen von Xiao Youmei 萧友梅 (1884-1940), dem einflussreichen Direktor des Shanghaier Konservatoriums, und eines der Stücke von Zhao Yuanren 赵元任 (1892-1982), jedoch keines der dort veröffentlichten Stücke von Liu Tianhua. Dessen Werke (ebenso wie die von anderen chinesischen Musikern) wurden versehen mit deren Namen sowie dem Zusatz „zuo“ (作 oder 做) – das jeweilige Stück wurde also von dem so bezeichneten Musiker geschaffen, aber nicht explizit „komponiert“. Hier scheint also eine sprachliche Ausdifferenzierung stattzufinden, wer ein Komponist ist, und wer nicht. Ebenso verwendet Liu selber das Wort *zuo* in den Erläuterungen seiner Stücke.[22] Liu Tianhuas Werke wurden aber in der Regel in zwei Versionen veröffentlicht: einmal in ‚chinesischer‘ Notation, d.h. *gongchepu*, sowie zusätzlich in ‚westlicher‘ Notenschrift. Der chinesische Notentext (der von oben nach unten, sowie von rechts nach links gelesen wird) ist dabei am Rand mit einem Zusatz versehen, wo und wann das Stück entstand – gemäß den Konventionen, nach denen viele chinesische Texte abgefasst wurden. In der ‚westlichen‘ Notation hingegen sind die Stücke mit einer Opuszahl versehen – womit das Stück eben doch als eine Komposition ausgewiesen wird, als ein Werk, das auf einen Komponisten – Liu Tianhua – zurückgeht. Liu, so scheint es, will seine Stücke in beiden Traditionen verwurzeln und bedient sich daher unterschiedlicher, aber jeweils angemessener Sprachen.

22 Liu Tianhua: „Yueye ji Chuye xiaochang“.

In einem Bericht über Liu Tianhuas Schaffensprozess, auf den ich gleich zu sprechen kommen werde, wird als weiterer Ausdruck *zuopu* 作谱 verwendet, der wohl am besten mit „einen Notentext schaffen" übersetzt werden kann: demnach gilt ein Stück also erst als vollendet, wenn es niedergeschrieben wurde. Während die differenzierte Verwendung von *zuo* und *zuoqu* auf den unterschiedlichen Status der jeweils schaffenden Musiker hinweisen mag, gleichzeitig aber auch als Indiz dafür gesehen werden kann, dass *zuoqu* als Konzept langsam Akzeptanz fand, verdeutlicht die Verwendung von *zuopu* einen weiteren Wandel der musikalischen Praxis: Musik ist damit weniger stark an den Aufführungskontext geunden, sondern an den notierten Text – wie es typisch ist für die Musik der ‚westlichen' Konzerthaustradition.[23] Der Wandel in der sprachlichen Repräsentation vollzog sich hier also parallel zu einem Wandel der musikalischen Praxis.

Von Liu Tianhua selber erfahren wir nur wenig über den Schaffensprozess. In seinen Erläuterungen der Stücke hält er lediglich fest, wann sie geschaffen wurden. Sein Hauptinteresse gilt dann aber konkreten Spielanweisungen oder dem Status chinesischer Musik im Allgemeinen. Allerdings findet sich 1928, ebenfalls in der *Yinyue Zazhi*, ein aufschlussreicher Bericht von Jin Shibin 金式斌.[24] Hier beschreibt Jin, wie er und ein paar weitere „ABC-Schützen der Musik" (音乐的ABC同伴), sowie ein Herr L und ein Herr H den Neujahrsabend bei Liu Tianhua verbringen. Nach einer Reflektion über die allgemeine Bedeutung des Abends für den Autoren (nahendes Frühjahr etc.) beschreibt er Liu Tianhua: dieser sei stets um die Belange der *Guoyue Gaijinshe* sowie um die Musik im Allgemeinen bemüht und sei immer damit beschäftigt, noch einen Aufsatz fertig zu schreiben. Der Abend, so Jin, war geprägt von ausgelassener Stimmung, von guten Gesprächen, Essen und Trinken. Nach einer Weile wandte man sich der Musik zu. Zunächst wurden einige Stücke gespielt.

> Plötzlich sagte Liu Tianhua: ‚Ich habe schon seit einer Weile keinen Notentext mehr geschaffen (作谱). Daher möchte ich heute zur Erinnerung an [unsere]

23 Hierzu siehe: Christopher Small: *Musicking. The Meanings of Performing and Listening* (Middletown: Wesleyan University Press, 1998).

24 Jin Shibin 金式斌: „Yige yukuai de wanshang – Ji Liu Tianhua xiansheng erhu duzoupu ‚Chuye xiaochang' de chansheng" 一个愉快的晚上——记刘天华先生二胡独奏谱《除夜小唱》的产生, in: *Yinyue Zazhi* 音乐杂志 1.2 (1928), S. 1-2.

> heutige Fröhlichkeit ein winziges Erhu-Stück schaffen.‘ Natürlich fanden wir alle dies die fröhlichste Angelegenheit. Hierauf spielte Herr Liu und schrieb gleichzeitig das Stück nieder. Nachdem er die Hälfte niedergeschrieben hatte, hielt er inne, und einige von uns versuchten, es zu üben. Nachdem wir es gelernt hatten, drängten wir ihn, es zu beenden. So wurde das Stück unter solcher Eile fertiggestellt. Alle freuten sich und fanden dies eine Erinnerung an [unsere heutige] Fröhlichkeit. Keines der anderen Erhu-Stücke von Herrn Liu wurde in so kurzer Zeit fertiggestellt.[25]

Es folgt ein Vergleich mit den anderen Stücken von Liu, ihrem Charakter und den musikalischen Mitteln, die sie verwenden. Die wichtigste Bedeutung des Stücks ist, so Jin, an den fröhlich verbrachten Abend zu erinnern. Zudem vermutet der Autor, dass dieses wohl dasjenige Stück von Liu Tianhua sei, welches am leichtesten zu lernen ist. Der letzte Abschnitt beschäftigt sich mit der Schwierigkeit, einen Namen für das Stück zu finden. Erst einige Tage später habe Liu einen Namen gewählt – und der Autor beendet seinen Bericht mit der Bemerkung, dass er hiermit über alles einen Bericht angefertigt habe.

Dieser Text illustriert zum Einen den Stellenwert von Liu und seiner Musik bei seinen Zeitgenossen, zum Anderen erfahren wir etwas über den Schaffensprozess – und können hiermit nachvollziehen, wie aus dem Musiker Liu ein Komponist wurde. Der Autor des Textes positioniert sich mit der Selbstbezeichnung „ABC-Schütze der Musik“ als Schüler von Liu, sowie ganz bewusst als Chronist des Ereignisses. Die Veröffentlichung des Berichts in der *Yinyue Zazhi* – dem Organ der *Guoyue Gaijinshe* – transformiert das private Ereignis zu einem öffentlichen: die Leser können nicht nur der Feier, sondern auch dem Entstehungsprozess des Stückes beiwohnen. Dieser bekommt damit eine Bedeutung für die gesamte musikalische Vereinigung, zumal der Autor hervorhebt, dass Liu viel Zeit und Mühen aufwendet, um für die *Guoyue Gaijinshe* zu arbeiten.

Liu Tianhua wird wörtlich zitiert mit dem Ausdruck *zuopu* – ein Stück wird also geschaffen, indem man einen Notentext verfasst, erst durch die Verschriftlichung wird es vollendet. Zudem koppelt er das nun entstehende Stück an den gegenwärtigen Moment: es soll der Erinnerung an den Neujahrsabend und die gemeinsame Fröhlichkeit dienen. Damit wird das Stück

25 Ibid., S. 2.

zu einem Ausdruck des individuellen Erlebens, zu einem Kommentar des eigenen Lebens: das Stück ist also nicht nur an den Kontext seiner Entstehung, sondern insbesondere an die Person des Schöpfers gebunden, der hier seine Stimmung zum Ausdruck bringt. Auch der spätere Hinweis, dass Liu einige Tage nach dem Schöpfungsakt, der in Gemeinschaft stattfand, einen Namen für das Stück wählte, bindet das Stück an seinen Schöpfer.

Weiter beschreibt Jin Shibin in der oben zitierten Passage, dass Liu das Stück spielte und währenddessen niederschrieb. Die Musik wird also am Instrument geschaffen, aus dem Spielen heraus – und vor einem Publikum, das die Musik nicht nur wertschätzt, sondern auch gleich zu erlernen versucht. Liu tritt also auf in der Funktion des Schaffenden – und des Lehrers, der seinen Schülern die Musik vermitteln will. Darüber hinaus kann man diese Art ein Stück zu schaffen aber durchaus auch als Nachwirkung der chinesischen Improvisationspraxis sehen: auch hier wird Musik aus dem momentanen Kontext heraus geschaffen, und das Publikum spielt eine große Rolle.

Als Letztes betont Jin in dem oben wiedergegebenen Zitat die kurze Zeit, in der das Stück entstand: die anderen Stücke Lius sind über einen längeren Zeitraum hinweg entstanden, d.h. dass Liu über einen längeren Zeitraum an einem Stück gearbeitet und gefeilt hat, ehe er es für abgeschlossen befand. Der improvisatorische Charakter des Stücks bedeutet also eine Ausnahme gegenüber den übrigen Stücken von Liu, weist doch die lange Arbeit eher auf ein Komponieren, denn ein Improvisieren hin. Gleichwohl wird hieran deutlich, dass es einen fließenden Übergang zwischen den beiden Formen von Schaffensprozessen gibt.

Wandel der Realität durch sprachliche Repräsentation?

Bedeuten diese Beschreibungen sowie die unterschiedlichen Bezeichnungen der Werke von Liu also einen Widerspruch zwischen historischer Realität und sprachlicher Repräsentation? Auf den ersten Blick mag dies so erscheinen: während Liu Tianhua heute als Komponist anerkannt ist, haben seine Zeitgenossen und er selber diesen Begriff in den mir vorliegenden Quellen anscheinend vermieden – während der Begriff für andere zeitgenössische chinesische Musiker sehr wohl verwendet wurde. Die Art der Darstellung zeigt jedoch ein etwas anderes Bild, dient doch der Bericht des Neujahrsabends bei Liu Tianhua nicht allein dazu, seine Stellung hervorzuheben, sondern auch den Schaffensprozess näher zu erläutern. Und aus dieser Beschreibung wurde deutlich, dass – obwohl das Wort *zuoqu* im Zusammenhang mit Liu Tianhua vermieden wurde – Lius musikalisches Schaffen mit genau diesem Begriff am treffendsten bezeichnet wäre. Der von Terence Liu beschriebene Prozess, dass die erste Generation von Musikern an den Konservatorien und anderen Musikinstitutionen der VR China Liu Tianhua kanonisierten, um damit auch die eigene Legitimationsbasis zu stärken, begann also bereits viel früher, bereits zu Lebzeiten des Komponisten. Gleichzeitig wird hieran aber auch deutlich, dass der Prozess des sprachlichen Wandels begleitet wurde von einem Prozess des institutionellen Wandels: mit ihrem Schreiben über Musik im Allgemeinen und über die von Liu Tianhua im Besonderen verhandelten Liu und seine Zeitgenossen über neue Konzepte und gestalteten neue Institutionen. Und sie konnten erwarten, ihre eigene Position in der musikalischen Szene sowie in eben diesen Institutionen zu verbessern.

Ikonoklasmus oder Idiotie? Ein Interpretationsversuch von Li Zongwus „Lehre der Dickfelligkeit und des Schwarzen“ (*houhei xue*)

Kathrin Messing

This article introduces a thinker of the Chinese Republic, Li Zongwu, whose work – although quite popular in China even to date – has so far been neglected by Western Sinologists. Li Zongwu is especially famous for his "doctrine of thick skin and blackness" (*houhei xue*). It is – in itself – a rather trivial theory stating that success is (and always has been) achievable only by way of treating others with unscrupulousness and pertinacity. Nevertheless, Li Zongwu's *Houhei conghua* is much more sophisticated than this simple doctrine. This work, published in 1935/1936, is an interesting smorgasbord of irony, exaggerations, curiosities, but also of quite serious philososophical and political considerations. The article aims to show that this confusing mixture of statements is best understood against the background of John L. Austin's theory of "speech acts", emphasizing that language is not primarily *representing reality*, but that by stating something, the speaker (or writer) is always "doing things with words", and – by this – is finally *changing reality*. This is also the final intention of Li Zongwus *Houhei conghua*: It is intended to provoke its readers and thus to change reality by teaching them "independent thinking" (*sixiang duli*).

Sprache und Wirklichkeit – Sprache und Handlung

Laut dem bis in die Moderne hinein wirksamen *repräsentationalen* Sprachkonzept dient Sprache der Repräsentation einer außersprachlichen Wirklichkeit. Gemäß dem diesem Konzept zugrunde liegenden Grundsatz *aliquid stat pro aliquo* nehmen sprachliche Zeichen Bezug auf außersprachliche Objekte.[1]

1 Als ein herausragender Vertreter dieses repräsentationalen Sprachkonzeptes kann John Locke mit seinem 1690 erstmals erschienenen *An Essay concerning Humane Understanding* gelten. Doch auch Sprachtheoretiker des späten 19. sowie des 20. Jahrhunderts – wie Gottlob Frege (*Über Sinn und Bedeutung*, 1892), Bertrand Russell (*On Denoting,* 1905) sowie der frühe Ludwig Wittgenstein (*Tractatus logico-philosophicus,* 1921) – hielten an der Grundannahme einer Repräsentationsbeziehung zwischen sprachlichen Ausdrücken und außersprachlichen Gegenständen fest.

Diese Annahme, Sprache oder sprachliche Ausdrücke fungierten in erster Linie als ein Abbild einer wie auch immer gearteten Wirklichkeit, gilt jedoch insbesondere in der Sprachphilosophie mittlerweile als überholt. Als eine erste Revolution können in diesem Zusammenhang die späteren sprachphilosophischen Überlegungen Ludwig Wittgensteins gelten, die er in seinen *Philosophischen Untersuchungen*[2] niederlegte. Hier wandte sich Wittgenstein gegen die althergebrachte (und zuvor auch von ihm selbst vertretene) Vorstellung, die Bedeutung eines Wortes sei „der Gegenstand, für welchen das Wort steht",[3] und betonte erstmals die seither unbezweifelte Wichtigkeit des *Gebrauchs* von sprachlichen Ausdrücken für deren sogenannte „Bedeutung".[4] Auf Grundlage dieser Überlegungen Wittgensteins konnte sodann die zweite und vielleicht einflussreichste Revolution der Sprachphilosophie des 20. Jahrhunderts ihren Lauf nehmen: die Sprechakttheorie des John L. Austin, die dieser 1955 in einer Vorlesungsreihe der Universität Harvard vorstellte, welche 1962 posthum unter dem Titel *How to do things with words* veröffentlicht wurde. Der Kern von Austins Theorie besteht in einer grundlegenden und folgenschweren Perspektivenverschiebung, nach der durch sprachliche Äußerungen nicht in erster Linie Sachverhalte beschrieben, sondern *Handlungen vollzogen* werden, die unter Umständen gar eine *Veränderung der Wirklichkeit* zur Folge haben können.[5] In Austins Sprechakttheorie ergibt sich demnach eine gänzlich andere Beziehung zwischen Sprache und Wirklickeit als bei dem älteren repräsentationalen Sprachkonzept.

Austins Betonung des *Handlungs*aspektes von Sprache ist meines Erachtens sehr hilfreich bei der Beschreibung und Interpretation der Gedanken

2 Zwar entstand dieses Spätwerk Wittgensteins bereits zwischen 1936 und 1946, wurde jedoch erst nach dem Tod des Autors 1953 veröffentlicht.

3 Ludwig Wittgenstein: *Philosophische Untersuchungen* (Frankfurt am Main: Suhrkamp, 1971), § 1, S. 13.

4 So lautet einer der berühmtesten Sätze des Werkes: „Die Bedeutung eines Wortes ist sein Gebrauch in der Sprache." Vgl. ebd., § 43, S. 35.

5 So schreibt Austin u.a.: „Saying something will often, or even normally, produce certain consequential effects upon the feelings, thoughts, or actions of the audience, or of the speaker, or of other persons: and it may be done with the design, intention, or purpose of producing them […]. We shall call the performance of an act of this kind the performance of a 'perlocutionary' act […]." Vgl. J. L. Austin: *How to do things with words* (Cambridge, Mass.: Harvard University Press, 1975), S. 101.

des hier vorzustellenden Denkers, Li Zongwu 李宗吾 (1879–1943). [6] Dieser Schullehrer aus Sichuan entwickelte während der Zeit der Chinesischen Republik eine Lehre, die seither in China als *houhei xue* 厚黑學 („Lehre der Dickfelligkeit und des Schwarzen") bekannt ist. [7] Nach 1949 wurden die Schriften zu dieser Lehre zum ersten Mal in der VR China im Januar 1989 wieder legal veröffentlicht, und vor allem in den letzten Jahren gab es in China einen regelrechten *houhei*-„Boom"; so findet man heute verschiedene Editionen von Li Zongwus Werken und entsprechende moderne Reaktionen und Interpretationen in jeder gut sortierten chinesischen Buchhandlung, und zwar nicht selten an exponierten Stellen.

Li Zongwu hat von 1912 an mehrfach Schriften zu seiner Theorie veröffentlicht. Die folgenden Ausführungen beziehen sich vor allem auf den wohl konsistentesten und umfassendsten Essay mit dem Titel *Houhei conghua* 厚黑叢話 (*Gesammelte Reden zum Thema* houhei), der in den Jahren 1935 und 1936 in sechs Teilen in der Zeitung *Huaxi ribao* 華西日報 in Chengdu publiziert wurde.[8]

6 Ich möchte jedoch schon im Vorhinein ausdrücklich darauf hinweisen, dass ich es mir mit diesem Aufsatz nicht anmaßen möchte, mit dem Verweis auf Austins Sprechakt-Theorie den einzigen und zwingend notwendigen „Schlüssel" zu dem hier vorgestellten Werk gefunden zu haben. Ich behaupte lediglich, dass das Werk ein durchaus sehr anschauliches Beispiel für sprachliche Äußerungen darstellt, die in erster Linie als *Handlungen* aufzufassen sind, und dass die darin vorgestellten Gedanken vor dem Hintergrund der Sprechakttheorie (die ich hier freilich nicht in all ihren Einzelheiten und all ihrer Stringenz, sondern vielmehr als freie Inspirationsquelle einbringen möchte) mitunter leichter zu interpretieren und anschaulicher zu beschreiben sind.

7 Der wörtlichen deutschen Übersetzung werde ich aus ästhetischen Gründen im Folgenden durchweg den weitaus eingängigeren chinesischen Ausdruck vorziehen. Die Übersetzung des Zeichens *hou* 厚 als „dickfellig" entspricht nicht ganz den üblicherweise glossierten Übersetzungen. Dennoch scheint sie mir in Anbetracht der Erläuterungen und Beispiele Li Zongwus (s.u.) die angemessenste Alternative zu sein.

8 Die *Huaxi ribao* publizierte den Text in beibehaltener Form *gleichzeitig* auch als Einzelveröffentlichung in *drei Teilen*, in denen jeweils zwei der sechs in der Zeitschrift abgedruckten Teile zusammen veröffentlicht wurden. Aus dieser dreiteiligen Originaledition wird im Folgenden das *Houhei conghua* zitiert: Li Zongwu 李宗吾: *Houhei conghua (1)* 厚黑叢話 (1) (Chengdu: Huaxi ribao faxingbu, 1935); Li Zongwu 李宗吾: *Houhei conghua (2)* 厚黑叢話 (2) (Chengdu: Huaxi ribao faxingbu, 1936); Li Zongwu 李宗吾: *Houhei conghua (3)* 厚黑叢話 (3) (Chengdu: Huaxi ribao faxingbu, 1936). Auch in der dreiteiligen Edition ist die Einteilung in insgesamt sechs *juan* (also zwei *juan* pro Band) beibehalten worden. Da in *Houhei conghua (3)* die Seitenzahlen – im Gegensatz zu den Teilen 1 und 2 – nicht durchlaufend sind, sondern die dortigen *juan* 5 und 6 jeweils eige-

Im Folgenden soll zunächst der Kerninhalt der *houhei*-Theorie vorgestellt werden. Im Anschluss daran wird der Frage nachgegangen, welche Rolle dieser Theorie im Gesamtzusammenhang des *Houhei conghua* zukommt, bevor schließlich eine vorläufige Interpretation der *houhei*-Lehre Li Zongwus vor dem Hintergrund von John Austins Sprechakt-Theorie gewagt werden soll.

Zentrale Aussagen der houhei*-Lehre*

Um die mannigfaltigen Erläuterungen in dem hier zu behandelnden *Houhei conghua* zu verstehen, muss zunächst ein Blick auf den berühmten „Kern" der *houhei*-Lehre geworfen werden. Dieser bildet die Grundlage aller weiteren Ausführungen des 1935/36 erschienenen *Houhei conghua.* In diesem geht Li Zongwu – vermutlich zu Recht – davon aus, dass seine Leser die zuvor schon häufiger publizierten Kerngedanken seiner Theorie bereits kennen und erklärt sie daher dort nicht noch einmal vollständig. Es sei daher an dieser Stelle die zentrale Passage des 1927 zum ersten Mal in vorliegender Form erschienenen Aufsatzes *Houhei xue* zitiert: [9]

> Seitdem ich lesen konnte, wünschte ich mir, einmal ein großer Held zu werden. Ich durchforstete zu diesem Zweck die Vier Bücher und die Fünf Klassiker, doch fand ich darin nichts Brauchbares. Daraufhin suchte ich bei den hundert Philosophen und in den 24 Dynastiegeschichten, wurde jedoch auch dort nicht fündig. Ich dachte mir: Die Helden der alten Zeit müssen doch irgendein nicht überliefertes Geheimnis gehabt haben. Vielleicht konnte ich es – in meiner angeborenen Einfältigkeit – bisher schlichtweg nicht ausfindig machen. Ich suchte und suchte immerfort und vergaß darüber zu essen und zu schlafen. Über Jahre hinweg ging das so. Doch eines Tages kamen mir schließlich die Persönlichkei-

---

ne Seitennummerierungen vorweisen, wird im Folgenden bei Quellenangaben aus dem Teil 3 jeweils noch das jeweilige *juan* (also *juan 5* oder *juan 6*), angegeben.

9 Erstmals publizierte Li Zongwu Gedanken zu seiner *houhei*-Lehre 1912 in der Zeitschrift *Gonglun ribao* 公論日報 (Chengdu), woraufhin weitere Publikationen in den Jahren danach folgten. Der hier im Folgenden zitierte kurze Aufsatz *Houhei xue* wurde in der vorliegenden Form erstmals 1927 in der Zeitschrift *Shanghai lunyu* 上海論語 veröffentlicht. Zitiert wird hier aus einer späteren Ausgabe des Textes von 1945: Li Zongwu 李宗吾: *Houhei xue* 厚黑學 (Chengdu: Daquan chuban, 1945). In dem dort enthaltenen Vorwort Li Zongwus sind auch einige Informationen zu früheren Publikationen zu finden.

ten der Drei Reiche in den Sinn, und da begriff ich plötzlich und sagte: „Nun habe ich es, nun habe ich es! Das Geheimnis der Helden der alten Zeit liegt in nichts anderem als in ihrem dicken Fell und ihrem schwarzen Herzen."
我自讀書識字以來，就想為英雄豪傑，求之四書五經，茫無所得，求之諸子百家，與夫廿四史，仍無所得，以為古之為英雄豪傑者，必有不傳之秘，不過吾人生性愚魯，尋他不出罷了。窮索冥搜，忘寢廢食，如是者有年，一旦偶然想起三國時幾個人物，不覺恍然大悟曰：得之矣，得之矣，古之為英雄豪傑者，不過面厚心黑而已。[10]

Im Anschluss führt Li Zongwu die Persönlichkeiten Cao Cao 曹操 (155–220), Liu Bei 劉備 (161–223) und Sun Quan 孫權 (182–252) als Beispiele an, um zu verdeutlichen, was er unter einem „dicken Fell" und einem „schwarzen Herzen" versteht. In Bezug auf Cao Cao, den er als typischen *hei*-Charakter identifiziert, zählt er zunächst die Masse an Menschen auf, die von eben diesem getötet worden sein sollen. Des Weiteren zitiert er einen berüchtigten Ausspruch des Cao Cao, wie er in einer Quelle des *Sanguo zhi* 三國志 - Kommentars von Pei Songzhi 裴松之 (372–451) zu finden ist: „Lieber wende ich mich gegen andere, als dass andere sich gegen mich wenden!" 寧我負人，毋人負我.[11] Dies soll Cao Cao laut dieser Quelle gesagt haben, nachdem er eine ganze Familie fälschlich beschuldigt und daraufhin ausgelöscht hatte.[12] Mit „*hei*" ist also eine gewisse Skrupellosigkeit gemeint, eine Art Gleichgültigkeit gegenüber dem Leiden anderer.

Dagegen bezeichnet „*hou*" die Eigenschaft, für eine gewisse Zeit Demütigungen durch andere zu ertragen. Für Li Zongwu ist Liu Bei, Gründer des südwestlichen Shu 蜀 - Staates der Drei Reiche, das Paradebeispiel eines *hou*-Charakters. Bis Liu Bei letztlich sein eigenes Reich gründen konnte, habe er es wieder und wieder ertragen, mit seinen ärgsten Feinden Bündnisse einzugehen und sich von ihnen demütigen zu lassen. Oder, wie es vulgarisierend auch schon vor Li Zongwu oft ausgedrückt wurde: „*Liu Bei de jiangshan shi ku qilai de* 劉備的江山是哭起來的" – Liu Bei habe sich sein Reich „zusammengeheult".[13]

10 Li Zongwu: *Houhei xue*, S. 1.

11 Ebd., S. 1.

12 Chen Shou 陳壽: *Sanguo zhi* 三國志 (5 Bde.; Beijing: Zhonghua shuju 1982), Bd. 1, S. 5. Der Kommentator Pei Songzhi zitiert hier das *Weishu* 魏書.

13 Li Zongwu: *Houhei xue*, S. 1. Der von Li Zongwu zitierte Ausspruch über Liu Bei ist auch heute noch ein durchaus gängiges Sprichwort. Diesem ähnlich äußerte sich bereits

Die dritte von Li Zongwu ins Spiel gebrachte Person ist Sun Quan, Gründer des südöstlichen Wu 吳 - Staates. Er sei nicht ganz so „schwarz" gewesen wie Cao Cao, und auch nicht ganz so „dickfellig" wie Liu Bei. Sun Quans Mischung der beiden Qualitäten jedoch habe ihn ebenbürtig zu seinen beiden größten Rivalen gemacht.[14]

Dies ist letztlich die ganze Theorie, die sich hinter den Begriffen *hou* und *hei* verbirgt. Sie klingt banal, und das ist sie letztlich auch, wenn Li Zongwu sagt: „Die 24 Dynastiegeschichten kann man sämtlich in einem Satz zusammenfassen: ‚Dickfellig und schwarz, sonst nichts.'" 一部二十四史，可一時以貫之，厚黑而已.[15]

Dickfellig und schwarz – sonst nichts?

Was – so fragt man sich wohl an dieser Stelle – soll man mit einer solch banalen Theorie anfangen? Als wohlwollender, interessierter Leser würde man zumindest erwarten, dass der Autor diese Theorie, die immerhin auch als ein neues „Geschichtsbild" angepriesen wird, zumindest noch ein wenig ausfeilen könnte, aber in dieser Hinsicht wird der Leser enttäuscht. Abgesehen von einer Handvoll weiterer Beispiele gewinnt die Theorie an sich weder in dem kurzen Aufsatz *Houhei xue* noch in dem durchaus umfangreichen *Houhei conghua* weitere Konturen oder nennenswerte Tiefe. Was in Letzterem folgt, ist eher an ein Brainstorming erinnerndes Durcheinander von teils zusammenhangslosen Absätzen mit unterschiedlichsten Themen. Oft sind es Gespräche zwischen Li Zongwu und einigen Zeitgenossen, die seine Theorie kritisieren oder gar sagen, er solle doch mit diesem „Schwachsinn" aufhören, woraufhin Li Zongwu in Form von eher simplen Verteidigungen seiner

der Kommentator des *Sanguo yanyi* 三國演義, Mao Zonggang 毛宗崗 (1632–1709): „Der Erste Herrscher [: Liu Bei] war immer gut im Weinen. 先主從來善哭." Und: „Der Erste Herrscher brachte sein großes Werk zur Hälfte durch Weinen zustande. 先主基業，半以哭而得成." Vgl. Luo Guanzhong 羅貫中 (kommentiert von Mao Zonggang 毛宗崗): *Sanguo yanyi. Mao pingben* 三國演義. 毛評本 (2 Bde.; Shanghai: Shanghai guji chubanshe, 1989), Band 2, S. 1049 bzw. S. 1531.

14 Li Zongwu: *Houhei xue*, S. 2.

15 Ebd., S. 3.

houhei-Theorie antwortet, die letztlich auch nicht viel Neues zu dem erwähnten „Kern" der Theorie hinzufügen.[16]

An einer Stelle dann fragt ihn ein Freund, wie man denn diese Theorie in der Praxis anwenden könne und speziell, wie man mit Hilfe der *houhei*-Lehre ein erfolgreicher Beamter werden könne.[17] Li Zongwu antwortet in Form einer Auflistung von jeweils sechs Eigenschaften und Verhaltensweisen, die man an den Tag legen müsse, um – erstens – ein Beamter zu werden und – zweitens – dann auch das Beste aus dem erlangten Posten zu machen. Die „wahren Worte zum Beamtendasein in sechs Zeichen" (*zuoguan liuzi zhenyan* 做官六字真言) bilden laut Li Zongwu die zwingenden Grundlagen für ein erfolgreiches Ausüben eines erlangten Staatsamtes.[18] Diese sechs seien hier – nicht zuletzt aufgrund ihres durchaus nicht zu verachtenden Unterhaltungwertes – mitsamt ihrer Erläuterungen zitiert. Sie lauten wie folgt:

1. *kong* 空 (leer sein)

Hier ist „*kong*" im Sinne von „leer" gemeint. Diesbezüglich werden zwei Dinge unterschieden. Erstens [die Leere] des Geschriebenen: Wann immer ein Gesuch verfasst wird oder Mitteilungen bekannt gemacht werden, sollten diese leer und inhaltslos sein. Worin dabei das Geheimnis liegt, kann ich schwer im Detail sagen. Der Leser möge sich zu diesem Zwecke zu irgendeinem Amt begeben und sich das Geschriebene an den Wänden vom östlichen bis zum westlichen Tor durchlesen; dann wird er es mit einem Male begreifen. Zweitens [die Leere] beim Erledigen von Aufgaben: Egal, um welche Art von Angelegenheit es sich handelt – es ist immer eine gewisse Willkür angebracht. Sich nach Osten oder Westen zu wenden ist gleichermaßen in Ordnung. Manchmal, wenn man wild und entschlossen Entscheidungen fällt, hält man sich im Geheimen immer eine Hintertür offen. Wenn sich dann die Umstände als unglücklich erweisen sollten, rettet man sich selbst über diese Hintertür aus der Situation heraus. Keinesfalls wird man sich selbst den Kopf zerbrechen und Spott über unklare Abtretung von Aufgaben oder über Entlassungen der Verantwortlichen und entsprechende Untersuchungen den Weg bereiten.
即空洞的意思，分二種。一，文字上：凡批呈詞，出文告，都是空空洞洞的，其中奧妙，我難細說，讀者請往各官廳，把壁上的文字從東轅門

16 *Houhei conghua (1)*, z. B. S. 54f. und S. 68f.

17 Ebd., S. 57.

18 Entsprechend zählt er auch noch die „wahren Worte zur Erlangung von Beamtenposten in sechs Zeichen" (*qiuguan liuzi zhenyan* 求官六字真言) auf, vgl. ebd., S. 57ff.

讀到西轅門，就可恍然大悟。二，辦事上，任辦任事，都是活搖活動，東倒也可，西倒也可。有時辦得雷厲風行，其實暗中藏得有退路，如果見勢不佳，就從那條路抽身走，絕不會把自己牽掛著，鬧出移交不清及撤任查辦等笑話。

2. *gong* 恭 (ehrerbietig sein)

Damit ist gemeint, sich kriecherisch zu unterwerfen, sich also zum Beispiel „mit hohen Schultern und aufgesetztem Lächeln" bei jemandem einzuschmeicheln. Hierbei werden zwei Arten unterschieden, nämlich einmal das direkte, einmal das indirekte [Einschmeicheln]. Die direkte Art kommt im Verhalten gegenüber dem Vorgesetzten zum Tragen, die indirekte Art im Verhalten gegenüber Verwandten, Freunden, Angestellten, Konkubinen usw. des Vorgesetzten.
即卑躬折節，脅肩諂笑之類。分直接間接兩種：直接指對上司而言，間接指對上司的親戚朋友，丁役，姨太太等而言。

3. *beng* 繃 (Anspannung zeigen)

Damit ist das gemeint, was man gemeinhin als „sich straffziehen" bezeichnet. Es ist die Kehrseite des „Ehrerbietig-Seins" und kommt im Verhalten gegenüber Untergeordneten und dem einfachen Volk zum Tragen. Auch hier werden zwei Arten unterschieden: Erstens bezüglich der äußeren Erscheinung, indem man als große, furchteinflößende Person, kalt und unangreifbar auftritt; zweitens bezüglich des Redens, indem man sich streng gibt, all seine Staatskunst aufbietet und sich als großes Talent zeigt. Dass ich soeben sagte, das „Ehrerbietig-Sein" (*gong*) sei bei Vorgesetzten und das „Anspannung-Zeigen" (*beng*) bei Untergeordneten und beim normalen Volk anzuwenden, ist freilich nur eine allgemeine Regel, die nicht ohne Ausnahme ist. Man muss genau erkennen, wo ein „Topf mit Reis" zu finden und wo nicht, und man muss darauf achten, wer die Macht besitzt, mich entweder meines Postens zu entledigen oder ihn mir zu lassen. Wo ein Topf mit Reis zu finden ist, dort wende man das *gong*-Prinzip an; wo ein solcher nicht zu finden ist, dort wende man das *beng*-Prinzip an. Hat man dies einmal verstanden, so kann man zu gegebener Zeit auch gegenüber einem Vorgesetzten das *beng*-Prinzip anwenden und umgekehrt auch gegenüber Untergeordneten und dem einfachen Volk das *gong*-Prinzip anwenden.
即俗語所謂繃勁，是恭字的反面字，指對下屬及老百姓而言。分兩種：一，儀表上，赫赫然大人物，凛不可犯。二，言談上：儼然腹有經綸，槃槃大才。上述對上司用恭，對下屬及老百姓用繃，是指普通而言。然亦不可拘定，須認清飯甑子所在地，看操我去留之權者，在乎某處。對飯甑子所在地用恭，非飯甑子所在地用繃。明乎這個理，有時對上司反可用繃，對下屬及老百姓反該用恭。

4. *xiong* 兇 (böse sein)

Solange ich mein Ziel erreichen kann, kann es mir egal sein, wenn dadurch andere Kind und Weib verkaufen müssen, ihr eigenes Leben verlieren oder deren Familie ausgelöscht wird. Doch auf eine Sache muss man dabei achten: Das „Böse" muss unter einen guten Schicht Moral und Tugend versteckt sein.
只要能達我之目的，就使人賣兒貼婦，亡身滅家，也不必管；但有一層要註意，兇字上面，定要蒙一層仁義道德。

5. *long* 聾 (taub sein)

Damit ist gemeint, taube Ohren zu haben. „Egal, wie sehr er auch von anderen beleidigt wird – ein guter Beamter kümmert sich ungeachtet dessen weiter um seine eigenen Angelegenheiten."[19] *Long* (taub sein) beinhaltet hier auch *xia* (blind sein). Vor Beleidigungen schriftlicher Art schließt man einfach die Augen und sieht nicht hin.
即耳聾，笑罵由他笑罵，好官我自為之。聾字句有瞎字之意，文字上的詆罵，閉目不視。

6. *nong* 弄 (Geld machen)

Damit ist „Geld machen" gemeint. In Sichuan wird „*nong*" in dieser Bedeutung für gewöhnlich im ebenen Ton gesprochen.[20] Ein Drache kommt von tausend Meilen her und findet an diesem Ort seinen Platz: Die vorigen elf Zeichen haben letztlich alle in diesem einen Zeichen ihr Ziel.[21] Das *nong* steht dem *song* 送 (schenken) für die Erlangung von Beamtenposten gegenüber.[22] Nur wenn

19 Dieses Sprichwort beruht ursprünglich, in geringer Abwandlung, auf einem Ausspruch des Deng Wan 鄧綰, wie er im *Songshi* überliefert ist, vgl. *Songshi* 宋史 (40 Bde.; Beijing: Zhonghua shuju, 1977), Bd. 30, S. 10597.

20 Li Zongwu wählte die Zeichen der zwei Sechsergruppen so aus, dass alle sechs Zeichen der *qiuguan liuzi zhenyan* in unebenen Tönen (*zesheng* 仄聲) und alle sechs Zeichen der *zuoguan liuzi zhenyan* in ebenen Tönen (*pingsheng* 平聲) gelesen werden, um ihnen so die Form eines buddhistischen Mantras zu verleihen. So könne man sie sich als (angehender) Beamter von morgens bis abends vorsprechen und verinnerlichen. Vgl. Li Zongwu: *Houhei conghua (1)*, S. 50f. Der von Li Zongwu verwendete Ausdruck „*liuzi zhenyan*" ist an sich schon eine chinesische Bezeichnung für das buddhistische Mantra „Om mani padme hum" (chin. *an mani bami hong* 唵嘛呢叭咪吽).

21 Die *qiuguan liuzi zhenyan* beschreibt Li Zongwu noch vor den *zuoguan liuzi zhenyan* (vgl. Anmerkung 18). Das Zeichen *nong* ist damit das letzte der insgesamt zwölf Zeichen.

22 Beim „Schenken" (*song*) geht es freilich um Bestechungen jeglicher Art. Vgl. ebd., S. 59f.

einem etwas geschenkt wird, kann man auch Geld machen. Bei dem „Geld machen“ muss man allerdings darauf achten, ob man bei Amtsgeschäften damit durchkommt oder nicht. Kommt man mal nicht damit durch, dann schadet es auch nichts, ein bisschen aus der eigenen Tasche zu bezahlen. Kommt man jedoch damit durch, dann braucht man auch bei Geldbeträgen, die in die Tausende und Zehntausende gehen, nicht bescheiden sein.
即弄錢之弄，川省俗語，往往讀作平聲。千里來龍，此處結穴。前面十一字，都為此字而設。弄字與求官之送字相對，要有送，才有弄。但弄字要註意，看公事上通得過通不過。如果通不過，自己墊點腰包也不妨；如通得過，那就十萬八萬，都不謙虛。[23]

Es sei zunächst dahin gestellt, ob Li Zongwu tatsächlich empfehlen würde, gemäß diesen Regeln zu handeln – eindeutig ist jedenfalls, dass diese Auflistung von Verhaltensweisen in erster Linie eine von bissigem Sarkasmus durchzogene Kritik seiner damaligen Umwelt, insbesondere der Beamtenwelt, darstellt.

Bestünden seine Ausführungen nur aus diesen in erster Linie ironisch gemeinten „Verhaltensregeln“, würde eine Interpretation keine großen Probleme aufwerfen. Der Großteil der Ausführungen im *Houhei conghua* geht jedoch auch auf ganz andere Dinge ein; und – wie bereits erwähnt – wirken diese weiteren Ausführungen oft wie ein Durcheinander ohne erkennbare Struktur. An manchen Stellen schreibt Li Zongwu frei von jeglicher Ironie über durchaus ernstzunehmende philosophische Fragen und zeitgenössische Probleme Chinas, wie z. B. die Demütigung durch Japan und die westlichen Großmächte.[24] Dazwischen finden sich die schon erwähnten Gespräche mit Bekannten, die immer wieder eingeworfenen Verteidigungen seiner *houhei*-Lehre und andere Themen und Anekdoten ohne erkennbaren „roten Faden“. Durch das Hin- und Herspringen zwischen Ironisierungen und ernst anmutenden philosophischen und politischen Überlegungen kommen hier und da Zweifel auf, ob das gerade Gelesene wirklich ernst zu nehmen ist oder ob es sich nun wieder um reine Ironie – oder, noch schlimmer – schlichtweg um „Schwachsinn“ handelt.

23 Ebd., S. 60ff.

24 Als Beispiele seien hier seine detaillierten Ausführungen zum Menschenbild der songzeitlichen Neokonfuzianer, vgl. *Houhei conghua (3)*, *juan* 5, S. 3ff., sowie seine Gedanken zu einem „Bündnis der kleinen und schwachen Nationen“ (*ruoxiao minzu lianmeng* 弱小民族聯盟), das ihn nach möglichst von China angeführt werden sollte, vgl. ebd., *juan* 6, S. 5ff..

Ernst und Ironie

Mit Ausnahme der erwähnten, durchaus ernst klingenden Überlegungen herrscht in den Ausführungen des *Houhei conghua* eine teils verwirrende, vor allem aber auch amüsante Mischung von Arroganz, Selbstironie und Überspitzungen vor. So nennt Li Zongwu sich selbst immer wieder den „Begründer der *houhei*-Lehre" bzw. „*houhei*-Guru" (*houhei jiaozhu* 厚黑教主) und leitet seine eigenen Ansichten – in Anlehnung an die konfuzianischen Meister der Antike – mit den Worten „Li Zongwu spricht" (*Li Zongwu yue* 李宗吾曰) ein.[25] Eine ähnliche ironische Brechung ergibt sich dann, wenn er eigene Ansichten in Parallelismen zu klassischen oder neokonfuzianischen Zitaten ausdrückt, wie in folgendem Beispiel:

> Mengzi spricht: ‚Ein Herz voller Mitgefühl ist der Anfangspunkt der Menschlichkeit.' Li Zongwu spricht: ‚Ein Herz voller Furcht ist der Anfangspunkt von Dickfelligkeit und Schwarzem.'
> 孟子曰：「惻隱之心，仁之端也。」李宗吾曰：「怵惕之心，厚黑之端也。」[26]

Nachdem Li Zongwu an anderer Stelle von einigen Leuten berichtet hat, die ihn als „verrückt" und „reif für das Irrenhaus" bezeichnet hatten, zieht er daraus die Konsequenz, sich selbst nicht mehr „Li Zongwu" oder den „Begründer der *houhei*-Lehre" zu nennen, sondern – die Beschuldigungen der anderen aufnehmend – nun die Selbstbezeichnung „Li Fengzi 李瘋子" („Li der Verrückte") vorzieht.[27] Besonders selbstironisch klingen auch die Ausführungen zu seiner (angeblichen?) Lesefaulheit:

> Der Grund dafür, dass ich Begründer der *houhei*-Lehre wurde, liegt genau darin, dass ich nicht willig bin, Bücher zu lesen. Es ist nicht nur so, dass ich Über-

25 Die überspitzte Selbstbezeichnung als *houhei jiaozhu* gibt Li Zongwu auch in vielen der erwähnten „ernsten" Passagen nicht auf.

26 *Houhei conghua (2)*, S. 5.

27 Ebd., S. 99f. Li Zongwu stellt mit derartigen Selbstbezeichnungen während der Zeit der Chinesischen Republik keine Ausnahme dar. Ein weiteres, berühmtes Beispiel ist Zhang Taiyan 章太炎 (1869 – 1936), der als „Zhang der Verrückte" (Zhang *fengzi* 章瘋子) bezeichnet wurde und diese ursprünglich als Beleidigung intendierte Bezeichnung sodann zu seinem Markenzeichen machte. Vgl. Wong, Young-tsu: *Search for Modern Nationalism. Zhang Binglin and Revolutionary China 1869-1936* (New York: Oxford University Press, 1989), S. 48. Hinsichtlich dieses „Trends" ist freilich auch Lu Xuns 1918 erschienenes *Kuangren riji* 狂人日記 (*Tagebuch eines Verrückten*) von Bedeutung.

setzungen von westlichen Werken nicht mag; auch chinesische Werke lese ich nicht gerade fleißig. […] Ich bin ein fauler Mensch, so faul, dass ich nicht bereit bin, mich beim Lesen abzumühen. Aber ich habe meine eigene „Philosophie für Faule".
我之所以成為厚黑教主者，得力處全在不肯讀書，不惟西洋譯本不喜讀，就是中國書也不認真讀。 […] 我是懶人，懶則不肯苦心讀書，然而我有我的懶人哲學。[28]

Als unbelesen kann Li Zongwu jedoch durchaus nicht gelten. Besonders die konfuzianischen Klassiker zitiert er häufig und reibt sich an ihnen auf provokante Art und Weise. So nimmt er sich am Anfang einer sehr langen Passage über die Natur des Menschen Mengzis Theorie des von Natur aus guten Menschen vor:

Mengzi spricht: „Es gibt kein Kind, das im Säuglingsalter keine Liebe für seine Eltern empfinden würde. […]." Ob diese Aussage von Mengzi tatsächlich wahr oder falsch ist, werden wir an Ort und Stelle untersuchen. Wir lassen dazu einmal Mengzis Frau ihr Baby auf ihren Arm nehmen. […] Wenn die Mutter ein Stück Kuchen in der Hand hält, wird das Kind danach greifen. Wenn die Mutter es ihm nicht gibt und stattdessen sich selbst in den Mund steckt, wird das Kind ebenfalls danach greifen, es aus dem Mund der Mutter herausholen und es sich dann selbst in den Mund stecken. Ich frage Sie, Meister Meng: Steckt in diesem Phänomen etwa die kindliche Liebe zu den Eltern? […] Mengzi lehrt die Menschen, die von ihm propagierten „natürlichen Fähigkeiten" auszuweiten. Dass heute viele Beamte sich das Geld aus den Taschen der Leute rauben, ist nichts anderes als die Ausweitung dieser natürlichen Veranlagung eines Kleinkindes, sich ein Stück Kuchen aus dem Mund seiner Mutter zu klauen. […] Dass China sich momentan in derartigem Chaos wiederfindet, liegt in der Verantwortung von Mengzis Anhängern, nicht etwa in der Verantwortung meiner Anhänger.
孟子說：「孩提之童，無不知愛其親也，及其長也。[…]」他這個話究竟對不對，我們要實地試驗。就叫孟子的夫人把他新生小孩抱出來，由我當著孟子試驗。母親抱著小孩吃飯，小孩伸手來拖，如不提防，碗就會落地打爛。請問孟子，這種現象是不是愛親？[…] 孟子教人把良知良能擴而充之，現在許多官吏刮取人民的金錢，即是把小孩時奪取母親口中糕餅那種良知良能擴充出來的。 […] 現在的偉人，小孩時那種心理，絲毫莫有失掉，可見中國鬧到這麼糟，完全是孟子的信徒幹的，不是我的信徒幹的。[29]

28 *Houhei conghua (2)*, S. 88.
29 Ebd., S. 1ff.

Neben Mengzi geraten vor allem die Konfuzianer und Neokonfuzianer unter den Beschuss von Li Zongwus verbalen Attacken: Sie seien lediglich „Sklaven des Konfuzius" (*Kongzi zhi nu* 孔子之奴) gewesen. Noch schlimmer aber seien die Leute, die auch jetzt noch dem Konfuzianismus bzw. Neokonfuzianismus anhingen. Sie seien nichts anderes als „Sklaven von Sklaven" (*jianu zhi nu* 家奴之奴) und damit noch verabscheuungswürdiger.[30] Während er in seinen harten Worten gegenüber alten Vorbildern kaum Grenzen kennt, geht er bei seinem Lob für die eigene *houhei*-Lehre in das andere Extrem: Mit ihr könne man „das Land retten" (*jiu guo* 救國)[31] und erreichen, dass „China sich erheben werde" (*Zhongguo qi jiang xing yi!* 中國其將興矣!).[32]

Während Li Zongwus Eigenlob schon etwas seltsam anmutet, ist die Abkehr von alten Vorbildern – auch in Extremformen – natürlich ein sehr weit verbreitetes Phänomen der damaligen Zeit. Was jedoch zur erneuten Verwirrung des Lesers führt, sind einige Aussagen, die im *Houhei conghua* nur einige Seiten weiter zu finden sind und die sich mit den vorigen ikonoklastischen Bemerkungen nur sehr schlecht vertragen. Plötzlich hat er für alte Vorbilder durchaus Lob übrig, so z. B. für Wang Yangming, dessen Lehre einen Fortschritt gegenüber Mengzi bedeute,[33] und auch Mengzi selbst erscheint nun wie jemand, der mit dem „*houhei*-Guru" Seite an Seite für die Rettung des Landes kämpfen könnte:

30 *Houhei conghua (1)*, S. 10. Im Vergleich zur den späteren Konfuzianern und Neokonfuzianern kommt Mengzi an dieser Stelle erstaunlich gut weg: Er sei ein „Schüler" (*tu* 徒), kein „Sklave" (*nu* 奴) des Konfuzius gewesen, denn er hätte von ihm lernen wollen, anstatt sich sklavisch an seine Worte zu halten.

31 Die Aussage, mit der *houhei*-Lehre könne man „das Land retten", findet sich im gesamten *Houhei conghua* überaus häufig. So schreibt Li Zongwu beispielsweise: „Ich hoffe, dass diejenigen, die sich der Rettung des Landes widmen wollen, die von mir begründete ‚*houhei*-Geschichtsauffassung' eingehend studieren." 我希望有志救國者，把我發明的「厚黑史觀」下細研究。Li Zongwu: *Houhei conghua (1)*, S. 6. Etwas konkreter schreibt er, hinsichtlich des Kampfes gegen die Großmächte: „Wenn *houhei*-Meister aus den Bereichen Militär, Handel, Politik und Wissenschaft ihre täglichen Angelegenheiten direkt gegen die Großmächte ausrichten, dann nennt man dies ‚durch *houhei* das Land retten'." 軍商政學各界的厚黑家，把平日的本事直接向列強行使，是之謂厚黑救國。Vgl. *Houhei conghua (3)*, *juan* 6, S. 6.

32 *Houhei conghua (1)*, S. 49.

33 *Houhei conghua (3)*, *juan* 5, S. 10.

> Wenn Mengzi in der heutigen Welt lebte, dann würde er sicherlich keine sklavische Unterwerfung gegenüber den Großmächten tolerieren, und er würde auch sicherlich nicht akzeptieren, dass unser Land durch Verlust der eigenen Souveränität Schmach und Schande über sich ergehen lässt.
> 假令孟子生今之世，絕不會仰承列強鼻息，絕不會接受喪權辱國的條件。[34]

Plötzlich ergeben auch all die anderen alten Lehren einen Sinn; der sarkastische Ton bleibt aus, und an dessen Stelle tritt ein geradezu milder, freundlicher Ton. Seinen Leser allerdings lässt Li Zongwu damit erneut in einem Zustand der Verwirrung zurück. Hatte man sich gerade noch zurücklehnen können in der Einbildung, man habe den *houhei*-Guru nun als typischen Ikonoklasten entlarvt, scheint nun wieder überhaupt keine verbindliche Aussage über ihn möglich. Zunehmend drängt sich dem Leser der Eindruck auf, Li Zongwu widerspreche sich unentwegt, und er sieht sich geneigt, mit denjenigen Leuten zu sympathisieren, die Li Zongwu schlichtweg als „geisteskrank" bezeichneten.

An einer Stelle weist der Autor selbst ganz nebenbei auf die Gefahr hin, dass sein Werk missverstanden werden könnte:

> Wer meine Ausführungen hört, wird häufig den Eindruck haben, dass sich meine Worte gegenseitig widersprechen. Doch in Wirklichkeit ist alles von Anfang bis Ende konsistent […]. Im *Diamant-Sutra* heißt es: „Wenn du mich anhand von Farben zu sehen versuchst oder mich anhand von Lauten aufzufinden bemühst, so ist das ein schlechtes Verhalten. So wirst du mich nicht erkennen."
> 聽者往往覺得我的話互相矛盾，其實始終是一貫的 […]。金剛經」曰：「若以色見我，若以聲音求我，是人行邪道，不能見如來。」[35]

Die Dialektik des Houhei conghua

Wie also kann man Li Zongwus eigentliche Intention „erkennen"? Mit dem soeben genannten Zitat weist Li Zongwu offensichtlich darauf hin, dass seine Ausführungen nicht einfach Satz für Satz, Zeichen für Zeichen zu lesen sind, sondern sie nur im Ganzen, quasi von fern betrachtet, einen konsistenten Sinn ergeben. Worin dieser Sinn bestehen könnte, wird durch eine

34 Ebd., *juan* 5, S. 35.
35 *Houhei conghua (1)*, S. 53f.

Passage deutlich, in der er seine „Drei Geheimnisse des Bücherlesens“ (*dushu sanjue* 讀書三訣) offenbart: Der erste Schritt, wenn er Bücher lese, bestehe für ihn darin, sich „das Alte zum Feind zu machen“ (*yi gu wei di* 以古為敵). Der zweite Schritt bestehe dann darin, sich „das Alte zum Freund zu machen“ (*yi gu wei you* 已古為友). Der dritte Schritt sei es dann schließlich, sich „das Alte zum Schüler zu machen“ (*yi gu wei tu* 以古為徒).[36] Interpretiert man diese „Geheimnisse des Bücherlesens“ auch als Lesehinweis bezüglich Li Zongwus eigenem *Houhei conghua* und liest das gesamte Werk vor diesem Hintergrund, lösen sich erstens die auf der „konstativen“ Ebene auftretenden Widersprüche („Mengzi ist verantwortlich für das Chaos, in dem China sich derzeit befindet“ – „Mengzi würde die heutige Schmach Chinas nicht tolerieren“) auf, und zweitens lässt sich meines Erachtens auch die vergleichsweise „banale“ Theorie seines *houhei*-Geschichtsbildes in einen größeren Zusammenhang stellen, indem man sie als einen Teil des *ersten* Schrittes versteht. Denn letztlich ist die Lehre des *houhei* primär eine *Provokation*, indem sie einen krassen Gegensatz zu althergebrachten Moralvorstellungen bildet.

Li Zongwus *Houhei conghua* ist ein sehr anschauliches Beispiel für einen Text, den man – in Anlehnung an John Austins Sprechakt-Theorie – als *Handlung* bzw. noch genauer (und darin besteht die Besonderheit des Werkes) als eine dreigliedrige *Handlungskette* interpretieren kann. Um in den Köpfen seiner Leser das Gewünschte zu bewegen (dies könnte man als die „Gesamthandlung“ bezeichnen), müssen drei Schritte unternommen (also drei „Einzelhandlungen“ vollzogen) werden. Zu einem großen Teil sind Li Zongwus Äußerungen – und meiner Ansicht nach auch die gesamte so genannte *houhei*-Theorie – noch in dem ersten Schritt anzusiedeln. Hier beleidigt er, provoziert er, zerstört alte Ideale und verwendet einen ironisch bis sarkastischen Grundton. Liest man die darin enthaltenen konstativen Äußerungen nicht mehr wörtlich und isoliert, sondern betrachtet sie insgesamt als einen Sprechakt, eine Handlung also, die dazu führen soll, Abstand von althergebrachten Idealen und Vorstellungen zu gewinnen, lösen sich die Widersprüche zu anderen Passagen auf. Wenn er innerhalb des ersten Schrittes Mengzis Lehren für die Misere Chinas verantwortlich macht oder mit seiner *houhei*-Lehre wieder und wieder darauf pocht, Erfolg könne man

36 *Houhei conghua (2)*, S. 59f.

nur durch geduldige Leidensfähigkeit gepaart mit grenzenloser Skrupellosigkeit erreichen, dann geht es nicht primär darum, dass er die Leser davon überzeugen möchte, dass dies wirklich so sei, sondern es geht vielmehr um die darüberliegende Ebene des Sprechakts, der in diesem Fall als eine Handlung in Form einer Provokation zu interpretieren ist. Diese Handlung des Provozierens und Zerstörens (also „sich das Alte zum Feind machen“) ist zeitlich der Handlung des Aufbauens („sich das Alte zum Freund machen“) vorangestellt. Zusammen mit der letztendlichen „Synthese“ („sich das Alte zum Schüler machen“) können die drei Schritte – quasi dialektisch – letztlich das bewirken, was Li Zongwus eigentliches Ziel ist: Die Menschen zu „eigenständigem Denken“ (*sixiang duli* 思想獨立) zu bewegen. Dieses Thema des eigenständigen Denkens wird mehrfach im *Houhei conghua* explizit angeschnitten.[37] Denn nur unter der Voraussetzung eigenständigen Denkens, das sich allerdings auch von dem „neuen“ Ideal verabschieden muss, alles Alte von Grund auf abzulehnen und sich ausschließlich dem „Neuen“, dem „Westlichen“ zuzuwenden,[38] sei es schließlich möglich, China aus seiner Misere zu befreien und zum aktiven Widerstand gegen den

37 So schreibt er zum Beispiel an einer Stelle ganz ausführlich: „Dass ich dieses *Houhei conghua*, in all seinen tausend und zehntausend Worten, schreibe, hat einzig und allein das Ziel, den Menschen eigenständiges Denken beizubringen.“ 我寫這部「厚黑叢話」，千言萬話，無非教人思想獨立而已。Vgl. *Houhei conghua (3)*, *juan* 6, S. 6. Zudem meint Li Zongwu, um China zur Selbstständigkeit zu verhelfen, müssten erst einmal seine Bürger selbstständig denken lernen. Vgl. ebd., *juan* 6, S. 5.

38 Auch in China damals populäre westliche Denker wie Charles Darwin oder Karl Marx entkommen den Angriffen Li Zongwus nicht: „Wir können mittels der *houhei*-Geschichtsauffassung diejenige des historischen Materialismus zerschlagen und Marx’ Theorie des Kommunismus erschüttern. Auch können wir mittels der *houhei*-Geschichtsauffassung Darwins These des Machtkampfes attackieren und so denjenigen, die dem Irrglauben an militärische Gewalt verfallen sind, die theoretische Grundlage entziehen.“ 我們可用厚黑史觀，摧破他的唯物史觀，使馬克思共產主義根本發生動搖。我們又可用厚黑史觀攻擊達爾文強權競爭的說法，使迷信武力的人失去理論上的立場。Vgl. *Houhei conghua (1)*, S. 8. Zumeist jedoch richtet sich Li Zongwus Kritik primär gegen die „blinden Anhänger“ dieser Lehren, weniger gegen deren Begründer: „Dass China sich in diesem unaufhörlichen Durcheinander befindet, das haben die Sklaven des Konfuzius sowie die Sklaven von Darwin und Marx zu verantworten. Was haben die Begründer [der Lehren] schon damit zu tun?!“ 中國紛紛不已者，孔子家奴為之也，達爾文家奴為之也，干主人何尤! Vgl. ebd., S. 10.

Imperialismus der Großmächte und insbesondere gegen die japanische Besatzung überzugehen.[39]

Mit seiner Sprache, die teils provokant und bissig, teils milde und versöhnend klingt, möchte Li Zongwu *handeln*, nämlich Schritt für Schritt etwas im Denken der Menschen bewegen und damit letztlich die *Wirklichkeit verändern*. Sein Bestreben, die Menschen zum Denken zu animieren und sie dabei sowohl von alten auch als von neuen Idealen unabhängig zu machen, spiegelt sich zudem auch vortrefflich in dem *Sprachstil*, den er innerhalb des *Houhei conghua* verwendet. Auch dieser fällt alles andere als einheitlich aus: Der Leser liest sich durch ein buntes Durcheinander von Passagen, die mal in antiquiertem Schriftchinesisch, mal in geradezu flapsig wirkender moderner Umgangssprache geschrieben sind.[40] Besonders amüsant wirkt dabei Li Zongwus Vermischung dieser beiden Sprachstile, welche er nicht selten auch innerhalb eines einzigen Satzes miteinander kollidieren lässt. So findet man – unter vielen anderen Beispielen – Fragesätze wie 何以言之呢？[41] oder 其原因安在呢？[42], in denen ein von der grammatikalischen

39 Li Zongwu schreibt: „Wenn wir uns Japan und den Großmächten widersetzen wollen, dann sollten wir die Selbstständigkeit der Bürger kultivieren, und nicht etwa ihre Sklavenmentalität weiter fördern." 我們要想抵抗日本，抵抗列強，當培植人民的獨立性，不當加重其奴隸性。Vgl. *Houhei conghua (3), juan* 6, S. 6.

40 Ein gnadenlos „antikisierter" Schreibstil findet sich z. B. in folgendem Satz: 由是知：厚黑之功用大矣哉！Vgl. ebd., *juan* 5, S. 45. Im Gegensatz dazu sei folgender Abschnitt als Beispiel seiner Verwendung des *baihua*-Stils zitiert: 厚黑救國這句話，做也做得，說也說得，不過學識太劣的人，不能對他說罷了。我這次把厚黑學公開講說，就是想把他變成做得說得的科學。Vgl. *Houhei conghua (1),* S. 19. Eine typische Passage, in der beide Sprachstile gemischt auftreten, ist die folgende: 幸哉！我只懂八股而不懂科學也！如果我懂了科學，恐怕今日尚在朝朝日日地喊：達爾文聖人也，斯密士聖人也，孟德斯鳩聖人也，墨索里尼，希特勒，無一非聖人也。怎麼會寫「厚黑話」呢！Vgl. *Houhei conghua (2),* S. 87. An einer Stelle äußert sich Li Zongwu explizit zu seinem eigenen Schreibstil: „Während ich schreibe, schreibe ich einfach die Ansichten, die ich im Kopf habe, aus mir heraus. Ich achte dabei nicht auf Grammatik, und erst recht nicht darauf, ob ich gerade Schriftsprache oder gesprochene Sprache verwende. Ich achte nicht darauf, ob ich ein *zhi* 之 oder ein *de* 的, ein *hu* 乎 oder ein *ma* 嗎 verwende, sondern ich verwende einfach das, was mir gerade passt. 我執筆時，只把我胸中的意見寫出，不知有文法，更不知有文言白話之分，之字的字，乎字嗎字，任便用之。" Vgl. *Houhei conghua (1)*, S. 48.

41 Ebd., S. 9.

42 *Houhei conghua (3), juan* 5, S. 28.

Struktur wie vom Vokabular her eindeutig „klassisch“ gebildeter Fragesatz mit der modernen Fragepartikel *ne* 呢 abgeschlossen wird, im *Houhei conghua* besonders häufig. Li Zongwu, der sich und andere von den Ketten alter und neuer Ideale und Doktrinen befreien will, zeigt sich konsequenterweise auch nicht bereit, sich dem einen oder anderen – dem alten oder dem neuen – Sprachstil zu verpflichten. Der spielerische Wechsel zwischen den Stilen ist ein Spiegel seines Anspruches, sich von nichts und niemandem in seinem Denken abhängig machen zu wollen. Besser, als sich an anderen zu orientieren, sei es, „sich selbst zu folgen“ (*zong wu* 宗吾).[43]

Die sprachlichen Äußerungen Li Zongwus dienen also – und damit kommen wir zu den am Anfang erwähnten theoretischen Überlegungen zurück – nicht in erster Linie als Repräsentation einer Realität. Dass die Verwendung von Sprache stattdessen inbesondere als *Handlung* zu interpretieren ist, zeigt sich in seinem vielschichtigen *Houhei conghua* besonders anschaulich. Die Realität wird nicht abgebildet, sondern die Realität ist nur insofern Objekt der Sprache, indem sie durch diese *verändert* werden soll. In Li Zongwus Fall soll diese Realität in Form einer Befreiung seiner Zeitgenossen aus der Indoktrination alter und neuer Ideale revolutioniert werden. Dies ist laut Li Zongwu nur durch die Entwicklung eines eigenständigen Denkens möglich, welches durch Provokation und eine anspruchsvolle, dialektische Dynamik innerhalb des Textes initiiert werden soll. Dabei spielt die Ebene der konkreten Aussagen, die er insbesondere zum Thema *houhei* trifft, höchstens eine untergeordnete Rolle. Dies sei hier zum Abschluss durch ein letztes, ausdrucksvolles Zitat aus dem *Houhei conghua* veranschaulicht:

43 Li Zongwu hieß ursprünglich Li Shiquan 世全. Während seiner Schulzeit änderte er seinen Vornamen (nach einem im *Liji* überlieferten Konfuziuszitat) in Shijie 世楷 um und gab sich zusätzlich den Mannesnamen Zongru 宗儒 („den Konfuzianern folgend“), bevor er auch diesen letztlich in Zongwu 宗吾 („mir selbst folgend“) umwandelte. Vgl. *Houhei conghua (1)*, S. 70.

Wenn ich mit anderen Menschen über die *houhei*-Lehre rede, dann ist das so, als würde ich mithilfe meiner Hand auf den Mond zeigen. Die Leute können mit ihrem Blick [der Richtung] meiner Hand folgen und so den Mond am Himmel erblicken […]. Oft habe ich Leute vor mir, die stur auf meine beiden Zeichen *hou* und *hei* starren und mich auf dieser Grundlage unaufhörlich kritisieren. Das ist genau so, als würde man an meiner Hand den Mond suchen. [Wer das tut], den kann man getrost den dümmsten Menschen unter dem Himmel nennen.
我同人講厚黑學，等於用手指月，人能循著手看去，就可以看見天上之月［...］。常有人執著厚黑二字，同我刺刺不休，等於在我手上尋月，真可謂天下第一笨人。[44]

44 *Houhei conghua (2)*, S. 40.

Das Prinzip der sprachlichen Relativität bei Zhang Dongsun (1886–1973)

Martina Eglauer

Zhang Dongsun was one of the first Chinese philosophers in the 1930s to develop a theory of the interrelationship between language, thought, and culture. Contrary to the still widespread prejudice that Chinese language structures hinder logical (and philosophical) thinking, Zhang Dongsun's "pluralistic theory of knowledge" was ahead of his times and anticipated modern linguistic theory by arguing for an interdependent, and against a deterministic relationship between language and (philosophical) thought. One consequence of his theory is that no language or culture can hold a privileged status. The differences between Western and Chinese philosophical problems are primarily based on different interests, and not on different language structures. Even though Zhang Dongsun developed his theories independent of "modern theory," his work provides interesting and relevant perspectives on current discussions in the field of linguistics.

Einleitung

Die Unterschiede der chinesischen und westlichen philosophischen Traditionen werden gemeinhin gerne auf den Satz „Chinesen denken anders!" reduziert. Das Postulat ist darüber hinaus meist auch mit der Annahme verbunden, dass die Unterschiede in der chinesischen und westlichen Philosophie auf sprachliche Differenzen zurückzuführen sind. Wie hängen nun aber Sprache und Denken zusammen? Inwiefern beeinflusst die Sprache das Denken oder umgekehrt das Denken die Sprache?

Das Prinzip der sprachlichen Relativität beinhaltet, dass verschiedene Sprachen unterschiedliche Arten des Denkens prägen. Die bekanntesten Vertreter der Theorie des Sprachrelativismus sind Edward Sapir (1884–1939) und Benjamin Lee Whorf (1897–1941). Vor allem die Position Benjamin Lee Whorfs wurde oft undifferenziert und verkürzt zitiert und als Sprachdeterminismus (fehl)interpretiert. Auf der Suche nach Erklärungen für die unterschiedlichen philosophischen Traditionen im Westen und in China hat der chinesische Philosoph Zhang Dongsun 張東蓀 (1886–1973)

den Zusammenhang von Sprache und Denken im philosophischen Kontext zu deuten versucht.

Zhang Dongsun veröffentlichte in den 1930er Jahren zwei Aufsätze zu den Themen „Die chinesische Philosophie unter dem Aspekt der Sprachstruktur" und „Sprache, Denken und Kultur", in denen er aus chinesischer Perspektive den Einfluss der Sprache auf das Denken, die Philosophie und Kultur ausführt.[1] Zhang Dongsun gehört zwar der gleichen Generation wie Sapir und Whorf an. Es gibt allerdings keine Hinweise darauf, dass er deren Veröffentlichungen zur Kenntnis genommen hat. Zhang Dongsuns Analyse bezieht sich also nicht direkt oder explizit auf den westlichen Diskurs der linguistischen Relativität. Vor dem Hintergrund des gegenwärtigen Forschungsstandes erscheinen seine Überlegungen jedoch überraschend aktuell und lassen sich im Kontext der „sprachlichen Relativität" lesen.

Sprachliche Relativität: Definition – Fragestellungen – Forschungsstand

Sprachliche Relativität bedeutet, dass die Wahrnehmung der Welt durch die jeweilige Sprache beeinflusst wird, wobei es weder eine privilegierte Weltsicht noch privilegierte Sprachen gibt. Im Unterschied zum sprachlichen Relativismus postulieren die Vertreter des Universalismus, dass die Verschiedenheiten der Sprachen zu vernachlässigen sind und keinen Einfluss auf die Wahrnehmung der Welt haben.

Das Spannungsfeld zwischen Sprache und Denken liegt in der Verschiedenheit der Gesellschaften und Kulturen begründet:

1 Die Aufsätze „Cong zhongguo yanyu gouzao shang kan zhongguo zhexue" 從中國言語構造上看中國哲學 (ursprünglich erschienen in: *Dongfang zazhi* 東方雜誌 (Eastern Miscellany) 33.7 (1936), S. 89–99) und „Sixiang yanyu yu wenhua" 思想言語與文化 (ursprünglich erschienen in: *Shehui xuejie* 社会学界 (Sociological World) (1938)) wurden 1946 erneut in dem von Zhang Dongsun verfassten Buch *Zhishi yu wenhua* 知識與文化 (Wissen und Kultur) veröffentlicht. Die folgenden Zitate sind aus dieser Buchveröffentlichung entnommen: Zhang Dongsun 張東蓀: *Zhishi yu wenhua* 知識與文化 (Hongkong: Longmen shudian, 1968, S. 157–170 sowie S. 171–197. (Im Folgenden: Zhang Dongsun: *Zhishi yu wenhua*).

> Die Verschiedenheit der Gesellschaften und Kulturen ist ein wesentliches Problem von Universalismus und Relativismus [...] wichtig ist dabei, wie das Verhältnis von Sprache und Kultur gesehen wird.[2]

Das Prinzip der sprachlichen Relativität beinhaltet demnach, dass der kulturell geformte und beeinflusste Erwerb von Sprache Auswirkungen auf die erlernten Begriffe hat. Folgende Beispiele aus dem Bereich der Semantik mögen diesen Zusammenhang verdeutlichen: Die Inuit können auf verschiedene Wörter für das deutsche Wort „Schnee“ (oder das englische Wort „snow“) zurückgreifen – abhängig von Ort, Konsistenz, Formation etc. Die Sprache der Tuareg kennt mindestens ein Dutzend Ausdrücke für „Kamel“ – unterschieden nach Farbe, Funktion, Alter, Geschlecht etc.

Diese Beispiele zeigen, dass Sprachen eine kognitive Funktion erfüllen sowie eine Rolle beim Denken und in der Wahrnehmung der Welt spielen können. Ergänzend sei an dieser Stelle darauf verwiesen, dass sich die Forschungen zum Sprachrelativismus selbstredend nicht auf den semantischen Bereich beschränken. Es gibt darüber hinaus auch Untersuchungen zu unterschiedlichen grammatischen Strukturen (inkl. des grammatischen Geschlechts) oder zu differierenden Raum- und Zeitkategorien verschiedener Sprachen.

Bisherige Forschungen können bestätigen, dass unterschiedliche Sprachen zu unterschiedlichen Weltbildern führen. Damit ist aber noch nicht erklärt, wie es möglich ist, andere Sprachen (und Weltbilder) zu verstehen. Das methodische Problem besteht darin, dass sich Mensch, Welt, Sprache und Bild der Welt nicht einfach voneinander trennen lassen, sondern sich in Form vielfältiger gegenseitiger Beziehungen zueinander verhalten. Fremdes Denken erschließt sich uns nur über die Sprache, d. h.: „[...] vom Sprechen unabhängige, direkte Einsichten in fremdes Denken“[3] sind nicht gegeben.

Wir sind sozusagen Gefangene der jeweiligen Einzelsprache. Oder – um es mit den Worten Ludwig Wittgensteins auszudrücken: „Die Grenzen meiner Sprache sind die Grenzen meiner Welt.“[4]

2 Iwar Werlen: *Sprachliche Relativität. Eine problemorientierte Einführung* (Tübingen, Basel: Francke, 2002), S. 7. Vgl. hierzu auch Erhardt Albrecht: *Sprachphilosophie* (Berlin: Deutscher Verlag der Wissenschaften), S. 127ff.

3 Werlen: *Sprachliche Relativität*, S. 22.

4 Ludwig Wittgenstein: *Tractatus logico-philosophicus, Logisch-philosophische Abhandlung* (Frankfurt a. M.: Suhrkamp, 1969), S. 89, Satz 5.6.

Das Prinzip der sprachlichen Relativität nimmt zwar eine enge Verbindung von Sprache und Denken an, schließt jedoch einen Determinismus aus. Im Unterschied zum Prinzip der sprachlichen Relativität besagt der Sprachdeterminismus, dass das Denken beziehungsweise die Wahrnehmung der Welt von der Sprache bestimmt werden und es somit nicht möglich scheint, über die Sprache buchstäblich „hinauszudenken". Gegen die Haltbarkeit dieser „starken Hypothese" – die v. a. für Sprachen, die nicht miteinander verwandt sind, postuliert wurde – spricht, dass die Möglichkeit der Übersetzung und die Möglichkeit der mehrsprachigen Individuen nicht plausibel erklärt werden können:

> Wenn die Fremdheit einer anderen Sprache so groß ist, dass sie den Sprecher, die Sprecherin der Sprache in ein sprachliches Gefängnis einschließt, dann ist es (a) nicht möglich, die Sprache von einer anderen Sprache her zu verstehen, (b) ist es nicht möglich, das, was in der einen Sprache ausgedrückt wird, in der andern auszudrücken, und (c) ist eine Person, die mehrere Sprachen spricht, sozusagen gespalten: sie kann sich selbst nicht verstehen.[5]

Das Prinzip der sprachlichen Relativität nimmt damit eine Zwischenposition zwischen dem Sprachdeterminismus – die Sprache bestimmt das Denken – und dem Universalismus – die Sprache ist für die Wahrnehmung der Welt zu vernachlässigen – ein. Gleichwohl kann auch das Prinzip der sprachlichen Relativität bisher nur als eine Antwort gelten, die noch offene Fragen belässt.

Zhang Dongsuns Reflexionen über den Zusammenhang von Sprache und Denken

Wie gestaltet sich nun das Verhältnis von Sprache und Denken bei Zhang Dongsun? Zhang Dongsun kann eindeutig als ein Vertreter der sprachlichen Relativität gelten, da er sich explizit von einem deterministischen Verständnis distanziert.[6] Allerdings finden sich bei ihm die im heutigen Diskurs gebräuchlichen Begrifflichkeiten wie zum Beispiel „Sprachrelativismus" oder

5 Werlen: *Sprachliche Relativität*, S. 27–28.

6 Für Zhang Dongsun bestimmt weder die Sprache das Denken, noch regiert das Denken die Sprache. Zhang Dongsun: *Zhishi yu wenhua*, S. 195.

„Determinismus" verständlicherweise nicht. Den Zusammenhang zwischen Sprache und Denken stellt sich Zhang Dongsun weder als identische Entsprechung noch als unveränderlich und statisch vor. Sprache und Denken befinden sich für ihn in einem wechselseitigen Verhältnis, welches sich unbegrenzt weiter entwickelt. In diesem prozessualen Verlauf wirkt die Sprache mehr unterstützend als hindernd. Die Untrennbarkeit von Sprache und Denken zeigt sich für Zhang Dongsun darin, dass das Denken ausschließlich in der Sprache seine Vermittlungsform findet:

> Sprache [*yanyu* 言語] und Denken [*sixiang* 思想] sind grundsätzlich **nicht voneinander zu trennen**, denn jeder Gedanke kann nur mittels Sprache artikuliert werden. Alles, was nicht formuliert werden kann, kann grob gesagt nicht als Denken zählen. Obgleich Sprache und Denken nicht völlig identisch sind, können sie doch nicht voneinander getrennt werden. So kann man festhalten: Verändert sich die Sprache hin zur Komplexität, geschieht dies aufgrund der Entwicklung [*fazhan* 發展] im Denken; die Evolution [*jinhua* 進化] der Begriffe in der Sprache entspricht der Evolution im Denken. Es verhält sich nicht so, dass Sprache das Denken begrenzt und behindert, sondern Sprache bringt Denken hervor und erweitert es. [...] Die Sprache stimuliert das Denken und gibt geistige Impulse.[7]

Dieses von Zhang Dongsun skizzierte Verhältnis von Sprache und Denken korrespondiert mit der gegenwärtig geltenden sprachwissenschaftlichen Position, dass der Sprache bei der Vermittlung von Denkinhalten unbestritten eine zentrale Bedeutung zukommt.[8] Demnach muss das Denken, das auf seinen Zusammenhang mit der Sprache hin untersucht werden soll, im Ausgang von der Sprache bestimmt werden.[9]

Der untrennbare Zusammenhang von Sprache und Denken ist jedoch nicht – wie bereits erwähnt – mit einem Determinismus gleichzusetzen. Der Unterschied zwischen Sprachdeterminismus und gegenseitiger Verwobenheit kann mit der Darstellung der beiden Hände von Escher verdeutlicht werden: Beide Hände sind in ihrer Existenz voneinander abhängig. Es ist

7 Zhang Dongsun: *Zhishi yu wenhua*, S. 176. Hervorhebung v. d. Verfasserin.

8 Dabei stellt sich die Frage, ob es ein Denken ohne Sprache überhaupt geben kann. In der Sprachwissenschaft ist man sich so weit einig, dass nicht behauptet werden kann, dass alles Denken prinzipiell sprachlich ist, aber in der Vermittlung von Denkinhalten kommt der Sprache unbestritten eine zentrale Bedeutung zu. Man geht also von einem Apriori der Sprache aus.

9 Vgl. Werlen: *Sprachliche Relativität*, S. 310.

nicht zu sagen, welcher der beiden Hände Priorität eingeräumt werden sollte: der zeichnenden oder der gezeichneten Hand. Gleichzeitig ist die Darstellung der Hände selbst nicht festgelegt oder vollendet, das Bild der Hände kann sich noch weiter entwickeln oder verändern. Gerade auf diese Wandelbarkeit und das Potential der Veränderung zielt Zhang Dongsuns Definition ab: Entscheidend ist die inspirierende, stimulierende und fördernde Rolle der Sprache für das Denken. Sprache funktioniert nicht nur als Repräsentant des Denkens, sondern ermöglicht dem Denken als Artikulationsmedium eine Weiterentwicklung. Die wechselseitige Verwiesenheit von Sprache und Denken ist insofern immer offen und entwicklungsfähig.

Wie definiert nun Zhang Dongsun das Denken? Unter Denken will Zhang Dongsun in erster Linie das philosophische Denken verstanden wissen. Als eine bestimmte Form des (philosophischen) Denkens gestaltet sich dabei die Logik. Das westliche Denken – in Form der abendländischen Philosophie – basiert für Zhang Dongsun nun maßgeblich auf der aristotelischen Logik. Gemäß der Definition des untrennbaren Zusammenhangs zwischen Sprache und Denken findet nun auch die westliche Logik im westlichen Sprachsystem seine Entsprechung.

Die aristotelische Logik nun aber als universal geltend zu postulieren und daran auch das chinesische Denken zu messen, erkennt Zhang Dongsun als problematisch:

> Nehmen wir zum Beispiel die aristotelische Logik [*mingxue* 名學], die ganz offensichtlich auf der griechischen Grammatik [*wenfa* 文法] beruht, bzw. von der griechischen Grammatik bestimmt wird. Die Grammatik des Lateinischen, Französischen, Englischen, Deutschen u. a. weist in etwa eine ähnliche Systematik auf, so dass die aristotelische Logik ohne weiteres als allgemeingültige Regel des Schlussfolgerns [*tuili guize* 推理規則] im Westen betrachtet werden kann. Würde diese Regel allerdings auf die chinesische Denkweise [*xinsi* 心思] angewendet, ergäben sich mit Sicherheit Unstimmigkeiten. Da die aristotelische Logik ganz offensichtlich auf der Struktur [*gouzao* 構造] des westlichen Sprachsystems [*yanyu xitong* 言語系統] aufbaut und aus ihr entstanden ist, muss man davon Abstand nehmen, den westlichen Logikern zu folgen, die die Auffassung vertreten, dass [ihre] Logik die Regeln der menschlichen Vernunft [*lixing* 理性] darstellen.[10]

10 Zhang Dongsun: *Zhishi yu wenhua*, S. 178.

Zhang Dongsun kritisiert mit dieser Analyse deutlich die westliche Haltung, die abendländische (aristotelische) Logik als universell anzunehmen. Der Westen erweist sich für Zhang Dongsun als eindimensional, wenn nur von *einer* gültigen Logik ausgegangen wird.[11] Für Zhang Dongsun liefern die unterschiedlichen grammatischen Strukturen den Beweis dafür, dass nicht von einer universalen Logik ausgegangen werden kann. Unterschiedliche Sprachstrukturen spiegeln unterschiedliche Logiken oder Denkweisen wider.

Diese Analyse bedeutet allerdings nicht, dass im Chinesischen die aristotelische Logik nicht ausdrückbar wäre oder dass die Chinesen die aristotelische Logik nicht denken oder verstehen könnten. Zhang Dongsuns Kritik wendet sich in erster Linie gegen den Universalitätsanspruch der westlichen Logik und – weiter gedacht – gegen die Annahme, dass diese westliche Logik allen anderen Logikformen überlegen bzw. als höher wertig einzustufen sei.

Die Differenzen zwischen westlichem und chinesischem Denken spiegeln sich für Zhang Dongsun zwar in der Sprache, die Erklärung für die Unterschiede liefern jedoch nicht die unterschiedlichen Sprachstrukturen, sondern die verschiedenen Kulturen. Letztendlich sind es für Zhang Dongsun die unterschiedlichen kulturellen Prägungen und Interessen, die das Denken wesentlich beeinflussen und lenken.

Dieser Gedankengang erinnert an die Analysen von Franz Boas[12], der in Frage stellt, inwieweit die Beschränkung des Gebrauchs bestimmter grammatischer Formen als die Beeinträchtigung bei der Formulierung allgemeiner Ideen verstanden werden kann. Nach dieser Interpretation fehlen allgemeine Begriffe dann, wenn die jeweilige Kultur sie nicht braucht. Nicht die Struktur der Sprache entscheidet, sondern das Bedürfnis der Kultur. Es gilt demnach das Prinzip der Ausdrückbarkeit: All das, was ausgedrückt werden soll, kann auch ausgedrückt werden.

Nach dieser Theorie erweisen sich die kulturellen Interessen als entscheidendes Kriterium. Ohne explizite Kenntnis von Franz Boas Analysen erkennt auch Zhang Dongsun die zentrale Bedeutung der Kultur in dieser Fra-

11 Zhang Dongsun: *Zhishi yu wenhua*, S. 174.

12 Franz Boas: „Chinook", in: *Handbook of American Indian Languages*. ([Erstausgabe 1911] Nachdruck: Oosterhout N. B.: Anthropological Publications 1969).

ge. In der Diskussion über die Kultur führt Zhang Dongsun dabei auch den Begriff der Kategorie ein. Die Kategorien sind nach seinem Modell der pluralistischen Erkenntnistheorie – in scharfer Abgrenzung zu den Kategorien Kant'scher Definition – keineswegs apriori, sondern stehen in einem engen dynamischen Zusammenhang mit den Kulturen: In unterschiedlichen Kulturen gelten unterschiedliche Kategorien:

> Bestimmte Kulturen [*wenhua* 文化] haben somit natürlicherweise bestimmte Kategorien [*fanchou* 範疇]. Das bedeutet aber nicht, dass bestimmte Kulturen bestimmte Kategorien in sich tragen, oder, dass bestimmte Kategorien bestimmte Kulturen hervorbringen, sondern dass es sich bei der Entstehung der Kategorien und der Kulturen um den gleichen Prozess handelt. [...] Ihre Beziehung besteht nicht in wechselseitiger Ursache und Wirkung, sondern es handelt sich um zwei Aspekte der Manifestation einer Tatsache.[13]

Diese Textstelle erschließt sich in Gänze erst unter Berücksichtigung von Zhang Dongsuns pluralistischer Erkenntnistheorie.[14] In der pluralistischen Erkenntnistheorie[15] wird die Erkenntnis oder das Wissen in vier miteinander verbundene Schichten (*cengci* 層次) eingeteilt. Die erste Schicht besteht aus der Außenwelt, die sich in Strukturen erschöpft. Von dieser Außenwelt sind uns nur die mathematischen Eigenschaften bekannt. (*waijie jiagou* 外界架構). Die zweite Schicht definiert Zhang Dongsun als *sensa* (*ganjue* 感覺), also als „Sinneseindrücke" oder Wahrnehmung. Die dritte Schicht beschreibt er als Konstruktionen (*constructions*, *zaochengzhe* 造成者) und beinhaltet damit die Erfassung allgemeiner Dinge, wie Tisch, Stuhl, Freund, Haus. Ein Tisch ist in der pluralistischen Erkenntnistheorie eine Konstruktion des Beobachters, die im Anschluss an die "Wahrnehmung" erfolgt.[16] Die für den gegenwärtigen Kontext wichtigste Schicht ist die vierte Schicht

13 Zhang Dongsun: *Zhishi yu wenhua*, S. 172.

14 Vgl. hierzu ausführlicher: Martina Eglauer: *Die Welt als Kaleidoskop. Zhang Dongsuns Reflexionen über den Zusammenhang von Sprache und Denken* (Bochum: projekt verlag, 1999), S. 16ff.

15 Zhang Dongsun entwickelt seine Theorie in Anlehnung an Kant, zwischen seiner pluralistischen Erkenntnistheorie und der Erkenntnistheorie von Kant besteht eine generelle, aber keine völlige Übereinstimmung. Vgl. hierzu Huang Gongwei 黄共偉: *Zhongguo jindai xueshu sixiang bianqianshi* 中國近代學術思想變遷史 (Taibei: Youshi, 1976), S. 415; vgl. a. Xu Quanxing 許全兴: *Zhongguo xiandai zhexueshi* 中國現代哲學史 (Beijing: Beijing daxue, 1992), S. 288.

16 Zhang Dongsun: *Zhishi yu wenhua*, S. 194.

der Interpretationen (*jieshi* 解釋). Diese vierte Erkenntnisschicht der Interpretationen ist nach Zhang Dongsun in erster Linie kulturgeprägt. Die Interpretationen erfolgen demnach in unterschiedlichen Kulturen nach differierenden Kategorien.

Die kulturellen Unterschiede zeigen sich auf der Ebene der Kategorien besonders deutlich. Zhang Dongsun erläutert dies am Beispiel der Vorstellung der Substanz, die bei Kant als grundlegend gilt. In der pluralistischen Erkenntnistheorie hingegen wird keine Substanz angenommen. Anstelle der Substanz gewinnen die Strukturen der Außenwelt aus der ersten Schicht eine herausragende Bedeutung:

> Unsere Welt besitzt keine Substanz [*benzhi* 本質], sie besteht nur aus Strukturen [*jiagou* 架構].[17]

Die pluralistische Erkenntnistheorie lehnt die Annahme einer Substanz ab und konzentriert sich allein auf die beobachtbaren Gesetzmäßigkeiten der Außenwelt, die Strukturen:

> Bei allem handelt es sich ausschließlich um Strukturen und nicht um das Wesen [*shizhi* 實質]. Unsere Erkenntnis [*renshi* 認識] ist untrennbar an diese Strukturen gebunden.[18]

In der pluralistischen Erkenntnistheorie gewinnen die kulturellen Prägungen und Interessen zentrale Bedeutung. Damit kritisiert Zhang Dongsun Kant, der den kulturellen Aspekt außer Acht lasse und westliche Denkformen in unzulässiger Weise verallgemeinere und auf die gesamte Menschheit übertrage.[19] Das westliche Wissen kann somit nach Zhang Dongsun nicht als allgemeingültig erklärt werden, sondern stellt nur eine unter vielen möglichen Formen dar.[20]

Zhang Dongsuns Kritik an der kulturellen Hegemonie des Westens zielt darauf ab, die (Ab)wertung, die bezogen auf China mit dem Postulat an fehlender Grammatik, Logik und Philosophie einhergeht, in Frage zu stellen.

Er plädiert für einen Pluralismus, der unterschiedliche Erkenntniswege zulässt. Die Unterschiede bezüglich der chinesischen und der westlichen

17 Zitiert aus: Huang Gongwei: *Zhongguo jindai xueshu sixiang bianqianshi*, S. 417.
18 Zitiert aus: Xu Quanxing: *Zhongguo xiandai zhexueshi*, S. 287–288.
19 Zhang Dongsun: *Zhishi yu wenhua*, S. 172.
20 Zhang Dongsun: *Zhishi yu wenhua*, S. 171.

Philosophie erklärt er mit unterschiedlichen Interessen und den daraus differierenden Fragestellungen. In China dominierte das praxisnahe politische Denken, welches die menschlichen Angelegenheiten in den Vordergrund stellte. Daraus entstand die Frage nach dem „Wie", weshalb Zhang Dongsun von „Wie-Priorität" (*ruhe* 如何) spricht. Das abendländische Denken war hingegen von der Suche nach der Wahrheit geleitet und demnach dominierte die Frage nach dem „Was". Von daher kann dem abendländischen Denken die „Was-Priorität" (*shihe* 是何) zugeschrieben werden. Das schließt nicht aus, dass die Philosophen in China nicht auch die Frage nach der Wahrheit hätten stellen können, aber sie hatten andere Interessen und setzten demnach andere Prioritäten.[21]

Schlussbemerkung

Zhang Dongsun sieht einen untrennbaren aber nicht deterministischen Zusammenhang von Sprache und Denken. Die Kategorien, in denen wir denken, sind nicht universell, sondern kulturell geprägt. Sie spiegeln sich in den sprachlichen Strukturen. Die pluralistische Erkenntnistheorie impliziert, dass philosophische Fragestellungen und Weltbilder interessegeleitet sind. Zhang Dongsun unterscheidet diesbezüglich zwischen einer „Wie-Priorität", die in China das Denken leitet, und einer „Was-Priorität", die im Westen die Fragestellungen prägt. Moralischen Themensetzungen in China sieht er Problemstellungen im Bereich der Logik im Westen gegenüber gestellt. Die Logiktradition in China könne man – im Unterschied zur westlichen aristotelischen Logik – als Logik der Korrelation oder Logik der Analogie beschreiben. Die Priorisierung der Frage nach dem „Was" und der Wahrheit habe die Entwicklung der Wissenschaften im Abendland befördert. Es bestehen demnach offensichtlich bedeutsame Unterschiede zwischen den verschiedenen kulturellen Traditionen. Eine Hierarchisierung lehnt Zhang Dongsun jedoch entschieden ab. Er kritisiert damit die Annahme der Über- bzw. Unterlegenheit bestimmter Kulturen und / oder Philosophien. Bezüglich dieser Forderung nach gleichberechtigter Betrachtung der verschiedenen kulturellen und philosophischen Traditionen erweist sich Zhang Dong-

21 Vgl. das Prinzip der Ausdrückbarkeit (Franz Boas) weiter oben.

suns Analyse immer noch als aktuell. Zhang Dongsuns Kritik an dem westlichen Anspruch kultureller Hegemonie kann noch nicht als obsolet bezeichnet werden. Es stellt sich nach wie vor als ungebrochene Herausforderung dar, in anderen „Kategorien" denken zu können oder den Weg dahin zu vermitteln. Das methodische Problem des Fremdverstehens, das in der westlichen Sprachwissenschaft bis heute nicht gelöst scheint, stellt sich für Zhang Dongsun in dieser Form nicht als Problem dar. Aus chinesischer Sicht könnte man dieses methodische Problem als „Scheinproblem" bezeichnen. Zhang Dongsun kommt in seinen sprachphilosophischen Überlegungen ohne eine Metasprache aus, womit einige theoretische Probleme erst gar nicht auftauchen. Zu prüfen wäre, ob Zhang Dongsuns Herangehensweise als „Lösung" eines Methodenproblems gelten kann.

Literatur und soziale Wirklichkeit bei Zhou Zuoren. Der dichterische Selbstausdruck als *Literatur des menschlichen Lebens*

Lena Jäger

From 1918 on, Zhou Zuoren (1885–1967) developed the idea of a 'humane literature' or 'literature of human life' based on the theory of the Japanese New Village movement, a utopian project headed by Shirakaba writer Mushanokōji Saneatsu. Zhou Zuoren's literary theory centres on the question of how literature can influence human society. In accordance with the philosophy of the New Village movement, he states that progress of humanity comes from the free spiritual development of the individual's personality. In his theoretical writings on literature, Zhou transfers this general idea of progress to the field of literature and art. He argues that the free literary self-expression of the individual ultimately leads to the progress of society. In this paper, I will demonstrate that although Zhou Zuoren soon dissociated himself from the political aims of the New Village project, the basic concepts of this movement continued to influence his literary ideas. I will show how he transferred the philosophy of the New Village movement to his literary theory focusing on the question of how literature can contribute to the progress of human society.

Einleitung

Die Frage nach der Beziehung zwischen Literatur und sozialer Wirklichkeit ist ein immer wiederkehrendes Thema in der literaturtheoretischen Diskussion des 20. Jahrhunderts. Die Vorstellung von Literatur als Vehikel neuer Ideen, als Instrument, die Gesellschaft zu beeinflussen, ist spätestens seit der 4.-Mai-Bewegung nicht mehr aus der literarischen Debatte in China wegzudenken.

Einer der Ersten, die sich im Rahmen der Diskussion um eine Neue Literatur eingehend mit der Frage nach der gesellschaftlichen Funktion der Literatur auseinandersetzten, war der Schriftsteller und Literaturwissenschaftler Zhou Zuoren 周作人 (1885–1967).[1] Dieser entwickelte in der Zeit um die

1 Hu Shi 胡适: „Daoyan 导言“, in: Cai Yuanpei 蔡元培 (Hrsg.): *Jianshe lilun ji* 建设理论集 (*Zhongguo xin wenxue daxi* 中国新文学大系, Shanghai: Liangyou tushu yinshua gongsi, 1935), S. 28f.

4.-Mai-Bewegung ein Literaturkonzept, das um die Frage kreist, wie Literatur die gesellschaftliche Realität beeinflussen kann und soll. Unter dem Schlagwort „menschliche Literatur“ (*ren de wenxue* 人的文学), das er erstmals Ende 1918 in der Zeitschrift *Xin Qingnian* 新青年 (*Neue Jugend*) propagierte,[2] genossen seine Ideen große Popularität unter den literarischen Reformern. Dieses Literaturkonzept steht gewissermaßen in einem doppelten Zusammenhang mit der sozialen Realität: Es steht nicht nur die Frage nach der Beeinflussung der gesellschaftlichen Wirklichkeit durch die Literatur im Mittelpunkt der Argumentation, sondern das Konzept selbst entstand aus der Auseinandersetzung mit der Realität des japanischen Neudorfs (*atarashiki mura* 新しき村) heraus, einer gelebten Utopie, in der Zhou Zuoren die Verwirklichung eines idealen Lebens sah.

Ziel dieses Beitrags ist es, einerseits darzustellen, wie Zhou Zuoren die Prinzipien, nach denen die Neudorf-Gemeinde lebte, in seine Literaturtheorie integrierte und zum anderen zu untersuchen, wie Zhou sich die Wirkung der Literatur auf die Gesellschaft vorstellte und wie sich diese Vorstellung im Laufe der Auseinandersetzung mit dem Neudorf entwickelte.

Zhou Zuorens Begegnung mit dem Neudorf

Im Jahr 1918 gründete der japanische Schriftsteller Mushanokōji Saneatsu 武者小路実篤 (1885–1976) gemeinsam mit einer Schar junger Männer und Frauen in Kijō (Präfektur Miyazaki, Japan) das erste „Neudorf“, genannt „Neudorf in Hyūga“ (*Hyūga atarashiki mura* 日向新しき村).[3] Es handelte sich hierbei um den Versuch, einen utopischen Sozialismus[4] zu verwirkli-

2 Zhou Zuoren 周作人: „Ren de wenxue 人的文学“, in: [*Xin Qingnian* 新青年 5.6 (1918)] Zhou Zuoren 周作人: *Yishu yu shenghuo* 艺术与生活 (*Zhou Zuoren zibian wenji* 周作人自编文集, Shijiazhuang: Hebei jiaoyu chubanshe, 2003), S. 8–17. Die 34-bändige Werkausgabe wird im Folgenden als ZZZW abgekürzt.

3 „Mushanokōji Saneatsu to Hyūga atarashiki mura 武者小路実篤と日向新しき村“, http://www.town.kijo.miyazaki.jp/5/atara.htm (11.3.2010).

4 Die Neudorf-Bewegung wird in der chinesischen als auch in der westlichen Literatur allgemein als „utopischer Sozialismus“ beschrieben. Qian Liqun 钱理群: *Zhou Zuoren zhuan* 周作人传 ([1990] Beijing: Shiyue wenyi chubanshe, 1995), S. 225; Susan Daruvala: *Zhou Zuoren and an Alternative Chinese Response to Modernity* (Cambridge u.a: Harvard University Press, 2000), S. 50. Mushanokōji selbst verstand sich jedoch nicht

chen, dessen wirtschaftliche Basis die landwirtschaftliche Produktion sein sollte.[5] Zunächst schien dieses Unternehmen sehr erfolgversprechend: Innerhalb eines Jahres wuchs die Zahl der Mitglieder von 20 auf 50 an.[6] Es gelang den aus intellektuellen Kreisen stammenden Dorfbewohnern aufgrund mangelnder landwirtschaftlicher Erfahrung jedoch nicht, ihren Lebensunterhalt selbst zu erwirtschaften, so dass sie auf Spenden von außerhalb angewiesen waren.[7] Aus diesem Grund verließ 1928 rund die Hälfte der Bewohner das Dorf.[8] Im Jahr 1938 wurde ein Großteil der Ackerfläche des Neudorfs für den Bau eines Damms konfisziert, weshalb die Mehrheit der Bewohner 1939 ein weiteres Neudorf in Moroyama (Präfektur Saitama) gründete,[9] dem es 1959 schließlich gelang, von finanzieller Unterstützung unabhängig zu werden.[10] Beide Dörfer existieren noch heute, der sowohl in chinesischen als auch in westlichen Publikationen verbreiteten gegenteiligen Behauptung zum Trotz.[11] Nach einer Blüte in den 1970er Jahren[12] leiden die Kommunen seit einigen Jahren jedoch an der Überalterung ihrer Mitglieder.[13]

---

explizit als Sozialist, er schrieb vielmehr, er wisse nicht, ob seine Ideen ihre Ursprünge im Sozialismus hätten. Mushanokōji Saneatsu 武者小路実篤: *Atarashiki mura no seikatsu* 新しき村の生活, [Tokyo: Shinchōsha, 1918] in: Ders.: *Mushanokōji Saneatsu zenshū* 武者小路実篤全集, Bd. 4, (Tokyo: Shōgakukan, 1988), S. 5.

5 „Atarashiki mura ni tsuite 新しき村について" (http://www.atarashiki-mura.or.jp, 11.3.2010).

6 Richard Fairfield: *The Modern Utopian. Communes, Japan* (San Francisco: Alternatives Foundation, 1972), S. 21.

7 Ebd.

8 Ebd., S. 22.

9 „Atarashiki mura hachijū nen no ayumi 新しき村八十年の歩み". (http://www2u.biglobe.ne.jp/~sin_mura/AYUMI.htm, 11.3.2010).

10 Fairfield: *The Modern Utopian*, S. 22.

11 Ni Moyan 倪墨炎: *Zhongguo de pantu yu yinshi: Zhou Zuoren* 中国的叛徒与隐士：周作人 (Shanghai: Shanghai wenyi chubanshe, 1990), S. 109; David Pollard: „Chou Tso-jen: A Scholar Who Withdrew", in: Charlotte Furth (Hrsg.): *The Limits Of Change. Essays on Conservative Alternatives in Republican China* (Cambridge u.a.: Harvard University Press, 1976), S. 332–411, hier: S. 342.

12 Fairfield: *The Modern Utopian*, S. 21.

13 Hiroshi Matsubara: „Farm commune inspired by novelist in danger of fading away", in: *The Japan Times Online*, Ausgabe vom 14.8.2001 (http://search.japantimes.co.jp/cgi-bin/nn20010814m2.html, 11.3.2010).

Aus Zhou Zuorens Tagebucheintrag vom 25. Oktober 1918 geht hervor, dass er zu jener Zeit mit dem Neudorf bereits in Briefkontakt stand und dass er an selbigem Tag begann, Mushanokōjis programmatische Schrift *Atarashiki mura no seikatsu* 新しき村の生活 (*Das Leben im Neudorf*)[14] zu lesen.[15] In diesem Buch stellte Mushanokōji die Ideale und die Lebenspraxis der Neudorf-Kommune dar. Als Ziel der Bewegung erklärte er die Schaffung einer Gesellschaft, die ein „menschliches Leben" (*ningenrashii seikatsu* 人間らしい生活) ermöglichen solle.[16] Hierunter verstand er eine in materieller Hinsicht gleichheitlich organisierte, gleichzeitig aber den Individuen größtmögliche Entwicklungsfreiheit gewährende Gesellschaftsordnung.[17] So hatte auf der einen Seite jeder arbeitsfähige Mensch die Pflicht, sich an der gemeinsamen Arbeit zur Sicherung des Lebensunterhalts zu beteiligen und die Gemeinschaft stellte allen Mitgliedern kostenlos Kleidung, Nahrung, Logis sowie medizinische Versorgung zur Verfügung. Auf der anderen Seite wurde die tägliche Arbeit auf die für die Gemeinschaft zum materiellen Überleben unbedingt notwendigen Tätigkeiten begrenzt, damit den Dorfbewohnern ausreichend Freizeit bliebe, in der sie ihre persönlichen Interessen pflegen und ihre individuellen Begabungen frei entwickeln konnten.[18] Mushanokōji scheint in diesem Zusammenhang insbesondere an der intellektuellen sowie der künstlerischen Entfaltung der Individuen gelegen zu haben.[19] Die freie Entwicklung der individuellen Talente führe schließlich dazu, dass große Persönlichkeiten heranwüchsen, die zum Fortschritt der Zivilisation beitrügen. Mushanokōji war davon überzeugt, dass die Menschheit in der Zukunft zwangsläufig eine derartige gerechte und freie Gesellschaft schaffen würde. Ungewiss sei jedoch, ob dies mittels Gewalt oder auf friedlichem Wege geschehen würde.[20] Das Ziel der Neudorf-Bewegung war daher, alle Menschen nach und nach zu veranlassen, ihrem Beispiel zu folgen und durch die friedliche Verwirklichung eines

14 Mushanokōji Saneatsu: *Atarashiki mura no seikatsu.*

15 Zhou Zuoren 周作人: *Zhou Zuoren riji* 周作人日记, Bd. 1 ([1996] Zhengzhou: Daxiang chubanshe, 1998), S. 780.

16 Mushanokōji Saneatsu: *Atarashiki mura mo seikatsu*, S. 3.

17 Ebd., S. 9.

18 Ebd., S. 7.

19 Ebd., S. 18.

20 Ebd., S. 8.

„menschlichen Lebens" einer sonst zwangsläufig ausbrechenden blutigen Revolution zuvorzukommen.[21]

Mushanokōjis Schrift löste in Zhou Zuoren große Begeisterung für die Neudorf-Bewegung aus.[22] Im April 1919, ein halbes Jahr nach seiner ersten Lektüre von *Atarashiki mura no seikatsu*, publizierte er in der *Xin Qingnian* den Artikel „Riben de xincun 日本的新村" („Das Neudorf in Japan"),[23] in welchem er anhand übersetzter Zitate aus Mushanokōjis Werk erstmals die Neudorf-Bewegung in China vorstellte.[24] Im darauf folgenden Juli reiste Zhou nach Japan und besuchte das Neudorf in Hyūga, wo er fünf Tage (7.–11. Juli 1919) verweilte.[25] Wieder zurück in China, veröffentlichte Zhou Zuoren zahlreiche Artikel zur Verbreitung der Bewegung in China und gründete im Februar 1920 in seinem Haus die Beijinger Zweigstelle der Neudorf-Bewegung.[26] Die erklärten Ziele dieser Zweigstelle waren die Verbreitung der Ideen des Neudorfs, die Vermittlung zwischen chinesischen Interessenten und dem Neudorf in Hyūga sowie die Hilfestellung bei der Organisation einer Reise nach Hyūga für all jene, die das Neudorf selbst besuchen wollten. Den Aufbau eines Neudorfs in China beabsichtigte Zhou Zuoren jedoch nicht.[27]

Nachdem die chinesische Neudorf-Bewegung[28] 1920 ihren Höhepunkt erreicht hatte, kam sie jedoch bald schon wieder zum Erliegen.[29] Der Grund

21 Zhou Zuoren 周作人: *Zhitang huixianglu* 知堂回想录, Bd. 2 (Hong Kong: San yu tushu wenju gongsi, 1970), zitiert nach: *ZZZW*, S. 446.

22 Zhou Zuorens intensive Rezeption von Mushanokōjis *Atarashiki mura no seikatsu* geht auch aus der wiederholten Erwähnung dieses Textes in seinem Tagebuch hervor. Z. B.: Zhou Zuoren: *Zhou Zuoren riji*, Bd. 2, S. 3 (Tagebucheintrag vom 6.1.1919).

23 Zhou Zuoren 周作人: „Riben de xincun 日本的新村", in: [*Xin Qingnian* 新青年 6.3 (1919)] Zhou Zuoren: *Yishu yu shenghuo*, S. 201–212.

24 Qian: *Zhou Zuoren zhuan*, S. 225.

25 Zhou Zuoren: *Zhou Zuoren riji,* Bd. 2, S. 37f. (Tagebucheinträge vom 7.–13.7.1919). Zhou Zuoren verfasste einen detaillierten Bericht über diese Reise: Zhou Zuoren 周作人: „Fang Riben xincun ji 访日本新村记", in: [*Xinchao* 新潮 2.1 (1919)] Zhou Zuoren: *Yishu yu shenghuo*, S. 221–234.

26 Ni Moyan: *Zhongguo de pantu*, S. 120.

27 Gotelind Müller: *China, Kropotkin und der Anarchismus. Eine Kulturbewegung im China des frühen 20. Jahrhunderts unter dem Einfluß des Westens und japanischer Vorbilder* (Wiesbaden: Harrassowitz, 2001), S. 369.

28 Zur Rezeption der Neudorf-Bewegung in China: William Chow: „Chou Tso-jen and the New Village Movement", in: *Hanxue Yanjiu* 汉学研究 10.1 (1992), S. 105–135.

hierfür liegt wohl nicht zuletzt darin, dass der Enthusiasmus Zhou Zuorens, der als intellektueller Führer der Bewegung in China galt, abflaute und er immer weniger Artikel publizierte, die eine soziopolitische Umsetzung der Ideale des Neudorfs propagierten. Seinen letzten diesbezüglichen Beitrag veröffentlichte er im Dezember 1920.[30] Später erklärte Zhou Zuoren seine Abwendung von der Neudorf-Bewegung damit, dass er den Glauben an deren soziale Wirkungskraft verloren habe.[31]

Der frühe Einfluss der Neudorf-Bewegung auf Zhou Zuorens Literaturkonzept: Literatur zur Propagierung eines „menschlichen Lebens"

Wenngleich Zhou Zuorens politische Begeisterung für das Neudorf recht kurzlebig war, so war der Einfluss, den sie auf seine literarischen Ansichten ausübte, umso tiefgreifender. Wie bereits erwähnt, entwickelte er sein viel zitiertes Konzept einer „menschlichen Literatur" aus der Auseinandersetzung mit den Idealen und der konkreten Lebenspraxis des Neudorfs heraus. Seinen ersten und meist zitierten Artikel, in welchem er eine „menschliche Literatur" propagierte, veröffentlichte Zhou Zuoren unter dem Titel „Ren de wenxue 人的文学" („Menschliche Literatur") am 15. Dezember 1918 in der *Xin Qingnian*,[32] also keine zwei Monate nach der erstmaligen Erwähnung von Mushanokōjis *Atarashiki mura no seikatsu* in seinem Tagebuch. Obgleich er sich in diesem Essay nicht explizit auf die Neudorf-Bewegung bezieht, ist deren Einfluss auf seine literarischen Ideen nicht zu übersehen: Während das Ziel der Neudorfbewegung die Verwirklichung eines „menschlichen Lebens" ist,[33] plädiert Zhou Zuoren für eine „menschliche Literatur". In späteren Texten verwendet er vorzugsweise den die Terminologie des Neudorfs noch deutlicher aufgreifenden Ausdruck „Literatur des menschli-

---

29 Ni Moyan: *Zhongguo de pantu*, S. 122.

30 Zhi An 止庵: *Zhou Zuoren zhuan* 周作人传 (Jinan: Shandong huabao chubanshe, 2009), S. 80.

31 Zhou Zuoren 周作人: „Zi xu 自序", in: Ders.: *Yishu yu shenghuo*, S. 2.

32 Zhou Zuoren: „Ren de wenxue".

33 Mushanokōji Saneatsu: *Atarashiki mura no seikatsu*, S. 3.

chen Lebens" (*rensheng de wenxue* 人生的文学)[34] bzw. „Kunst des menschlichen Lebens" (*rensheng de yishu* 人生的艺术).[35] Unter einem „menschlichen Leben" versteht Zhou Zuoren ganz im Einklang mit Mushanokōji[36] das Leben in einer Gesellschaft, in der das materielle Leben entsprechend dem Grundsatz geregelt ist, dass jeder gemäß seinen Kräften arbeitet und dafür von der Gemeinschaft die für ein gesundes Leben notwendige Kleidung, Nahrung und Logis erhält.[37] Was den geistigen Aspekt des „menschlichen Lebens" anbelangt, so fordert Zhou in „Ren de wenxue" ein glückliches, freies Leben, das auf den Tugenden Liebe (*ai* 爱), Weisheit (*zhi* 智), Zuverlässigkeit (*xin* 信) und Mut (*yong* 勇) basieren solle.[38] Auch hier fällt die Ähnlichkeit zu den grundlegenden Werten der Neudorf-Bewegung auf, die nach Mushanokōji Vernunft (*risei* 理性), Liebe (*ai* 愛) und Intelligenz (*richi* 理知) sind.[39] Eine weitere Parallele zur Philosophie der Neudorf-Bewegung ist die Betonung des Individuums. So schreibt Zhou, dass der Ausgangspunkt seines Humanismus das Individuum sei, denn, so argumentiert er mit Verweis auf die neutestamentliche Nächstenliebe, der Mensch müsse zunächst sich selbst lieben, um eine allgemeine Menschenliebe entwickeln zu können.[40] Auch diese Argumentation findet sich in ähnlicher Weise bei Mushanokōji.[41] Schließlich gibt Zhou Zuoren seiner Überzeugung Ausdruck, dass letztendlich alle Menschen, selbst die privilegierten Reichen, die Notwendigkeit, eine solche „menschliche" Gesellschaft zu verwirklichen, einsehen würden.[42] Denselben optimistischen Glauben an die Einsichtigkeit der Menschen, insbesondere der Reichen, findet man auch bei Mushanokōji.[43] Zusammenfassend kann man daher sagen, dass Zhou Zuo-

34 Zhou Zuoren: „Xin wenxue de yaoqiu 新文学的要求", in: [*Chenbao Fukan* 晨报副刊, Ausgabe vom 8.1.1920] Zhou Zuoren: *Yishu yu shenghuo*, S. 19.

35 Zhou Zuoren 周作人: „Ziji de yuandi 自己的园地", in: [*Chenbao Fukan* 晨报副刊, Ausgabe vom 22.1.1922] Zhou Zuoren: *Ziji de yuandi* 自己的园地 (ZZZW), S. 6f.

36 Mushanokōji Saneatsu: *Atarashiki mura no seikatsu*, S. 9.

37 Zhou Zuoren: „Ren de wenxue", S. 11.

38 Ebd.

39 Mushanokōji Saneatsu: *Atarashiki mura no seikatsu*, S. 13.

40 Zhou Zuoren: „Ren de wenxue", S. 11f.

41 Mushanokōji Saneatsu: *Atarashiki mura no seikatsu*, S. 7.

42 Zhou Zuoren: „Ren de wenxue", S. 11.

43 Mushanokōji Saneatsu: *Atarashiki mura no seikatsu*, S. 9.

ren die Vorstellung eines idealen „menschlichen“ Lebens von der Neudorf-Bewegung übernommen hat. Diese dient ihm nun als Ausgangspunkt für seine Überlegungen über die Rolle, die der Literatur zur Verwirklichung dieses „menschlichen“ Lebens zukommt.

In „Ren de wenxue“ fordert Zhou Zuoren eine „menschliche Literatur“, die sich dadurch auszeichne, dass sie ein „menschliches Leben“ im oben beschriebenen Sinne propagiere.[44] Dies könne einerseits durch literarische Texte geleistet werden, die ein solches ideales Leben beschreiben, oder andererseits durch Literatur, die gerade das alltägliche, oft „unmenschliche Leben“ (*feiren de shenghuo* 非人的生活)[45] zum Gegenstand hat. Bei letzterer Art von Text sei allein die Autorenintention ausschlaggebend: Klagt der Text diese „unmenschlichen“ Lebensbedingungen an, gelte er als „menschliche Literatur“, andernfalls handle es sich um „unmenschliche Literatur“ (*feiren de wenxue* 非人的文学).[46] Auch in dem nur kurze Zeit später verfassten Artikel „Pingmin de wenxue 平民的文学“ („Volkstümliche Literatur“) schreibt Zhou Zuoren der Literatur eine soziale Aufklärungsfunktion zu. Die Literatur solle das Leben der Menschen, insbesondere das der einfachen Leute, umfassend untersuchen und Wege zu dessen Verbesserung aufzeigen.[47]

Kurz, in dieser ersten Phase betrachtet Zhou Zuoren die Literatur als Vehikel, die Idee eines anzustrebenden „menschlichen Lebens“ zu verbreiten und Wege zu dessen Verwirklichung aufzuzeigen. Zhou Zuoren sieht zu jener Zeit also die bewusste Einflussnahme auf die soziale und politische Wirklichkeit als das Ziel jeder schriftstellerischen Tätigkeit.

Literatur als Selbstausdruck

Ein Jahr später, im Januar 1920, lässt Zhou Zuorens ursprünglich als Rede entworfener Text „Xin wenxue de yaoqiu 新文学的要求“ („Forderungen an die neue Literatur“) eine deutliche Wende in seinem Literaturkonzept

44 Zhou Zuoren: „Ren de wenxue“, S. 12.
45 Ebd.
46 Ebd.
47 Zhou Zuoren 周作人: „Pingmin de wenxue 平民的文学“, in: [*Meizhou Pinglun* 每周评论 5 (1919)] Zhou Zuoren: *Yishu yu shenghuo*, S. 5f.

erkennen. Während er sich zuvor die Literatur als ein von außen auf die Gesellschaft einwirkendes Instrument zur Verwirklichung eines „menschlichen Lebens" vorgestellt hatte, weist er ihr nun als ein Bereich, in welchem sich die Individuen geistig frei entfalten können und dadurch zum Fortschritt der Gesellschaft beitragen, gewissermaßen einen Platz innerhalb des ideologischen Systems der Neudorf-Philosophie zu.

Als Ausgangspunkt für seine Überlegungen dient Zhou Zuoren hierbei weiterhin das Menschenbild der Neudorf-Bewegung – obgleich er auch in diesem Text nicht explizit auf sie Bezug nimmt. Er greift seine bereits in „Ren de wenxue"[48] formulierte Betrachtungsweise des Menschen wieder auf, derzufolge das menschliche Leben eine materielle oder fleischliche Seite habe, die den Menschen mit dem Tier verbinde, und sich gleichzeitig aber durch eine geistige oder seelische Seite vom animalischen Dasein abhebe.[49] Diese Zweiseitigkeit des menschlichen Lebens streicht Zhou Zuoren in seinen Texten zur Vorstellung des Neudorfs in China als das wesentliche Merkmal des Neudorf-Ideals heraus:

> Einfach in einem Satz gesagt, ist das Ideal des Neudorfs das menschliche Leben. Dieses menschliche Leben kann man in zwei Aspekte aufteilen, den materiellen und den geistigen. Der materielle Aspekt ist das sichere Leben, der geistige Aspekt ist die freie Entwicklung.[50]

Darüber hinaus übernimmt Zhou Zuoren in „Xin wenxue de yaoqiu" von den Neudörflern das Prinzip, ein kosmopolitisches mit einem individualistischen Ideal zu vereinen. Zhou definiert den Menschen ausschließlich durch seine Eigenschaft, einerseits Individuum und andererseits Mitglied der menschlichen Gattung zu sein, und lehnt daher im Einklang mit Mushanokōji sämtliche Nationen- und Rassengrenzen als künstlich geschaffene Abgrenzungen ab:

> [Während] beispielsweise die Unterschiede [zwischen den] Rassen und Ländern früher als des Himmels Regel und der Erde Gesetz betrachtet wurden, weiß man jetzt, dass [diese Vorstellungen] allesamt nichts weiter als Götzen

48 Zhou Zuoren: „Ren de wenxue", S. 10.

49 Zhou Zuoren: „Xin wenxue de yaoqiu", S. 19f.

50 Zhou Zuoren 周作人: „Xincun de lixiang yu shiji 新村的理想与实际", in: [*Chenbao Fukan* 晨报副刊, Ausgabe vom 23./24.6. 1920] Zhou Zuoren: *Yishu yu shenghuo*, S. 213.

> sind. Daher ist der neue bewusste Mensch der Moderne im Großen und Ganzen folgender Überzeugung: ‚Ich erkenne nur als wahr an, dass es im Großen die Menschheit und im Kleinen mich gibt.'[51]

Neu ist in „Xin wenxue de yaoqiu" nun die Rolle, die Zhou der Literatur zuschreibt. Im Gegensatz zu seinen bereits zitierten früheren Texten bezieht er deutlich gegen eine utilitaristische „Literatur um des menschlichen Lebens willen" (*wei rensheng de wenxue* 为人生的文学), die sich die aktive Verbesserung der Gesellschaft zum Ziel setzt, Position und fordert stattdessen eine „Literatur des menschlichen Lebens" (*rensheng de wenxue* 人生的文学).[52] Er will diese Konzeption einer „Literatur des menschlichen Lebens" jedoch ebenso wenig als L'art-pour-l'art-Auffassung verstanden wissen. Unter „Literatur des menschlichen Lebens" versteht Zhou Zuoren stattdessen literarische Werke, in denen der Schriftsteller seine persönlichen Gefühle und Gedanken bezüglich des menschlichen Lebens zum Ausdruck bringe. Da die Gefühle des Autors vom Leben geprägt seien, sei dessen individueller Gefühlsausdruck somit der Ausdruck des (oder eines) menschlichen Lebens.[53]

Die Frage, die sich nun stellt, ist, in welcher Weise dieser sich keinem Zweck verschreibende Gefühlsausdruck des Individuums zum Fortschritt der Gesellschaft beitragen kann. Bei der Beantwortung dieser Frage gehen nun Zhou Zuorens Überlegungen über die Philosophie des Neudorfs hinaus bzw. er führt Mushanokōjis Vorstellung, derzufolge der zivilisatorische Fortschritt von der geistigen Entfaltung des Individuums ausgehe,[54] für den Bereich der Literatur weiter aus.

Zhou Zuoren geht davon aus, dass die Gefühle des Individuums – insbesondere seit dem Anbruch der Moderne – fortschrittlicher seien als jene der Volksmassen und dass daher in der modernen Literatur vornehmlich fortschrittliche Gefühle wie das Bedürfnis nach Freiheit zum Ausdruck kämen.[55] Der Kerngedanke von Zhou Zuorens Argumentation ist nun, dass dieser

51 Zhou Zuoren: „Xin wenxue de yaoqiu", S. 22.

52 Ebd., S. 19.

53 Ebd., S. 18f.

54 Mushanokōji Saneatsu: *Atarashiki mura no seikatsu*, S. 10. In seinen Texten zur Neudorf-Bewegung hebt Zhou Zuoren diesen Aspekt besonders hervor. Zhou Zuoren: „Xincun de lixiang yu shiji", S. 215.

55 Zhou Zuoren: „Xin wenxue de yaoqiu", S. 21f.

literarische Selbstausdruck des fortschrittlichen Individuums ganz von selbst der Gesellschaft, bzw. der gesamten Menschheit, nütze, ohne dass dies jedoch ursprünglich die Intention des Dichters sein solle. Die Gefühle, die das Individuum im literarischen Kunstwerk aus sich herausrufe, seien im Grunde allgemein menschliche Gefühle. Obgleich vorerst nur das fortschrittliche Individuum diese Gefühle empfinde, seien sie der Natur nach in allen Menschen angelegt, nur unterdrückten die Volksmassen oftmals diese fortschrittlichen Gefühle noch.[56] Aus diesem Grunde, so Zhou Zuoren, könne man sagen, dass das fortschrittliche Individuum die Menschheit repräsentiere und die Literatur des Individuums daher zugleich auch die Literatur der modernen Menschheit als Ganzes sei. Durch diese unwillkürliche Repräsentation der Menschheit wirkt das fortschrittliche Individuum nun zum Positiven auf die menschliche Gesellschaft ein:

> Diese humanistische Literatur, die wir weiter oben Literatur des menschlichen Lebens genannt haben, [...] ist eine Literatur, in der das Individuum vermöge seiner Zugehörigkeit zur menschlichen Gattung die Gefühle des Individuums mit künstlerischen Methoden ausdrückt und dadurch den Willen der menschlichen Gattung repräsentiert und auf das Glück des Lebens in der menschlichen Gesellschaft Einfluss ausübt.[57]

Zhou Zuoren überträgt hier also die bereits angesprochene Verbindung von Individualismus und Kosmopolitismus der Neudorf-Bewegung, die er in seinen politischen Texten über das Neudorf immer wieder betont,[58] auf das Gebiet der Literatur. Zugleich baut er auch die Idee der Neudörfler von der geistigen Entfaltung des Individuums als Antriebskraft des Fortschritts weiter für den literarischen Bereich aus.

Neben der Repräsentationsfunktion betont Zhou Zuoren in „Xin wenxue de yaoqiu“ auch den kommunikativen Wert von Literatur: Durch diese Literatur, die allgemein menschliche Gefühle zum Ausdruck bringe, könnten sich die Menschen gegenseitig verstehen.[59] Auch dieser Gedanke ist im Zusammenhang mit der Neudorf-Philosophie zu sehen. In „Xincun de lixiang yu shiji 新村的理想与实际“ („Ideal und Realität des Neudorfs“)

56 Ebd., S. 22.
57 Ebd., S. 22f.
58 Zhou Zuoren: „Xincun de lixiang yu shiji“, S. 216.
59 Zhou Zuoren: „Xin wenxue de yaoqiu“, S. 21f.

begründet Zhou Zuoren die große Bedeutung der Kunst im Alltag der Neudorf-Kommune damit, dass Kunst und Literatur die Menschen geistig miteinander verbinde und sie vor trister Einsamkeit bewahre.[60] Ob Zhou Zuoren in der kommunikativen Funktion der Literatur jedoch ein Mittel zum gesellschaftlichen Fortschritt sah, ist unklar. Die Idee von Kunst als Kommunikationsmittel hat Zhou Zuoren sehr wahrscheinlich von Tolstoj übernommen.[61] Dieser meint, die durch die Kunst ermöglichte zwischenmenschliche Kommunikation führe zum zivilisatorischen Fortschritt.[62] Ob Zhou Zuoren diese Überzeugung teilt, geht jedoch nicht aus seinen Schriften hervor.

Das Konzept einer „Literatur des menschlichen Lebens" jenseits des politischen Engagements für das Neudorf

Wie bereits erwähnt, ließ Zhou Zuorens politische Begeisterung für die Neudorf-Bewegung schon Ende 1920 nach. Zhou Zuoren selbst[63] wie auch die Sekundärliteratur bezeichnen die Zeit zwischen Ende 1918 und 1920, in die zum einen Zhous Engagement für die Neudorf-Bewegung und zum anderen seine Texte zur Verbreitung einer „menschlichen Literatur" fallen, im Allgemeinen als Zhou Zuorens „humanistische" Phase.[64] In biographischen und literaturgeschichtlichen Darstellungen wird häufig behauptet, Zhou Zuorens Ideen hätten hiernach eine völlige Richtungsänderung erlebt – weg vom sozialen Engagement auf politischer sowie auf literarischer Ebene hin zu der

60 Zhou Zuoren: „Xincun de lixiang yu shiji", S. 219.

61 Lev N. Tolstoj Лев Н. Толстой: *Čto takoe iskusstvo? Что такое искусство?* ([in: *Voprosy filosofii i psihologii Вопросы философии и психологии* (Nov./Dez. 1897: Kapitel I–V; Jan./Feb. 1898: Kapitel VI–XX)] Letchworth u.a.: Bradda Books, 1963), S. 183, 188; dt. Übers.: Leo Tolstoi: *Was ist Kunst?* (Leipzig: Diederichs, 1902), S. 219, 214.

62 Tolstoj: *Čto takoe iskusstvo?*, S. 188; dt. Übers.: Tolstoi: *Was ist Kunst?*, S. 224.

63 Zhou Zuoren: „Zi xu", S. 2.

64 Zhang Xianfei 张先飞: „Cong pubian de rendao lixiang dao geren de qiusheng yizhi. Lun 20 niandai qianqi Zhou Zuoren ‚renxue' guannian de yi ge zhongyao zhuanbian 从普遍的人道理想到个人的求胜意志. 论20年代前期周作人“人学”观念的一个重要转变", in: *Lu Xun Yanjiu Yuekan* 鲁迅研究月刊 2 (1999), S. 44.

Vorstellung, dass die Literatur keinerlei gesellschaftlichen Zweck erfülle.[65] Problematisch ist hierbei, dass grundsätzlich nicht unterschieden wird zwischen dem Wandel von Zhous politischen Vorstellungen und der Entwicklung seiner literarischen Ideen. Diese – meiner Ansicht nach vereinfachende – Darstellung wird sicherlich auch durch Zhou Zuorens spätere Äußerungen unterstützt, in welchen er seinen Enthusiasmus für die Neudorf-Bewegung in einem Atemzug mit seinen literaturtheoretischen Vorstellungen jener Zeit als naive Träumerei abqualifiziert[66] und allgemein von einer „Richtungsänderung" (*zhuanbian fangxiang* 转变方向) in seinem Denken spricht,[67] die er auf das Jahr 1921 datiert.[68] Betrachtet man Zhou Zuorens literaturtheoretische Schriften der folgenden Jahre jedoch genauer, so kann man feststellen, dass er in diesen Texten keineswegs seine unter dem Einfluss der Neudorf-Bewegung entstandenen literarischen Ideen revidiert, sondern dass er im Gegenteil an dem in „Xin wenxue de yaoqiu" entworfenen Literaturkonzept grundsätzlich festhält und lediglich einzelne Aspekte hervorhebt und genauer erläutert. Auch bei den Schlagwörtern, die er zur Bezeichnung seines Literaturkonzepts verwendet, zeigt sich die Kontinuität seiner Ideen: Er spricht weiterhin von „menschlicher Literatur",[69] von „Literatur des menschlichen Lebens"[70] und vom (literarischen) „Selbstausdruck" (*ziji de biaoxian* 自己的表现).[71] Insbesondere im Hinblick auf die Frage, was un-

65 Qian Liqun: „Lu Xun and Zhou Zuoren: A Comparative Study of the Evolution of Their Literary Views", in: *Social Sciences in China* 5.3 (1984), S. 134.

66 Zhou Zuoren: „Zi xu", S. 2.

67 Zhou Zuoren 周作人: „*Yishu yu shenghuo* xu er 艺术与生活序二", in: Ders.: [*Yishu yu shenghuo* 艺术与生活 (Shanghai: Shanghai qunyi shushe, 1931)] *Ku yu zhai xu bawen* 苦雨斋序跋文 (*ZZZW*), S. 47.

68 Zhou Zuoren: „Houji 后记", in: Ders.: *Tan hu ji* 谈虎集 ([Shanghai: Shanghai beixin shuju,1928] *ZZZW*), S. 393.

69 Zhou Zuoren: „Guizu de yu pingmin de 贵族的与平民的", in: [*Chenbao Fukan* 晨报副刊, Ausgabe vom 19.2.1922] Zhou Zuoren: *Ziji de yuandi*, S. 16.

70 Zhou Zuoren: „Ziji de yuandi", S. 6f. Zhou Zuoren spricht nicht ausschließlich von „Literatur des menschlichen Lebens", sondern allgemeiner von „Kunst des menschlichen Lebens", bezieht sich aber in seiner Argumentation vor allem auf Literatur.

71 In der Sekundärliteratur wird häufig behauptet, Zhou Zuorens ideologische „Wende" bestehe darin, anstelle seiner zunächst geforderten „menschlichen Literatur" nun den literarischen „Selbstausdruck" zu fordern. Qian: „Lu Xun and Zhou Zuoren", S. 134. Tatsächlich hatte Zhou aber den „Selbstausdruck" bereits in „Xin wenxue de yaoqiu" als Ziel der Literatur bezeichnet. Zhou Zuoren: „Xin wenxue de yaoqiu", S. 18.

ter einem literarischen Selbstausdruck des Individuums zu verstehen ist und wie dieser auf die soziale Realität einwirkt, baut Zhou Zuoren in der ersten Hälfte der 1920er Jahre auf seinen in „Xin wenxue de yaoqiu“ entwickelten Ideen auf. Immer wieder betont Zhou, dass das schriftstellerisch tätige Individuum ausschließlich seine subjektiven Gefühle aus sich „herausrufen“ solle.[72] Man solle keine anderen Menschen imitieren, sondern auf natürliche Art und Weise seine Individualität zum Ausdruck bringen.[73] Inhaltlich seien diesem literarischen Selbstausdruck keine Schranken gesetzt, Zhou betont vielmehr, dass all das, was der Mensch artikulieren möchte, Gegenstand der Literatur sein könne, da genau das der wahre Ausdruck des Menschen sei:

> Ganz gleich wie dürftig unsere Ideen sind und wie einfach das Werk ist, wenn wir selbst aber von etwas fühlen, dass wir es sagen wollen, dann dürfen wir es mutig aussprechen. Denn Kunst und Literatur sind nur Selbstausdruck, daher ist ein gewöhnliches Werk gerade der wahre Ausdruck eines gewöhnlichen Menschen und ist viel ehrlicher, als wenn man vornehme aber scheinheilige Worte spricht.[74]

In dem Artikel „Shi de xiaoyong 诗的效用“ („Der Nutzen der Lyrik“) beschreibt Zhou Zuoren das Bedürfnis nach dichterischer Tätigkeit als einen unterbewussten Trieb:

> Das Schreiben eines Gedichts ist ein unbewusster Impuls, es ist beinahe ein physisches Bedürfnis, dem Sexualtrieb vergleichbar.[75]

Allein die Befriedigung dieses Bedürfnisses, die individuellen Gefühle auszudrücken, sei folglich Ziel der dichterischen Tätigkeit, so Zhou Zuoren in selbigem Artikel. Trotz der sehr starken Betonung des individuellen Charakters der Literatur hält Zhou Zuoren an der in „Xin wenxue de yaoqiu“ postulierten Repräsentationsfunktion, die der Schriftsteller für die gesamte

72 Zhou Zuoren 周作人: „Shi de xiaoyong 诗的效用“, in: [*Chenbao Fukan* 晨报副刊, Ausgabe vom 19.2.1922] Zhou Zuoren: *Ziji de yuandi*, S. 17.

73 Zhou Zuoren 周作人: „Gexing de wenxue 个性的文学“, in: [1921 verfasst, Erstveröffentlichung unklar] Zhou Zuoren: *Tan long ji* 谈龙集 (*ZZZW*), S. 147.

74 Zhou Zuoren 周作人: „Ziji de yuandi jiu xu 自己的园地旧序“, in: [*Chenbao Fukan* 晨报副刊, Ausgabe vom 1.8.1923] Zhou Zuoren: *Tan long ji*, S. 32.

75 Zhou Zuoren: „Shi de xiaoyong“, S. 17.

Menschheit einnehme, fest.[76] Er geht sogar soweit, zu sagen, die Individualität sei einerseits das einzige Gut des Individuums und andererseits jedoch auch die fundamentale Eigenschaft, die allen Menschen gemein sei.[77]

Zhou Zuorens Ausführungen zur Literatur als Selbstausdruck weisen sehr evidente Parallelen zu Tolstojs Traktat *Čto takoe iskusstvo?* (*Was ist Kunst?*) auf. Dieser hatte bereits 1898 gefordert, die Kunst solle ein aufrichtiger Ausdruck der Gefühle des Individuums sein, wobei er wie Zhou Zuoren mit „Aufrichtigkeit" meinte, dass die von dem Kunstschaffenden ausgedrückten Gefühle auch tatsächlich dessen ureigenste Gefühle seien und dass er sein Kunstwerk ausschließlich zur eigenen Befriedigung und nicht für den Empfänger schaffe.[78] Diese Widerspiegelung von Tolstojs Ideen in Zhou Zuorens Schriften ist im Zusammenhang mit der Neudorf-Bewegung zu sehen. Denn die Neudorf-Bewegung war stark von Tolstoj beeinflusst[79] und Zhou Zuoren selbst hatte Tolstojs *Čto takoe iskusstvo?* bereits zur Popularisierung der Neudorf-Bewegung in China zitiert.[80] Der entscheidende Unterschied zwischen Zhou Zuoren und Tolstoj besteht in der Antwort auf die Frage, ob Kunst und Literatur allgemein verständlich – also insbesondere für die ungebildeten Klassen zugänglich – sein sollen. Während Tolstoj die Zugänglichkeit der Kunst für alle Menschen fordert,[81] bezieht Zhou Zuoren hier explizit gegen Tolstoj Position, denn, so schreibt er, wenn der Schriftsteller beim Schreiben darauf achten müsse, dass ihn alle Menschen verstünden, dann wäre sein Werk kein wahrer, unverfälschter Gefühlsausdruck des Individuums mehr.[82]

Der Fortschritt entsteht nach Tolstoj nun dadurch, dass die Leser eines literarischen Werks bei der Lektüre dasselbe Gefühl empfinden, das der Schriftsteller beim Verfassen des Werks empfunden hat, selbst wenn sie

76 Ebd.

77 Zhou Zuoren: „Gexing de wenxue", S. 147.

78 Tolstoj: *Čto takoe iskusstvo?*, S. 186; dt. Übers.: Tolstoi: *Was ist Kunst?*, S. 222.

79 Die Neudörfler ehrten Tolstoj sogar mit einem arbeitsfreien Feiertag an seinem Geburtstag. Zhou Zuoren: „Riben de xincun", S. 211.

80 Zhou Zuoren: „Xincun de lixiang yu shiji", S. 219. Zhou Zuoren gibt hier gibt einen zentralen Gedanken aus *Čto takoe iskusstvo?* wieder, den er zwar mit Anführungszeichen markiert, jedoch nicht die Quelle seines Zitats nennt. Tolstoj: *Čto takoe iskusstvo?*, S. 183f., 188; dt. Übers.: Tolstoi: *Was ist Kunst?*, S. 219f., 224.

81 Tolstoj: *Čto takoe iskusstvo?*, S. 236; dt. Übers.: Tolstoi: *Was ist Kunst?*, S. 290.

82 Zhou Zuoren: „Shi de xiaoyong", S. 20.

dieses Gefühl selbst zuvor noch nie erlebt haben. Es sei dem Leser sogar so, als habe er alle Gefühle, die der Schriftsteller durch das Kunstwerk zum Ausdruck bringe, selbst schon längst ausdrücken wollen.[83] Diese durch die Kunst ermöglichte emotionale Kommunikation der Menschen untereinander ist für Tolstoj die Antriebskraft des Fortschritts der Menschheit.[84]

Obwohl bei Zhou Zuoren in „Xin wenxue de yaoqiu" sehr ähnliche Gedanken angeklungen waren – dort schrieb er, dass das Individuum allgemein menschliche Gefühle ausdrücke, welche die breiten Volksmassen noch nicht zu empfinden oder auszusprechen in der Lage seien und dass die Literatur die Menschen einander verstehen lasse[85] – betont er in späteren Texten im Gegensatz zu Tolstoj weniger die emotionale Kommunikation der Menschen als Antriebskraft des Fortschritts, sondern sieht den Motor gesellschaftlichen Fortschritts im Streben des einzelnen Individuums, etwas Neues zu schaffen. Diese Idee erläutert er insbesondere in „Guizu de yu pingmin de", einem Text, der in der Sekundärliteratur häufig herangezogen wird, um die Diskontinuität zwischen Zhous „humanistischer Phase" und seinen nur wenige Jahre später formulierten Ansichten zu belegen.[86] Tatsächlich hatte Zhou Zuoren jedoch das Kernargument jenes Textes bereits im Zusammenhang mit seinem Engagement für die Neudorf-Bewegung vorgebracht. In „Xincun de lixiang yu shiji" beschreibt er das Ideal der Neudorf-Bewegung wie folgt:

> Wir erkennen an, dass für ein vollständiges menschliches Leben der erste Schritt die materielle Befriedigung ist, aber wir können das nicht einfach als die Ganzheit des menschlichen Lebens betrachten. Das Ziel des menschlichen Lebens besteht nicht nur darin, zu existieren. Erst wenn [der Mensch] seine Existenz nutzt, um etwas zu schaffen, das die Gegenwart überwindet,[87] gilt das als

83 Tolstoj: *Čto takoe iskusstvo?*, S. 184; dt. Übers.: Tolstoi: *Was ist Kunst?*, S. 220.

84 Ebd., S. 188; dt. Übers.: S. 224.

85 Zhou Zuoren: „Xin wenxue de yaoqiu", S. 21f.

86 David Pollard: „Chou Tso-jen and Cultivating One's Garden", in: *Asia Major* 11.2 (1965), S. 180–198, hier: S. 194.

87 Zhou Zuoren hat hier vermutlich „Zarathustras Vorrede", die sein Bruder Lu Xun zur selben Zeit übersetzte (*Xinchao* 新潮 2.5 (1920)), im Sinn: „*Ich lehre euch den Übermenschen.* Der Mensch ist etwas, das überwunden werden soll. Was habt ihr getan, ihn zu überwinden? Alle Wesen bisher schufen etwas über sich hinaus: und ihr wollt die Ebbe dieser großen Flut sein und lieber noch zum Tiere zurückgehn als den Menschen überwinden?" Friedrich Nietzsche: *Also sprach Zarathustra*, [Chemnitz: Verlag Ernst

> Befolgung des Willens der menschlichen Gattung – [als Befolgung] des Evolutionsgesetzes der Gesellschaft –, als Erfüllung der Aufgabe des Menschseins und nicht als ein den Pflanzen gleiches Verrotten.[88]

Der 1922 verfasste Artikel „Guizu de yu pingmin de" greift die Argumente der zitierten Passage aus „Xincun de lixiang yu shiji" inhaltlich exakt auf – einzig die Terminologie in „Guizu de yu pingmin de" suggeriert ein elitäreres Menschenbild und Literaturkonzept. Gleichermaßen wie in „Xincun de lixiang yu shiji" schreibt Zhou Zuoren nun, dass die Befriedigung der materiellen Bedürfnisse die Grundlage des Lebens sei. Das Streben nach dieser materiellen Befriedigung nennt er „volkstümlichen Geist" (*pingmin de jingshen* 平民的精神) oder auch – in Anlehnung an Schopenhauer – „Wille zum Leben" (*qiu sheng yizhi* 求生意志).[89] Jene Literatur, die ausschließlich den „volkstümlichen Geist" zum Ausdruck bringe, lehnt Zhou Zuoren ab, da der Mangel an „aristokratischem Geist" (*guizu de jingshen* 贵族的精神) in der Literatur zum Rückschritt, zur Degeneration der Gesellschaft führe.[90] Als „aristokratischen Geist" oder „Wille zur Überwindung" (*qiu sheng yizhi* 求胜意志)[91] bezeichnet Zhou Zuoren das ebenso in der oben zitierten Passage aus „Xincun de lixiang yu shiji" geforderte Streben, etwas Neues zu schaffen, um den jeweils gegenwärtigen Geist zu überwinden und so zur Entwicklung der Menschheit beizutragen.[92] Der „volkstümliche" sowie der „aristokratische" Geist seien beide von Natur aus in jedem Menschen angelegt. Allerdings sei die Voraussetzung für die Entwicklung

---

Schmeitzner, 1883] in: Ders.: *Werke in drei Bänden* (München u.a.: Hanser, 1954), Bd. 2, S. 279.

88 Zhou Zuoren: „Xincun de lixiang yu shiji", S. 214f.

89 Zhou Zuoren: „Guizu de yu pingmin de", S. 15.

90 Ebd., S. 16.

91 „Wille zur Überwindung" oder andere mögliche Übersetzungen wie „Wille zum Sieg" sind keine zentralen Termini bei Nietzsche. Zhou Zuorens Beschreibung des „Willens zur Überwindung" ähnelt jedoch sehr Nietzsches Konzept vom „Willen zur Macht", den Nietzsche ausdrücklich Schopenhauers „Willen zum Leben" entgegenstellt. Nietzsche: *Also sprach Zarathustra*, S. 676. Nietzsche bezeichnet mit „Wille zur Macht" die erste Antriebskraft der Evolution, „die spontanen, angreifenden, übergreifenden, neuauslegenden, neu-richtenden und gestaltenden Kräfte", die das „Wesen des Lebens" seien. Friedrich Nietzsche: *Zur Genealogie der Moral* [Leipzig: Naumann, 1887] in: Ders.: *Werke in drei Bänden*, Bd. 2, S. 819.

92 Zhou Zuoren: „Guizu de yu pingmin de", S. 15f.

des „aristokratischen Geists" – und somit für den literarischen Ausdrucks des Strebens nach Überwindung – die völlige materielle Zufriedenheit des Schriftstellers, denn nur so könne er fortschrittliche Gefühle entwickeln, die über rein materielles Verlangen hinausgingen.[93] Während diese Ansicht Zhou Zuorens durchaus als mit der Neudorf-Philosophie im Einklang stehend interpretiert werden kann, steht sie Tolstojs Kunstauffassung diametral entgegen. Dieser schreibt, dass es keine verderblichere Lage für die Produktivität eines Künstlers gebe, als die volle materielle Versorgtheit, da ihm dadurch die Möglichkeit, die wesentlichen menschlichen Gefühle zu empfinden, verloren gehe.[94]

Den Artikel „Guizu de yu pingmin de" schließt Zhou Zuoren ganz in Zarathustra'schem Pathos mit dem Aufruf, das einfache Volk solle einen „aristokratischen Geist" entwickeln:

> Aus der Perspektive der Literatur und Kunst heraus gesprochen, wäre die Aristokratisierung des einfachen Volkes – das Übermenschwerden der gewöhnlichen Menschen – die beste Sache. Denn wenn die gewöhnlichen Menschen nicht zu Übermenschen werden wollen, werden sie zu den letzten Menschen werden.[95]

Zhou Zuoren hegt also die Hoffnung, dass eines Tages jeder einzelne Mensch durch seine freie geistige Entfaltung, die nicht von materiellen Mängeln gehemmt sein wird, einen Beitrag zum geistigen Fortschritt der Zivilisation leisten wird. Dem Glauben, dass der geistige Fortschritt auch unweigerlich zum materiellen Fortschritt führen würde, hatte Zhou Zuoren bereits 1920 in „Xincun de lixiang yu shiji" Ausdruck verliehen.[96] In seinen späteren Texten findet sich keine explizite Formulierung dieser Annahme mehr, jedoch scheint sie implizit Grundlage seiner Argumentation zu sein.

Zusammenfassend kann man sagen, dass Zhou Zuoren sein Literaturkonzept aus der Beschäftigung mit der Neudorf-Bewegung heraus entwickelt und seine literaturtheoretischen Ausführungen die Ideen des Neudorfs auch noch reflektieren, als sein politisches Interesse für die Bewegung bereits nachgelassen hat. In einer ersten, sehr kurzen Phase (Winter 1918/19)

93 Ebd., S. 15f.
94 Tolstoj: *Čto takoe iskusstvo?*, S. 232; dt. Übers.: Tolstoi: *Was ist Kunst?*, S. 283f.
95 Zhou Zuoren: „Guizu de yu pingmin de", S. 16.
96 Zhou Zuoren: „Xincun de lixiang yu shiji", S. 215.

schreibt er der Literatur eine soziale Aufklärungsfunktion zu und sieht die Aufgabe des Schriftstellers in der Verbreitung der Idee eines „menschlichen Lebens“. Beginnend mit dem Text „Xin wenxue de yaoqiu“ geht er einen Schritt weiter und betrachtet die Verwirklichung eines „menschlichen Lebens“ nicht mehr als Ziel der literarischen Tätigkeit, sondern gewissermaßen als deren Voraussetzung: Frei von materiellem Mangel soll das Individuum seine Persönlichkeit voll entfalten und neue, fortschrittliche Gefühle empfinden. Bei Aussagen über die Art dieser „fortschrittlichen“ Gefühle werden Zhous Aussagen im Laufe der Zeit jedoch immer weniger konkret. Während er 1919 noch das Bedürfnis nach Freiheit als Beispiel nennt, spricht er 1922 nur noch sehr abstrakt von einem „Streben nach Überwindung“. In der Entfaltung solcher Gefühle durch das Individuum sieht Zhou Zuoren die Kraft der Kunst, zum Fortschritt der Gesellschaft beizutragen. Es fällt auf, dass Zhou – im Gegensatz zu vielen seiner Zeitgenossen – eine klare Trennungslinie zwischen dem Aufgabenbereich der Literatur und dem der Wissenschaft zieht: Während die Wissenschaft den intellektuellen Fortschritt zur Aufgabe hat,[97] ist die Funktion der Literatur der emotionale Fortschritt der Menschheit.

97 Zhou Zuoren 周作人: „Shenhua de bianhu 神话的辩护“, in: [1924 verfasst, Erstveröffentlichung unklar] Zhou Zuoren: *Yu tian de shu* 雨天的书 (*ZZZW*), S. 160f.

Lebenswelt Maoismus: Die Moralisierung von Gewalt

Sascha Klotzbücher

How did Maoism's conceptual frames structure the individual's perception of self and society during the Cultural Revolution? Based on an analysis of three autobiographical texts or diaries of teenagers, this article explores how individuals cope with the permanent commitment required by the Maoist frame. Individual action is expected to have a large social impact, regardless of the costs to the individual or his/her own interests. Violent action can be understood as a way of relieving these negative feelings created by this perception of reality. Two case studies show violence in mass actions not as the result of obedience, but as a consequence of highly skeptical participation. The individual struggles to eliminate moral (humanistic) values, replacing these with moral societal gains and needs. Within the friend-foe dichotomy of Maoist thinking, where opting out is betrayal, violent action is an act of revolutionary purification of oneself and an effort to transform ideological dichotomies into reality, at the cost of the humiliation of others. Violent action focuses on the act (the individual's own contribution to the movement) and not the object of violence (the victim). As a result, victims are numerous and arbitrary.

Einleitung

Der Maoismus als Staatsdoktrin bestimmte einen Entwicklungsweg und legitimierte Maßnahmen für staatliches Handeln. Die Lektüre der offiziellen Verlautbarungen und Schriften sowie die Analyse der intraelitären Auseinandersetzungen geben jedoch wenig Auskunft darüber, wie der Maoismus die Wahrnehmung der Menschen „unten" strukturiert hat.[1] Das Ausmaß der Tötungen und Quälereien, die im Namen einer revolutionären Idee während der Kulturrevolution (1966–1976) durchgeführt worden sind, zeigen, dass „it was not in its abstract universalism but in its lived concreteness that Maoism exercised its sinister power."[2]

1 Ein guten Überblick über die Entwicklung der theoretischen Ansätze zur Erforschung der Kulturrevolution bis Anfang der neunziger Jahre gibt Lü Xiuyuan: „A Step Toward Understanding Popular Violence in China's Cultural Revolution", in: *Pacific Affairs* 67.4 (1994), S. 533–563, hier 534–549.

2 Tu Wei-ming: „Destructive will and ideological holocaust. Maoism as a source of social suffering in China", in: *Daedalus* 125.1 (1996), S. 149–179, hier S. 169.

Physische Gewalt war in einzelnen Phasen während der Kulturrevolution allgegenwärtig und überbordend. Harald Welzer argumentiert in anderen Fallstudien außerhalb Chinas, dass Täter von Massentötungen oder -quälereien keine psychologischen Besonderheiten aufweisen.[3] Diese Perspektive des Normalen führt zur Frage, in welchen Leitkategorien Realität wahrgenommen wird und welche akzeptierten Handlungsorientierungen hinter der Gewaltanwendung stehen.

Ein Schlüsselfaktor zum Verständnis ist die *Moralisierung von Gewalt*[4] während der Kulturrevolution. Das entscheidende Momentum zum Vollzug des Mordes, so werden die folgenden Fallbeispiele aufzeigen, war eine bemerkenswerte Freiwilligkeit zur Tötung, die jedoch nicht in einem enthusiastischen Rausch oder mit Begeisterung, sondern vielmehr in einer bewussten und mit Zweifeln belegten Abwägung vollzogen wurde. Bestehende Moralvorstellungen und Hemmungen wurden so durch die Argumente eines maoistischen Gedankensystems ausgeschaltet.

Für die Frage der Stellung der Gewalt in den Wahrnehmung- und Deutungsstrukturen soll hier das notwendigerweise lückenhafte oder höchst selektive Verständnis von Mitläufern und Tätern analysiert werden.[5] Anhand von Tagebuchaufzeichnungen sowie Memoiren von drei Rotgardisten diskutiere ich die Charakteristika von Realitätswahrnehmung und Handlungsorientierungen. Ich frage also nach dem maoistischen Deutungssystem und seine Verankerung in den Wahrnehmungs- und Entscheidungsstrukturen der Individuen und nicht danach, was Maoismus ist oder eigentlich hätte sein sollen. Dieses System soll hier als maoistischer Referenzrahmen bezeichnet werden. Dies ist eine Deutungsmatrix, die einerseits die Stellung des Individuums definiert und normativen Orientierungen und ihren Verän-

3 Harald Welzer: *Täter. Wie aus ganz normalen Menschen Massenmörder werden.* (Frankfurt am Main: Fischer, 2005), S. 8–17. Es fällt auf, dass Welzer diese Phänomene nicht in kommunistischen Systemen untersucht bzw. selbst nur hinterfragt, inwieweit die vorgestellten Thesen auch für den Massenmord Pol Pots in den Killing Fields überhaupt anwendbar sind, siehe S. 227f.

4 Begriff der Tötungsmoral in Welzer: *Täter*, S. 21–48.

5 Zum Opferdiskurs siehe Susanne Weigelin-Schwiedrzik: „Coping with the Cultural Revolution. Contesting Interpretations", in: *Bulletin of the Institute of Modern History Academia Sinica* 中央研究院近代史研究所集刊 61 (2008), S. 97–154.

derungen einen Sinn gibt und die Reichweite und den Zugehörigkeitskreis moralischen Handelns eingrenzt.[6]

Ein solcher Ansatz unterstreicht die Bedeutung der Erkenntnisgewinnung durch Einzelfallstudien in einer Sozialwissenschaft wie der Politikwissenschaft, da die Wirkmächtigkeit von politischen Konzepten besonders in ihrem subjektiven Wirkungszusammenhang sichtbar wird und analysiert werden kann. Nach einer Vorstellung dieses maoistischen Referenzrahmens frage ich, welche negativen Gefühle innerhalb dieser Angstsituation gegenüber sich selbst erzeugt werden, um dann die Bedeutung der Gewalt als eine Form der Angstregulierung zu verdeutlichen.

Der maoistische Referenzrahmen

Freund-Feind-Dichotomie

Das Freund-Feind-Schema erweist sich im Tagebuch Zhang Xincans[7] 张新蚕 als allgegenwärtig. Geboren 1952, wächst sie in einer Kleinstadt in der nordöstlichen Provinz Jilin als Kind von kommunistischen Kadern auf. Die Mutter ist die Vorsitzende der örtlichen Frauenvereinigung. Sie hat somit den richtigen, nämlich „roten" Klassenhintergrund. Als Rotgardistin der ersten Stunde gelingt ihr es auch, nach einem kurzen Aufenthalt auf dem Land in die Parteiverwaltung ihrer Heimat als Schreibgehilfin zurückzukehren. Ihre Tagebücher werden in der VR China im Jahr 2003 veröffentlicht und umfassen den Zeitraum von 1966 bis 1971. Sie notiert am 19. Oktober 1967 in ihrem Tagebuch:

> Heutzutage kann das mit den Mao Zedong-Ideen bewaffnete Volk duftende Blumen von giftigem Unkraut unterscheiden; alle, die sich den Mao Zedong-Ideen entgegenstellen, sollen der Kritik des Volkes ausgesetzt werden.[8]

6 Abgewandelt nach Welzer: *Täter*, S. 16.

7 Zhang Xincan 张新蚕: *Hongse shaonü riji. Yige hongweibing de xinling guiji* 红色少女日记. 一个红卫兵的心灵轨迹 [Tagebuch eines roten Mädchens. Die seelischen Spuren bei einer Rotgardistin] (Beijing: Zhongguo shehui kexue chubanshe, 2003).

8 Ebd., S. 209.

Die hier Mao Zedong zugesprochene blumige Rhetorik stellt einen Gegensatz zwischen einer Wir-Gruppe und den anderen, der Sie-Gruppe, her. Diese kategorial vorgebene Dichotomie markiert eine klare Wertigkeit zwischen denen, die zur Wir-Gruppe gehören und den anderen, die minderwertig oder negativ sind.

Die Schaffung einer kollektiven Identität und die gleichzeitig phantasierte, immer stärker werdende Bedrohung eines Feindes stellt die Grundkategorie der Wahrnehmung dar. Ein *Wir* kann sich nur dann bilden, wenn es sich klar gegen ein *Sie*, das das *Wir* bedroht, abgrenzt. Der Zusammenhalt der neuen sozialistischen Gemeinschaft steigert sich durch ein Bedrohungsszenario einer anderen Gruppe, die diese Gruppe zerstören will. Nicht zufällig lautet der erste Satz der *Gesammelten Werke Mao Tse-Tungs*, der auch später in die *Worte des Vorsitzenden* übernommen wurde:

> Wer sind unsere Feinde? Wer sind unsere Freunde? Das ist eine Frage, die für die Revolution erstrangig Bedeutung hat.[9]

Permanente Bedrohung suggeriert individuellen Handlungsbedarf

Das Grundproblem ist jedoch: Der sprachlich klar abgrenzbare Kontrast, der durch die Dichotomisierung erzeugt wird, ist innerhalb der Ideologie klar, jedoch in der Realität längst nicht so auffällig.

> Am 28. [Juni 1968] hatte das städtische Komitee für das Bündnis eine Sitzung zum massiven Angriff auf die Klassenfeinde einberufen, die sehr aufschlußreich war. Der seit ein paar Monaten andauernde und lebendig geführte Klassenkampf hat mich sehr aufgerüttelt. Wenn diese Klassenfeinde nicht aufgedeckt worden wären, hätte man wirklich davon nichts gewusst, und als alles bekannt war, war ich regelrecht erschrocken. Den Klassenkampf habe ich noch nicht hinreichend verinnerlicht. Während meiner vierjährigen Schulzeit hier war ich in den ersten zwei Jahren vor der Kulturrevolution wirklich völlig nichtsahnend. An den Klassenkampf habe ich zum Beispiel nicht gedacht und wusste nur dem Lehrer und Vorgesetzten zu folgen. So war ich sogar fälschlicherweise der Auffassung, dass es außer dem Herrn Liu sonst keinen anderen Klassenfeind mehr gäbe: Wie kann es sein, dass es in einer Mittelschule mit nur

9 *Worte des Vorsitzenden Mao Tse-tung*. (Peking: Verlag für fremdsprachige Literatur, 1968), S. 15.

> über 400 Menschen so viele Klassenfeinde geben könnte? Wenn es sie wirklich gäbe, wären es dann nicht zu viele Feinde? In der Zeit der ‚Zerschlagt die vier Alten und schafft Neues'-Bewegung hat man einige Großgrundbesitzer und Menschen, die schlechte Elemente sind, herausgefischt, und ich war total überrascht! Mann oh Mann, der Klassenkampf hat sich wirklich zugespitzt![10]

Für Zhang Xincan erscheint die Zeit vor den Kampfsitzungen als ein trügerischer Frieden. Die Zuspitzung der Situation im Klassenkampf und den Kritiksitzungen erscheint nun aber als überfällig.

Hier zeigt sich die Strukturierungsfunktion von Gewalt. Die Bloßstellung von „Feinden" und die mögliche Drangsalierung in Kampfsitzungen machten den sprachlich festgelegten Unterschied zwischen Klassenfeinden und Freunden sichtbar und markierte ihre Gefährlichkeit, die vorher nicht in dieser Deutlichkeit erkennbar war: Gewalt ist somit ein strukturelles und nötiges Element, um die Wirklichkeit den ideologischen Kategorien anzupassen. Gewalt hat die Funktion, die Gruppengrenzen eindeutig zu markieren, Menschen in die *Wir*- oder *Sie*-Gruppe zuzuordnen und damit strukturiert sie Wirklichkeit. Erst durch die Kampfsitzungen wurde Zhang Xincan bewusst, wie viele Feinde es doch gibt.

Gewalt ist deshalb innerhalb des Referenzrahmens nicht destruktiv, sondern konstruktiv, weil sie auch eine kommunikative Funktion für den Referenzrahmen erfüllt. Mittel der politischen Herrschaft und politisches Ziel verstärken sich wie in einem selbstreferentiellen System:[11] Das politisch geforderte Aufspüren, die Bekämpfung oder gar Vernichtung des Klassenfeinds führen zu immer mehr aufgespürten Klassenfeinden und zu ihrer Marginalisierung. Die Existenz der Klassenfeinde bezeugt die Richtigkeit der Ideologie, die die Gefährlichkeit der Klassenfeinde schon vorher prognostiziert hatte. Deshalb müssen noch mehr aufgespürt, separiert und bekämpft werden. Um die Massen zu mobilisieren, gibt der Referenzrahmen daher Gründe an, „dass eine Lösung des Problems bzw. eine Ziehung einer Grenzlinie sinnvoll und wünschenswert sei"[12]. So zitiert Zhang auch Maos

10 Zhang: *Hongse shaonü*, S. 246f.

11 Welzer: *Täter*, S. 239.

12 Ebd., S. 263.

Spruch in ihrem Tagebuch: „Für alles Reaktionäre gilt, dass es nicht fällt, wenn man es nicht niederschlägt".[13]

Dies ist hier die phantasierte, ständige Bedrohung in einer als Wendepunkt markierten Situation, bei der man durch den Feind ausgelöscht werden könnte und es daher opportun scheint, zuerst zu handeln.

Sanktionierung von physischen Übergriffen

Gewalt als Handlungsoption geht auch auf ihre nicht eindeutige Sanktionierung zurück, wie laut Yin Hongbiao das Zitat von Jiang Qing aus dem Juli 1966 zeigt.

> Wir unterstützen es nicht, dass Leute geschlagen werden, aber es ist auch nichts dabei, wenn dies doch passiert. [...] Wenn gute Menschen böse Menschen schlagen, geschieht es denen recht. Wenn böse Menschen gute Menschen schlagen, ist dies eine Ehre für gute Menschen. Wenn gute Menschen gute Menschen schlagen, ist das ein Missverständnis – man hätte sich sonst nicht kennen gelernt.[14]

Jegliche Handlungssituation ist binär strukturiert und moralisch aufgeladen, es geht nur noch um gute bzw. böse Menschen. In allen genannten Täter-Opfer-Kombinationen kann durch die Gewaltanwendung ein Gewinn erzielt werden. Ein weiteres Detail wird auch deutlich: Nur in der Version von Lin Biao erscheint diese Kombination: „Wenn böse Menschen mit bösen Menschen kämpfen, wird Gift mit Gift bekämpft."[15] Da das Ergebnis einer Auseinandersetzung innerhalb der ‚Sie-Gruppe' hingegen bei Jiang Qing überhaupt nicht mehr auftaucht, zeigt, dass die „bösen Menschen" schon längst aus dem Zugehörigkeitskreis der Gemeinschaft und so konsequent auch aus

13 Zhang: *Hongse shaonü*, S. 152. Minimale Abänderung zum Original, siehe *Worte des Vorsitzenden Mao Tse-tung*, S. 13.

14 Yin Hongbiao 印红标: „Wenhua da geming zhong de wudou"文化大革命中的武斗 [Gewaltsame Kämpfe während der Großen Kulturrevolution], in: *Huaxia wenzhai zengkan* 华夏文摘增刊 646, 7.5.2008 [1996], http://museums.cnd.org/CR/ZK08/cr479.gb.html (Zugriff am 31.12.2009), Fußnote 17. Yin Hongbiao betont hier auch, dass Jiang Qing und Lin Biao nur das wiederholen, was Mao Zedong am 18. Juli 1966 geäußert haben soll. Andere Quellen weisen es eindeutig Mao Zedong zu, der Zeitpunkt ist aber unklar. Siehe Utopia (乌有之乡): „毛主席在文革中关于“打人”问题的指示 (Weisung des Vorsitzenden Mao über das Schlagen von Menschen während der Kulturrevolution), http://www.wyzxsx.com/Article/Class14/201002/131238.html (Zugriff am 20.7.2010).

15 Yin Hongbiao: *Wudou*, Fußnote 17.

Wahrnehmungsbereich der Realität getreten sind, in dem moralisches Handeln angezeigt ist.

Klare Leitbilder für ein systemkonformes Handeln

Helden und ihre Geschichten bilden die Orientierung und zeigen auf, welche moralischen Fähigkeiten von einem Individuum erfolgreich umgesetzt werden können. Die Beschreibung und Bewertung von diesen Helden aus der Zeitung, aus Filmen oder auch in den Propagandaschriften der Partei spielen in Zhangs Tagebuch eine wichtige Rolle.

Auffällig sind dabei übermenschliche Leistungen von Menschen am „Wendepunkt", also Helden wie z. B. der Lastwagenfahrer Liu, dessen Bericht Zhang Xincan liest. Als sein Lastwagen den Abhang abzustürzen droht, stemmt sich der Fahrer außen mit seiner Schulter dagegen, um währenddessen noch die Bremse anzuziehen. Mit schweren Kopfverletzungen und einem halb abgetrennten Ohr kann er sein Leben und den Lastwagen retten. Er bedankt sich bei dem Vorsitzenden Mao, dass er gelernt habe, was es heiße „dem Volk zu dienen".[16] Zhang Xincan führt diese Tat auf seine moralische Standhaftigkeit und Verinnerlichung der Mao Zedong-Ideen zurück. So ist der Tagebucheintrag mit der Bewunderung für diese oder mit Enttäuschung über sich selbst verbunden.

Heldengeschichten zeigen auf, dass ein Leben nach den Prinzipien des Referenzrahmens (Revolution, Kommunismus und neue sozialistische Gemeinschaft) sinnvoll und möglich ist. Eine neue Form der kollektiven Identität erscheint als möglich. Eine Affektverschiebung vom Individuum auf das Kollektiv und das völlige Aufgehen in der Gemeinschaft sind erstrebenswert.

Überschreibung von konkurrierenden Deutungssystemen

Die obige Geschichte verdeutlicht auch noch ein weiteres Charakteristikum: Die Mao Zedong-Ideen haben beim Lastwagenfahrer Liu über die Schwerkraft triumphiert. Die Verletzungen und Verstümmelungen an seinem Körper schmälern aber weder die Anerkennung der Gemeinschaft, noch beklagt er sich über den Schmerz. Der gerettete Lastwagen des Kollektivs ist von

16 Zhang: *Hongse shaonü*, S. 111.

höherer Wertigkeit als das Ohr des Lenkers. Eine erfolgreiche Umsetzung des Referenzrahmens bedeutet daher eine unbegrenzte oder gar wundersame Leidensfähigkeit für die dort postulierten Ziele. Der neue Referenzrahmen verdrängt andere konkurrierende und beansprucht eine Allgemeingültigkeit. Er ist *total* geworden. Die Verdrängung von konkurrierenden Rahmen schreitet auch in anderen Lebensbereichen, wie z. B. bei der Beurteilung von Filmen, voran:

> Es ist deshalb ein guter Film, weil er zu einer kraftvollen Waffe geworden ist, die das Volk einigt, erzieht, den Feind schlägt und den Feind vernichtet, wie es der Vorsitzende Mao sagte.[17]

Für die Gestaltung der familiären Beziehungen mahnt ein Soldat, der ihre Familie im Februar 1967 zu besuchen kommt:

> Wenn man nur darauf schaut, wie die eigene Familie leidet und die Gesamtsituation des Landes übersieht, könnte man dann leicht dagegen Widerstand entwickeln.[18]

Diese Überschreibung von familiären Loyalitäten ist dabei die schwerste der Kulturrevolution.

Die im Referenzrahmen herbeigeführten Affekte

Ein Problem ist, dass die künstlich gesteigerte Bedrohung negative Gefühle wie Angst und Überforderung entstehen lässt. Zudem fordern neue Werte und Moral bestehende Orientierungen und Loyalitäten heraus und verlangen vom Individuum neue Handlungsorientierungen. Hier sollen zwei Gefühle herausgearbeitet werden: Scham und Enttäuschung.

Scham durch soziale Deklassierung

Die soziale Benachteiligung von Jugendlichen, wenn diese nicht zu den sogenannten ‚roten Klassen' gehören, also deklassiert werden für etwas, was außerhalb ihrer Macht oder sogar auf die Eltern zurückzuführen ist, führt zu Scham und Ohnmacht.

17 Ebd., S. 206.
18 Ebd., S. 145.

Eine Textstelle von Fu Sheng 伏生, einer Schülerin an der Mittelschule für Mädchen der Pekinger Pädagogischen Hochschule, offenbart den Handlungsmechanismus und die Stellung der Scham während der Kritiksitzung des Lehrerkollegiums an ihrer Schule. In einem Brief an ihre ehemalige Klassenkameradin Wang Youqin, schildert sie den Hergang der Folterungen an ihrer Lehrerin und der Rektorin der Mädchenschule, Bian Zhongyun (卞仲耘), in der Kritiksitzung am 4. August 1966, die am selben Tag starb:

> Noch in diesen Gedanken versunken sah ich eine Schülerin, die herbeilief und mit ** leise ein paar Worte wechselte. ** verkündete, sie müsse jetzt gehen und fragte, ihren Finger auf Hu Zhitao [die Rektorin der Mädchenschule, das Ziel dieser Kampfsitzung] richtend: „Wer gibt jetzt auf die da acht?" Keiner antwortete und sie warf mir einen Blick zu. „Wer von Euch hier gehört zu den fünf roten Klassen?" Immer noch keine Antwort. „Keine Angst!" Noch einmal warf sie mir einen Blick zu. Beim ersten Mal war ich nervös geworden und hatte Angst, sie würde mir ihren Knüppel in die Hand drücken. Zum Glück gehörte ich nicht zu den fünf roten Klassen. *Obwohl ich oft Minderwertigkeitsgefühle wegen meiner schlechten Klassenherkunft hatte, ersparte sie mir doch in diesem Augenblick die Pflicht, andere Menschen zu schlagen. Deshalb war ich viel gefasster, als mich ihr Blick das zweite Mal traf.* [Hervorhebung v. S. K.] Sie meinte wohl, ich hätte Angst. Das war immer noch besser, als nicht zu den fünf Klassen zu gehören. Schließlich war ich nicht die einzige, die Angst hatte. Von den sieben, acht Schülerinnen, die herumstanden, hatte sich keine gemeldet. Schließlich gab sie den Knüppel einer Schülerin aus der 2. Klasse Unterstufe [siebten Klasse], die gleich neben ihr stand.[19]

Auch Fu Sheng hätte zugeschlagen, wenn ihr der Knüppel gereicht worden wäre, ansonsten wäre ihre Angst nicht nachvollziehbar. Da die Drangsalierungen gerade im vollen Gange waren, hätte sich die Bedeutung von Handlungen extrem zugespitzt. Hätte sie sich geweigert zu schlagen, wäre sie aus der Wir-Gruppe der um sie herum agierenden beteiligten Schulkameradinnen ausgeschert. Wegen ihres schlechten Klassenhintergrundes wäre das als eine Solidarisierung mit dem Opfer interpretiert und sie damit als eine Überläuferin verstanden worden.

19 Fu Sheng 伏生: „Ich bin eine von denen", in: Beiheft zur deutschen Ausgabe der DVD von Hu Jie, Wolfgang und Susanne Schwiedrzik (2009) *Auch wenn ich nicht mehr bin* (Neckargemünd/Wien: Edition Mnemosyne, 2009), S. 5–11. Chinesischer Originalbrieftext: „Na tian, wo shi cansha Bian Zhongyun de mujizhe zhiyi. Yi duzhe lai xin" 那天,我是残杀卞仲耘的目击者之一. 一读者来信 http://humanities.uchicago.edu/faculty/ywang/history/bianzy.htm (Zugriff am 30.12.2009).

Enttäuschung aus einem Selbstrelativierungsdefizit

Zhang Xincan nimmt sich selbst im Vergleich mit anderen als defizitäre Persönlichkeit wahr:

> Nach diesem stürmischen Jahr voller Ereignisse habe ich mich von einer ängstlichen zu einer relativ mutigen Person entwickelt. Aber mit den Klassenkameraden verglichen, die wirklich Mut haben, um voranzustürmen, anzupacken und zu rebellieren, bin ich immer noch nicht weit genug.[20]

Die Minderwertigkeit der eigenen Person, so zeigt eine Episode, die in ihrem Tagebuch mehrfach auftaucht, ist immer mit einer aufgeladenen Handlungsbedeutung verbunden.

> So fällt mir weiter ein, wie ich im Zug auf der Rückfahrt von Peking nach Siping sehr lange stehen konnte, nachdem ich meinen Sitz jemandem anderen überlassen habe. Dann denke ich wiederum, ich habe zwar so eine kleine Sache gemacht, aber so altruistisch bin ich eigentlich noch nicht. Außerdem, was zählt dies schon? Es ist beschämend, an das zu denken, was ich erreicht habe, und meine Motivation dabei war nicht so ehern und rein. Von nun an werden die Werke Maos meine Nahrung, Waffe und Kompass sein, so dass die Mao Zedong-Ideen wirklich bei mir in Fleisch und Blut übergehen.[21]

Angeleitet und initiiert durch die von außen vorgegebenen Ziele (hier „Dem Volke dienen") bleibt die erhoffte und eine ihr nachvollziehbare Wirkung für das eigene Erleben des stundenlangen Stehens im Zug wie so oft aus.

Neben Scham und Minderwertigkeit als ein Grundgefühl stellt sich nun hier ein „Selbstrelativierungsdefizit"[22] für die erwarteten Wirkungen des eigenen Handelns dar. Es zeigt sich so in der erhofften bzw. befürchteten Wirkung die Vorstellung einer enormen Gestaltungsfähigkeit, die ich Emrich folgend Überwertigkeit nenne. Diese Überwertigkeit beschränkt sich aber auf die erwarteten Folgen der Handlung bei gleichzeitiger Minderwertigkeit und einem Schuldbewusstsein des Individuums. Die Person erlebt sich somit im Handeln nicht als Person, sondern in ihrer idealisierten Vor-

20 Zhang: *Hongse shaonü*, S. 126.

21 Ebd., S. 109.

22 Hinderk M. Emrich: „Identität, Überwertigkeit und vergegenwärtigendes Vergessen", in: Jörn Rüsen und Jürgen Straub (Hrsg.): *Die dunkle Spur der Vergangenheit: Psychoanalytische Zugänge zum Geschichtsbewusstsein. Erinnerung, Geschichte, Identität* (Frankfurt am Main: Suhrkamp, 1998), Band 2, S. 211–241, hier S. 213.

stellung von sich selbst. Dieses Gefühl der Überwertigkeit der eigenen Handlungen verflüchtigt sich aber mit einer erneuten Selbstbewertung, die sofort in ein Gefühl der Minderwertigkeit umschlägt. Es ist somit das Gefühl der Enttäuschung, das aus dem Selbstrelativierungsdefizit entsteht und bewältigt werden muss.

Dieser Widerspruch zwischen eigener Unter- und Überbewertung zeigt sich auch in der Rolle, die dem Großteil der heranwachsenden Jugend zugeteilt wird. Einerseits ist sie der Hoffnungsträger der Nation und hat die Aufgabe, die Bauern zu erziehen, andererseits sind die Jugendlichen unerfahren und haben selbst von den Bauern zu lernen, was Leiden und Klassenkampf bedeuten.

Diese Lehrerrolle der Jugendlichen ist jedoch hohl, da sie auf keiner fachlichen Qualifikation beruht. Als Zhang Xincan über ihre Rolle nun als Führungsmitglied in ihrer Klasse nachdenkt, nachdem sie auch auf dem Land in die KP aufgenommen wurde, sagt sie: „Ohne jegliche Erfahrung konnte ich mich als 15jähriger Kader nur durch das ‚Voranstürmen‘ durchsetzen.“[23]

Weiter ist dieses Manko Zhangs nicht individuell, sondern entspringt eher einem Vorteil einer Generation der Bauern. Sie besitzen schon die wichtigste Qualifikation: Sie haben die Mühsal des vergangenen Regimes und des Kapitalismus erlebt, haben die Großgrundbesitzer entmachtet und wissen nun, was Klassenkampf bedeutet. Genau diese Erfahrung aber können die Jugendlichen in der heutigen sozialistischen Gesellschaft nicht mehr machen. Deshalb schreibt auch Zhang:

> Vor den armen und unteren Mittelbauern fühle ich mich ewig wie eine Grundschülerin ohne Abschluss. Ich bin fest entschlossen, dem verheißungsvollen Weg, den der Vorsitzende Mao für uns städtische Jugendliche mit Schulausbildung aufgezeigt hat, für immer zu folgen.[24]

Dies bedeutet, dass die Bauern nicht nur ihre Lehrer sind, sondern auch gleichzeitig ihnen immer vor Augen führen, was die Jugendlichen niemals lernen werden können. Diese Autorität der Bauern im Denken von Zhang zeigt sich auch daran, dass die Bauern in Zhangs Tagebuch nur über sich und ihren damaligen Klassenkampf sprechen. Sie verkörpern das für die

23 Zhang: *Hongse shaonü*, S. 302.
24 Ebd., S. 279.

Revolution ertragene Leid und benötigen nicht den ständigen Rekurs auf Maos Denken wie die Jugendlichen.

Die hier auf dem Land geforderte Lektion endet so in einem Eingeständnis einer Überforderung, da das den Bauern zugewiesene Merkmal des Leidens (*ku* 苦) bzw. der Leidensfähigkeit auf dem Land nicht erlernbar ist, weil der Klassenkampf mit der sozialistischen Umwälzung Geschichte sein soll.

Es ist Merkmal der Ambivalenz, dass andererseits Zhang den Bauern gleichzeitig sehr nah ist. Die Bauern sind die einzige Gruppe, bei denen die landverschickten Jugendlichen aufgrund ihrer Qualifikation einen Beitrag (Bildung) leisten könnten und somit auf dem Land einen Status ermöglichen, der über die Fähigkeit des ‚Voranstürmens' hinausgeht.

Gewalt als Selbstreinigung und Ausdruck der ideologischen Standfestigkeit

Mit all den hier skizzierten Gefühlen werden eigene Kräfte mobilisiert, da der Referenzrahmen die Realität permanent am Wendepunkt erscheinen lässt, der einen Eingriff des Individuums nötig macht. Die tatsächlichen Handlungserfolge sind aber retrospektiv klein, was ein Gefühl der eigenen Minderwertigkeit und Enttäuschung nährt. Das Individuum unterliegt so einer ständigen Selbstbewertung, bei der die eigene Überwertigkeit selbst neutralisiert wird. Ein Zweifel an der Sinnhaftigkeit des Referenzrahmens jedoch, nur weil für das Individuum kein Vorteil sichtbar ist, würde eigenes reaktionäres Denken offen legen, die kollektiven Bemühungen in Frage stellen und damit das Individuum zur potentiellen Zielscheibe der nächsten Kritiksitzungen machen. „Opting out is betrayal."[25]

Deshalb schlägt diese Wut oder Angst in einen negativen Affekt um, der sich als Scham oder Enttäuschung gegen die eigene Person wendet: Fu Sheng hätte zugeschlagen, um dem Verdacht der Schulkameradinnen zuvor zukommen, ein Sympathisant der Schulleiterin zu sein. Scham führt also zu Schlagbereitschaft. Aufbrechende Loyalitätskonflikte, wenn die eigenen

25 David E. Apter und Tony Saich: *Revolutionary discourse in Mao's Republic* (Cambridge, Mass: Harvard University Press, 1994), S. 6.

Eltern als Verräter bekämpft werden sollten, führt Zhang Xincan zu dem beratenden Gespräch mit dem Soldaten, was ihr Trost gibt.[26] Das Individuum identifiziert sich so mit dem Aggressor und sucht Zuflucht bei den Autoritäten, die sie bedroht haben. Es macht, was verlangt ist, weil die Anpassung und Unterordnung ihm soziale Anerkennung und Gratifikation versprechen. Hier genau zeigt sich die maoistische Ideologie als größter Angsterzeugungs- und gleichzeitig auch Angstentlastungskomplex.[27]

Rituale und Mao-Lektüre und -exegese als systemkonforme Ersatzhandlungen eines „exegetical bonding"[28] überdecken diese Angst vor Überforderung. In der für sich perfektionierten Ausführung der maoistischen Rituale und den damit verbundenen Gratifikationen kann das Individuum die Großartigkeit, die ihm anfänglich immer suggeriert wurde, erleben und bestätigen.

Das Fallbeispiel von Li Qian 李乾 weist jedoch einen weiteren Weg: Li Qian, geboren 1949 in Wuhan, war zu Beginn der Kulturrevolution Mittelschüler an einer der Eliteschulen Hubeis. Er schreibt die erste Wandzeitung an seiner Schule, wird aber zu Beginn der Kulturrevolution aufgrund der Zugehörigkeit seiner Familie zur Klasse der Kapitalisten von den Rotgardisten ausgeschlossen und wird später Mitglied der Rebellenorganisation in seiner Schule. Zusammen mit anderen ist er Teil eines Erschießungskommandos. Als Angehöriger der Rebellenfraktion der Rotgardisten seiner Schule erschoss er im Dezember 1967 zwei als „Rowdies" diffamierte Anführer einer konkurrierenden Fraktion in Wuhan. Kurz danach taucht er unter, wird aber schnell wieder gefasst. Nach Inhaftierung und Arbeitslager wird er 1975 zu einer zwanzigjährigen Freiheitsstrafe bzw. zu Arbeitslager

26 Zhang schreibt: „Bevor ich mit [dem Soldaten] Yang von der Armee gesprochen habe, war ich im Kopf von der ‚Angst' beherrscht." 在杨叔叔谈话之前, "怕" 字仍在头脑里占统治地位. Siehe Zhang: *Hongse shaonü*, S. 145.

27 Siehe Hartmut Böhme: „Theoretische Überlegungen zur Kulturgeschichte der Angst und der Katastrophe", in: Anne Fuchs und Sabine Strümper-Kropp (Hrsg.) (2003): *Sentimente, Gefühle und Affekte: Zur Geschichte und Literatur des Affektiven von 1770 bis heute* (Würzburg: Königshausen & Neumann, 2003), S. 27–43, hier S. 36, und Sigmund Freud: „Das Unbehagen in der Kultur" [1926], in: Anna Freud (Hrsg.): *Sigmund Freud. Gesammelte Werke*, Bd. 13 (Frankfurt am Main: Fischer, 1999 [1948]), S. 421–506, hier S. 482f.

28 Apter/Saich: *Revolutionary discourse*, S. 25. Die kommunikative und damit die Gesellschaft homogenisierende Aspekt dieses revolutionären Mimikrys, das somit auch die politische Kontrolle aufdeckt, wird vor allem in Apter/Saich: *Revolutionary discourse* und Daniel Leese: „The Mao cult as communicative space", in: *Totalitarian Movements and Political Religions* 8. 3–4 (2007), S. 623–639 deutlich.

verurteilt und 1992 entlassen.[29] Statt die Ersatzhandlungen auszuführen, versucht er diejenige Gruppe, die im Deutungsrahmen als Feindobjekt markiert ist, auszulöschen und so die Angst zu überwinden.

Die Fallstudie von Li Qian legt nahe, dass es sich auch bei der Gewaltanwendung um einen *skeptic voluntarism* handelt, in der die Tötung diskutiert, geplant und mit konkurrienden moralischen Prinzipien abgewogen wurde:[30]

1. Gewalt vollzog sich hier nicht als spontane Eskalation einer gewaltsamen Auseinandersetzung, sondern in der Gruppe geplant. Die Tötung wurde in einer Sondersitzung der Roten Garden einer Schule diskutiert, begründet und beschlossen. Li Qian sieht seine Tat zur Zeit der Ausführung als für den Fortgang der Kulturrevolution notwendig und richtig an, die auch, so war der Gruppenkonsens, durch die Politik gedeckt sei. Auch hier zeigt sich wieder die Wahrnehmung einer Situation am Wendepunkt, die dem Individuum eine überragende Rolle durch die Erhaltung der revolutionären Errungenschaften der *Wir*-Gruppe zuordnet. Nur durch eine später beschlossene und vollzogene Tötung eines Mitgliedes kann diese Störung abgewendet werden. So sagt Li Qian in der Rebellenssitzung:

> Frei heraus und mit erhobenem Haupt sagte ich, dass es besser sei, ihnen gleich einen einzelnen Finger abzuhacken statt ihnen ihre zehn Finger zu verletzen, ansonsten wäre ihr Übermut nicht zu brechen. Wenn wir es diesmal machten, dann sollten wir auch gleich diese Bande Rowdys gründlich zerschlagen, dass sie es nicht noch einmal wagen, den reibungslosen Verlauf der Kulturrevolution zu behindern. Das Gesetz schützt uns und nicht sie. Zu dieser Zeit gab es für mich keinen Hauch Zweifel an der Gerechtigkeit, Vernünftigkeit und Erfordnis dieser Sache. Berührt von dem allgegenwärtigen Heldengeist herrschte so eine Arroganz und Übermut, dass man für das Volk Großes vollbringen müsse.[31]

2. Ohne der Vorsitzende der Rebellenorganisation zu sein, ist er es, der die entscheidende Linie überschreitet und die Tötung vorschlägt. Er versetzt sich so in eine Führungsrolle und lenkt die Diskussion in eine neue Rich-

29 Li Qian 李乾: *Mishi yu qiusuo. Yige zhongxuesheng de wenge jishi* 迷失与求索：一个中学生的文革纪实 [Verloren und auf Spurensuche: Aufzeichnungen aus der Kulturrevolution eines Mittelschülers]. (o.O., 2007), besonders S. 45ff.

30 Tu Wei-ming spricht im Gegensatz dazu vom „enthusiastic voluntarism from below", Tu: „Destructive will", S. 164.

31 Li Qian: *Mishi*, S. 9.

tung. Die Bewegung erhält damit einen neuen Schwung und sucht neue Formen der Auseinandersetzung mit dem Feindobjekt, das jetzt auch seine Auslöschung als neue Option vorsieht.

3. Die Tötungsentscheidung entfaltete so eine Gruppendynamik, sie wurde aber noch in einem Rahmen diskutiert, in dem auch andere Meinungen möglich waren.

> Als alle einhellig für das Töten waren, sprach sich nur Zhong Limin aus der Klasse 12a klar dagegen aus: „Ich bin dagegen, sie zu töten." Sofort wurde ihm heftig widersprochen: „Wozu willst du diese Rowdys noch am Leben halten? Wenn du nicht mitmachst, dann geh!"[32]

Da nun die Tötungsentscheidung konsensuell erzeugt wurde, entlastet sie den einzelnen. Widerstände bleiben so vorerst gering, die Planungen können weitergehen:

> Als entschieden war, ob man sie umlegen soll, ging es dann darum, wie man vorgehen soll. Ich fragte dann: Welche Personen sind unser Ziel?[33]

4. Li Qian ist zumindest vor dem Mord mit großen Selbstzweifeln belegt: Als Kopf des Tötungskommandos sucht Li Qian kurz nach dem Beschluss die Vorsitzenden des Revolutionskomitees in ihrem Wohnheimzimmer auf und schlägt vor, nur drei zu töten.[34]

Die hemmungslose Anpassung an den Referenzrahmen, das Aufgehen in ihm in einer neuen Gruppenrolle, die Vernichtung alles anderen, was als Rest nun feindlich markiert ist und die Hoffnung, damit das Stigma des Benachteiligten abzuwerfen, weil er einer Sache die entscheidende Wendung gegeben hat, hat ihn in der Erinnerung mit den propagierten Helden gleichgestellt. Damit werden auch im Gegensatz zu Zhang Xincan in der Erinnerung die nationalen Helden überflüssig. Seinen „Heldenkomplex" (英雄情结)[35] arbeitet er so an seiner eigenen Person durch.

Diese Dynamik der Gewaltanwendung und zeigt sich nochmals nach der hier beschriebenen Kampfsitzung gegen Bian Zhongyun in der Ersten Mädchenschule der Pekinger Pädagogischen Hochschule:

32 Ebd., S. 9.
33 Ebd., S. 9.
34 Ebd., S. 10.
35 Ebd., S. 49.

> Als ich am nächsten Tag wieder in der Schule war, traf ich ***: Wir waren eigentlich recht gut befreundet. Nichts gab es, worüber wir nicht miteinander reden konnten. So sprachen wir natürlich auch über das, was am vorherigen Tag passiert war. Wir waren beide der Meinung, dass man die Direktoren nicht verprügeln darf. Wenig später versammelten wir uns im Klassenzimmer. Seit dem Beginn der Kulturrevolution hatten wir die Schultische alle an den Rand geschoben. Die Stühle standen in der Mitte. Viele Schülerinnen kamen gar nicht mehr zur Schule. An besagtem Tage waren wir vielleicht zu zwanzig. Die von den fünf roten Klassen saßen natürlich zusammen, die anderen auch. Der Lautsprecher begann zu plärren. Liu Jin vom Kulturrevolutionskomitee sprach. Sie sagte: „Bian Zhongyun ist gestern gestorben, nachdem sie gestern geschlagen worden ist. Das Wetter war heiß und Bian hatte schon immer eine Herzkrankheit. Diese hat sich plötzlich wieder bemerkbar gemacht." *** war darüber deutlich erfreut. Sie klatschte und stampfte mit den Füßen auf den Boden. Ich wusste nicht, was ich machen sollte. Schließlich hatte sie noch wenige Minuten zuvor gesagt, es wäre nicht richtig, Menschen zu schlagen. Später erzählten mir andere Mädchen, *** habe aktiv daran teilgenommen, die Lehrer zu quälen, obwohl sie nicht zu den fünf roten Klassen gehörte.[36]

Das zuvor auf dem Schulweg geführte Gespräch mit Fu Sheng vollzog sich zwischen befreundeten Schulkameraden, im Zeitpunkt der Durchsage ist jedoch Schul- bzw. Revolutionsstunde.

Innerhalb der Schule ist der kulturrevolutionäre Deutungsrahmen allmächtig geworden. Sinn des Zusammenkommens im Klassenraum und selbst dessen architektonische Aufteilung bzw. die Sitzordnung orientiert sich an der Wertigkeit der Klassenherkunft der Familie. Durch die Beteiligung an den Schlägen an der Schulleiterin ist das Ansehen von *** nicht unbedingt gestiegen. Sie hatte gehofft, dass die Schmach des „falschen" Familienhintergrundes von ihr abfallen werde, wenn sie sich völlig der der Gewaltdynamik der Kampfsitzung unterordnen würde. Nur mit einem weiteren Schritt, nämlich der opportunistischen und öffentlichen Bestätigung, würde jetzt endlich das Stigma von ihr abfallen. Sie bestätigt so nochmals öffentlich ihre Standhaftigkeit zur revolutionären Moral, um so anerkannt und aufgenommen zu werden.

Hier zeigt sich die strukturbildende Funktion der Gewalt.[37] Die vom Referenzrahmen geforderte Dichotomisierung in Freund und Feind ist auch in

36 Fu Sheng: „Ich bin eine von denen", S. 10f.

37 Vgl. hierzu Welzer: *Täter* und Jan Philipp Reemtsma: *Vertrauen und Gewalt: Versuch über eine besondere Konstellation der Moderne* (Hamburg: Hamburger Edition, 2008).

einem ihnen vertrauten Schulumfeld und entgegen bisher geltender sozialer Normen durchgesetzt worden.

Außerdem verdeutlicht es die Wiederholung als wichtiges Element, das dafür steht, einen eigenen Beitrag zu leisten, mit dem *Gewaltakt* und seiner nochmaligen Verkündung die Bewegung am Laufen zu halten. Es ist also die

> Bewegungssüchtigkeit totalitärer Bewegungen, die sich überhaupt nur halten können, solange sie in Bewegung bleiben und alles um sich herum in Bewegung versetzen.[38]

Zusammenfassung: Zerstören, um sich selbst aufzubauen

Sprachlich artikulierte Konzepte sowie Gefühle sind Leitkategorien der Realitätswahrnehmung und des Handelns. Maoismus kann daher als ein andere Referenzsysteme überschreibender internalisierter Steuerungsmechanismus verstanden werden.

Zentral im Referenzrahmen der Täter sind dabei eine Freund-Feind-Dichotomie und Moralvorstellungen, in denen Gewalt als Mittel gegenüber der Sie-Gruppe opportun wird, wenn sie zum Fortbestand und zur Festigung der Wir-Gruppe beiträgt. Hier zeigt sich das Totalitäre des Maoismus ähnlich wie in der nationalsozialistischen Ideologie: Es wird akzeptiert, dass die Stärkung der Wir-Gruppe sowie die gleichzeitige Besserstellung der eigenen Person zu Lasten einer zu separierenden Gruppe geht, deren Vernichtung in fortschreitender Konsequenz auch in Kauf genommen wird, was Teil der Ideologie ist.

Gewalt ist hierbei nicht destruktiv, sondern erfüllt eine Funktion: Mit ihr werden die sprachlich dichotom formulierten Kategorien in der Realität umgesetzt. Wenn mit Gewalt angebliche Klassenfeinde und Rowdies markiert werden, schliesst sie diejenigen aus der sozialen Gemeinschaft aus, die vom Maoismus ausgegrenzt werden sollen. Es wird so effizient kommuniziert, wer Freund und Feind ist bzw. was mit denjenigen passiert, die an der Wir-Gruppe zweifeln. Nach der Gewaltanwendung ist vieles eindeutiger und

38 Hannah Arendt: *Elemente und Ursprünge totaler Herrschaft* (Frankfurt am Main: Europäische Verlagsanstalt, 1962), S. 508.

klarer. Sie benutzen den Terror, „um ihre ideologischen Doktrinen und die aus ihnen folgenden praktischen Lügen mit Gewalt in die Wirklichkeit umzusetzen: Terror wird zu der spezifisch totalen Regierungsform.“[39]

Das Zurückdrängen des Bedrohungspotentials der Sie-Gruppe ist somit stark mit der Stellung des Individuums verknüpft, weil über die erfolgreiche Bekämpfung und Vorbereitung auf die Bedrohung auch neues, jetzt kollektives Bewusstsein geschaffen und nach außen dokumentiert werden kann. Ye Weili hob die Bedeutung des revolutionären Ethos für die Gewaltexzesse an ihrer Schule hervor.[40] Auch Lü Xiuyuan hat auf die Bedeutung der Selbstdisziplin bzw. Gong Xiaoxia auf den Kommunikationscharakter von Gewalt als kollektive Aktion hingewiesen.[41] Hier sollte jedoch der innerpsychische Wirkungszusammenhang herausgearbeitet werden: Es ist diese Verknüpfung an einen moralischen Begründungszusammenhang, der eine wichtige Voraussetzung des Tötens war. In einer Omnipotenzphantasie, in der der Einfluß der eigenen Handlungen als überwertig für die Wir-Gruppe gesteigert ist, imaginiert sich das Individuum selbst als Held.

Gleichzeitig besteht zumindest die Hoffnung, nun den Makel der ungünstigen sozialen Herkunft zu überwinden, der an der eigenen *Person* haftet, um sich so zumindest in einer *Handlung* im völligen Einklang mit den revolutionären Zielen des Referenzrahmens zu befinden. Der Makel des schlechten Klassenhintergrundes führte bei Li Qian und der Klassenkameradin von Fu Sheng zu dem Ausweg, dass das vernichtet werden soll, was als Angstquelle im Referenzrahmen markiert ist, um so die eigene Standhaftigkeit mit den kulturrevolutionären Prinzipien zu demonstrieren.

Hier wurde deutlich, dass hinter der Angst ein Bedürfnis nach einem höheren Selbstwertgefühl steckt. Ziel dieser Handlungen ist es, den selbst erlebten „Ausschluss aus der Horde“[42] rückgängig zu machen, der vom politi-

39 Arendt: *Elemente*, S. 508.

40 Ye Weili: „The death of Bian Zhongyun“, in: *The Chinese Historical Review* 13.2 (2006), S. 203–240, hier S. 208, 225.

41 Lü Xiuyuan: *Popular Violence*; Gong Xiaoxia: „The logic of repressive collective action: A case study of violence in the Cultural Revolution“, in: Kam-yee Law (2003): *The Chinese Cultural Revolution reconsidered* (Houndmills: Palgrave), S. 113.

42 Sigmund Freud: „Hemmung, Symptom, Angst“ [1926], in: Anna Freud (Hrsg.): *Sigmund Freud. Gesammelte Werke*, Bd. 14 (Frankfurt am Main: Fischer, 1999 [1948]), S. 111–205, hier S. 170.

schen System selbst erwirkt wurde. Mit Gewalt und schonungsloser Härte, so hat auch Yin Hongbiao hervorgehoben, kann die Reinwaschung der eigenen Persönlichkeit herausgestellt werden.

Deshalb steht bei Gewalt als Handlungsoption, die so hochgradig moralisch aufgeladen ist, nicht das *Resultat* der Handlung bzw. das Opfer im Vordergrund, sondern vielmehr der Bedeutungsgewinn der *Handlung* für die Täter. Dies erklärt auch die Willkürlichkeit und Zufälligkeit, wer Opfer wurde.

Dieses Phänomen kann auch die heutige Indifferenz der Täter gegenüber den Opfern erklären. Wenn sie eben in dieser Logik verharren und gleichzeitig den damaligen Handlungsrahmen in einer beispiellosen Weise als Fetisch erheben, der unangreifbar und verehrt wird, oder ihn aber völlig verdammen, steht dahinter die Weigerung, seine eigenen Taten außerhalb des maoistischen Referenzrahmens neu einzuschätzen.[43]

War der Deutungsrahmen durch die Verdrängung anderer übermächtig geworden, werden Gewalthandlungen erstens mit einem erstaunlichen Voluntarismus vollzogen. Zweitens war dieser Impuls mit Selbstzweifel verbunden, die nur mit der Moral der Gewalt auszuschalten waren.

Affekterzeugung und -regulierung erlangen eine innerpsychische Mächtigkeit, in der politische Herrschaft und Manipulation sichtbar wird. Damit sind die Manipulation von Ambivalenzkonflikten und die propagierten Angstsituationen, die Gewährung von destruktiven Impulsen und in Utopien verkleidete Omnipotenzphantasien, die der einzelne hier ausleben kann, ein Instrument von politischer Herrschaft.

> You know, when we were growing up, General Mao used to tell us that we can only build a new world if we destroy the old one. That's the basic concept: destroying the old to contribute to the new. We were well-schooled in that.[44]

43 Auch die Aufarbeitung der Rolle des Maoismus an westdeutschen Sinologien und die daraus resultierenden Einflüsse auf die heutige Struktur der Disziplin und das Verhältnis zur VR China steht noch aus. Erste Beispiele sind: Hans Kühner: „Die Protestbewegung von 1968, der Maoismus und die westdeutsche Sinologie, in: Helmut Martin und Christiane Hammer (Hrsg.): *Chinawissenschaften – Deutschsprachige Entwicklungen: Geschichte, Personen, Perspektiven*" (Hamburg: Institut für Asienkunde, 1999), S. 294–313; Marie-Luise Näth: *Die Volksrepublik China in Deutschland: Wahrnehmungen, Wissenschaftskonzeptionen und Wirklichkeiten* (Frankfurt am Main: Peter Lang, 1995), S. 116f.

44 Mathieu Wellner: „Talk with Ai Weiwei", in: Mark Siemons und Ai Weiwei (Hrsg.). *So sorry*. (München: Prestel, 2009), S. 104–111, hier S. 108.

Die „Knoblauchrevolte". Fakten und Fiktionen eines Politikums in der chinesischen Provinz

Ylva Monschein

Any kind of fiction – according to Schelling – requires a background which does not consist of mere fiction. Aristotle compared the function of fiction to the function of history. In his view fiction seemed much closer to philosophy than history. The study of a tangible example, namely the infamous „5-2-7 incident", which happend towards the end of the 1980s in Cangshan County (Shandong province), may provide an answer to the question, by which means history published in local gazetteers fulfills her duty of "seeking truth from the facts", albeit how literature (in this case Mo Yan's novel *Tiantang suantai zhige*) may have the capacity to outperform historiography in this respect.

1. Einführung: Zwischen Literatur und Geschichte

Den Schutzumschlag der Regionalbeschreibung des Shandonger Landkreises Cangshan schmückt eine Fotomontage: Die kartographischen Umrisse des Kreisgebiets sind unterlegt durch die Landschaftsfotografie einer Pagode. Es handelt sich jedoch nicht um eine kunsthistorische Sehenswürdigkeit, sondern um die diskrete Erinnerung an ein Ereignis, das in Historiographie und Literatur seinen Niederschlag gefunden hat. Der „5-2-7-Zwischenfall (*Wu er qi shijian* 五二七事件)" [1] – wie er im Kassiberjargon der Politkader genannt wird – und seine historische und literarische Verarbeitung kann als ein Beispiel für die Funktion und Instrumentalisierung von Sprache im Dienste dieser beiden unterschiedlichen Medien im gesellschaftspolitischen Kontext dienen. Ein Vergleich der historischen und literarischen Verarbeitung soll zeigen, dass die chinesische Historiographie in ihrem Bemühen, die Realität den ideologischen Bedürfnissen anzupassen, Qualitäten der Fiktion erwirbt. Die Fiktion, die ebenfalls auf der Hut vor der Zensur zu sein

1 Die Chiffre wird beispielsweise von einem Interviewten erwähnt in: *Liuji dianshi xiliepian* 法治中国. 六集电视系列片, Teil 5, „Quanli zhi shang" 权力之上 (Shandong TV, 1999), Drehbuchtext siehe http://www.sdtv.com.cn/topic/ddyfz/fzhg-5.htm (Zugriff am 30. Januar 2003).

hat, vermag hingegen Freiräume zu nutzen, die den Fakten gerechter werden können, allerdings oft in chiffrierter Form.

Jegliche Dichtung, so Schelling, bedürfe einer Grundlage, die nicht rein erfunden sein könne.[2] Bereits Aristoteles kontrastierte die Funktion der Dichtung, welche er als der Philosophie verwandter einstufte, mit der Funktion der Geschichte.[3] Bei der Unterscheidung von Literatur und Geschichte soll hier einer Definition des Gadamer-Schülers Gerigk gefolgt werden. Danach ragt ein literarischer Text „aus der Geschichte heraus" und „stellt mit seinem Leser eine Gleichzeitigkeit her, die der Geschichte entzogen ist".[4]

Ein literarischer Text unterscheidet sich von einem nichtliterarischen bzw. historischen Text somit darin, dass er „ein seiner Natur nach endlicher ist" und also nicht "eine andere Darstellung aus einem anderen Sachverständnis" zulässt. Die in einem literarischen Text dargebotenen „Bestandstücke der Welt" lassen sich natürlich auch historisch betrachten, aber nicht ihr Arrangement zu einem „Kunstergebnis". Das Kunstwerk stellt eine Welt auf, ist ins Werk gesetzte „veranschaulichte Interpretation von Welt".[5] Es ist daher zu absoluter Verständlichkeit fähig. Im Gegensatz dazu ist die Arbeit eines Historikers, der natürlich ebenfalls die Welt interpretiert, nie abschließend beglaubigt. Sie kann jederzeit von anderer Seite fortgeführt werden.[6]

2. Fakten: Der „Knoblauch-Zwischenfall"

Ein Hauptanbauprodukt des im Süden der Provinz Shandong gelegenen Landkreises Cangshan 苍山[7] im Stadtbezirk Linyi ist Knoblauch (*dasuan*

2 Friedrich Wilhelm Joseph von Schelling: *Schellings Werke. Sechster Hauptband. Schriften zur Religionsphilosophie 1841–1854*, nach der Originalausgabe in neuer Anordnung hrsg. von Manfred Schröter (München: E. H. Beck und R. Oldenburg, 1928), S. 14.

3 René Wellek, Austin Warren: *Theorie der Literatur* (Berlin: Ullstein, 1963), S. 189.

4 Horst-Jürgen Gerigk: *Lesen und Interpretieren* (Göttingen: Vandenhoeck & Ruprecht, ^{2}2006), S. 57.

5 Gerigk: *Lesen und Interpretieren*, S. 58.

6 Grundlage für den folgenden Beitrag bildet ein Kapitel der in Vorbereitung befindlichen Publikation: Ylva Monschein: *Mythos Yimeng. Eine chinesische Bergregion und ihre Entwicklung zum Erinnerungsraum.*

7 Der auf die Chunqiu-Zeit zurückgehende Name Cangshans lautet Lanling 兰陵.

大蒜 – lat. *Allium sativum*), der eine zweitausendjährige Geschichte hat. Die Regionalbeschreibung des Kreises widmet dieser Spezialität ein eigenes Kapitel.[8]

Der Landkreis Cangshan wurde 1947 im Gedenken an die Cangshan-Rebellion gegründet.[9] Sein Name geht auf den „Großen Cang-Berg" zurück, wo die Kommunistische Partei 1933 den gleichnamigen „Aufstand" auslöste.[10] Diese Gründungstradition passt zum rebellischen Geist, der den Einwohnern nachgesagt wird. In der Republikzeit war das Gebiet ein berüchtigtes Banditennest, unter anderem Schauplatz der Lincheng 临城-Eisenbahngeiselnahme (1923), die zu internationalen Verwicklungen führte. Cangshaner gelten als besonders aufmüpfig. Um die Wende der 1980er/90er Jahre führten Straftaten und größere Zwischenfälle in dem Landkreis die Provinzstatistik an.[11]

Hier nun ereignete sich, am Scheideweg zwischen Kollektiv- und Marktwirtschaft, ein Supergau für Lokal- und Provinzregierung – der „Knoblauchstengelzwischenfall". Der Vorfall lässt sich hochrechnen auf die

8 Cangshan xianzhi bianzuan weiyuanhui 苍山县志编纂委员会 (Hrsg.): *Cangshan xianzhi* 苍山县志 (Beijing: Zhonghua shuju, 1998), S. 321–331. Vgl. in der Folge auch Yang Zongwen 杨宗文: „Cangshan dasuan 苍山大蒜", in: Shandong sheng zhengxie wenshi ziliao weiyuanhui 山东省政协文史资料委员会 (Hrsg.): *Shandong wenshi jicui. Fengwu juan* 山东文史集粹. 风物卷 (Jinan: Shandong renmin chubanshe, 1993), S. 321–324: Der Knoblauchanbau wurde zu Beginn der Östlichen Han-Zeit in der Region eingeführt. Bodenbeschaffenheit und Kleinklima bieten gerade in Cangshan optimale Anbaubedingungen. Der Aminosäuregehalt der dortigen Knolle liegt um 39,2% höher als bei der herkömmlichen, weshalb Cangshan angeblich die geringste Magenkrebsinzidenz unter Kreisen mit über 100.000 Einwohnern nördlich des Yangtze aufweist.

China ist der mit Abstand weltweit größte Knoblauchproduzent (über 10 Mio. t jährlich) und Cangshan sein wohl ältestes bekanntes Anbaugebiet. Die Blutdruck senkende, antibakterielle Wirkung wird von der chinesischen Medizin unter anderem gegen Bluthochdruck, Erkältungen und Magen-Darm-Erkrankungen eingesetzt.

9 Lin Yansheng 林延生 et al. (Hrsg.): *Shandong sheng qing yu gedi gaikuang* 山东省情与各地概况 (Jinan: Shandong renmin chubanshe, 1996), S. 515.

10 Sun Xiaojian 孙孝建 (Hrsg.): *Linyi xingzheng quhua* 临沂行政区划 (Jinan: Shandong renmin chubanshe, 2000), S. 191,193. Siehe auch Cangshan xianzhi bianzuan weiyuanhui (Hrsg.): *Cangshan xianzhi*, S. 23.

11 Gongqingtuan Shandong shengwei 共青团山东省委, Shandong sheng qingnian lianhehui 山东省青年联合会 (Hrsg.): *Qilu zhi zi. Shandong sheng shi nian shida jiechu qingnian shiji (1990–1999)* 齐鲁之子. 山东省十年十大杰出青年事迹 (1990–1999) (Jinan: Shandong youyi chubanshe, 1999), S. 26.

mittlerweile rund 80.000 jährlichen „Massenvorfälle" unterschiedlicher Größenordnung in der Volksrepublik und steht gleichsam am Anfang einer inflationären Entwicklung sozialer Brandsätze.[12] Auch die wohl erstmals in dieser Form erfolgte Berichterstattung über einen solchen Aufruhr in lokalen und überregionalen Medien steht am Beginn eines liberaleren Umgangs mit vergleichbaren, politisch sensiblen Ereignissen seitens offizieller Stellen.[13] Nach drei damals ganzseitig geschalteten, anonymen Artikeln[14] des Shandonger Parteiorgans *Dazhong Ribao* 大众日报 [Volkszeitung] vom 20. Juli 1987 lassen sich die Ereignisse folgendermaßen umreißen:[15] Die Knoblauchbauern hatten im Mai 1987 eine Rekordernte eingebracht. Gleichzeitig hatte die konkurrierende Produktion im Süden zugenommen. Die Preise verfielen, während man noch mit einem guten Absatz bei auswärtigen Händlern rechnete, obwohl diese sich längst anderswo preiswerter eindeckten. Die Lagermöglichkeiten der zentralen Ankaufstelle der Kreisregierung waren begrenzt. Bereits an den Tagen zuvor hatten sich wachsende Unruhen abgezeichnet, da der Knoblauchabsatz stockte.

Am 26. Mai randalierten Knoblauchbauern bereits in zwei Gemeinden. Doch die Behörden reagierten nicht auf die Alarmsignale. Eine wachsende Zahl an Bauern wurde mit ihrer Ernte an den Ankaufstellen abgewiesen. Die Situation schaukelte sich hoch. In einer verzweifelten Protestaktion kippten

12 Zur Verdeutlichung der Band von Elizabeth Perry, Mark Selden (Hrsg.): *Chinese Society. Change, Conflict, and Resistance* (London, New York: Routledge, 2000) sowie zwei weitere von zahlreichen Beiträgen zum Unruhepotential: Joseph Fewsmith: „Continuing Pressures on Social Order", in: *China Leadership Monitor* 10 (Spring 2004), S. 1–9; Yu Jianrong: „Social Conflict in Rural China", in: *China Security* 3.2 (Spring 2007), S. 2–17.

13 Vgl. den Essay von Li Cunbao 李存葆, Wang Guangming 王光明: „Yimeng jiuzhang 沂蒙九章", in: *Renmin wenxue* [人民文学] 11 (1991), S. 75. Der Tenor dieser, im Reportagestil gehaltenen Ausführungen folgt demjenigen der Lokalhistoriographie. Nur 27% des Textes sind dem Vorfall und seiner Vorgeschichte, inklusive der Geschichte des Knoblauchanbaus in Cangshan gewidmet. Den meisten Raum nimmt die Beschreibung positiver Veränderungen nach Amtsantritt eines neuen Kreisparteisekretärs ein.

14 Drei anonyme Artikel in: *Dazhong ribao* (20. Juli 1987): „Yanzhong guanliao zhuyi he gongzuo shizhi niangcheng eguo. Cangshan ‚Suantai shijian' zhuyao fuzezhe shoudao yansu chuli 严重官僚主义和工作失职酿成恶果. 苍山'蒜薹事件'主要负责者收到严肃处理", „Yingdang jiqu de jiaoxun 应当汲取的教训" und „Cangshan ‚Suantai shijian' de fansi 苍山'蒜薹事件'的反思".

15 Die folgenden Schilderungen gehen zurück auf den Artikel „Cangshan ‚Suantai shijian' de fansi".

einige Bauern am Mittag des 27. Mai ihren Knoblauch in den Hof der Kreisregierung, deren Vertreter abgetaucht waren. Damit war das Signal zum Aufruhr gegeben. Die aufgebrachte Menge drang in das Gebäude der Kreisregierung ein, randalierte und plünderte. Erst spät griffen Sicherheitsorgane der Präfektur Linyi ein.

Der Zwischenfall wurde in den Wochen danach durch eine von Provinz und Präfektur eingesetzte Kommission untersucht,[16] der Kreisleiter und Vizeparteisekretär Li Changcun 李常存 wegen grober Dienstversäumnisse seiner Ämter enthoben, der Kreisparteisekretär Yang Guosheng 杨国胜 vom Dienst suspendiert. Die maßgeblichen Randalierer wurden in einem Strafprozess verurteilt, neun Personen zu Haftstrafen, 29 weitere zu Strafgebühren, Schadenersatz oder Belehrung.

So weit die Pressemeldungen vom Juli 1987. Sie lasteten, ohne aber Details zu erwähnen, der Kreisführung die Hauptverantwortung an. Sie betonten die Vermeidbarkeit des Zwischenfalls, relativierten aber das Recht auf Widerstand unter Verweis auf die Schrecken der Kulturrevolution. Die Artikel scheinen nicht nur Grundlage für den Eintrag in den Lokalchroniken von Cangshan und Linyi zu bilden, die über ein Jahrzehnt später erschienen. Auch Mo Yan dürfte Anregungen für seinen Roman daraus bezogen haben.

Wie unterscheiden sich nun Literatur und Geschichtsschreibung in ihrer Schilderung dieses denkwürdigen „Zwischenfalls“, der als ein Alarmzeichen für die gesamte Volksrepublik betrachtet und als solcher in der Folge von der KP behandelt wurde?

3. Fakten in der Fiktion: Der Roman Tiantang suantai zhige

Unmittelbar im Anschluss an den Zwischenfall, also lange bevor die betreffenden Einträge in Lokalchroniken veröffentlicht wurden, entstand Mo Yans 莫言 (geb. 1955) Roman *Tiantang suantai zhige* 天堂蒜薹之歌 [Die Weise von den Knoblauchstengeln aus Tiantang],[17] den er innerhalb von 35

16 Vgl. „Cangshan ‚Suantai shijian' zhuyao fuzezhe shoudao yansu chuli“.

17 Mo Yan 莫言: *Tiantang suantai zhige* 天堂蒜苔之歌 (Beijing: Zuojia chubanshe, 1988), 298 S., siehe auch die um ein Kapitel erweiterte Neuausgabe: Mo Yan 莫言: *Tiantang suantai zhige* 天堂蒜苔之歌 (Beijing: Dangdai shijie chubanshe, 2004). Eine „etwas andere“ Fassung der Ausgabe liegt in unvollständiger deutscher Übersetzung vor:

Tagen niedergeschrieben haben will. Der Autor ist seit seiner Militärzeit mit der Region vertraut. In der Neuausgabe von 2004 finden sich außerdem die oben erwähnten Zeitungsartikel, deren Eckdaten leicht fingiert wurden, in einem neuen 21. Kapitel wieder:[18] Es sind Artikel vom 30. Juli 1987 des als *Qunzhong ribao* 群众日报 [Volkszeitung] kaum kaschierten Shandonger Parteiorgans *Dazhong ribao* vom 20. Juli 1987 mit Beschlüssen des Parteikomitees des Stadtbezirks Cangtian 苍天市 (gemeint ist der Stadtbezirk Linyi) angefügt.[19]

Der Roman stand in den 1990er Jahren auf dem Index, d.h. er war schwer erhältlich, ohne jedoch ausdrücklich verboten gewesen zu sein. Auf mündliche Nachfragen vor Ort wurde stets betont, dass er mit dem Ereignis nur weit entfernt zu tun habe; es sei alles ganz anders gewesen. Mo Yan übersetzte mit seiner literarischen Verarbeitung die groben äußeren Umstände des Vorfalls in eine expressionistische Schilderung des Landstrichs und seiner mit Gewalt durchtränkten Gesellschaft aus einer Perspektive von unten, aus Sicht der Knoblauchbauern und Opfer. Das in Chinastudien jüngster Zeit vielfach betonte „Paradigma der Gewalt",[20] findet hier seine literarische Ausformung. Szenen staatlicher Repression[21] wechseln mit Ausbrüchen familiärer und dörflich-traditioneller Aggression in einem omnipräsenten System der Unterdrückung. Niemand erfährt Recht; kaum einer hätte es aber auch verdient.

Mo Yan: *Die Knoblauchrevolte*, Deutsch von Andreas Donath (Hamburg: Rowohlt Verlag, 1997). Bei *suantai* 蒜苔 handelt es sich um Stengel der noch unreifen Knoblauchpflanze bzw. „Knoblauchsprosse", hier zuweilen zu „Knoblauch" verkürzt und von Donath mit „Knoblauchstengel" oder „Knoblauchstangen" übersetzt.

18 Mo Yan: *Tiantang suantai zhige* (2004). Die Entstehung ist im Vorwort, S. 1 erwähnt.

19 Ebd., S. 263ff. Ansonsten weicht der Band nur in unwesentlichen Details von der oben zitierten älteren Ausgabe ab.

20 Dazu allgemein: Barend J. ter Haar: „China's Inner Demons. The Political Impact of the Demonological Paradigm", in: *China Information* XI. 2.3 (Autumn/Winter 1996–1997), S. 54–85 und im regionalen Kontext, zu einem Landkreis in Hubei: William T. Rowe: *Crimson Rain. Seven Centuries of Violence in a Chinese County* (Stanford, Calif.: Stanford University Press, 2007).

21 Auch die jüngere Reportageliteratur kann reale Beispiele beisteuern, so zu Vorkommnissen in Anhui: Chen Guidi 陈桂棣, Wu Chuntao 吴春桃: *Zhongguo nongmin diaocha* 中国农民调查 (Beijing: Renmin wenxue chubanshe, 2004).

Ort der Handlung ist der Kreis Tiantang. Hinter der Verschlüsselung wird häufig Mo Yans Heimatkreis Gaomi in Nordost-Shandong vermutet, dem der Band gewidmet ist. Dieser verfügt allerdings über keinerlei nennenswerte Knoblauchproduktion. Der Kreisname Tiantang (Paradies) als Ort der Handlung, steht für das Reimwort Cangshan, Metapher für das kommunistische Paradies sowie für Unbestechlichkeit und himmlische Gerechtigkeit (*cangtian* – „blauer/ klarer Himmel“ und *qingtian* 青天 sind gleichbedeutend). Die Zeit der Handlung, das Datum des Aufruhrs, liegt im Roman einen Tag später als der tatsächliche (auf dem 28. Mai 1987).

Mo Yan wurde nach der Erstveröffentlichung, sicher nicht nur wegen der drastischen Schilderungen, sondern weil fiktive und reale Angaben leicht abzugleichen waren, offen angefeindet, wenn nicht bedroht, wie er im Vorwort einer späteren Ausgabe (1995) vermerkt:

> Ich halte *Fennu de suantai* 愤怒的蒜薹 [Knoblauch des Zorns][22] keineswegs für meinen besten Roman, doch fraglos ist er mein schwierigster. Weil ich ihn verfasst habe, ließen mir einige Leute von einem gewissen Landkreis ausrichten, ich solle es nur noch einmal wagen, ihr Gebiet zu betreten, dann könne ich vielleicht was erleben.[23]

Knoblauch des Zorns, der ursprüngliche Titel des Romans, der wohl zu offensichtlich John Steinbecks (1902–1968) preisgekröntem sozialkritischem Roman *The Grapes of Wrath* (1939) nachempfunden ist, wurde auf Verlangen des Verlags geändert. Der Autor hatte es gewagt, das volksrepublikanische System an einem Klassiker der Kapitalismuskritik zu spiegeln.[24]

22 Zum Roman und seinen Bezügen siehe Claudia Durst Johnson: *Understanding Zhongguo nongmin diaocha* 中国农民调查 (Beijing: Renmin wenxue chubanshe, 2004). *The Grapes of Wrath. A Student Casebook to Issues, Sources, and Historical Documents* (Westport, Conn., London: Greenwood Press, 1999), S. 8. Er lag kurz nach seinem Erscheinen in chinesischer Übersetzung vor und erschien bald in Neuauflage: Sitan’enpeike 斯坦恩培克 [Steinbeck]: *Fennu de Putao* 愤怒的葡萄, übersetzt von Hu Zhongchi 胡仲持, (Chongqing: Dashidao shuju, 1942), 2 Hefte, 312 und 365 Seiten. Die gleichnamige Verfilmung mit Henry Fonda (Regie John Ford, 1940), ebenfalls ein Klassiker, ist heute als DVD in der Volksrepublik erhältlich.

23 Mo Yan 莫言: *Zai baozha. Mo Yan wenji* 再爆炸. 莫言文集 (Beijing: Zuojia chubanshe, 1995), Bd. 3, Vorwort (ohne Seitenangabe).

24 Den Originaltitel erwähnt der Autor im Vorwort zur Ausgabe von Mo Yan: *Zai baozha. Mo Yan wenji*, o.S. Steinbecks Romantitel entstammt einer Zeile aus “The Battle Hymn of the Republic” von Julia Ward Howes zum amerikanischen Bürgerkrieg und bezieht sich auf eine Bibelstelle.

Gleichwohl geht Mo Yans Intention durch die Hintertür des obigen Vorworts nicht ganz verloren.

Erst im 16. der 20 (bzw. 21) Kapitel des Romans, der nach dem Zwischenfall einsetzt und in Zeitsprüngen sukzessive zurückführt, wird das zentrale Ereignis geschildert, aus Sicht der Hauptfiguren, zweier Knoblauchbauern:

> Mehrere hundert Menschen hatten sich vor dem Gittertor versammelt und riefen: ‚Kreisdirektor, komm heraus, Zhong Weimin, komm heraus!' Fäuste und Stöcke schlugen gegen das Tor, doch auf dem Gelände dahinter herrschte Totenstille. [...] ‚Nieder mit den korrupten Beamten! Nieder mit der Bürokratie!' Das rief Gao Ma, der auf einen Ochsenkarren gesprungen war und die Fäuste schüttelte. Er ergriff ein Bündel Knoblauchstengel und schleuderte es in den Hof der Kreisverwaltung. [...] Hunderte und Tausende von Knoblauchbündeln schienen Flügel zu bekommen und flogen in dichtem Hagel in den Hof [...] Der grüne Maschendraht des Eingangstores begann heftig zu vibrieren. Das Gitter war den vereinten Kräften der Masse ausgesetzt. Holzstücke, Fäuste und Füße, Schultern, kaputte Ziegelsteine und Dachziegel – unter ihrem Aufprall begann das Tor nachzugeben. [...] Wie Hochwasser strömte die Masse hinein.[25]

Aus der Darstellung lassen sich einerseits Elemente einer „Geschichte von unten" ableiten. Andererseits erscheinen die Bauern in einer Metaphorik der Flutkatastrophe als gleichsam unbändige Naturmacht und damit als ein Sprachrohr des Himmels. Über den Aufruhr, dessen eigentlich unfreiwillige Urheber die beiden obigen Protagonisten sind, wird kurzfristig Gerechtigkeit gegenüber einer gleichgültigen, korrupten Führung hergestellt.

Das System ist angezählt in Form eines verschlüsselten Menetekels, einer dreifach kodierten Botschaft: Das Menetekel blitzt in den Spottversen des blinden Sängers auf, die jedes Kapitel einleiten. Es wird angedeutet im Plädoyer des jungen Offiziers (und Alter Ego Mo Yans) für seinen aufrührerischen Vater anlässlich der Gerichtsverhandlung in Kapitel 18. Dieses Plädoyer ist im Aufklärungsstil des sozialistischen Realismus der Wundenliteratur gehalten. Es erscheint außerdem am obskursten und doch deutlichsten in dem von einem Alten namens Wang *Wang laotou* 王老头 in Kapitel 17 zum Besten gegebenen Volksmärchen.

25 Mo Yan: *Tiantang suantai zhige* (2004), S. 208, hier nach der Übersetzung: Mo Yan: *Die Knoblauchrevolte*, S. 317ff. Eigene Auslassungen wurden mit eckigen Klammern markiert.

Das Märchen, eine Metapher über kaiserliche Willkür, fehlt in der deutschen Übersetzung, obwohl es assoziativ auf die Fährte alter Umsturzphantasien führt. Es demonstriert, wie ein kaiserlicher Befehl, sei er noch so unheilvoll oder unsinnig (hier: ein Quakverbot für Frösche), sich gleich einer Naturgesetzmäßigkeit nicht mehr rückgängig machen lässt. Diese Regel wird versinnbildlicht in der Chiffre über die Endlichkeit kaiserlicher Herrschaft, die vergeht wie ein Traum: *Nanke yimeng* 南柯一梦 („Es war doch alles nur ein Traum, *yuanlai shi Nanke yimeng* 原来是南柯一梦“).[26] Die Metapher lässt sich auf eine Tang-Erzählung[27] zurückverfolgen, spielt aber auch im Roman *Shuihu zhuan* (Die Räuber vom Liangshan-Moor)[28] eine häufig erwähnte Rolle. Neben der modernen Bedeutung als Sprichwort im Sinne von „Hirngespinst“, ist der ursprüngliche Sinn von *Nanke yimeng* radikaler. Er hatte die Qualität einer sich erfüllenden verhängnisvollen Prophezeiung vom Ende einer Herrschaft und des Reiches. Gleichzeitig steht die Wendung – daran zeigt sich die allusorische Kunstfertigkeit des Autors – auch in Zusammenhang mit einem Homophon für die Region, in deren Einzugsbereich sich der Knoblauch-Vorfall ereignete, das Yimeng-Berggebiet Yimengshan 沂蒙山. Das einstige revolutionäre Rückzugsgebiet, wiederum, gilt als ein traditioneller Ort subversiver Kräfte.[29]

26 Mo Yan: *Tiantang suantai zhige* (2004), S. 219.

27 Li Gongzuo 李公佐 (770–?): „Nanke taishou zhuan 南柯太守传“, enthalten u.a. in *Taiping guangji* 太平廣記, *juan* 475.

28 Shi Nai'an 施耐庵: *Shuihu zhuan* 水滸傳 (Jinan: Qilu shushe, 1991), 2 Bde., S. 1910: Song Jiang, der selbst auf Veranlassung des Kaisers vergifteten Wein getrunken hat, vergiftet auch Li Kui. Nach ihrem Tod hat Wu Yong 吴用 einen Traum, in dem ihm die beiden Toten erscheinen, ihm die Umstände ihres Todes und ihm auftragen, ihre Gräber aufzusuchen: „Wu Yong wollte noch nachfragen, als er plötzlich erwachte. Es war alles nur ein Traum gewesen 乃是南柯一梦.“ Engl. Übersetzung: Shi Nai-an und Luo Guanzhong, *Outlaws of the Marsh*, translated by Sidney Shapiro (Beijing: Foreign Languages Press, 1980), Bd. 3, S. 1597.

29 Mehr zu dem Gebiet und seiner ideologischen Verortung in: Ylva Monschein: “Yimeng – Vom revolutionären Rückzugsgebiet zum Erinnerungsort“, in: Monika Gänßbauer (Hrsg.): *Den Jadestein erlangen. Festschrift für Harro von Senger* (Frankfurt a. M.: Verlag Otto Lembeck 2009), S. 159–189.

4. *Fiktion in den Fakten: die Lokalgeschichtsschreibung*

Die Regionalbeschreibung des Landkreises Cangshan,[30] die über ein Jahrzehnt nach dem Ereignis und nach Mo Yans Roman erschien, widmet sich dem Zwischenfall in zwei Abteilungen. In der *Chronik wichtiger Ereignisse* (*Dashiji* 大事记) findet sich ein für diese Abteilung ungewöhnlich langer Eintrag:

> 27. Mai [1987] „Knoblauchstengelzwischenfall". Der ganze Kreis [Cangshan] hatte auf 6.200 Hektar Knoblauchstengel angepflanzt. Die Ernte erbrachte 45 Mio. kg und war innerhalb kürzester Zeit nicht mehr absetzbar, was unter den Knoblauchbauern großen Unmut hervorrief. Am 27. war der Großmarkt der Kreishauptstadt Bianzhuang 卞庄[31] überfüllt mit allen möglichen Fuhrwerken, die ihren Knoblauch verkaufen wollten, [doch] die Ankaufstelle hatte die Annahme bereits eingestellt. Ein Knoblauchbauer aus der Gemeinde Sanhe 三和乡[32] fuhr mit einer Wagenladung Knoblauch in den Hof der Kreisregierung und kippte sie flächendeckend aus, was über tausend Zuschauer anlockte. Eine kleine Minderheit Krimineller wiegelte die Menge auf, in das Verwaltungsgebäude einzudringen und in den Räumlichkeiten von vier Arbeitseinheiten, die dort untergebracht waren, sämtliche Fenster einzuschlagen, Akten, Büromaterialien und Amtssiegel zu plündern. Der direkte wirtschaftliche Schaden betrug über 60.000 Yuan. [...][33]

Die Betonung, dass nur eine „kriminelle Minderheit", gar nur ein Knoblauchbauer mit seinem Fahrzeug den Zwischenfall auslöste, kontrastiert mit der hohen Zahl an „Zuschauern". Neben dem ausführlichen Eintrag in der generell knapp gehaltenen chronologischen Ereignisgeschichte, die den Anfang jeder Regionalbeschreibung bildet, wurde dem Hauptanbauprodukt Knoblauch und im Zusammenhang damit auch dem „Zwischenfall", ein

30 Allgemein zu diesem seit der Song-Zeit etablierten Genre, siehe Bodo Wiethoff: „Bemerkungen zur Bedeutung der Regionalbeschreibungen (fang-chih)", in: *Oriens Extremus* 15 (1968), S. 149–168, zu seinem Wiederaufleben in der Volksrepublik seit den 1980er Jahren, siehe Stig Thøgersen, Søren Clausen: „New Reflections in the Mirror. Local Chinese Gazetteers (*difangzhi*) in the 1980s", in: *Australian Journal of Chinese Affairs* 27 (1992), S. 161–184 und Wang Chunyu 王春瑜 et al.: *Xin difang shizhi xue jianbian* 新地方史志学简编 (Chengdu: Sichuan shehui kexue chubanshe, 1986).

31 Synonym für die Kreishauptstadt Cangshan, Bezeichnung der Gemeinde, deren Sitz gleichzeitig Hauptstadt von Cangshan ist.

32 Südliche Nachbargemeinde von Bianzhuang.

33 *Cangshan xianzhi*, S. 56.

eigenes Kapitel (unter der Überschrift „Cangshan-Knoblauch. Zwischenfall, Knoblauchpagode“[34]) gewidmet. Worin unterscheiden sich nun der knappe Eintrag der Chronologie und die epische Darstellung im „Knoblauchkapitel“? Während ersterer in seiner Kürze die Aufmerksamkeit auf die Brisanz des Vorfalls lenkt, allerdings nur sichtbar wird für den aufmerksamen Leser, der gezielt nach dem Datum des Ereignisses sucht oder die Chronologie Eintrag für Eintrag durchgeht, wird im Detailbericht zunächst auf die sorgfältigen Vorarbeiten der Kreisregierung abgehoben:

> Zur reibungslosen Abwicklung des Knoblauchverkaufs 1987 hatte die Kreisregierung von Cangshan eine zehnköpfige Führungsgruppe eingesetzt, die mehrfach diesbezügliche Direktiven, unter Betonung folgender acht Punkte erließ: Erstens verschaffte man sich einen Überblick über die aktuelle Lage, analysierte Knoblaucheinzel- sowie Gesamterträge und kalkulierte einen Durchschnittsertrag von rund 450 kg pro *mu* für den Gesamtkreis und eine Gesamternte von 42.5 Mio. kg. Zweitens kalkulierte man den Knoblauchabsatz äußerst großzügig, indem man von 40 Mio. kg ausging, einschließlich der bereits in den Kühlhäusern des Kreises lagernden 7,5 Mio. kg. Drittens wurde die Bereitstellung von Transportkapazitäten mit Bahn und Lastkraftwagen geplant. Viertens wurden über Nachrichten und Marktpreise Erkenntnisse über die landesweite Knoblauchproduktion gewonnen, darüber, dass das Angebot die Nachfrage überstieg und die Preise fielen. Fünftens wurden Richtpreise für den Knoblauchverkauf festgelegt. Sechstens wurde für die Verkehrssicherheit und den sicheren Transport Vorsorge getroffen. Siebtens wurde der Knoblauchankauf der verschiedenen Organisationen koordiniert. Achtens wurden ein Vertriebsnetz und Vertriebssystem festgelegt. Nach der Knoblauchernte tauchten die drei folgenden unvorhergesehenen Probleme auf: Erstens glaubten einige Knoblauchbauern auf Grund der Erfahrungen vergangener Jahre nicht den Nachrichten von einem Preisverfall, horteten die Ware in Erwartung höherer Preise und zögerten mit dem Verkauf. Zweitens hatten sich die Kunden von außerhalb schon auf den Märkten im Süden eingedeckt und begannen, als die Knoblauchpreise von Cangshan plötzlich anstiegen, ihre Verträge zu kündigen, ohne dass dadurch Alarm ausgelöst worden wäre. Erst nach dem „Knoblauchstengelzwischenfall“ wurde ermittelt, dass insgesamt rund 60 Käufer sich geweigert hatten, 13,5 Mio. kg abzunehmen. Drittens hatte der Knoblauchertrag der Vorjahre pro *mu* etwa 400 kg betragen, während er 1987 bei 557 kg lag, d.h. der Gesamtertrag lag mehr als 10 Mio. kg über der kalkulierten Menge.[35]

34 Ebd., S. 330f.
35 Ebd., S. 330f.

Des Weiteren wird der Vorfall geschildert und die Zahl der vor Gericht Gestellten erwähnt:

> Am 27. Mai 1987, als in der Kreisstadt großer Markttag war, hatte sich die Verkaufssituation für Knoblauch noch nicht verbessert. Etwa um 11 Uhr vormittags zog ein Knoblauchbauer aus der Gemeinde Sanhe seinen Lastkarren in den Hof der Kreisregierung und entleerte ihn, was eine Menge gaffender Marktbesucher anlockte. Nachmittags nahm die Zuschauerzahl weiter zu. Rufe, Beschwerden, Flüche, Gebrüll schwollen an, und man begann an den Toren der Kreisregierung zu rütteln, die inzwischen geschlossen worden waren. Eine kleine Minderheit Krimineller machte sich die Empörung der Menge zunutze, drang in den Hof der Kreisregierung ein, um einen Aufruhr zu verursachen, schlug alles kurz und klein, verprügelte Beamte oder schüchterte sie ein. Die Führung von Kreisparteikomitee und Regierung war unterwegs oder in der Mittagspause, stellte sich ahnungslos oder sah aus der Ferne zu, so dass der Aufruhr immer mehr ausartete. Um zwei Uhr nachmittags drang die aufgeputschte Menge gewaltsam in das Verwaltungsgebäude der Kreisregierung ein, zerschlug die Fenster von vier Behörden, plünderte Akten und Büroausrüstung und hinterließ einen direkten wirtschaftlichen Schaden von rund 60.000 Yuan. Um die gleiche Zeit wurden in der Gemeinde Shenshan, auf der Strecke zwischen Qingzhu und Hezhuang, in der Gemeinde Changcheng und anderswo an den Durchgangsstraßen über 10 Fahrzeuge demoliert sowie einige Fahrer und Kaderinsassen verprügelt. Nachmittags um vier Uhr schritten Vollzugsbeamte und Dienst habende Mitarbeiter der Kreisregierung gegen die Randalierer ein. Insgesamt wurden 38 kriminelle Elemente, die sich der Gesetzesübertretung schuldig gemacht hatten, festgenommen. Der von Vandalismus und Plünderung begleitete Zwischenfall wurde allmählich beigelegt. […][36]

Der Detailbericht konturiert die unglückliche Verkettung verschiedener Faktoren, zu denen sich als neues Element die auswärtige Konkurrenz gesellt. Bei Betrachtung der aufgeführten Zahlen fallen Widersprüche auf: zwei Abteilungen derselben Lokalchronik gehen von unterschiedlichen Verurteiltenzahlen aus. Neun von 38 Angeklagten wurden, laut „Chronik der Ereignisse“, sieben laut Detailbericht zu Haftstrafen verurteilt. Während die Zahl der Angeklagten in der Regionalbeschreibung bei 38 liegt und die der Entlassenen zwischen 29 und 31 schwankt, zählt die Romanhandlung bei Mo Yan 93 Inhaftierte – fast ein Zahlendreher. Die in den Chronikaufzeichnungen kommentarlos erwähnten Ausschreitungen in Nachbargemeinden

36 Ebd., S. 330f.

finden nur im Roman eine Erklärung: Eine Kaderlimousine, die einen Knoblauchbauern überfährt, begeht Fahrerflucht, woraufhin die wütende Menge den Verkehr blockiert. Die Eskalation der Gewalt lässt sich, anders als im Roman, aus den historischen Eintragungen nicht nachvollziehen. Im Gegenteil – es wird der Eindruck erweckt, als sei im Vorfeld alles ordnungsgemäß abgelaufen. Die Verantwortlichen werden also indirekt exkulpiert, während die Unvernunft der Bauern, die einer „kriminellen Minderheit“ folgen, als Hauptproblem erscheint.

Einen wichtigen Abschnitt in der Chronik bilden Korrekturmaßnahmen nach der Untersuchung des Zwischenfalls durch das Kreisparteikomitee (Juli/August 1987). Man versuchte, gleichsam in Vorwegnahme von Jiang Zemins „Drei Stellvertretungen“ (*sange daibiao* 三个代表),[37] das Verhältnis von Kadern und Volk in Cangshan durch eine Meinungsumfrage auszuloten.[38] Rund 250 eingegangene Vorschläge sollten der Initiierung neuer wirtschaftspolitischer und produktionstechnischer Impulse dienen.

Im Januar 1988 wurde der Kreis Cangshan zur Freihandelszone in der Huang-Huai-Hai-Region ernannt und im gleichen Jahr als Armutskreis in die Förderung der Provinz aufgenommen. Im Frühjahr wurden 97 neue Kühlhäuser mit einem Volumen von 30 Mio. kg Knoblauch eingerichtet.[39] Ein hochrangiger Besucherstrom aus Beijing, darunter im Jahre 1995 der Leiter des ZK-Hauptbüros, der für Armutsminderung im Staatsrat zuständige spätere Premier Wen Jiabao 温家宝, sorgte in den folgenden Jahren dafür, dass die Kreisoberen sich nicht mehr unbeaufsichtigt fühlen konnten.[40]

Im Mai 1992, als sich die Knoblauchproduktion stabilisiert hatte, wurde in der Kreishauptstadt der Bau einer 33 Meter hohen elfstöckigen Pagode begonnen.[41] Die von einer Knoblauchzwiebel gekrönte weiß-grüne Pagode steht in Blickweite des Regierungsgästehauses. Das neue Wahrzeichen, nur

37 „Die Vertretung der fortschrittlichen Produktivkräfte, der fortschrittlichen Kultur und der Mehrheit des Volkes“: Es nicht auszuschließen, dass Jiang Zemins im Februar 2000 initierte Theorie von dem Cangshan-Vorfall inspiriert wurde.

38 Ebd., S. 56.

39 Ebd., S. 57.

40 Ebd., S. 61, 63. Generalsekretär Jiang Zemin 江泽民, der spätere Staatspräsident, war 1992 in Linyi und gab die Losung für Cangshan als „südlichem Gemüsegarten“ aus.

41 Ebd., S. 61.

Eingeweihten als „Alarmsignal“[42] kenntlich, wird in der Fotodokumentation der Kreischronik, dessen Schutzumschlag es schmückt, als „Fenster zur Welt“ bezeichnet. Im Modus der Reinigung rundet das religiös konnotierte Bauwerk den Zwischenfall zu einer geglückten historischen Lektion ab. Natürlich fungiert die Pagode nicht als Heiligtum, sie hat jedoch den Zweck einer numinosen „Ausstrahlung“ auf ungünstige *Fengshui*-Verhältnisse.[43] Das Gedächtnis des Aufruhrs und der symbolische Umgang mit ihm stehen im Zeichen einer Politik der „harmonischen Gesellschaft“, noch bevor diese von der neuen Regierung unter Hu Jintao 胡锦涛 und Wen Jiabao 2001 ausgerufen wurde. Der einstige „Schandfleck“ wird mittels eines sakral aufgeladenen Sinnbilds in den Dienst der Zukunft gestellt. Denjenigen aber, die diese Lektion nicht beherzigen, läuten die vier Uhren *zhong* 钟 an der Pagode und das mit ihnen konnotierte Homophon *zhong* 终 (Tod, Ende) den Untergang ein.[44]

5. Schluss: Wahrheit im Fiktiven suchen

Aus dem mittels historischer und literarischer Quellen nachgezeichneten Fall der „Knoblauchrevolte“ lässt sich ersehen: Die chinesische Historiographie geht nach dem Schema eines Literaten vor, der ein in sich stimmiges Weltbild vermittelt und Kohärenz in scheinbar Widersprüchliches einlagert. Das „Historische“ an der Vorgehensweise besteht darin, dass keine Fakten fingiert werden. Es wird nichts objektiv Unwahres vorgestellt, sondern Fakten werden gezielt auf die Fiktion einer unglücklichen Verkettung von Umständen hin zurechtgetrimmt. Die „Dienstversäumnisse“ der Verantwortlichen stellen nur einen vernachlässigenswerten Teil und nicht (wie im Roman) das eigentliche Problem dar. Im Sinne einer Umarmungsstrategie werden also Ereignisse, die das System in Frage stellen, in einen systemkonformen Gesamtzusammenhang umgedeutet. „Geschichte“ ist keiner anderen Interpretation zugänglich als dieser. Sie ist „endlich“, denn sie zeigt auf, dass es immer nur diese eine Lösung geben kann, dass es sich um eine kor-

42 Ebd., S. 331.

43 Zur Architektur und Ikonologie von Pagoden, vgl. Dietrich Seckel: *Buddhistische Kunst Ostasiens* (Stuttgart: W. Kohlhammer, 1957), S. 71–80, insbes. S. 71, 75.

44 Aus dieser abergläubischen Gleichsetzung heraus sind Uhren als Geschenk verpönt.

rigierbare Abweichung innerhalb eines unhinterfragbaren Kontextes handelt.

Im Roman wie in der Lokalmonographie klingt die konfuzianische Tradition an, wonach Rebellion gerechtfertigt ist, wenn die Regierung ihrer Fürsorge für das Volk und den vorgeschriebenen Aufgaben nicht nachkommt, wenn sie ihr vom Himmel übertragenes Mandat (*ming* 命) verspielt.[45] Doch werden unterschiedliche Lehren aus den Ereignissen gezogen. Die Historiker versuchen aus einer Sicht von oben zu belegen, dass es für einen Mandatswechsel keine Grundlage gebe, dass die Regierungsinstanzen im Grunde guten Willens und reformbereit seien. In diesem System erhaltenden Perpetuum mobile werden Schuld und Verantwortung stets der nächstunteren Ebene angelastet.

Der Roman hingegen vermittelt aus einer Perspektive von unten den Eindruck, die Tage des Systems seien gezählt, solange nicht eine grundlegende Reform eingeleitet wird. Während das literarische Medium die Vorgänge aus der individuellen Perspektive der Betroffenen entwickelt, bis sie, jenseits von Anklage oder Rechtfertigung, in der persönlichen Tragödie gipfeln, zielt die aus dem Blickwinkel des Gemeinwesens und öffentlichen Interesses formulierte Regionalbeschreibung auf eine rechtlich akzeptable Lösung. Sie ist getragen von einer Vision, welche die realen Missstände über die ergriffenen Gegenmaßnahmen in eine glückliche Zukunft transzendiert.

Roman und Chronik verhandeln dasselbe Ereignis aus einem divergierenden Verhältnis zum Machtapparat heraus. Während die Historiographie das Plädoyer hält, konzentriert sich die Literatur auf Anklage und Verurteilung der ausführenden Staatsorgane. Hierzu passt der jeweils gewählte Begriff für das Vorkommnis. Der Ausdruck „Revolte" der deutschen Übersetzung, der im Titel des vorliegenden Aufsatzes in Anführung gesetzt wurde,

45 Für eine Diskussion bäuerlicher Rebellionen siehe Joseph W. Esherick: "Symposium on Peasant Rebellions. Some Introductory Comments", in: *Modern China* 9.3 (1983), S. 275–284. Zu den Anfängen von Sozialutopien bei Menzius, der vox populi als Stimme des Himmels und einziger Instanz zubilligt, über das Mandat des Himmels zu entscheiden, siehe Wolfgang Bauer: *China und die Hoffnung auf Glück. Paradiese, Utopien, Idealvorstellungen* (München: Carl Hanser, 1971), S. 51.

wird im Romanoriginal ebenso wie in offiziellen Dokumenten vermieden.[46] Die Historiographie wählt die Bezeichnung „Zwischenfall *shijian* 事件", der Roman den Ausdruck „(Straf)prozess (*da* 大) *anjian* 案件". Für die Historiker handelt es sich um eine korrigierbare und korrigierte Episode. Im Roman wird gleichsam dem System der Prozess gemacht. Die Lokalhistorie geht in ihrer Vermittelung einer intakten Welt über den Roman mit seinem realistisch-düsteren offenen Ende fiktional hinaus.

Mo Yan hält sich zwar wie die Geschichtsschreibung an das Datengerüst der Zeitungsartikel, weitet aber das Geschehen um die menschliche Dimension, auf die Existenz einzelner Knoblauchbauern und ihrer Familien aus. Der Autor steht auf ihrer Seite bzw. außerhalb des Geschehens. Im Alter ego des unbeteiligt rauchenden Beobachters am Feldrand ist es ihm möglich, das geschlossene Weltbild der Historiker zu perforieren. Er stellt, wenn auch unterschwellig und gefiltert, die Systemfrage. Das gelingt durch doppelte Verschlüsselung, die Verschachtelung eines Märchens in die Romanhandlung und in dieses wiederum die Einbettung eines Sprichwortes, eine uralte Chiffre für das Verfallsdatum von Dynastien, gleichzeitig symbolträchtiges Homophon für den Schauplatz des Geschehens. Diese allusorische Kunstfertigkeit erlaubt den Verweis auf tabuierte Wahrheiten. Das darin aufscheinende Weltbild sieht den Fall einer Dynastie vor, gründet also in der zyklischen Betrachtungsweise chinesischer Tradition, im Gegensatz zu der linearen kommunistischen Entwicklungsperspektive. Anders als bei den Lokalhistorikern steht im Roman auch die oberste Führung auf dem Prüfstand. Wie angreifbar der Autor sich dabei machte, kommt in der ironischen Sentenz zum Ausdruck, die er – im Vorspann einer früheren Ausgabe – Stalin in den Mund legte:

> Romanautoren versuchen immerzu, sich von der Politik zu distanzieren, aber der Roman selbst kreist um die Politik. Romanautoren beschäftigen sich so sehr

46 Statt eines Ausdrucks für „Revolte" steht in den Regionalbeschreibungen von Cangshan und Linyi *shijian* 事件, im Roman (*da* 大) *anjian* 案件 – letzteres in englischer Übersetzung mit "criminal case" wiedergegeben: Mo Yan: *The Garlic Ballads*, übersetzt von Howard Goldblatt (London: Penguin, 1995), S. 273.

> mit dem „Menschenschicksal", daß sie dazu neigen, ihr eigenes Schicksal aus den Augen zu verlieren. Darin liegt ihre Tragödie.[47]

Tatsächlich, so Mo Yan in seinem Vorwort zu einer Neuausgabe (2004) und unter Verweis auf Michail Bulgakovs (1891–1940) Schlüsselroman *Der Meister und Margarita* (1938), sei ihm Stalin mit diesem Ausspruch lediglich im Traume erschienen.[48] Damit unterstützt er selbst die These, dass es sich bei seinem Roman um eine Allegorie, eine „große Metapher"[49] auf das maoistische China handele (gleichsam um ein modernes Pendant der *Nanke yimeng*-Sentenz), ähnlich Bulgakovs Werk, das als Allegorie auf das stalinistische System gelesen wird. Margaritas „realphantastischer" Flug über das Moskau des Schreckensjahres 1937 dient Schlögel denn auch als Eingangskapitel und Exemplum dafür, wie die Geschichtswissenschaft von „Erkenntnis- und Darstellungsprivilegien der Literatur" profitieren könnte.[50]

Wie weit die Anerkennung von Faktizität im Roman gegenüber der Fiktionalität in der Regionalbeschreibung sich beispielsweise in Form journalistischer Recherche und offizieller Anerkennung durchgesetzt hat, lässt sich an der Fernsehdokumentation *Fazhi zhongguo* (Rechtsstaatliches China)[51] ablesen, die den Fall zwölf Jahre später mit Hilfe von Interviews mit Augenzeugen wieder aufrollte. Sie berief sich in der Anmoderation nicht auf offizielle Dokumente, sondern auf den Roman – wie auf einen Kronzeugen:

> Wir befinden uns hier in der landesweit berühmten Heimat des Knoblauchs, im Landkreis Cangshan. Kaum ist man angelangt, riecht man sein außerordentlich intensives Aroma. Genau hier hat sich vor 12 Jahren der Knoblauchstengelzwischenfall abgespielt. Anschließend verfasste der Schriftsteller Mo Yan den

47 Vorwort von Mo Yan: *Tiantang suantai zhige* (2004), S.1, übersetzt als vorangestelltes Motto in Mo Yan: *Die Knoblauchrevolte*, ohne Seitenangabe.

48 Mo Yan: *Tiantang suantai zhige* (2004), Vorwort, S. 1. Vgl. die Übersetzung Mikhail Bulgakov: *The Master and Margarita* (London: Vintage Books, 2003).

49 Peter Burke: „Die drei Sprachen der Metapher", in: *Historische Anthropologie. Kultur, Gesellschaft, Alltag* (2006), S. 4.

50 Karl Schlögel: *Terror und Traum. Moskau 1937* (München: Carl Hanser, 2008), S. 35.

51 *Fazhi Zhongguo. Liuji dianshi xiliepian* 法治中国. 六集电视系列片 (Teil 5): „Quanli zhi shang" 权力之上 (1999 gesendet im Shandonger Fernsehen), Drehbuchtext/ Transkription von Reportage und Interviews, siehe http://www.sdtv.com.cn/topic/ ddyfz/fzhg-5.htm (Zugriff am 30. Januar 2003).

> Roman *Die Weise von den Knoblauchsprossen aus Tiantang*. […] Heute wollen wir uns nochmals mit der Frage nach seinen Ursachen auseinandersetzen.[52]

Die Fernsehreportage zeigt an, dass ein neues, vom Westen importiertes Recht den Mandatskodex reformiert und an die Stelle der ursprünglich legitimen Rebellion von unten treten soll. Amtsmissbrauch wird nun, anders als in der Lokalchronik, dingfest gemacht.

Während die Historiographie dem ideologischen Anspruch verpflichtet ist und damit der Aufrechterhaltung (des Scheins) der Ordnung, unterläuft die literarische Verarbeitung des Ereignisses die schöne Scheinwelt mit einer vergleichsweise immer negativ ausfallenden Gegendarstellung. In diesem Sinne, aber satirisch zugespitzt, trifft denn auch der häufig bemühte Ausspruch zu, wonach „bei Geschichtsbüchern nichts stimmt, außer den Personennamen, bei Romanen dagegen alles, bis auf die Personennamen".[53] Schopenhauer hat einmal betont, dass in Geschichte „des Falschen mehr, als des Wahren" sei, wohingegen ein Dichter uns „die Idee" und „das Wesen der Menschheit" zeige.[54] Dem entspräche nicht nur die traditionelle chinesische Historiographie in ihrem Hang, „Fehlerhaftes zu kaschieren und Lobenswertes zu preisen (*yin e yang shan* 隐恶扬善).[55] Auch die moderne Lokalgeschichtsschreibung kann sich, so zeigt zumindest vorliegendes Beispiel, aus dieser Tradition nicht lösen. Die kaschierte Drohung der phantastisch aufgeladenen Romanbotschaft zielt dagegen auf ein reales Machtgefüge in Legitimationsnöten ab. Und so verkörpert die Pagode auf dem Schutzumschlag der Kreischronik von Cangshan zwar einerseits ein unauffälliges Mahnmal, andererseits stellt sie aber auch – und dies in ungleich stärkerem Maße – die Beglaubigung einer sich positiv verstärkenden Entwicklung und damit die Affirmation des Status quo dar.

52 Ebd.

53 Lin Jinlan 林斤澜: „Shan zai 善哉", in: Chen Tushou 陈徒手: *Ren you bing tian zhi fou. Yijiusijiu nian hou Zhongguo wentan jishi* 人有病天知否. 一九四九年后中国文坛纪实 (Beijing: Renmin wenxue chubanshe, 2000), S. 1.

54 Arthur Schopenhauer: *Die Welt als Wille und Vorstellung. Drittes Buch. Die Welt als Vorstellung zweite Betrachtung: Die Vorstellung unabhängig vom Satze vom Grunde: Die platonische Idee: das Objekt der Kunst* (Zürich: Diogenes, 1977), Bd. 1, S. 308ff.

55 Wang Yuewen 王跃文: *Renshi gushi* 人事故事 (Beijing: Zhongguo jianying chubanshe, 2001), S. 30.

Bigamie im Recht und *ernai* im Alltag. Die Sprache von Chinas Gesetzen im Realitätstest

Astrid Lipinsky

This paper examines the development of legal language in China through the example of the Chinese Marriage Law and the *ernai* phenomenon. Firstly, the relevance of language in China's establishment of rule of law is discussed with reference to the German precedent. In recent years, the attempt to professionalize legalization and legal discourses in China can be observed. But, as the German example reveals, professionalization may distance the law from everyday language. The use of common language that can be easily grasped by ordinary people is one of the underlying principles of the Chinese Marriage Law. This is specifically important, because the other fundamental policy guideline of the Marriage Law is its women-friendly character and its suitability as a means to educate and to legally empower women.

Ernai, Recht und Sprache

50 Jahre nach ihrer Gründung und fast 50 Jahre nach ihrem ersten nationalen Gesetz, dem Ehegesetz von 1950, nahm die Volksrepublik China 1999 das Ziel des Rechtsstaatsaufbaus in die Verfassung auf. Die Verrechtlichung wird Chinas Sprache verändern: Im positiven Sinne sind eine Entpolitisierung und der Rückgang von Leerformeln zu erwarten; im negativen eine Entfernung der Rechtssprache von Alltagsgebrauch und alltäglicher Praxis.

Im Anschluss an einige generelle Grundlagen zu Art und Rolle von Sprache im Recht analysiert der Text den Diskurs um die Verrechtlichung von gesellschaftlichen Phänomenen am Beispiel der *ernai* 二奶 (Zweitfrau). Die *ernai* ist vorwiegend ein Thema des Ehegesetzes. Die gesetzliche Ausgestaltung der Ehe kann weltweit und für China eine herausgehobene und praktische gesellschaftliche Bedeutung reklamieren.

In China kommt die frauenpolitische Funktion des Ehegesetzes hinzu. Der Chinesische Frauenverband (*Zhonghua renmin gongheguo funü lianhehui* 中华人民共和国妇女联合会, kurz *fulian* 妇联)[1] insbesondere tritt als

1 Siehe Astrid Lipinsky: *Der chinesische Frauenverband. Eine kommunistische Massenorganisation unter marktwirtschaftlichen Bedingungen* (Berlin et al.: LIT Verlag 2006).

Akteur hervor, als fachkompetente Stelle für die Verbreitung der Gesetzesinhalte unter den Frauen als der primären Zielgruppe des Gesetzes. Wie geht die einzig erlaubte[2] und einzige in Gesetzen verankerte „Vertretung der Frauen Chinas" mit der sprachlichen Repräsentation der *ernai* im Recht, speziell im Ehegesetz um? Dass die Frage relevant ist, zeigen die knapp 7000 Einträge zum Stichwort „Ansichten des Frauenverbandes über die Vergesetzlichung der *ernai*" bei Google.[3]

Mit der *ernai* wird ein Beispiel herausgegriffen für die sogenannten „chinesischen Besonderheiten" (*Zhongguo tese* 中国特色), dem offiziellen Sprachgebrauch für das, was der westlich-ausländischen Norm nicht entspricht.

Die Bedeutung der Sprache im Recht

Die Sprache des Rechts ist eine Sonderform der geschriebenen Sprache. Im Deutschen hebt sie sich als „Juristenlatein",[4] als professioneller Diskurs bis hin zur Unverständlichkeit für den Laien von der Alltagssprache ab. Das sei aufgrund der erforderlichen hundertprozentigen Genauigkeit nötig, weil das Gesetz die Autorität zu binden und zu strafen besitze. Wegen eben dieser mangelnden Flexibilität von Gesetzen hat Mao Zedong sie abgelehnt und lieber auf politische Ad-hoc-Anweisungen zurückgegriffen.

Im demokratischen Rechtsstaat müssen die Rechtstexte, vor allem die Gesetze, möglichst für alle Bürger[5] zugänglich, nachlesbar und verständlich sein.[6] Jeder Bürger soll sich vom Gesetzestext angesprochen und mitge-

2 Lipinsky: *Frauenverband*, S.8

3 Gesucht wurde nach *Zhongguo fulian dui ernai rufa de yijian* 中国妇联对二奶入法的意见 (Stand: 17. März 2010).

4 Tonio Walter: „Sprache und Stil in Rechtstexten", in: *Juristische Rundschau* 2 (2007), S. 61-65.

5 Aus Gründen der Lesbarkeit verzichtet dieser Text auf die zusätzliche weibliche (-Innen) Endung. Die Verfasserin möchte aber betonen, dass sie die männliche nicht als geschlechtsspezifisch, sondern als inklusiv-geschlechtsneutral versteht. Sind nur Frauen gemeint, verwendet der Text die weibliche Form. Zur juristischen Argumentation Walter: „Sprache", S. 61 und 63.

6 Gerhard Stickel: „Die Sprache der Juristen ist besser als ihr Ruf. Ohne Sprache gibt es keine Gerechtigkeit", in: *Zeitschrift für Rechtspolitik mit rechtspolitischer Umschau* 5 (2001), S. 229-232.

meint fühlen. Das ist in bestimmten Gesetzen, zum Beispiel dem Strafgesetz besonders wichtig, in anderen Bereichen gilt dies weniger, etwa im Verfahrensrecht.[7] Um dies zu erreichen, gibt es im deutschen Bundesministerium der Justiz einen „Redaktionsstab Rechtssprache", der neue Gesetze auf ihre Verständlichkeit prüft und, falls nötig, sprachlich ausbessert.[8]

Für das chinesische Recht wird ein Mangel an inhaltlicher wie sprachlicher Qualität beklagt.[9] Häufig gilt die chinesische Rechtssprache sogar als noch unbestimmter als das Englische.[10] Peerenboom beschreibt chinesische Gesetzestexte als übertrieben verallgemeinernd, lückenhaft und widersprüchlich.[11] Chinas neues Recht[12] sollte demokratisch, volksnah und verständlich sein. Abstraktion und Begriffsbildung[13] waren keine Ziele. Das Ehegesetz vom 1. Mai 1950 mit seinen kurzen Hauptsätzen und der Vermeidung von nichtalltäglichen Fachbegriffen, wie etwa der „Monogamie", ist ein breit diskutiertes Beispiel.[14]

Das Recht und seine Sprache im „Rechtsstaat chinesischer Prägung"

Die Entwicklung des chinesischen Rechtsstaats-Begriffes beweist die Bedeutung der Wortwahl im offiziellen Rechtsdiskurs. Beide Bestandteile, die „Gesetzesherrschaft" wie der seitdem dauerhaft übliche Verweis auf die

7 Walter: „Sprache", S. 63.

8 Inga-Marie Pahlke: „‚Juristendeutsch': Wenn das Recht zur Sprache kommt", in: *Zeitschrift für Öffentliches Recht in Norddeutschland* (2010), S. 57-58.

9 Jianfu Chen: *Chinese Law. Towards an understanding of Chinese law, its nature and development* (The Hague et al: Kluwer Law, 1999), S. 119.

10 Deborah Cao: „Is the Chinese legal language more ambiguous and vaguer?", in: Anne Wagner, Sophie Cacciaguidi-Fahy (Hrsg.): *Obscurity and clarity in the law. Prospects and challenges* (London: Ashgate, 2008), S. 109-128.

11 Randall Peerenboom: *China's long march toward rule of law* (Cambridge: Cambridge University Press, 2002), S. 247, 251.

12 1949 setzte die Regierung der gerade gegründeten Volksrepublik China alle geltenden Gesetze außer Kraft. Übergangsfristen, wie sonst im Recht üblich, gab es nicht.

13 Zur fehlenden Genauigkeit von Begriffen und zur inkonsistenten Begriffsverwendung siehe Peerenboom: *Long March*, S. 251.

14 Marinus J. Meijer: *Marriage Law and Policy in the Chinese People's Republic* (Hong Kong: Hong Kong University Press, 1971).

„chinesischen Besonderheiten" lassen sich auf den 15. Parteitag der Kommunistischen Partei Chinas (KPCh) im Jahr 1997 zurückführen. Unter den zehn Unterpunkten des Berichtes des damaligen Parteivorsitzenden Jiang Zemin finden sich die folgenden:[15]

> 6. Reform des politischen Systems und Aufbau einer demokratischen Gesetzesherrschaft
>
> 7. Aufbau einer sozialistischen Kultur mit chinesischen Besonderheiten.

1999 wurde dem Parteitagsbeschluss von 1997 folgend im Rahmen der dritten Änderung der geltenden Verfassung von 1982 auf der zweiten Vollversammlung des XI. Nationalen Volkskongresses Artikel 5 um einen Absatz 1 ergänzt und lautet nunmehr:

> Die Volksrepublik China praktiziert eine auf Gesetze gestützte Regierung und errichtet einen sozialistischen Rechtsstaat.
>
> Der Staat verteidigt die Einheitlichkeit und die Würde des sozialistischen Rechtssystems.
>
> Kein Gesetz, keine administrative oder lokale Verordnung oder Vorschrift darf im Widerspruch zur Verfassung stehen.
>
> Alle Staatsorgane und Streitkräfte, alle politischen Parteien und gesellschaftlichen Organisationen und alle Betriebe und Institutionen müssen die Verfassung und die Gesetze einhalten. Jede Handlung, die der Verfassung oder den Gesetzen zuwiderläuft, muss untersucht werden.
>
> Keine Organisation oder kein Individuum darf das Privileg genießen, die Verfassung und die Gesetze zu überschreiten.[16]

Der 16. Parteitag der KPCh im Jahr 2002, erstmals unter Leitung von Generalsekretär Hu Jintao, befand:[17]

15 Zitiert nach der chinesischsprachigen Kurzzusammenfassung des 15. Parteitags unter http://wenda.tianya.cn/wenda/thread?tid=79db26a5aaa76e6d (Zugriff: 13. März 2010).

16 Deutsche Übersetzung nach http://www.verfassungen.net/rc/verf82-i.htm (Zugriff: 13. März 2010).

17 „Beschluss des XVI. Parteitags der Kommunistischen Partei Chinas über das „Statut der Kommunistischen Partei Chinas (abgeänderte Fassung)", angenommen vom 16. Parteitag

> Der Parteitag ist der Meinung, dass es eine wichtige Errungenschaft, die unsere Partei in der Praxis hinsichtlich des Aufbaus des Sozialismus chinesischer Prägung erzielt hat, ist, [...] den Staat nach dem Gesetz zu verwalten, einen sozialistischen Rechtsstaat aufzubauen und die Verwaltung des Staates gemäß dem Gesetz mit der Verwaltung des Staates gemäß der Moral zu verbinden.

Hu nutzte seine Ansprache vor dem Parteitag dazu, die Bedeutung der Orientierung von Herrschaft am Gesetz und der hohen Wertschätzung der Verfassung zu betonen.[18] Das führte zu einer gewissen Loslösung der folgenden Verfassungsänderungen 2004 von den Vorgaben des Parteitages und zu einer breiten gesellschaftlichen Verfassungsdiskussion, etwa über die Einführung des garantierten staatlichen Schutzes von Privateigentum, im Jahre 2003.[19] Der Verfassungstext erkannte die Bürger zunehmend als Rechtsträger an und nahm den Staat für den Schutz ihrer Rechte in die Pflicht, wobei der Umfang der Pflichten an internationalen Standards zu messen war (Schutz der Menschenrechte seit 2004).[20]

Rechtskenntnis in China und die Bedeutung der Sprache

Die Hochphase politischer Kampagnen in China seit 1957 bis zur Abschaffung von Justizministerium und Staatsanwaltschaften in der Kulturrevolution führte zu einem Bedeutungsverlust des Rechtes. Anstelle der Gesetze musste man die aktuellen Politslogans kennen.

Um das zu ändern, stellt China seit 1985 Fünfjahrespläne zur Verbreitung von Rechtswissen (*pufa* 普法)[21] auf. Bestandteil der Jahrespläne sind Rechtsverbreitungstage an der Basis, in Schulen, Unternehmen, Behörden und auf Dorfebene. Hinzu kommen kostenlose Rechtsberatungstage in öffentlichen Parks oder in Wohnvierteln. „Erziehung und Propaganda" sind

---

der Kommunistischen Partei Chinas am 14. November 2002. Zitiert nach: http://german.china.org.cn/german/50757.htm (Zugriff: 12. März 2010).

18 Sebastian Heilmann, Lea Shih, und Nicole Schulte-Kulkmann: „‚Die Farbe der Macht hat sich geändert': Kontroversen um die Verfassungsreform in der VR China", in: *China Analysis* 31 (2004), online unter http://www.chinapolitik.de (Zugriff: 13. März 2010), S. 3.

19 Ebd.

20 Li Li: „China's Constitutional Amendments and Their Implications", in: *China Report* 41 (2005), S. 80.

21 Kurz für *puji falü zhishi* 普及法律知识.

ein etabliertes Arbeitsinstrument des Frauenverbandes und seit den dörflichen Informationsveranstaltungen über das neue Ehegesetz nach 1950 an die Verbreitung von Rechtswissen gebunden.[22]

Ehegesetz, Recht und Sprache

Weltweit stehen Ehegesetze der Lebensrealität der Bürger besonders nahe[23] und spiegeln in zahlreichen Änderungen die Notwendigkeit, sich an gesellschaftliche Realitäten anzupassen. Das deutsche Familienrecht etwa ist der am meisten in Bezug auf Umfang und Inhalt revidierte Teil des Bürgerlichen Gesetzbuches.[24] Gleichzeitig ist das Familienrecht das Rechtsgebiet, das jeden Bürger in seinem Lebensalltag direkt betrifft.

Auch in China ist das Ehegesetz eines der am häufigsten (1950, 1981, 2001) geänderten Gesetze. Hinsichtlich von Ehe-, Scheidungs- und Unterhaltsfragen ist es aktuell außerdem dasjenige Gesetz, das gesellschaftliche Veränderungen am zeitnahesten aufnimmt und auf sie reagiert. Der Frauenverband verlangt deshalb eine erneute Revision und die Aufnahme eines ausdrücklichen Verbots von *ernai* in den Gesetzestext.

Im Ehegesetz von 1950 sollte der revolutionäre Charakter der VR China seinen sprachlichen Ausdruck finden: mit einfacher Alltagssprache und dem besonderen Schutz der Rechtsstellung von Frauen. Das Ehegesetz nahm in der Abkehr vom republikchinesischen Familienrecht Abschied von der Familienorientierung zugunsten einer Bezugnahme auf männliches und weibliches Individuum. Der autonome Rechtsraum der Familien wurde aufgelöst zugunsten des direkten staatlichen Zugriffs auf den Einzelnen. Junge Familienangehörige sollten nicht mehr dem Familienoberhaupt Gehorsam schulden, sondern allein dem Staat.

Die Gleichberechtigung der Frauen war ein Gründungsprinzip der Volksrepublik, und um es zum Ausdruck zu bringen, wurde der Grundsatz der

22 Lipinsky: *Frauenverband*, S. 195.

23 So auch wörtlich das chinesische Oberste Volksgericht in seiner Anweisung zum sorgfältigen Studium des neuen Ehegesetzes von 2001, zitiert in: Li Xiaobin, Wu Xiaofang 李晓斌, 吴晓芳 (Hrsg.): *Hunyin jiating falü zhengce jiedu yu shiyong fanben dianxing anli quanshu* 婚姻家庭法律政策解读与实用范本典型案例全书 (Beijing: Zhongguo fazhi chubanshe, 2010), S. 79.

24 Nina Dethloff: *Familienrecht*, 28. Auflage (München: Verlag C. H. Beck, 2007), S. V.

monogamen Einehe, *yifu yiqizhi* (一夫一妻制) eingeführt. Ob im Hintergrund die Kritik der ausländischen Kolonialmächte an der chinesischen „Vielweiberei" stand, ist bisher nicht geklärt.[25] In § 2 Absatz 1 EheG (1950) heißt es unverändert 1981 und 2001: „Es wird ein Ehesystem der Eheschließungsfreiheit, der Monogamie und der Gleichberechtigung von Mann und Frau praktiziert."

Während das republikchinesische Familienbuch die Stellung der bisherigen Konkubinen als unterhaltsberechtigte Familienmitglieder gewährleistete,[26] verbot und verbietet das chinesische Ehegesetz jegliche Mehrfrauenehen: § 3 Absatz 2: „Bigamie (*chonghun* 重婚) ist verboten."

2001 wurde als Reaktion auf die Zunahme von außerehelichen Partnerschaften Satz 2 eingefügt: „Es ist verboten, dass eine verheiratete Person mit einem/einer Dritten zusammenlebt." Im Gesetzestext selbst wird der Begriff der *ernai* vermieden und gleichzeitig das Phänomen der *ernai* indirekt definiert, nämlich als außereheliches Zusammenleben von Verheirateten mit Dritten. Diese Vermeidung der direkten Benennung ist möglicherweise ein üblicher Grundsatz der chinesischen Gesetzessprache.

Im ersten VRchinesischen Strafgesetzbuch von 1979 wurde die Bigamie in § 238 unter Strafe gestellt und damit als schwerwiegendes strafwürdiges Verhalten sanktioniert:

> Wer einen Ehegatten hat und ein zweites Mal heiratet oder wer wissentlich eine Person heiratet, die bereits einen Gatten hat, wird mit bis zu zwei Jahren Gefängnis oder Haft bestraft.

Das Oberste Volksgericht hat die Bigamie auf das Bestehen zweier förmlich geschlossener Ehen, also die zweifache amtliche Registrierung einer Ehe beschränkt. Weil in China die amtliche Registrierung der Ehe traditionell nicht üblich war und faktisch entsprechende Behörden lange nicht flächendeckend verfügbar waren, traf das Verbot die Mehrzahl der Mehrfach-Ehen nicht.

25 Chi-Yuen Lasars-Wu: *Die Nebenfrau im chinesischen Recht und in den Rechten von Hongkong, Malaysia und Singapur*. Dissertation, Universität Berlin, 1987, S. 55f.

26 Lasars-Wu: *Nebenfrau*, S. 62-65

Die Tradition der Vielehe im chinesischen Recht

Beide Begriffe *yifu yiqizhi* und *chonghun* in der Definition des Ehegesetzes waren in China neu. Auch das traditionelle chinesische Recht betrachtete die Ehe als monogam. Es konnte nur eine Hauptfrau (*zhengqi* 正妻) geben, zwei Hauptfrauen zu haben war verboten. Die einzige Ausnahme galt für den einzigen männlichen Nachfahren mehrerer Brüder, der die Ahnenlinie jedes Bruders mit einer eigenen Hauptfrau fortsetzen durfte.[27] Dafür waren aber Nebenfrauen oder Konkubinen (*qie* 妾) sprichwörtlich üblich. Bekannte Vier-Zeichen-Wendungen beschreiben sowohl die Vielzahl der Konkubinen als auch die gemeinsame Wohnung bei einzelnen Zimmern (Wohnhöfen) aller Frauen: „Hauptfrau und Konkubinen bilden eine vielköpfige Gruppe" (*qiqie chengqun* 妻妾成群), „eine Hauptfrau und drei Nebengemächer (für Konkubinen)" (*yiqi sangong* 一妻三宫), „ein Gemach (für die Hauptfrau) und sechs Wohnhöfe (für die Konkubinen)" (*yishi liuyuan* 一室六院).

Gesellschaftlich-moralischer Hauptzweck der Ehe war spätestens seit Menzius' Diktum von der Sohneslosigkeit als schlimmster Pietätlosigkeit (*buxiao you san, wuhou wei da* 不孝有三，无后为大) die Hervorbringung einer möglichst großen Zahl männlicher Nachkommen. Deshalb war es moralisch richtig, ja, geboten, mehrere Frauen und potenzielle Mütter von Söhnen zu haben.[28]

In der Volksrepublik China tauchte die Geliebte (*qingfu* 情妇) gesetzlich allenfalls als Scheidungsgrund für die legale Ehefrau unter der Bezeichnung „eine Dritte" (*disanzhe* 第三者) auf. „Dritte" bedeuteten Ehebruch und konnten mit Prostituierten gleichgesetzt werden. Tatsächlich floriert die illegale Prostitution im heutigen China. Prostituierte können in Umerziehungslager eingewiesen werden.[29]

Die *ernai* dagegen betrachten sich nicht als Prostituierte und als etwas Besseres als „moderne Konkubinen". Der Begriff der *ernai* lässt sich auf den legendären Kaiser Shun zurückführen, der zwei Schwestern heiratete.

27 Ebd., S. 26 – 28.

28 Ebd.: *Nebenfrau*, S. 29-43.

29 Wang Anyi: *Zwischen Ufern* (Berlin: edition q, 1997). Die Autorin hat ein Umerziehungslager für Prostituierte besucht und Interviews geführt.

Die ältere nannte er *nainai* 奶奶, die jüngere *ernai* 二奶.[30] Tatsächlich ist es denkbar, dass Investoren aus Taiwan, die das Phänomen der Zweitfrau (*bao ernai* 保二奶) in den 1980er Jahren zuerst an der südostchinesischen Küste etablierten,[31] ihre *ernai* legal heirateten, weil ihre Ehe auf Taiwan in China nicht registriert war und nicht anerkannt wurde.

Der Terminus *ernai* fand erst 2002 offiziell als „repräsentative Erscheinung für den gesellschaftlichen Wandel" Eingang in das Wörterbuch für modernes Chinesisch.[32] *Ernai* galten als Verstoß gegen die Moral, als Ausdruck schlechten Benehmens. Dass sich eine *ernai* öffentlich auf ein ihr zustehendes Recht berief und vor Gericht auf dieses pochte, wie 2003 geschehen, löste unter Juristen große Irritation und heftige Debatten aus.[33] Bis 2003 war das Phänomen der *ernai* mithin nach juristischer Ansicht ein außerrechtliches und mit dem Recht in keinster Weise verbunden, obwohl ein solcher Ausschluss bestehender Realität eigentlich mit dem Ansatz des chinesischen Ehegesetzes, die Realität möglichst getreu und in Echtzeit abbilden zu wollen, nicht vereinbar ist.

Annäherung von ernai und Recht

Die Verbreitung von Zweitfrauen über ganz China und unter den Einheimischen erzwang dann doch die Annäherung der Gesetze an die *ernai.* Weil das Ehegesetz gerade erst revidiert worden war, erfolgte die Umsetzung im nächsten zur Überarbeitung anstehenden Gesetz. Während sich in der nationalen Fassung des Frauenrechtsschutzgesetzes *funü quanyi baozhangfa* 妇女权益保障法 vom 28. August 2005 (in Kraft getreten am 1. Dezember 2005) im Kapitel „Heirat und Ehe" noch kein Hinweis fand, gilt weniger als zwei Jahre später in den Umsetzungsvorschriften der Provinz Guangdong

30 Lizhen Gao, *Das Phänomen der* ernai *in China*. Unveröffentlichte Seminararbeit, Universität Wien 2009.

31 „Quanguo fulian xiugai hunyinfa jianyi: xiezhi chonghun naqie bao ernai" 全国妇联修改婚姻法建议：遏制重婚纳妾包二奶. Statement vom 10. März 2008, online: http://tv.sohu.com/20080310/n255625857.shtml (Zugriff: 17. März 2010).

32 Zeng Xiaoping 曾小平, Wang Hong 王宏: *Dangjin hunlian falü shiyong jingxuan* 当今婚恋法律适用精选 (Beijing: Zhongguo renmin chubanshe, 2004), S. 146f.

33 Ebd., S. 147.

zum Frauenrechtsschutzgesetz *Guangdong sheng funü quanyi baozhangfa shishi banfa* 广东省妇女权益保障法实施办法 vom 31. Mai 2007 (in Kraft getreten am 1. Oktober 2007) Artikel 31 nach Ansicht der Kommentatoren als ausgelöst durch die *ernai.* Zwar taucht der Begriff nach wie vor nicht auf, aber die Heraushebung des Bigamieverbots in zwei Absätzen wird als Verschärfung verstanden. Im Gegensatz zum oben zitierten Artikel des Strafgesetzbuches wird das Verbot auf das nichteheliche Zusammenleben ausgedehnt. Bedeutsam ist auch, dass die Verschärfung wie das Phänomen der *ernai* vom südchinesischen Guangdong seinen Ausgang nimmt. Artikel 31 der Bestimmungen lautet:

> Das Institut der Einehe wird geschützt. Die folgenden Verhaltensweisen sind strikt verboten:
>
> 1) Bigamie (*chonghun*)
>
> 2) Als Verheirateter mit einem Dritten zusammen zu leben oder mit einem Dritten zusammen zu leben, von dem man weiß, dass er verheiratet ist, und die Ehe- und Familienbeziehungen einer oder beider Seiten verletzen.[34]

Die Aufnahme der ernai ins Recht

Die *ernai* hat sich in China zum Massenphänomen entwickelt.[35] Geschätzt werden mindestens mehrere Hunderttausende bis zu mehreren Millionen.[36] Die *ernai,* zunächst Symbole des wirtschaftlichen Erfolgs einzelner neuer Privatunternehmer und ausländischer Investoren aus Hongkong und Taiwan und örtlich beschränkt auf Südchina,[37] haben sich inzwischen auf die Schicht der Politiker und leitenden Staatsangestellten in ganz China ausgebreitet. Eine *ernai* zu haben und nicht einfach eine Geliebte, wertet sowohl

34 http://www.gd.gov.cn/wsbs/ztfw/ztfwfv/fnzcfg/200803/t20080314_44248.htm.

35 Eine Google-Suche unter 二奶 (in chinesischen Zeichen) ergibt 12,6 Millionen Einträge (Stand: 18. März 2010).

36 Jonathan Manthorpe: “A weak economy means troubled times for China's mistresses. Beijing has banned second wives, or ernai, but law is not enforced”. In: *Vancouver Sun* vom 23. Februar 2009. Online: http://www.canada.com/technology/weak+economy+means+troubled+times+China+mistresses/1319157/story.html (Zugriff: 8. Juni 2009).

37 Graeme Lang, Josephine Smart: „Migration and the ‚Second Wife‘ in South China: Toward Cross-Border Polygyny”. In: *International Migration Review* 36.2 (2002), S.547.

den Mann auf (sexuelle und ökonomische Potenz)[38] als auch die Frau, auf die *ernai*-Klischees von Jugend, Schönheit, Bildung und Eleganz abfärben. Die Bezeichnung hat sich demokratisiert. Seit 2007 werden in Chinas Blog-Szene der Wanderarbeiter Alter Cao, sein Hund und seine (mit 30 Jahren für eine *ernai* alte, nicht groß gewachsene und ungebildete) *ernai* breit diskutiert.[39] Die ursprünglichen *ernai*, denen ihr Gönner ein Hochhausappartment im *ernai*-Wohnviertel, dem sogenannten *ernaicun* (二奶村) kauft, ein Auto, den Führerschein und bei Bedarf auch ein Universitätsstudium, begleiten den Mann auf Gesellschaftsabende oder betreuen besondere ausländische Gäste. Anwälte bieten ihnen an, den Leistungsumfang vertraglich festzulegen.

Einig sind sich Befürworter und Gegner der *ernai* in der Forderung nach ihrer Aufnahme in das Gesetz. Damit würde ihre Existenz auch im Recht aus der sprachlichen Grauzone gehoben. Gerichtsurteile tun sich mit dem Bezug auf die *ernai* schwer, solange sie im Gesetz offiziell nicht existieren, d. h. namentlich nicht vorkommen. Die Tradition der sozialistischen Gesetzlichkeit[40] wie auch die immer noch geringe Qualifikation chinesischer Richter und Rechtsprechung[41] erfordern die konkrete Benennung. Speziell im Ehegesetz würde die namentliche Integration der *ernai* auch der Tradition des Gesetzes als eines besonders alltagsnah formulierten Textes entsprechen.

Chinesische Gesetze sind rechtssprachliche Reaktionen auf bereits etablierte gesellschaftliche Entwicklungen. Einen Hinweis auf die Wahrscheinlichkeit einer Revision des Ehegesetzes in Bezug auf die *ernai* können die Erläuterungen des Obersten Gerichtshofes und die in großer Vielzahl von mehr oder weniger staatsnahen Verlagen publizierten Fallsammlungen geben.[42]

38 Ebd., S. 554.

39 „*Mingong Lao Cao bao ernai xinfu shenghuo*" 民工老曹包二奶幸福生活, online: bbs.hsw.cn/viewthread.php?tid=780146 (Zugriff: 19. März 2010).

40 Björn Ahl: „China auf dem Weg zum Rechtsstaat? Aufschwung und Machterhalt sollen abgesichert werden", in: *Auslandsinformationen der Konrad-Adenauer-Stiftung* 423 (2005), S. 26.

41 Benjamin L. Liebman: „China's courts. Restricted reform", In: *China Quarterly* 191 (September 2007), S. 620-637.

42 Vor allen Dingen Law Press China (法律出版社), Courtpress (人民法院出版社) und China Legal Publishing House (中国法制出版社).

Ernai in den Interpretationen des Obersten Volksgerichtshofes (OGH) zur Anwendung des Ehegesetzes

Der OGH hat Ende 2001 und Ende 2003 ausführliche Interpretationen (*jieshi 解释*) zum Ehegesetz von 2001 herausgegeben und damit indirekt ein negatives Urteil über die Anwendbarkeit des Gesetzes vor Gericht gefällt.[43] Die Kritik am OGH wegen vermehrter Eingriffe in Gesetzesinhalte[44] und damit legislative Kompetenzanmaßung ist nicht allein auf die ehegesetzlichen Interpretationen bezogen.

Keine der Interpretationen nimmt direkt oder indirekt auf die *ernai* Bezug. Sie stellen ausschließlich klar, dass *tongju* 同居 verstanden werden muss als „stabiles, langfristiges Zusammenleben eines Verheirateten mit einer Person anderen[45] Geschlechts"[46] und dass, zweitens, solches Zusammenleben behandelt wird wie Bigamie. Die Kriterien der Stabilität (Wohnung des Paares) und der Langfristigkeit sind für eine *ernai* gegeben. Deshalb ergibt sich aus dem Unterhalt einer *ernai* für die Ehefrau der Anspruch auf Scheidung und auf materielle Entschädigung (§§ 32, 46 EheG) gegen ihren Mann. Für den Laien lässt sich der Anspruch aus dem Wortlaut von Gesetz und Interpretation aber nicht entnehmen.

Ernai in den Fallsammlungen zum Ehegesetz

Das Auftauchen von *ernai* in mehreren Fallsammlungen zum Ehegesetz bzw. zu eherechtlichen Fallproblemen belegt die alltägliche Bedeutung des Phänomens und auch, dass sich die Bezeichnung der Langzeit-Geliebten als

43 „Zui gao renmin fayuan guanyu shiyong *Zhonghua renmin gongheguo hunyin fa* ruogan wenti de jieshi" 最高人民法院关于适用《中华人民共和国婚姻法》若干问题的解. Die Interpretationen sind in allen Handbüchern zum Ehegesetz enthalten und werden vor Gericht gleichberechtigt als Rechtsquelle genutzt.

44 Zum Beispiel Liebman: „China's Courts", S. 620-638.

45 Anlässlich der Verabschiedung der Revision des EheG 2001 hat der Gesetzgeber eine Ehe oder jegliches eheähnliches Zusammenleben von Homosexuellen als in China unmöglich ausgeschlossen. Anhand eines Falles: Zhang Shusen 张树森, Zhang Ni 张妮 (Hrsg.): *Hunyin zhi zheng – hunyin jiufen dianxing anli pingxi* 婚姻之争--婚姻纠纷典型案例评析 (Beijing: Law Press China, 2006), S. 13-19.

46 Artikel 2 der Interpretation 1 von 2001.

ernai nicht nur in der Populärpresse, sondern auch in juristischen Publikationen durchgesetzt hat. Man kann davon ausgehen, dass die Etablierung der *ernai* in den Fallsammlungen einer tatsächlichen Revision des Gesetzes vorausgeht. In welchem Zusammenhang also thematisieren beispielhafte Fallgeschichten die *ernai*? Gibt die Kontextualisierung die Realität wieder, oder versucht sie, die *ernai* an eine andere Stelle zu verschieben, als sie in der gesellschaftlichen Realität und Alltagssprache einnimmt?

In der von Zhang und Zhang[47] 2006 herausgegebenen Sammlung von 74 eherechtlichen Fällen mit Kommentar trägt ein einziger Fall die *ernai* – im chinesischen Original in Anführungszeichen– im Titel; ein weiterer behandelt den Fall einer außerehelichen Langzeit-Liebesbeziehung mit gemeinsamer Wohnung, wobei das Paar den Nachbarn als Eheleute gilt, ohne aber die Frau als *ernai* zu bezeichnen.

Es drängt sich die Vermutung auf, dass durch die breite skandalisierende Presseberichterstattung der Anteil der *ernai* an der Gesamtzahl von außerehelichen, durch gemeinsame Wohnung institutionalisierten Liebesbeziehungen aufgebläht wurde. Möglicherweise wurden in den Medien auch Frauen als *ernai* und Männer als Gönner von *ernai* eingestuft, die diese Selbstbezeichnung nicht wählen würden. Insofern ist der Wunsch des Frauenverbandes nach Aufnahme des *ernai*-Begriffes ins Ehegesetz hinsichtlich einer nicht beabsichtigten Aufwertung und Stabilisierung des Phänomens kritisch zu hinterfragen.

Auf der anderen Seite muss die sprachliche Wiedergabe des oben geschilderten Falles als unzureichend bezeichnet werden. Im besagten Fall lebte der Ehemann seit über einem Jahr in der gemeinsam angemieteten großzügigen Wohnung mit seiner Geliebten zusammen. Es kann eine Vielzahl solcher Ehen vermutet werden,[48] und der Verzicht der Frauen auf ihre Auflösung durch Scheidung sowie die geringe Wertigkeit, die Männer der Ehe zumessen, wären möglicherweise dringlicher rechtlich zu behandeln als die *ernai*.

47 Die besprochenen Fälle finden sich auf den Seiten 317-321 und 326-332.

48 Interviewreihe der Verfasserin in Nanjing 2004 mit Haushaltsarbeiterinnen, deren Männer häufig schon mehrere Jahre lang verschwunden waren.

Wütend verlangt die Ehefrau von der ,ernai' ein „Bußgeld"[49]

Die Fallschilderung[50] ist nicht nur wegen des Vorkommens von „*ernai*" interessant, sondern auch, weil das Wort in traditionell-chinesische Bezüge eingebettet wird. Wie der Ehemann das von der *ernai* eingerichtete Liebesnest genießt, wird mit dem Sprichwort *jinwu cangjiao* 金屋藏娇 (die Frau in einem goldenen Zimmer verbergen) beschrieben, das zurückgeführt werden kann auf ein angebliches Versprechen von Han Wudi 汉武帝 (156 v. Chr. – 87 v. Chr.) als Kind, seiner zukünftigen Frau *Ajiao* 阿娇 ein goldenes Zimmer (*jinwu* 金屋) zu bauen. Das Sprichwort wandelte seine Bedeutung in der Folge in „sich eine Konkubine nehmen" (*naqie* 纳妾) ab. Moderne Karikaturen wandeln das „goldenen Zimmer" in einen goldenen Käfig ab, in dem die *ernai* steckt.

Der Fall beschreibt die Ehefrau mit dem traditionellen Terminus für die Hauptfrau, *zhengfang* 正房. Der so konstruierte traditionelle Rahmen wird in modernes städtisches Ambiente eingebettet: Die Ehefrau entdeckt die Affäre ihres Mannes, als er sein Handy daheim vergisst. Weil die Eheleute die Scheidung nicht wollen, zahlt der Ehemann aus ihrem gemeinsamen Vermögen 50.000 RMB *fenshou sunshifei* 分手损失费 (Trennungsgeld) oder *qingchun sunshifei* 青春损失费 (Bußgeld für den Raub der Jugend [der *ernai*]) an die *ernai*. Auf diese Summe hat die *ernai* keinen rechtlichen Anspruch, wenn die Eheleute klagen, muss sie das Geld zurückzahlen.

Der Fallkommentar legt zwei Probleme frei: Die betroffenen Ehefrauen wollen zwar eine finanzielle Wiedergutmachung, aber keine Scheidung; und sie wollen, dass die *ernai* Entschädigung zahlt, aber nicht der untreue Ehemann. Beides sieht das Ehegesetz nicht vor. Der Schadensersatzanspruch ist auf die Scheidung beschränkt, und für den Fall, dass die Ehe geschieden wird, auf den Ehemann. Solange die *ernai* nicht im Gesetz steht, kann sie auch nicht zur Verantwortung gezogen werden. Schreibt man sie ins Gesetz hinein, bedeutet das, wiewohl unerwünscht, ihre förmliche Anerkennung.

49 *Sunshifei* 损失费. § 46 EheG 2001 zählt die Bedingungen auf, unter denen der unschuldige Teil bei Scheidung ,Schadensersatz' *sunhai peichang* 损害赔偿 verlangen kann. Bewusst weicht der Titel des Falles von dieser Anspruchsgrundlage ab.

50 Zhang und Zhang: *Hunyin zhi zheng*, S. 326-331.

Die Rechtsstellung der ernai aus nichtjuristisch-journalistischer Sicht

Wie bereits festgestellt, kennt zwar das Ehegesetz die *ernai* nicht, aber umso mehr ist der Begriff in der nicht-fachjuristischen Literatur präsent. Die Fallsammlung von Zeng Xiaoping (Juristin mit Schwerpunkt Rechtspresse) und Wang Hong (Journalist und Schriftsteller)[51] versucht sich an einer literarischen Präsentation von aktuell besonders brisanten gesellschaftlichen Themen im Bereich Ehe und Familie. Dazu gehören u. a. die Hochzeit über Internet, die Eheschließung von HIV-Positiven, häusliche Gewalt, Leihmutterschaft oder das Scheidungsrecht von Wachkomapatienten. In mehreren der 18 Fallgeschichten kommen außereheliche Liebesbeziehungen vor, um unter anderem zu klären, dass das Ehegesetz in seiner geltenden Fassung von 2001 eine Ehe nur dann als rechtswirksam anerkennt, wenn sie vor dem zuständigen Beamten registriert wurde. Die von ihrem Mann öffentlich als „Ehefrau" (*qi* 妻, *laopo* 老婆) bezeichnete und von den Nachbarn und Bekannten als solche anerkannte Frau führt keine de facto Ehe mehr, wie vorher möglich, sondern ist ohne Registrierung der Heirat nur eine außereheliche Geliebte. Ein Fall warnt vor dem mangelhaften Schutz und den Risiken des unverheirateten Zusammenlebens. Aus Platzgründen möchte ich mich hier auf die einzige Fallgeschichte beschränken, die die *ernai* im Titel trägt: *„Ernai" zhengsu yichan an* „二奶" 争诉遗产案*:* „Der Fall der *‚ernai'*, die vor Gericht um ihr Erbe stritt".[52]

Die Fallgeschichte versucht eine psychologisierende, facettenreiche Darstellung der Person der *ernai.* Sie ist das unwissende und unschuldige Opfer der Männer und legt, nachdem sie ihre Unschuld einmal an einen Mann verloren hat, der sie nicht zu heiraten gedenkt, dennoch den traditionellen Maßstab an sich selbst an: dass sie jetzt „schmutzig" ist und auf keine Ehe mehr hoffen kann. Sie lernt aus der ersten Erfahrung und verlangt vom zweiten (ebenfalls verheirateten) Liebhaber die notariell beurkundete Schenkung einer Wohnung. Zwar entwickelt sie sich zur geldgierigen Furie, aber die Autoren äußern angesichts der Tatsache, dass der Mann sie zwingt, eine Schwangerschaft abzutreiben, Verständnis. Sie schildern die unterschiedli-

51 Siehe oben Zeng und Wang: *Dangjin hunlian falü*. Zu den Autoren ebd. S. 1-2.

52 Ebd., S. 137-153.

chen Reaktionen auf die Einforderung der Schenkung durch die *ernai* vor Gericht[53] und geben somit einen Einblick in den Status der *ernai* als Rechtsperson. Die eine Meinung ist, dass das Ehegesetz die Gatten zur ehelichen Treue verpflichte und damit zum Ausdruck bringen wolle, dass die Ehe in jeglicher Situation Vorrang habe. Das außereheliche Zusammenleben mit der *ernai* verletze die gesellschaftliche allgemeine Moral. Es handele sich um eine illegale sexuelle Beziehung, und mit der Schenkung habe der Mann sich nur den außerehelichen Sex sichern wollen. Das Gericht müsse sie folglich für nichtig erklären. Die Gegenmeinung betont das Recht des Mannes, sein Vermögen zu verschenken und das Recht der *ernai* beschenkt zu werden. Mit diesem Recht habe es nichts zu tun, dass man die Beschenkte moralisch fragwürdig finde. Das Gericht begründet die Ablehnung des Antrags der *ernai* auf Anerkennung der Schenkung zweifach: Erstens sei der Mann nicht berechtigt gewesen, ohne die Zustimmung seiner Frau gemeinsames eheliches Vermögen zu verschenken, aber zweitens und vorrangig sei die Schenkung als ein gegen die guten Sitten verstoßendes Rechtsgeschäft gemäß § 7 der Grundsätze des Zivilrechts grundsätzlich nichtig.

Solange diese Rechtsauslegung besteht, hat die *ernai* keine Chance, ihre Vermögensgewinne über das Recht gegen die Ehefrau sicherzustellen, es sei denn, ihr Eingang ins Gesetz verleiht ihr dieses Recht.

Neueste Entwicklungen: Statt ernai echte Polygamie?

In der neuesten der Verfasserin vorliegenden Fallsammlung[54] zum Ehegesetz vom April 2009 wird eine im Dezember 2008[55] geschiedene Ehe thematisiert, in der der Ehemann seine legale Ehefrau zur Akzeptanz des Zusammenlebens mit seiner Geliebten zwingen wollte. Das verlangte Konstrukt nennen Ehemann und Titel der Fallbeschreibung *yifu erqi* 一夫二妻, „ein Mann, zwei Ehefrauen", womit die ehegesetzliche Monogamie *yifu yiqi* 一夫一妻 zwar abgewandelt, aber terminologisch direkt Bezug darauf ge-

53 Zeng und Wang: *Dangjin hunlian falü*, S. 147ff.

54 *Zhonghua renmingongheguo hunyinfa anli jieduben* 中华人民共和国婚姻法案例解读本 (Beijing: Law Press, 2009), S. 3f.

55 Ebd. S. 3: „2007". Wahrscheinlich ein Druckfehler, da die Eheschließung erst im März 2008 stattfand (im Text wenige Zeilen weiter).

nommen wird. Der Beklagte greift die traditionelle Vorstellung vom Zusammenleben von Hauptfrau und Konkubine(n) im selben Haushalt (*qiqie tongtang* 妻妾同堂)[56] auf. Die Neuerung ist, dass er beide Frauen als Gattinnen (*qi* 妻) gleichstellt und damit echte Polygamie für sich einfordert. Die hochschwangere Geliebte dagegen führt sich nicht als „Ehefrau", sondern als Freundin *nüyou* 女友 des Ehemannes in dessen Familie ein. Wiedergegeben wird die offizielle Linie, die auch der Chinesische Frauenverband vertritt, nämlich nicht der Rechtsschutz der *ernai* oder der nichtehelichen Beziehung, sondern der formal-rechtlich verheirateten Ehefrau.

Die Aufforderung des Ehemannes, die Freundin und ihr Kind doch aufzunehmen und zu dritt harmonisch zusammenzuleben,[57] wird von der Ehefrau abgelehnt. Die Polizei muss mehrfach gewalttätige Auseinandersetzungen mit ihrem Mann schlichten, und nachdem die gesamte Nachbarschaft die Geschichte kennt, reicht die Ehefrau bei Gericht Klage auf Scheidung und geldwerten Ersatz ihres immateriellen Schadens ein. Zusätzlich zur verlangten Schadenssumme von 30.000 RMB spricht das Gericht ihr auch die Rückerstattung ihrer Mitgift[58] zu und scheidet die Ehe.

Zum Abschluss:
Ein Platz im Recht für die ernai – aber nicht im Ehegesetz

Die Betrachtung der möglichen zukünftigen Einführung des Begriffes der *ernai* ins Ehegesetz hat gezeigt, dass auf diese Weise zwar eine spezifische Form von außerehelichem Zusammenleben im Wortlaut kenntlich wird, dass sich jedoch am ehegesetzlichen Wertkorsett damit nichts ändert: Der förmlich geschlossenen Ehe wird Vorrang gewährt vor jeglicher außerehelichen Beziehung. Jeder Versuch der *ernai* irgendeinen Rechtstitel gegen die Ehe durchzusetzen, ist zum Scheitern verurteilt. Ein Rechtsausgleich zugunsten der *ernai* im Ehegesetz würde dessen Grundprinzipien, wie etwa das Prinzip der Monogamie, infrage stellen. Es bedarf weiterer Forschung um zu klären,

56 Weiteres, umgangssprachlich geläufiges Sprichwort mit der vorgenannten Bedeutung.

57 *Jiena xx muzi, sanren hemu shenghuo* 接纳xx母子，三人和睦生活. *Anli jieduben* 2009, S. 3.

58 Die Klägerin hat diese Rückerstattung der Mitgift gar nicht verlangt. Die Urteilsfindung jenseits der Klage ist typisch für chinesische Gerichtsurteile.

warum eine solche fundamentale Diskussion nicht möglich ist, trotz des deutlichen westlichen Importcharakters des Prinzips der monogamen Ehe.

Zeitzen[59] gibt eine Reihe von Beispielen dafür, dass eine Vielzahl von Frauen weltweite, quasi-automatische Folge von ökonomischem Wohlstand der Männer ist. Die Erlaubnis mehrerer förmlich und rechtskräftig geschlossener Ehen habe den Vorteil, nicht nur eine Hauptfrau, sondern auch alle de-facto Ehefrauen zu schützen. Wenn der letzte geschilderte Fall in diese Richtung läuft, ist die Entwicklung sicherlich als Fortschritt zu werten.

Eine sprachliche Integration der *ernai* in das Recht macht deshalb nur als Neudefinition ihres Rechtsstatus Sinn. Eine solche Aufnahme ins Recht als Trägerin von gesetzlichen Ansprüchen gegen den Mann würde dann auch den außergesetzlichen Status der *ernai* beeinflussen. Wenn man die Ehe gesetzlich als polygam neu definiert, braucht sie als schützenswerte Institution nicht abgeschafft zu werden.

Sogar grundlegende Prinzipien wie die Monogamie entsprechen der vom Ehegesetz behaupteten Alltagsnähe nicht. Eine Aufnahme der *ernai* unter dem sanktionierten außerehelichen Zusammenleben, primär als Scheidungsgrund und Basis für die Klage der legalen Ehefrau auf Entschädigung würde das Ehegesetz sogar noch weiter von den Alltagswünschen der Chinesen entfernen. Die Fallbeispiele haben gezeigt, dass die Scheidung eben nicht das vorrangige Ziel der Frauen von ehebrecherischen Männern ist. Fast alle der in den Fällen geschilderten Frauen wollen „es erstmal nicht glauben", als sie gerüchteweise von der *ernai* hören. Sie wollen ihren Ehemann behalten UND eine Entschädigungszahlung der *ernai*, wie sie das Gesetz nicht vorsieht.

Die betrogenen Ehefrauen möchten dann ihren Mann, der manchmal schon jahrelang bei der *ernai* lebt und mit ihr Kinder hat, für de facto-Bigamie verklagen. Der gesetzliche Bigamie-Begriff, der eine rechtskräftige zweite Eheschließung vorsieht, gibt eine solche Klage aber nicht her, ein weiteres und letztes Beispiel für die Ferne der Rechtssprache von dem alltäglich gelebten Rechtsempfinden, und für die Notwendigkeit, auf eine größere Übereinstimmung zwischen Gesetzessprache und Gerechtigkeitserwartungen der Bürger hin zu arbeiten.

59 Miriam Koktvedgaard Zeitzen: *Polygamy. A cross-cultural analysis* (Oxford: Berg, 2008).

Das Auftreten von *ernai* ist nur ein kleiner Teil der Öffnung der chinesischen Gesellschaft, die der Frauenverband so zusammenfasst:

> *Chonghun naqie, bao ernai, pinju* 重婚纳妾、包二奶、姘居
>
> „Bigamie, Konkubinat, eine Zweitfrau unterhalten, ohne Trauschein zusammenleben"

Zu diesen auf relative Langfristigkeit angelegten und institutionalisierten Beziehungen kommen dann noch die einfachen Geliebten (*qingfu* 情妇), alle zu unterscheiden vom kommerziellen Sex der Prostitution durch ihre Nähe zum privaten, eheähnlichen Verhältnis. Die größte Herausforderung an den Frauenverband ist es, die bereits praktizierte Pluralität der eheähnlichen Verhältnisse der eigenen Gleichberechtigungsvorstellung anzupassen und auf dieser Grundlage dem Recht.

Die Herausforderung richtet sich vor allem an den Chinesischen Frauenverband, der jegliche frauenbezogene Legislativtätigkeit als eigene Zuständigkeit betrachtet und außerdem jede Frau vertreten will. Wie die zunehmend vielfältigen Interessen der Frauen vom proklamierten uniformen Verbandsziel abweichen, zeigt sich neben der Mehrehe vor allem im Umgang mit gekauften Ehefrauen. Während der Frauenverband die „Rettung" und „Befreiung" der Frau anstrebt, will diese u. U. die neue Ehe und vor allem mögliche Kinder gar nicht verlassen. Entsprechend vielfältig sind die Herausforderungen, vor denen nicht nur Chinas Recht, sondern auch seine zivilgesellschaftlichen Organisationen stehen.

Eine Schrift für viele Stimmen?

Konzept und Bühnenwirklichkeit des huawen xiju

Mirjam Tröster

Huawen xiju 華文戲劇 or "Chinese language theatre" is supposed to refer to a quite obvious theatrical concept. Having a closer look at the concept as defined by the protagonists of the "Chinese Drama Festival" (Huawen Xijujie 華文戲劇節; festival and conference) and comparing it to some Chinese language theatre productions, one, however, stumbles on various inconsistencies, mainly relating to a gap between theory and what is going on on stage. This essay argues that some theatre companies create heteroglot fictional worlds on stage, using multilingualism to question the concept of an (ideally) fairly homogeneous "Chinese language theatre" based on a common script.

Einleitung

Seit einigen Jahren füllen Ensembles aus Taiwan und Hongkong in der Volksrepublik China (VR China) regelmäßig die Theatersäle und feiern große Erfolge. Dies ist der vorläufige Höhepunkt einer Entwicklung, die in den 1990er Jahre einsetzte, als erstmals seit 1949 wieder in größerem Ausmaß Gastspiele von Ensembles aus Hongkong und Taiwan in der VR China möglich wurden.[1] Am Beispiel des Begriffs *huawen xiju* 華文戲劇 (chine-

1 Siehe u. a. Tian Benxiang 田本相: „Huawen xiju jiaoliu de jinkuang yu zhanwang" 華文戲劇交流的近況與展望, in: Fang Zixun 方梓勳: *Xinjiyuan de huawen xiju – di-er jie Huawen Xijujie (Xianggang 1998) yantaohui lunwenji* 新紀元的華文戲劇——第二屆華文戲劇節 （香港 1998）研討會論文集 (Hongkong: Xianggang Xiju Xiehui, Xianggang Zhongwen Daxue Xiju Gongcheng, 2000), S. 15-23, hier besonders S. 18-19. Lebensdaten von Theaterschaffenden stammen aus Gabrielle H. Cody, Evert Sprinchorn (Hrsg.): *The Columbia Encyclopedia of Modern Drama* (2 Bde.; New York: Columbia University Press, 2007); Edward L. Davis (Hrsg.): *Encyclopedia of Contemporary Chinese Culture* (London und New York: Routledge, 2005); Geng Yiwei 耿一偉 (Hrsg.): *Juchang guanjianzi* 劇場關鍵字 (*Juchangshi tekan* 劇場事特刊; Tainan: Tainanren Jutuan, 2008); Samuel L. Leiter (Hrsg.): *Encyclopedia of Asian Theatre* (2 Bde.; West-

sischsprachiges Theater), der besonders von den Organisatoren des „Festivals des chinesischsprachigen Theaters" (Huawen Xijujie 華文戲劇節), einem Theaterfestival mit begleitender Konferenz, geprägt wird, zeigt sich die diskursive Einbettung des Sprechtheaters in Versuche der Konstruktion eines sich in erster Linie über die Schrift konstituierenden Kulturraums, der neben der Volksrepublik, Hongkong und Macau auch Taiwan umfasst und zunächst durch die Behauptung eines gemeinsamen Bühnenraums erprobt wird.[2] Der Aufsatz stellt das in diesem Kontext festgesteckte Konzept des *huawen xiju* vor und gleicht es mit kurzen Beispielen aus der Bühnenrealität ab. Hierbei wird sich zeigen, dass die angestrebte „Einstimmigkeit" des *huawen xiju* auf der Bühne von einer Mehrstimmigkeit unterlaufen wird, die sich konkret in der Verwendung mehrerer (gesprochener) Sprachen oder Dialekte manifestiert und über den Versuch der Abbildung von Wirklichkeit hinausgeht.[3]

---

port, Connecticut und London: Greenwood, 2007) sowie von den Internetseiten der Ensembles.

2 Diese Vorstellung bezieht Regionen mit anderen Sprachen als Mandarin, die „chinesische" Schriftzeichen verwenden, nicht ein und unterscheidet sich zudem von Tu Weimings Konzept eines „kulturellen Chinas"; siehe hierzu Tu Wei-ming: „Cultural China. The Periphery as the Center", in: *Dædalus: Journal of the American Academy of Arts and Sciences* 120.2 (1991), S. 1-32. Zum Verhältnis von Theater und nationaler Identität in China siehe u. a. Chen Xiaomei: „Performing the Nation: Chinese Drama and Theater", in: Joshua Mostow (Hrsg.): *The Columbia Companion to Modern East Asian Literature* (New York: Columbia University Press, 2003), S. 437-445; zur Rolle der Schriftzeichen in aktuellen Nationalismus-Diskursen in der VR China siehe u. a. Guo Yingjie: *Cultural Nationalism in Contemporary China. The Search for National Identity Under Reform* (London und New York: RoutledgeCurzon, 2004), hier besonders S. 91-107; zur politischen Bedeutung von Sprache und vor allem Schrift in Taiwan siehe Henning Klöter: „Re-writing language in Taiwan", in: Fang-long Shih et al. (Hrsg.): *Re-writing Culture in Taiwan* (*Asia's transformations*; London und New York: Routledge, 2009), S. 102-122.

3 Ob Holo (Hoklo; *helaohua* 鶴佬話; hier für die Variante der Südlichen Min-Sprache (*Minnanhua* 閩南話), die auf Taiwan gesprochen wird) oder Kantonesisch (*Guangdonghua* 廣東話 / *Yueyu* 粵語) als Sprachen oder Dialekte definiert werden, spielt in diesem Zusammenhang keine Rolle, weil die Funktionen der Heteroglossie auf der Bühne, die von Marvin Carlson (siehe Fußnote 11) beschrieben werden, in beiden Fällen auf die Produktionen übertragbar sind. Die Verwendung von „Sprache" und „Dialekt" ist in diesem Beitrag daher weder sprachwissenschaftlich noch politisch wertend zu verstehen. Anstelle von Mandarin wird für die Hochsprache der VR China *putonghua* 普通話 (Standardsprache), derjenigen Taiwans *guoyu* 國語 (Landessprache) verwandt, wenn die Dialoge der Produktionen nichts anderes vorgeben. In der Regel werden Namen und Termini aus

Das „Festival des chinesischsprachigen Theaters" und die Definition des huawen xiju

In den 1990er Jahren entwickelte sich im Sprechtheaterbereich allmählich ein wechselseitiger Austausch zwischen der VR China, Taiwan, Hongkong und Macau.[4] Als „Durchbruch" wird das Jahr 1996 angesehen, in dem sich Wissenschaftler und Theaterschaffende Chinas, Taiwans, Hongkongs und Macaus zu der oben genannten Konferenz in Beijing trafen. In diesem Kontext fanden auch Gastspiele aus Taiwan und Hongkong statt. Vertreter der vier genannten Regionen beschlossen, alle zwei Jahre eine ähnliche Veranstaltung durchzuführen.[5] Dieser liegt ein klarer regionaler Fokus zugrunde,

---

dem Holo oder Kantonesischen wie von den im Text besprochenen Ensembles in chinesischen Schriftzeichen angegeben und in Hanyu Pinyin (d. h. in *putonghua/guoyu*) transkribiert. Zu Fragen der Verschriftlichung siehe Henning Klöter: *Written Taiwanese* (*studia formosiana* 2; Wiesbaden: Harrassowitz, 2005) und Don Snow: *Cantonese as Written Language. The Growth of a Written Chinese Vernacular* (Hongkong: Hong Kong University Press, 2004).

4 Unter „wechselseitig" werden hier Veranstaltungen verstanden, an denen auch Verteter der VR China beteiligt sind.

5 Siehe Tian Benxiang: „Huawen xiju jiaoliu", S. 18. Die Angaben zur Definition und Institutionalisierung des *huawen xiju* beruhen auf Konferenzbesuchen 2007 und 2009 sowie auf folgenden Konferenzbänden: Tian Benxiang 田本相 (Hrsg.): *Huawen xihui* 華文戲薈 (Beijing: Zhongguo xiju chubanshe, 1998); Fang Zixun: *Xinjiyuan*; Hu Yaoheng 胡耀恆, Zhong Mingde 鍾明德 (Hrsg.): *Huawen xiju de gen, zhi, hua, guo – di-san jie Huawen Xijujie (Taibei 2000) xueshu yantaohui lunwenji* 華文戲劇的根、枝、花、果——第三屆華文戲劇節 (Taipei [*sic*] 2000) 學術研討會論文集 (Taibei: Zhonghua Xiju Xuehui, 2002); Li Guanding 李觀鼎, Hu Guonian 胡國年 (Hrsg.): *Huigu yu qianzhan – di-si jie Huawen Xijujie (Aomen 2002) xueshu yantaohui lunwenji* 回顧與前瞻——第四屆華文戲劇節（澳門 2002）學術研討會論文集 (Macau: Aomen Xiju Xiehui, 2004); Tian Benxiang 田本相 (Hrsg.): *Liang'an shengdian sidi xian ge – di-wu jie Huawen Xijujie xueshu yantaohui lunwenji* 兩岸盛典四地弦歌——第五屆華文戲劇節學術研討會論文集 (Kunming: Yunnan Daxue chubanshe, 2006); Lu Weili 盧偉力 (Hrsg.): *‚Huawen xiju bai zhou nian' xueshu yantaohui (Xianggang, 2007 nian 1 yue 15-19 ri)* '華文戲劇百周年'學術研討會（香港，2007年1月15－19日） (*Xianggang xiju xuekan* 7; Hong Kong: Hong Kong University Press, 2007); außerdem auf Yu Shanlu 于善祿: „Huawen xiju de lisanxing" 華文戲劇的離散性, in: Geng Yiwei: *Juchang*, S. 139-141; ders.: „Huawen Xijujie" 華文戲劇節, in: ebd., S. 141-144; Interview mit Tian Benxiang am 7. September 2009. Alternative Konzepte wie *huayu xiju* 華語戲劇 (Theater in (gesprochenen) chinesischen Sprachen; bezeichnet in der Regel das chinesischsprachige Theater Südostasiens) werden in diesem Beitrag nicht berücksichtigt, weil

was mit dem unten genannten Ziel des Theateraustauschs in Verbindung steht. Nur die VR China, Hongkong, Macau und Taiwan sind im gemeinsamen Komitee vertreten, nur dort findet die Konferenz im Wechsel statt und nur Produktionen aus diesen Regionen werden auf den Festivals als „repräsentativ" für das *huawen xiju* gesondert gewürdigt.[6] Die Konferenzen beschäftigen sich mit Entwicklungen im Bereich des *huawen xiju*. Besonders Beiträge auf der dritten Konferenz setzen sich zudem mit dem Konzept des Theateraustauschs im chinesischsprachigen Raum auseinander.

Die inzwischen quasi kanonische Definition des *huawen xiju* stammt von Tian Benxiang 田本相. Er versteht darunter „Theater, das die chinesische Schrift (chinesische Sprache) [*huawen* 華文 (*huayu* 華語)] als Aufführungssprache verwendet (vor allem Sprechtheater, nicht die traditionellen Theaterformen)".[7] Im Zentrum steht das gesprochene Wort auf der Bühne. Beide Bestandteile der Bezeichnung sind jedoch problematisch. *Xiju* wird hier unzutreffend mit *huaju* 話劇 (Sprechtheater) gleichgesetzt, wofür zwar Erklärungsmuster gesucht werden, was aber schon angesichts der sich auf den Bühnen der Gegenwart immer stärker abzeichnenden Vermischung der Theaterformen unhaltbar erscheint. Die chinesische Schrift wiederum gilt auch denjenigen, die wie Gilbert Chee Fun Fong 方梓勳 (= Fang Zixun) einem essentialistischen Konzept äußerst kritisch gegenüberstehen, als entscheidende Gemeinsamkeit.[8] Der durch diese Definition eröffnete große Einzugsbereich des *huawen xiju* wird von Tian durch eine geschickte Deklarierung des Begriffs als Oberbegriff für das Theater in chinesischen Sprachen der oben beschriebenen Regionen einerseits und weiterer Gebiete andererseits relativiert, wobei das Sprechtheater der vier genannten Regionen

---

sie entweder nicht durch dieselbe regionale Eingrenzung gekennzeichnet sind oder in den 1990er Jahren vom Begriff *huawen xiju* marginalisiert wurden.

6 Dies hob Tian Benxiang im Interview am 7. September 2009 hervor. Seit 1998 nehmen Vertreter aus Südostasien teil, wobei Produktionen aus dieser Region nicht als „repräsentativ" gewürdigt werden und bislang beispielsweise aus den USA keine Produktionen eingeladen wurden.

7 Tian Benxiang: „Huawen xiju jiaoliu", S. 15. Dies ist der Grund für meine Übersetzung des Begriffs *huawen* als „chinesischsprachig".

8 Siehe Fang Zixun 方梓勳: „Beizhiminzhe de yuyan: chuqi de Xianggang huaju" 被殖民者的語言：初期的香港話劇, in: Hu Yaoheng, Zhong Mingde: *Huawen xiju de gen*, S. 267-286.

den Kern bilde.[9] Diese Grenzziehung kommt einem in manchen Beiträgen genannten Ziel des Theateraustauschs, der friedlichen Wiedervereinigung der vier Regionen, entgegen.[10] Die Realität des Theateraustauschs selbst lenkt den Blick jedoch auf eine Vielfalt von Theaterformen und -stimmen.

Stimmen des huawen xiju *– zwei Beispiele*

Heteroglossie und Theater

Diese Vielfalt verleiht sich auf der Bühne Ausdruck in der Heteroglossie, wobei Heteroglossie hier nach Marvin Carlson als Nebeneinander verschiedener Sprachen und/oder Dialekte im Drama und Theater verstanden wird, die miteinander in Dialog treten:

> [D]espite Bakhtin's attempt to deny its operations in the drama, examples of multiple voices can be found throughout theatre history, not only in the limited and abstract sense of voices taking positions at odds with those of the author, but also in the literal sense of voices that speak a language not that of the author or the presumed audience.[11]

In *Speaking in Tongues* (2006) untersucht Carlson verschiedene Formen und Funktionen der Heteroglossie im Dramentext und auf der Theaterbühne, wobei er für die meisten Situationen feststellt, dass dieser Verwendung der Sprache in der Regel soziale oder künstlerische Anliegen zugrunde liegen. Die möglichst „authentische" Darstellung der Lebenswirklichkeit auf der Bühne, die sich in unserem Zusammenhang auf die Abbildung von Mehrsprachigkeit bezieht, reflektiert nach Carlson häufig die politische Dimen-

9 Siehe Tian Benxiang: „Huawen xiju jiaoliu", S. 20f. Eine andere Schwerpunktsetzung findet sich beispielsweise in: Yu Shanlu: „Huawen xiju", S. 140f., ders.: „Huawen xiju de houzhimin fanba wenhua celüe" 華文戲劇的後殖民反霸文化策略, http://mypaper.pchome.com.tw/news/yushanlu/3/1285850429/20070508020810/ (Zugriff am 20. Februar 2008).

10 Siehe Liu Housheng 劉厚生: „Zhonghua xiju de shenghui" 中華戲劇的盛會, in: Tian Benxiang: *Huawen*, S. 3-4; Yang Wanyun 楊萬運: „ ‚Xueshu' he ‚xinling' de jiaoliu" ‘學術’和‘心靈’的交流, in: ebd., S. 9-11.

11 Marvin Carlson: *Speaking in Tongues. Language at Play in the Theatre* (Ann Arbor: University of Michigan Press, 2006), hier S. 20.

sion der Sprachanwendung, das heißt das Verhältnis zwischen Sprache(n) und Machtstrukturen, die im Theater entweder konsolidiert oder unterlaufen werden.[12] Beispiele aus zwei Produktionen aus Taiwan und Hongkong zeigen, dass auch in diesen die Verwendung mehrerer Sprachen über die rein mimetische Abbildung der linguistischen Situation Taiwans und Hongkongs hinausgeht. Unter den veränderten Bedingungen bei Gastspielen in der VR China vergrößern diese „Stimmen" die Distanz zwischen Bühne und Rezipienten.

Die Produktionen: Handlung und Genres

Die ersten der unten näher besprochenen Beispiele stammen aus *Ke'ai yuanchouren* 可愛冤仇人 (*Liebenswerte Feindin*; uraufgeführt 2001 in Taibei; unten: *Ke'ai*) von Yu Hui-Fen 游蕙芬 (= You Huifen; geb. 1970). Das Stück in elf Szenen wurde 2003 von der Goldener Zweig-Theatertruppe (Jinzhi Yanshe 金枝演社)[13] in der Regie von Wang Rong-yu 王榮裕 (= Wang Rongyu; geb. 1960) in Beijing aufgeführt. Es handelt von mehreren Liebespaaren, die erst nach der Überwindung von Schwierigkeiten zueinander finden.

Die zweite Produktion ist ein Musical in zwei Akten, *Suansuan-tiantian Xianggangdi* 酸酸甜甜香港地 (*Hongkong, süß, sauer*; uraufgeführt 2003 in Hongkong; unten: *Suansuan*) von He Jiping 何冀平 (geb. 1951), das 2004 in der Regie von Fredric Mao 毛俊輝 (= Mao Junhui; geb.?) vom Sprechtheaterensemble Hongkong (Xianggang Huajutuan 香港話劇團; unten: HKREP) und dem Chinesischen Orchester Hongkong (Xianggang Zhongyuetuan 香港中樂團) in Kooperation mit der Hongkonger Tanzcompagnie (Xianggang Wudaotuan 香港舞蹈團) in Hangzhou und Shanghai

12 Siehe ebd., u. a. S. 5f. und 10. Carlson bezieht sich unter anderem auf Pierre Bourdieu.

13 Zum Ensemble siehe Liang, Pei-lin: „Weaving a Tale of Many Voices. The Making of Multiculturalism in the Contemporary Theatre of Taiwan" (PhD Diss. University of Hawai'i, 2009), hier vor allem S. 95-147, sowie http://www.goldenbough.com.tw (letzter Zugriff am 18. Juli 2010). Grundlage der Analyse sind das unveröffentlichte Skript (unten: You: *Ke'ai* Skript) und zwei unveröffentlichte VCDs einer Aufzeichnung vom 21. Dezember 2003 (unten: Jinzhi: *Ke'ai*), zur Verfügung gestellt vom Ensemble. Bei Abweichungen stütze ich mich auf die Aufzeichnung, was auch für das Stück aus Hongkong gilt.

aufgeführt wurde.[14] In *Suansuan* konkurriert eine Restaurantbesitzerfamilie, die in Hongkong nordchinesische Küche anbietet, mit einer neu eröffneten, aber bald florierenden Filiale einer Pizza-Kette in der Nachbarschaft. Deren Chefin scheint den Wettkampf für sich zu entscheiden, bis ein Taifun auch sie vor das Aus stellt. Die Lösung meinen beide Seiten in einem Zusammenschluss zu finden. Als zudem ein Shanghaier Paar auftaucht, das in das Geschäft investieren möchte, gilt die Zukunft als gesichert.

Beide Produktionen sind keine klassischen Sprechtheaterproduktionen. *Ke'ai* wird vom Ensemble als *hupiezaixi* 胡撇仔戲 (frivole Oper) bezeichnet, einem Genre des *gezaixi* 歌仔戲 (taiwanisches Musikschauspiel), das meist als Bestandteil einer spezifisch „taiwanischen Kultur" empfunden und teilweise entsprechend instrumentalisiert wird. Das *hupiezaixi* verbindet Elemente des *gezaixi* mit weiteren Elementen der Populärkultur wie Gangster- oder Detektivgeschichten, Film oder Popmusik zu einer häufig als „schrill" empfundenen Form.[15] *Suansuan* hingegen ist trotz der langen Dialogpassagen ein Musical, was einer der Gründe für seine Rezeption als

14 Zum Ensemble siehe http://www.hkrep.com (letzter Zugriff am 18. Juli 2010); Samuel L. Leiter und Daniel Yang: „The Hong Kong Repertory Theatre. An Interview with Daniel Yang", in: *ATJ* 10.2 (1993), S. 191-201; Mao Junhui 毛俊輝 und Chen Jianbin 陳健彬: *Juhua 30 – Xianggang Huajutuan sanshi zhou nian zhidu tekan* 劇話三十──香港話劇團三十周年誌度特刊 (= *HKREP30: Hong Kong Repertory Theatre 30th Anniversary Commemorative Book*; Hong Kong: HKREP, 2007). Grundlage der Analyse sind das unveröffentlichte Skript, zur Verfügung gestellt vom Ensemble (unten: He: *Suansuan* Skript) und HKREP: *Sweet & Sour Hong Kong* (2 DVDs, Kantonesisch und Mandarin, Untertitel in Lang- und Kurzzeichen sowie Englisch; Aufzeichnung vom August 2004; Hongkong: Garry's 2006; unten: HKREP: *Sweet*).

15 *Hupiezai* ist eine Verschriftlichung der Holo-Aussprache (*o-phe-la-hi*) des japanischen *opera* オペラ (Oper). In der Bedeutung „Mischmasch" spiegelt es die Vielfalt der in diesem Genre vereinten Aufführungs- und Unterhaltungsformen wider. Zum Genre siehe Liang Pei-lin: „Weaving", S. 98-99 und 102; Teri Jayne Silvio: „Drag Melodrama/Feminine Public Sphere/Folk Television. ‚Local Opera' and Identity in Taiwan" (PhD Diss. University of Chicago, 1998), besonders S. 92-94 und 156-202; Wu Ming-Lun: „Return from Exile. On Ming Hwa Yuan *Gezaixi* Company's Survival in the New Century", in *ATJ* 26.1 (2009), S. 148-158, besonders S. 149-151; zum Verhältnis zwischen *gezaixi* und Politik siehe u. a. Huei-Yuan Belinda Chang: „A Theatre of Taiwaneseness. Politics, Ideologies, and Gezaixi", in: *TDR* 41.2 (1997), S. 111-129; zur Einordnung des *gezaixi* als „taiwanisches Theater" siehe auch Silvio: „Drag Melodrama", S. 10-14.

„Stück mit Hongkonger Flair“ ist.[16] So deuten die Genres der Produktionen bereits auf eine regionale Verankerung der Stücke hin.

Skript und Aufführungssprache

Das Skript beider Produktionen ist trotz des bedeutenden Anteils von Holo respektive Kantonesisch an den Aufführungssprachen größtenteils in *putonghua* 普通話 (Standardsprache) / *guoyu* 國語 (Landessprache) verfasst, wenngleich an einzelnen Stellen Verschriftlichungen des Holo und des Kantonesischen in chinesischen Schriftzeichen auftauchen. Die Entscheidung für die Sprache, den Dialekt oder den Idiolekt der einzelnen Repliken wird so in der Regel erst im Probenprozess getroffen. [17] Für Schauspieler und Regisseure ist die Mehrstimmigkeit in Form des Spannungsverhältnisses zwischen Skript und Aufführungssprache daher Probenalltag und führt bereits in diesem Stadium vor Augen, dass die von der oben zitierten Definition des *huawen xiju* implizierte Gleichsetzung der beiden unzulässig ist.

Beide Ensembles verwenden auch bei Gastspielen in der VR China auf der Bühne überwiegend Holo beziehungsweise Kantonesisch.[18] Wie gehen sie aber damit um, dass das Publikum zumindest bei Gastspielen in vielen Teilen Chinas manche oder gar die meisten der Repliken nicht versteht? Die Theaterschaffenden sehen sich mit einem Konflikt konfrontiert, den Carlson als den Konflikt zwischen dem Anspruch naturalistischer Darstellung und

16 Siehe z. B. Zhang Han 張菡: „Women ba xiju dang wucan chi le – fang Xianggang Huajutuan daoyan Mao Junhui xiansheng“ 我們把戲劇當午餐吃了——訪香港話劇團導演毛俊輝先生, in: *Shanghai xiju* 上海戲劇 (11/2004), S. 36-37; Cecilia J. Pang: „*The Story of Wu Zixu* and *Sweet and Sour Hong Kong*. Review“, in: *Theatre Journal* 53.3 (2004), S. 487-489.

17 Zur Rolle der Sprache bei den Proben der Goldener Zweig-Theatertruppe siehe Liang: „Weaving“, S. 127-131 und 138-143. Die Einbeziehung des schriftlichen Kantonesischen in *Suansuan* konzentriert sich auf Liedtexte.

18 Fredric Mao gibt an, für die Aufführungen in Hangzhou und Shanghai Kantonesisch gewählt zu haben, um das Hongkonger Lokalkolorit zu wahren; siehe Cai Xingshui 蔡興水: „Xianggang Huajutuan yishu zongjian Mao Junhui fangtan“ 香港話劇團藝術總監毛俊輝訪談, in: *Xiju* 戲劇 114 (2004), S. 89-93, hier S. 89; die Präferenz des Kantonesischen auf Seiten des HKREP bestätigten mir Chan Kin Bun 陳健彬 (= Chen Jianbin; geb.?) und Marble Leung 梁子麒 (= Liang Ziqi, geb. ?) in einem Interview am 18. September 2009. Wang Rong-yu wählt für die Arbeit seines Ensembles bewusst Holo, weil er sich der Tradierung und Aufwertung dieser Sprache stark verpflichtet fühlt; siehe Liang: „Weaving“, S. 139.

den Erwartungen der Zuschauer, zu denen besonders Verständlichkeit zähle, charakterisiert.[19] Die Gastspielsituation führe zu einer veränderten Beziehung zwischen Bühne und Publikum:

> The dynamics of moving a production, especially a heteroglossic one, from its home linguistic community to a different one are substantial, and in terms of audience relationships [*sic*] to the characters, as important in a theatre that mixes dialects as in one that mixes languages.[20]

Um die Verständlichkeit der Dialoge zu gewährleisten, setzen Ensembles wie das HKREP häufig Übertitel ein, die aber stark vom Bühnengeschehen ablenken und den Text kürzen. Diese Abweichung lenkt die Aufmerksamkeit der Zuschauer bereits auf Sprachbarrieren als trennendes Element innerhalb des *huawen xiju*. Verstärkt wird dies in der Produktion *Ke'ai* durch die Entscheidung des Ensembles, keine vollständigen Übertitel, sondern lediglich Ausschnitte zur Verfügung zu stellen,[21] was die Grenzziehung untermauert, die das Ensemble, wie oben bereits gesehen, auch durch die Wahl des Genres vornimmt.

Heteroglossie in *Ke'ai yuanchouren* (2001)

Wie Angela C. Pao betont, evozieren Bühnendialekte (fiktiven) Raum.[22] Dies gilt auch für die beiden Produktionen, deren Schauplätze (hauptsächlich) Taiwan (Zeit unbestimmt, vermutlich Ende des 20. / Anfang des 21. Jahrhunderts) und Hongkong (kurz vor und nach dem Taifun von Anfang September 2003) sind. Dass *guoyu/putonghua* an beiden Orten, auf die diese Schauplätze verweisen, nur eine unter mehreren Sprachen ist,[23] spiegelt sich

19 Siehe Carlson: *Speaking*, S. 21. Auch in volksrepublikanischen Theateraufführungen werden Dialekte eingesetzt, bei Gastspielen meist jedoch „authentischen" Dialekten und Sprachen nachempfundene Bühnenakzente. Zu Bühnenakzenten und deren Trend zur Stereotypisierung siehe Angela C. Pao: „False Accents. Embodied Dialects and the Characterization of Ethnicity and Nationality", in: *Theatre Topics* 14.1 (2004), S. 353-372.

20 Carlson: *Speaking*, S. 65.

21 Die Informationen stammen aus meinem Interview mit Wang Rong-yu am 6. März 2009.

22 Siehe Pao: „False Accents", S. 355; siehe auch Carlson: *Speaking*, S. 11.

23 In Taiwan sprechen ca. 73% der Bevölkerung Holo. In Hongkong sprechen 88,7% Kantonesisch als Muttersprache, 1,1% *putonghua*, Amtssprachen sind Chinesisch (*Zhongwen* 中文), was de facto *putonghua* als geschriebene und Kantonesisch als gesprochene Sprache bedeutet, sowie Englisch. Zu den aktuellen Zahlen siehe Taiwan Government Infor-

in den Produktionen wider, die so zunächst Authentizität suggerieren. John B. Weinstein zeigt auf, dass mehrsprachige Aufführungen seit den 1990er Jahren für die Theaterbühnen Taiwans eine große Bedeutung erlangt haben und eine spezifische Identität Taiwans inszenieren.[24] So geht der Gebrauch mehrerer Sprachen auf der Bühne über eine rein mimetische Funktion der Abbildung linguistischer Wirklichkeiten hinaus und wird zu einer politischen Aussage. Die Goldener Zweig-Theatertruppe positioniert sich mit ihrer Betonung des Holo innerhalb Taiwans in Opposition zur chinazentrierten Tendenz, die laut Chung Mingder und Liang Pei-lin im experimentellen Theater zumindest noch bis zu den 1990er Jahren vorherrschte. Lokale Sprachen Taiwans wurden als einer Aufführung „unwürdig“ erachtet oder waren der Charakterisierung von Figuren der Unterschicht oder komischer Figuren vorbehalten.[25] *Ke'ai* bricht mit dieser Zuschreibung, indem sowohl Holo als auch *guoyu* zur Erzeugung von Komik eingesetzt werden. Zwar sprechen Figuren der Unterwelt in der Produktion in der Regel Holo, doch diese Stereotypisierung wird spätestens gebrochen, als Qianli als „weinender Killer“ zur Sympathiefigur wird.[26]

Obwohl in *Ke'ai* Holo und *guoyu* gesprochen werden, deutet die Zuordnung der Sprachen und Sprachwechsel zu den einzelnen Figuren auf eine implizite Stellungnahme für Holo bzw. den selbstverständlichen Wechsel zwischen Holo und *guoyu* hin. Acht Figuren sprechen ausschließlich *guoyu*, während zwei zentrale und einige Nebenfiguren nur Holo sprechen. Wichtige Figuren, die *guoyu* sprechen, werden in der Regel als naiv, oberflächlich oder hitzköpfig gezeichnet. Vier Haupt- und weitere Nebenfiguren

---

mation Office: *The Republic of China Yearbook 2009*, http://www.gio.gov.tw/ taiwan-website/5-gp/yearbook/ch02.html#Languages (Zugriff am 20. März 2010); Xianggang zhengfu 香港政府: „Xianggang gaikuang“ 香港概況, http://www.gov.hk/tc/about/abouthk/facts.htm (Zugriff am 19. März 2010).

24 Siehe John B. Weinstein: „Multilingual Theatre in Contemporary Taiwan“, in: *ATJ* 17.2 (2000), S. 269-283, besonders S. 279.

25 Siehe Chung Mingder: „The Little Theatre Movement of Taiwan (1980–1989). In Search of Alternative Aesthetics and Politics“ (PhD Diss. New York University, 1992), S. 130f.; Liang, „Weaving“, S. 31 und S. 32 FN 14. Vgl. auch Klöter: „Re-writing“, S. 117. *Ke'ai* konzentriert sich auf Holo und *guoyu* und vernachlässigt weitere Sprachen Taiwans.

26 Die Produktion spielt mit Verweisen auf das Manga *Crying Freeman* (Kuraingu Furīman クライングフリーマン) von Koike Kazuo 小池一夫 (geb. 1936) und Ikegami Ryōichi 池上遼一 (geb. 1944) bzw. dessen Verfilmungen.

wechseln zwischen Holo und *guoyu*, wobei Holo ihre „Hauptsprache“ ist. Besonders die Protagonistin Ziyun, eine fürsorgliche und selbstaufopfernde Nachtclub-Managerin und Heldin des Stücks, wechselt souverän zwischen den Sprachen. Folgendes Beispiel zeigt die Heteroglossie des Figurendialogs exemplarisch. Der Vorsitzende Wang, in der Vergangenheit von Ziyun verlassen, tritt im Nachtclub als wohlhabender chauvinistischer Kunde auf, der sein Auge auf die unschuldige Qiuyan geworfen hat:

> Ziyun [*Holo*]: Vorsitzender Wang, ich war damals Schuld daran, dass unsere Verlobung gelöst wurde. Wenn du aus irgendeinem Grund unglücklich bist, dann red besser mit *mir*.
>
> Vorsitzender Wang [*Holo*]: Ach, du bist so unverfroren, mich noch einmal auf diese traurige Erinnerung anzusprechen?! *(wendet sich ab)* Hm! Halt dich besser selber mal weniger für so einen Leckerbissen! Hat dich dein Fleisch-*zongzi*-Verkäufer damals nicht etwa sitzen lassen?
>
> *Vorsitzender Wang nähert sich Qiuyan.*
>
> Qiuyan [*guoyu*]: Fräulein Yun ist so nett zu Ihnen, glauben Sie bloß nicht, dass man mit allen Frauen so umspringen kann!
>
> Vorsitzender Wang [*guoyu*]: Du hast Mut, das mag ich! [*Holo*] In Ordnung, da will ich mal sehen, wie lange du Widerworte gibst! Eine Frau entwischt meinem Griff nicht. *(macht eine Handbewegung des Puppentheaters)* Ah... hahaha.[27]

An dieser Passage wird deutlich, dass die Figuren problemlos miteinander kommunizieren, obwohl sie unterschiedliche Sprachen sprechen oder ein einzelner Sprecher innerhalb einer Replik die Sprache wechselt. Bei Gastspielen in der VR China lenken die hierzu in Widerspruch stehenden Verständnisschwierigkeiten im äußeren Kommunikationssystem die Aufmerksamkeit der Zuschauer auf die Mehrsprachigkeit als ein Charakteristikum der taiwanischen Bühne.

Eine weitere Stimme der Produktion wird von einer Figur verkörpert, die ausschließlich *guoyu* verwendet und kein Teil der fiktiven Realität ist, den in Szene sieben in Form eines Schauspielers physisch auftretenden „Neben-

27 You: *Ke'ai* Skript, S. 7 und Jinzhi: *Ke'ai*, VCD 1, 00:38:14–00:39:05. Die gesprochene Sprache wird von mir jeweils in eckigen Klammern angegeben.

text".[28] Die Figur fasst die vergangenen zehn Jahre im Leben Qianlis zusammen. Ihre metatheatrale Funktion wird zusätzlich verstärkt, als sie in direkten Dialog mit dem Publikum tritt: „[...] Sehr verehrtes Publikum, lassen Sie mich zum Schluss noch eine ernst gemeinte Warnung aussprechen: Kein Alkohol am Steuer."[29] Da sich die Stimme in *guoyu* an das Publikum wendet, ist dieses als Art *lingua franca* präsent. Als „allwissende Erzählinstanz" distanziert sie sich jedoch vom Figurendialog und scheint aufgrund ihrer in diesem Kontext absurden Warnungen nicht erst zu nehmen zu sein. Ihre Akzeptanz wird ironisch unterlaufen.

In *Ke'ai* existieren somit mehrere Stimmen nebeneinander, wobei der Stimme der Holo-Bevölkerung besonderes Gewicht verliehen wird. Bei Aufführungen in der VR China eröffnet die Heteroglossie der Produktion einen Dialog über die Sprachen des *huawen xiju* sowie durch die oben erwähnte Positionierung des Ensembles über eine mögliche taiwanische Identität, ein Dialog, der – auf Hongkong bezogen – mit anderer Gewichtung auch in der Produktion *Suansuan* des HKREP angestoßen wird.

Heteroglossie in *Suansuan-tiantian Xianggangdi* (2003)

> From classic times onward language differences have been utilized not only to place characters within multilanguage or multidialect cultures, but almost always also to reflect the power relationships embedded in language usage.[30]

Die Beobachtung Carlsons lässt sich auf die Verwendung der Mehrsprachigkeit in *Suansuan* anwenden. In dieser Produktion ist die Nachzeichnung der linguistischen Situation zunächst eng mit der Figurencharakterisierung verknüpft. So reflektiert der jeweilige Sprachgebrauch der Figuren deren biografischen Hintergrund. Allerdings wird auf Klischees zurückgegriffen, wodurch Figurentypen und keine individualisierten Figuren gezeichnet werden. Dongzhi beispielsweise stammt aus Nordchina, ist Absolvent einer

28 Er verkörpert somit im wörtlichen Sinne Carlsons These vom Nebentext als eigenständige Stimme im Theater; siehe hierzu Carlson: *Speaking*, S. 181-213.

29 You: *Ke'ai* Skript, S. 12 und Jinzhi: *Ke'ai*, VCD 1, 01:01:13–01:01:25. Zu den Funktionen des dramatischen Dialogs siehe Manfred Pfister: *Das Drama. Theorie und Analyse* ([erste Auflage 1977; erweiterter und bibliografisch aktualisierter Nachdruck der durchgesehenen und ergänzten Auflage 1988]; UTB 580; München: Fink, [10]2000), S. 151-168.

30 Carlson: *Speaking*, S. 10.

renommierten Hochschule, spricht *putonghua* und hat zu Beginn des Stücks Schwierigkeiten mit der Verständigung auf Kantonesisch. Tianna wiederum, eine Hongkongerin, die an der Stanford University studiert hat, flicht häufig englische Ausdrücke in ihre Dialoge ein. Im Gegensatz zur oben erwähnten Produktion verursacht die Heteroglossie in *Suansuan* Verständnisschwierigkeiten im inneren Kommunikationssystem, auch wenn einzelne Figuren zwischen den Sprachen wechseln, wie beispielsweise Onkel Fu, der Chef des nordchinesischen Restaurants, der seine Gesprächspartner je nach Situation auf Mandarin oder Kantonesisch anspricht, wobei er das Kantonesische bevorzugt. In emotional aufgeladenen Szenen nimmt er teilweise abrupte Sprachwechsel vor, wie folgender Ausschnitt aus der zweiten Szene zeigt, in der ihm das oben genannte Geschäftspaar sein damals noch schwarze Zahlen schreibendes Restaurant abkaufen möchte. Zunächst unterhält er sich auf *putonghua* mit den beiden, doch dann wechselt er zunehmend zwischen den Sprachen, so dass der Dialog den Ärger Onkel Fus unterstreicht, wie bereits der erste Sprachwechsel der Szene andeutet:

> Onkel Fu [*putonghua*]: Aha, Sie möchten also meinen Laden kaufen? *(nickt höflich und lacht)*
>
> Herr [*putonghua*]: Genau.
>
> Onkel Fu [*Kantonesisch*]: Du redest wohl im Fieberwahn!
>
> *Dame lacht und nickt.*[31]

Neben der expressiven Funktion der Dialoge fungieren diese teilweise als metasprachliche Kommentare, wobei nicht nur Verständnisschwierigkeiten, sondern insbesondere der Zusammenhang von (wirtschaftlicher) Macht und Sprache thematisiert wird. So ist Dongzhi, Konkurrent, Freund und gegen Ende des Stücks Partner der Hongkonger Geschäftsfrau Tianna, über deren Engagement beim Erlernen von *putonghua* erstaunt, zumal sie in Stanford studiert habe, also Englisch spreche. Sie erwidert: „Da führt kein Weg dran vorbei. Wenn man früher kein Englisch konnte, konnte man in Hongkong keine Geschäfte machen. Jetzt kann man keine Geschäfte machen, wenn

31 He: *Suansuan* Skript, S. 9 und HKREP: *Sweet*, DVD 1, 00:18:23–00:18:29.

man kein *guoyu* spricht."[32] In einer Umgebung, in der überwiegend Kantonesisch gesprochen wird, übernimmt *putonghua* schleichend die Rolle des Englischen als Sprache der Macht. Diese Beobachtung wird auf mehreren Ebenen in die Struktur der Handlung übersetzt. Die Protagonistin Tianna, über lange Passagen des Stücks hinweg dem jungen Dongzhi beruflich voraus, wird in der Szene, aus der oben bereits zitiert wurde, zu seiner „Schülerin". In einem längeren Dialog entsteht Komik durch sprachliche Missverständnisse, die Tianna bei ihrem geschäftlichen Kontakt mit Muttersprachlern des *putonghua* entstehen. Dongzhi korrigiert und zwingt sie, *putonghua* zu sprechen, indem er vorgibt, kein Kantonesisch zu verstehen. Als er sie im Gegenzug auf Kantonesisch anspricht und Aussprachefehler erneut für Komik sorgen, wird ihm das Lernen nach wenigen Korrekturversuchen zu mühsam und er wechselt zurück zu *putonghua*, auch in diesem Kontext die *lingua franca*.[33] In der Rahmenhandlung tritt eine Übersetzerfigur in Form eines Immobilienmaklers auf, der gegen Ende des Stücks zwischen dem oben genannten Geschäftspaar und Onkel Fu vermittelt, und dessen Übersetzertätigkeit wiederum die Machtposition einzelner Sprachen im ökonomischen Wettbewerb betont.[34] Inzwischen steht das Geschäft Onkel Fus vor dem Ruin und er lässt den Immobilienmakler in *putonghua* übertragen, dass er an einer Investition von chinesischer Seite sehr interessiert sei, was die beiden in ihren Plänen bestärkt, Hongkong im buchstäblichen Sinne aufzukaufen. Die Sprache derjenigen, die erfolgreich aus dem Machtkampf hervorgehen, ist auch hier *putonghua*.

In den oben angeführten Beispielen suggeriert die Verwendung der Heteroglossie die Authentizität der Figurenbiografien, um dadurch Machtstrukturen aufzuzeigen. Dieses Vorgehen wird in den Liedern gebrochen. Auf der Bühne singen selbst einige der Figuren auf Kantonesisch, die in den Dialogen überwiegend *putonghua* sprechen. Einige der Lieder dienen als Kommentar zur Situation Hongkongs. Sie verraten eine kritische, aber insgesamt positive, beinahe „liebevolle" Haltung gegenüber Hongkong, das als Art

32 He: *Suansuan* Skript, S. 51 und HKREP: *Sweet*, DVD 2, 00:10:53–00:11:08.

33 Pang spricht in diesem Zusammenhang von einem „perfect paradigm of the progression from colonialism to nationalism", was durch den Zusammenschluss der Restaurants und Familien nahe liegt und eine der Stimmen des Stücks ausmacht, weitere und teilweise konträr verlaufende Stimmen jedoch ausklammert. Siehe Pang: *The Story*, S. 489.

34 Zu Übersetzerfiguren siehe Carlson: *Speaking*, S. 182-186.

„Land der unbegrenzten Möglichkeiten“ gezeichnet wird. In Verbindung mit der beschriebenen Sichtbarmachung von Machtstrukturen findet durch diese „Hongkonger Stimme“ eine Auseinandersetzung mit der Identität Hongkongs in Abgrenzung zur VR China statt.[35]

Zusammenfassung

In beiden Produktionen verbergen sich unter der Oberfläche einer Komödie somit vielfältige Stimmen, die durch die Verwendung der Heteroglossie auf der Theaterbühne besonders bei Aufführungen in der VR China Fragen nach verschiedenen Formen der Identität sichtbar machen, indem sie auf unterschiedliche Weise durch die Aufführungssprachen Heteroglossie als Gegenstimme zur chinesischen Schrift des Skripts einsetzen. Die Offenheit, die der Begriff *huawen xiju* vermittelt, fordert die Theaterbühne tatsächlich ein. Daher überrascht es nicht, dass viele Regisseurinnen und Regisseure sich nicht mit dem oben genannten Konzept identifizieren und der Theateraustausch zunehmend andere Institutionen ausbildet und Möglichkeiten ausschöpft.[36] Durch die „Erfindung“ und Institutionalisierung des Konzepts wurden somit Möglichkeiten geschaffen und eine Realität befördert, die der Theorie inzwischen voraus ist.

35 Siehe besonders HKREP: *Sweet*, DVD 1, 00:27:38–00:29:57 und DVD 2, 01:03:39–01:07:41. Beide Liedtexte finden sich nicht im Skript.

36 Siehe u. a. Interviews mit Katherine Hui-ling Chou 周慧玲 (= Zhou Huiling; geb. ?; 21. März 2009), Lee, Chien-Chang 李建常 (= Li Jianchang; geb. 1971?; 8. März 2009), Wang Molin 王墨林 (geb. 1949; 19. März 2009) und Wang Rong-yu (s.o.).

Karnevaleske Sprachpraxis chinesischer Netzbürger

Rui Wang

This paper discusses the practice of language of Chinese netizens (Internet citizens). In the postmodern era of the Internet, Chinese netizens express their nonconformity and search for freedom of speech through verbal subversion. The Internet is regarded as a *minjian* political space, which is contested by the state and netizens. It is full of heterogeneity, hybridity, and ambivalence. Mikhail Bakhtin's theory of "the carnivalesque" is used to interpret Chinese netizens' creative, playful use of language. Different from the dissidents of the past who relied on high, abstract ideas of freedom, Chinese netizens regard their participation in online discussions as intimately related to their own rights as individuals. In the virtual space, their rich, fluid, grotesque, and sometimes absurd use of language reveals the mechanism of power in the act of "naming correctly" by the state and dissolves the seriousness, morality, and monolithic authority of the state through their "naming playfully." It is in this way that their practice of language contributes to the slow transformation of China from a society under totalitarian rule to a pluralistic modern one.

Am 6. Februar 2010 wurde das chinesische Wort *bei* 被, ein Hilfsverb der chinesischen Sprache, das verwendet wird, um eine Passivkonstruktion auszudrücken, von chinesischen Internet-Nutzern zum Wort Jahres 2009 (*niandu zi* 年度字) gewählt.[1] Obwohl dieses Ergebnis nicht überraschte, zog es sofort eine Reihe von Diskussionen über das Verhältnis zwischen den chinesischen Internet-Nutzern und der Macht des Staates nach sich. Seit das Internet in China Ende der 1990er Jahre Einzug hielt, haben die Diskussionen und Prognosen, wie das Internet China, vor allem sein politisches System,

1 Interessanterweise entpuppte sich der große Veranstalter dieser Online-Abstimmung als die Abteilung der Sprache des Mediums Internet des Zentrums für Kontrolle und Forschung staatlicher Sprachenmittel (*guojia yuyan ziyuan jiance yu yanjiu zhongxin wangluo meiti yuyan fen zhongxin* 国家语言资源监测与研究中心网络媒体语言分中心), das direkt an das Ministerium für Bildung angeschlossen ist. Diese Tatsache zeigt, dass der chinesische Staat viel Aufmerksamkeit auf das Internet und dessen Nutzung legt. http://www.enet.com.cn/article/2010/0208/A20100208610370.shtml (Zugriff am 17. Juli 2010).

verändern würde, sowohl im Inland als auch im Ausland zugenommen. Der Grund dafür ist, dass das Internet, im Gegensatz zu anderen traditionellen Medien, den Menschen eine Plattform bietet, ihre Meinung zu äußern. Jürgen Habermas' Theorie der Zivilgesellschaft und der Öffentlichkeit[2] wird oft in solchen Diskussionen zitiert. In diesen Artikel wähle ich den chinesischen Begriff *minjian* 民间 (Volk, populär, inoffiziell, usw.), um das Internet als einen populären, politischen Raum zu bezeichnen. *Minjian* wird mit der Theorie der Karnevaleske Mikhail Bakhtins kombiniert, um die Nichtkomformität chinesischer Netzbürger (Internet-Staatsbürger) und ihre Suche nach Redefreiheit zu interpretieren.[3] Durch die Analyse mehrerer Beispiele zeige ich, wie chinesische Netzbürger in der postmodernen Ära des Internets gegen die staatliche Überwachung des Internets durch verbale Subversion protestieren. In ihrem karnevalesken Geist und durch ihre spielerische Praxis der Sprache decken sie die dem Akt der „Richtigstellung der Bezeichnungen" inhärente Macht auf. Mit ihrer flexiblen, grotesken und manchmal absurden Sprache lösen die chinesischen Netzbürger die Ernsthaftigkeit und die Moral und damit die Glaubwürdigkeit und die Autorität des Staates auf. Durch die Vielfältigkeit und die Komplexität ihrer Sprachpraxis, manchmal auch mit Ambivalenz, eröffnet sich das Potential der kulturellen Toleranz und des Pluralismus, welche die wichtigsten Eigenschaften einer gesunden modernen Gesellschaft sind.

Das Internet, ein minjian politischer Raum

Minjian ist ein Wort, welches schwierig zu übersetzen ist. Es kann als Adjektiv wie „populär", „inoffiziell", „privat", „marginalisiert"; oder als Substantiv wie „Volk", „Bauern", „inoffizielle Gemeinschaft", usw. übersetzt werden. All diese Übertragungen sind in ihrem eigenen Kontext korrekt, aber es gibt kein deutsches oder englisches Wort, das alle diese Bedeutungen umfassen kann, die sich durch fast ein Jahrhundert des *minjian*-Diskur-

2 Jürgen Habermas (übers.Thomas Burger): *The Structural Transformation of the Public Sphere: An Inquiry into a Category of Bourgeois Society* (Cambridge, Mass.: MIT Press, 1991).

3 Mikhail Bakhtin (übers. von Helene Iswolsky): *Rabelais and His World* (Cambridge, Mass.: MIT Press, 1968).

ses in China angehäuft haben. In diesem Artikel wird dieser Begriff mit seinen vielfältigen Bedeutungen, mit historischen und politischen Implikationen, verwendet.

In der modernen chinesischen Sprache wurde *minjian* zu Beginn des zwanzigsten Jahrhunderts benutzt, um das Konzept der Volksliteratur (als Teil der Volkskunde) einzuführen, und spielte eine wichtige Rolle bei der Förderung volkssprachiger Literatur (*baihua wenxue* 白话文学). Der Begriff *minjian* wurde weiter durch die Diskussion der „nationalen Form" (*minzu xingshi* 民族形式) der Literatur und Kunst in den 1930er und 1940er Jahren während des sinojapanischen Krieges gestaltet. Zwischenzeitlich hatten die Kommunisten in Yan'an die verschiedenen Volkskunstformen (*minjian yishu* 民间艺术) wie die sog. Neujahrsgemälde (*nianhua* 年画）oder den „Reissprossen"-Tanz (*yangge* 秧歌）inhaltlich umgestaltet. Auf diese Weise wurde *minjian* mit spezifischen ideologischen Bedeutungen ausgestattet, die direkt Mao Zedongs berühmten Vortrag auf der Yan'an-Konferenz über Literatur und Kunst (*Zai Yan'an wenyi zuotanhui shang de jianghua* 在延安文艺座谈会上的讲话) unterstützen. Dieser Vortrag stellt das kollektive politische Ziel über das Denken und den Genuss der Privatperson.

Die offizielle Vorstellung von *minjian* nach 1949 folgte dem Geist der Yan'an-Diskussion, *renmin* 人民（Volk, Leute）auf der Grundlage der kommunistischen sozialen Theorie des Klassenkampfes zu definieren. Erst in den 1980er Jahren wurde *minjian* von chinesischen Autorinnen und Autoren als eine Quelle der Inspiration oder/und als ein Raum der Entideologisierung wiederbelebt. Daraus entwickelte sich die in China bekannte sog. „Suche nach den Wurzeln"-Literatur (*xungen* 寻根). Während es ein starkes Ansinnen gibt, sich der Kontrolle der kommunistischen Ideologie zu entziehen, basiert diese literarische Bewegung auf einer essentialistischen, abstrakten Idee des Volkes. Diese Idee konvergiert mit dem Kulturnationalismus, der derzeit vom Staat gefördert wird.

Das tragische Ende der 1980er Jahre (Tian'anmen-Vorfall) hat viele chinesische Intellektuelle gedrängt, andere Theorien und Begriffe zu suchen, um ihr Streben nach Demokratie und Freiheit zu äußern. Laut Yao Xinyong 姚新勇 (geb. 1957), spielt die in Hongkong ansässige Zeitschrift *Ershiyi shiji* 二十一世纪 (*Das einundzwanzigste Jahrhundert*), die in den frühen 1990er Jahren von den aktiven Kulturkritikern des Festlands der 1980er

Jahre gegründet wurde, eine wichtige Rolle bei der Wiedereinführung des Begriffs *minjian* in die akademische Welt.[4] In den ersten Ausgaben dieser Zeitschrift wurde *minjian shehui* 民间社会 als Übersetzung von Habermas' Begriff „Zivilgesellschaft" verwendet, um die Idee eines sanften Wegs des sozialen Wandels einzuführen. Mit der vollständigen Absorption der Habermas'schen Philosophie durch die akademischen Kreise Chinas in den späten 1990er Jahren wurde *shimin shehui* 市民社会 als *die* Übersetzung des Begriffs „Zivilgesellschaft" anerkannt. Trotzdem hat *minjian* bereits einen Teil von Habermas' Vorstellung des Begriffs „Zivilgesellschaft" assimiliert, vor allem im Sinne eines autonomen Raumes, der nicht staatlicher Kontrolle unterliegt. Auf der anderen Seite unterscheidet sich *minjian* von Habermas' Begriff „Zivilgesellschaft". Wegen seiner historischen und lexikalischen Entwicklung impliziert das Wort *minjian* Heterogenität und Hybridität und trotzt daher allen essentialistischen Definitionen. Die Idee, sich staatlicher Kontrolle zu entziehen, und die der Heterogenität des Begriffs *minjian*, sind für eine Diskussion über die Praxis der Sprache chinesischer Netzbürger im virtuellen Raum sinnvoll.

Sprache ist kein transparentes Medium um die Realität darzustellen. Das Zitat Pierre Bourdieus „... the act of naming helps to establish the structure of this world, and does so all the more significantly the more widely it is recognized, i.e. authorized"[5] beschreibt nicht nur die Mechanismen der Macht in der Sprache, hier vor allem der autorisierten Sprache, sondern auch die Schwierigkeit, sich von solcher Sprache und der Weltanschauung oder der Mentalität, die sie verkörpert, zu entfernen, weil die Lernerfahrung der meisten Menschen mit solchen Bildungseinrichtungen wie Schulen oder Universitäten verbunden ist. Obwohl es einfach ist, die Sprache in den chinesischen staatlichen Medien als pompös, leer, ja sogar unehrlich zu erachten, ist es nicht einfach, gegen ihre Art des Denkens immun zu sein.

In einem Interview (13. November, 2009) mit der chinesischen Zeitschrift *Nanfang renwu zhoukan* 南方人物周刊 warnte Beidao, einer der

4 Yao Xinyong 姚新勇: „Qiyi de minjian – guanyu dangxia ‚minjian' huati de shuli yu fansi" 歧义的民间－－关于当下“民间”话题的梳理与反思, in Tao Dongfeng 陶东风, Jin Yuanpu 金元浦, Gao Bingzhong 高丙中(Hrsg.): *Wenhua yanjiu* 文化研究(5) (Guilin: Guangxi shifan daxue chubanshe, 2005).

5 Pierre Bourdieu (übers. von Gine Raymond): *Language and Symbolic Power* (Cambridge: Polity Press, 1992), S. 105.

bekanntesten subversiven Dichter des Endes der 1970er Jahre, vor der Gefahr von Widerstand als Motivation des künstlerischen Schaffens, weil man dabei seinem Feind ähnlich werden könnte. Obwohl es ein aufschlussreicher Kommentar ist, scheint Beidao Widerstand nur auf eine Weise zu verstehen. In der Ära des Internets kann Widerstand jedoch am besten durch das Zitat eines anonymen Netzbürgers beschrieben werden: „Wenn der Staat deinen Hals würgt, kitzelst du ihn unter den Achseln." Es ist ein Widerstand, der durch Gelächter vermittelt wird. Diese Haltung bringt chinesische Netzbürger in die Nähe von Bakhtins Vorstellung vom Karnevalesken, die, durch Groteske und Übertreibung, die von der Behörde autorisierte Ästhetik auflöst und die Möglichkeit für das Neue eröffnet.

In *Rabelais and His World*, untersucht Bakhtin den utopischen Aspekt des Karnevals im Mittelalter. Nach Bakhtin bot der Karneval den Menschen eine Gelegenheit, die etablierte Sozialordnung zu suspendieren und die Klassen sowie die politische Struktur der Gesellschaft umzukehren. Demnach vereinte die Karnevalserfahrung das utopische Ideal mit der Wirklichkeit und schuf eine Art von Kommunikation, die im Alltag unmöglich war.

> This experience, opposed to all that was ready-made and completed, to all pretense at immutability, sought a dynamic expression; it demanded ever changing, playful, undefined forms. All the symbols of the carnival idiom are filled with this pathos of change and renewal, with the sense of the gay relativity of prevailing truths and authorities. We find here a characteristic logic, the peculiar logic of the "inside out" (*à l'envers*), of the "turnabout," of a continual shifting from top to bottom, from front to rear, of numerous parodies and travesties, humiliations, profanations, comic crownings and uncrownings.[6]

Hier betont Bakhtin die undefinierten und spielerischen Formen des karnevalesken Idioms, welches die Ideen der dynamischen Änderungen und der Subversion des Geweihten und Etablierten enthalten. Später im Buch führt Bakhtin die Ästhetik des Grotesken aus. Er sieht die Groteske als ein Phänomen der Transformation an. Es ist hässlich und monströs aus Sicht der „klassischen" Ästhetik, aber „discloses the potentiality of an entirely different world, of another order, another way of life."[7]

6 Bakhtin: *Rabelais and His World*, S. 11.

7 Bakhtin: *Rabelais and His World*, S. 48.

Wenn Bakhtin im Karneval einen utopischen Moment sieht, in dem alles relativ und spielerisch behandelt wird, dann bietet das Internet chinesischen Netzbürgern einen utopischen Raum, in dem sie die karnevaleske Subversion der Autorität durch Texte, Bilder, Videos, usw. erfahren. Legt man den Schwerpunkt auf die Praxis der Sprache, so zeigt sich, dass Netzbürger die spielerischen Formen nicht nur wählen, um die Wirklichkeit darzustellen und Protest zu äußern, sondern auch um etwas Anderes, Besseres und Freieres erkennen zu lassen. Natürlich ist das Internet kein unumstrittener Raum, aber es ist ein Raum, der bislang vom Staat noch nicht vollständig kontrolliert wird. Eigentlich ist es ein Raum, der nicht nur zwischen der chinesischen Regierung und den Netzbürgern, sondern auch unter den Netzbürgern selbst umstritten ist. So begegnen Netzbürger unterschiedlichen Ideen und lernen, sie zu tolerieren. Aufgrund seiner heterogenen und inoffiziellen Eigenschaften erachte ich das Internet als einen *minjian* politischen Raum.

Stellung der Bezeichnungen: Ermächtigung und Ambivalenz

Die Kampagne der *quanguo zhengzhi hulianwang disu zhi feng* 全国整治互联网低俗之风 (Landesweite Säuberungsaktion gegen Internetvulgarität), vereinfacht als *fan disu* 反低俗 (Anti-Vulgarität), wurde von der zentralen Propaganda-Abteilung der Kommunistischen Partei Chinas (*Zhonggong zhongyang xuanchuan bu* 中共中央宣传部) im Januar 2009 ausgerufen. Obwohl die Träger der Kampagne behaupteten, ihr Ziel sei, pornografische Webseiten zu vernichten, wurden viele Diskussionsforen, die mit Pornografie in keinerlei Verbindung standen, geschlossen. *Fan disu* wurde daher von den chinesischen Netzbürgern als eine weitere Anstrengung wahrgenommen, das Internet zu zensieren. Sie war ein neuerlicher Versuch, zusätzlich zur notorischen „Great Firewall“ (GFW), einen regierungsgesteuerten Online-Informationsfilter zu errichten. Als Reaktion auf diese Kampagne spielen Netzbürger kreativ mit der Sprache des schlechten Geschmacks oder der Vulgarität. Dazu gehören die Parodie auf staatliche Medien, grobe Wortspiele, lexikalische und syntaktische Änderungen (falscher Gebrauch der Sprache), usw.

Parodie auf die staatlichen Medien: Aus dem Sinnlosen Sinn machen

Das Spiel der Sprache chinesischer Netzbürger begann als Reaktion auf die Anstrengung der chinesischen Regierung, das Internet zu kontrollieren, eigentlich schon vor 2009, aber in jenem Jahr erreichte das politische Bewusstsein der Netzbürger einen Höhepunkt.

Im Dezember 2007 sendete der staatliche chinesische zentrale Fernsehsender (CCTV) eine Information über die Säuberung des Internets zum Schutze der Jugend. Ein dreizehnjähriges Mädchen wurde im Laufe des Programms interviewt. Sie behauptete, bei den Onlinerecherchen für ein Schulprojekt ein „sehr pornografisches und sehr gewalttätiges" (*hen huang hen baoli* 很黄很暴力) Pop-up gesehen zu haben. Dieser Nachrichten-Clip wurde sofort online gepostet und die Behauptung des Mädchens erregte die Aufmerksamkeit der Netzbürger. Die meisten von ihnen vermuteten, dass das Mädchen entweder log oder angewiesen wurde, vor der Kamera zu lügen. Sie wiesen nicht nur darauf hin, dass die Formulierung „sehr pornografisches und sehr gewalttätiges" zu durchdacht für ihr Alter klang, sondern auch darauf, dass Pornografie und Gewalt selten gleichzeitig in einem Pop-up-Fenster erscheinen. Der Ausdruck wurde schnell im Internet populär, und viele Parodien nach dem Muster (*hen A hen BC*) sind seitdem überall zu finden. Die plötzliche Popularität eines solch scheinbar banalen Ausdrucks kann als eine kollektive Parodie der Netzbürger verstanden werden, die die wiederholten Anstrengungen des Staates, das Internet zu säubern, und die Mitschuld von CCTV durch Ausstrahlen dieser Nachrichten persiflieren. Auch wurde der gleiche Ausdruck „sehr pornografisch und sehr gewalttätig" verwendet, um CCTV zu beschreiben, weil sie sich nicht einmal Mühe machten, Name und Gesicht einer Minderjährigen auf dem Bildschirm zu verstecken.

Diese Diskreditierung der staatlichen Medien zeigt auf, warum ein ganz gewöhnlicher Ausdruck wie „Soja-Sauce Kaufen" (*da jiangyou* 打酱油) zu Beginn des Jahres 2008 populär wurde. Der Ausdruck entstammt auch aus einem TV Interview. Auf die Frage eines lokalen Journalisten nach seiner Meinung über den Vorfall, dass private Fotos des Hongkonger Pop-Stars Edison Chen online zu sehen waren, antwortete ein Mann gelassen, dass es ihm egal sei und er nur auf dem Weg sei, Soja-Sauce zu kaufen. Ähnlich wie beim ersten Beispiel, war das zugrunde liegende Thema der Nachricht ebenfalls, das Internet als unreines und möglicherweise schädliches Medium zu darzustellen. Aber im Gegensatz zu dem Mädchen, dessen Rede perfekt dem Thema des Beitrags entsprach, erklärt die Antwort des Mannes eine totale Indifferenz zur Frage und zum zugrunde liegenden Thema. Sein eigenes Anliegen – Soja-Sauce zu kaufen – war wichtiger. Viele Online-Zuschauer äußerten ihre Schadenfreude darüber, dass der Journalist nicht die erwünschte Antwort erhielt. Diese scheinbar triviale Attitüde vermittelt ein Gefühl von Autonomie im chinesischen Kontext, da der Mann die Möglichkeit ergriff, in einem öffentlichen Interview zu schweigen. Seine Haltung ermöglicht den Netzbürgern, eine Verbindung zwischen ihrem Alltagsleben und dem großen Wort „Menschenrechte" zu ziehen. Gleichzeitig zeugt die Diskrepanz zwischen Form und Bedeutung dieses Ausdrucks, nämlich die zwischen der Trivialität des Soja-Sauce Kaufens und der Ernsthaftigkeit des Bewusstseins von Menschenrechten, von einem Sinn für Humor und Witzigkeit. In kürzester Zeit „kauften" die Leute „Soja-Sauce" in verschiedenen Zusammenhängen.

Grass-Mud-Horse: das Vulgäre, das Groteske und mehr

Als Fortsetzung der oben genannten Parodien erschienen das „*Grass-Mud-Horse*" (*caonima* 草泥马) und der „Flusskrebs" (*hexie* 河蟹) Ende Januar 2009 online. Sie wurden als seltsame Tiere in einer Online-Parodie auf die wissenschaftliche CCTV-Doku-Serie „*Die Welt der Tiere*" (*dongwu shijie* 动物世界) eingeführt. Statt der wissenschaftlichen Beobachtung von Tieren gibt die Parodie den Tieren eine moralische Bedeutung. Das *Grass-Mud-Horse*, in der Form des Alpakas, wird als ein nettes, ausdauerndes Tier gezeichnet, das von dem tyrannischen Flusskrebs verfolgt wird und gegen den es kämpft. Der scheinbar harmlose Name dieses Pferds erweist sich als ein obszönes, vulgäres chinesisches Wortspiel *cao ni ma* 操你妈 („Fick deine Mutter"). Der Flusskrebs, der Feind des *Grass-Mud-Horses*, ist ein Wortspiel von „Harmonie" oder „harmonisch" (*hexie* 和谐), der Grundton des politischen Schlagworts *hexie shehui* 和谐社会 (harmonische Gesellschaft), welche mühsam von der aktuellen Regierung gefördert wird. Der böswillige Flusskrebs wird mit dem schlechten Image von Krabben in der chinesischen Sprache als Mobbing oder *hengxing* 横行 verbunden, wörtlich bedeutet es „sich seitwärts bewegen“ (um die anderen absichtlich abzudrängen).

Neben der Parodie auf *„Die Welt der Tiere“*, erschien die Geschichte vom *Grass-Mud-Horse* und dem Flusskrebs auch in anderen Formen, z. B. als Märchen, Kinderchor, Cartoon, Spielzeug, und sogar als Computerspiel. All diese Geschichten haben eine ähnliche Handlung: Der Flusskrebs dringt in den Lebensraum des *Grass-Mud-Horse* ein und eignet sich dessen Ressourcen an. Diese Geschichte bildet ein binäres Werturteil, welches die deutliche Botschaft vermittelt, dass chinesische Netzbürger zunehmende Sorgen über die Eingriffe des Staates in ihre Rechte und Ressourcen haben.

Die Spannung zwischen *Grass-Mud-Horse* und Flusskrebs zeigt das gesteigerte Bestreben des Netzbürgers, einen autonomen Raum für Rede und Denken außerhalb staatlicher Kontrolle zu suchen. Dieser Wunsch, geteilt von vielen Dissidenten im In- und Ausland, wird in einer absichtlich primitiven Weise und/oder durch schlechten Geschmack ausdrückt. Es ist interessant zu sehen, dass viele Versionen der Geschichte vom *Grass-Mud-Horse* und Flusskrebs in kindgerechten künstlerischen Formen erzählt werden. Ein Blick zurück auf die chinesische Geschichte zeigt uns, dass es nicht unmöglich ist, politische Botschaften mit Kinderreimen oder Balladen in Beziehung zu bringen. So wurden beispielsweise Kinderreime gerade wegen ihrer scheinbaren Unschuld und ihrer unklaren Herkunft oftmals als eine Botschaft des Himmels betrachtet. Der Grund dafür, dass die Geschichte vom *Grass-Mud-Horse* und vom Flusskrebs in solch einfachen Formen erschien, kann auch die Notwendigkeit der raschen Verständigung und Verbreitung sein. Aber wenn das Wortspiel und seine Formen als „karnevalesk“ im Sinne von Bakhtin wahrgenommen werden, werden viel mehr Bedeutungen sichtbar. Das Wortspiel agiert auf einer oberflächlichen Ebene gegen die Anti-Vulgaritäts-Kampagne. Chinesische Netzbürger genießen diese Oberflächlichkeit und die kindliche Form, weil sie alles Formale, Offizielle und Gehobene auf Kindisches und Frivoles reduzieren. Dadurch machen die Netzbürger die Mandate des Staates, z. B. die „Anti-Vulgaritäts-Kampagne", und ihre prüde Rhetorik zu Comicmonstern und zum Gegenstand des Gespötts.

Nachdem *Grass-Mud-Horse* von der Onlinegemeinschaft als ein Wort akzeptiert wurde, wurde es oft als satirischer Kommentar auf viele gesellschaftliche Nachrichten verwendet. Es tauchte später im Jahr 2009 in der

Kontroverse über die Software namens „Grüner Damm Jugend Eskorte“ (*lüba huaji huhang* 绿坝花季护航) auf. Dies ist eine Software zur Inhaltskontrolle, die vorgibt, Jugendliche vor Online-Pornografie zu schützen. Das chinesische Ministerium für Industrie- und Informationstechnologie versuchte die Software in jedem PC, der ab dem 1. Juli 2009 verkauft wurde, verbindlich zu installieren. Dies rief unter chinesischen Netzbürgern Bedenken hervor: Sie protestierten nicht nur gegen die Verschärfung der Zensur und Informationsüberwachung, sondern sie beteiligten sich auch an der Frage möglicher Korruption bei der Entwicklung und Förderung der Software, weil den zwei Computerfirmen, die die Software entwickelt haben, der enorme Preis von 41,700,000 RMB bezahlt wurde. Aufgrund von Gegenstimmen aus zahlreichen Bereichen zog das Ministerium für Industrie- und Informationstechnologie im August 2009 seine Entscheidung zurück. Im Protest gegen die Software kreierten Netzbürger ein Wortspiel von *lüba* 绿坝（grüner Damm）zu *lüba* 绿爸 (grüner Vater) oder *lüba* 绿霸 (grüner Tyrann), um die unterdrückende Macht der Software zu persiflieren. Das neugeborene *Grass-Mud-Horse* wurde auch mobilisiert, wie im folgenden Manga zusehen ist:

Zu finden unter: http://www.hecaitou.net/?p=5770 (Zugriff am 10. Februar 2010)

Mit einer Kette um den Hals fordert das *Grass-Mud-Horse* seine eigentliche Identität als Alpaka (*yangtuo* 羊驼) zurück. Verglichen mit dem grauen Grass-Mud Horse, scheint Frau Grüner Damm (*lüba niang* 绿坝娘) außergewöhnlich bunt in dem stark stilisierten Manga-Bild. Wenn das grün-rosa Kleid, das süße Kaninchen in den Armen und der Rucksack ein typisches Manga-Mädchen porträtieren, dann weisen der rote Krebs auf der Haube, die rote Armbinde mit den Zeichen *fengji* 风纪 (Disziplin), das Fass mit *feng* 封 (abdichten) in der Hand, eindeutig auf eine Rotgardistin während der Kulturrevolution hin. Dies verbindet das Mädchen mit staatlicher Kontrolle und Überwachung des Internets. Daher stellt sich hier die Frage: Warum wird die Software als Mädchen personifiziert, das eine Mischung aus japanischem Manga und chinesischer revolutionärer Ästhetik ist? Die betonte Weiblichkeit des Mädchens und die Kette in der Hand stellen das Bild einer Domina dar; aber die Rotgardistin erinnert uns an den Gehorsam zur Kommunistischen Partei. Verbirgt sich hier ein Widerspruch?

Es darf nicht vergessen werden, dass die Macht der Domina performativ ist. Daher ist die Beziehung zwischen „Frau grüner Damm" und dem *Grass-Mud-Horse* paradox: Zum einen hat die Frau (als Domina oder Rotgardistin) eine „kastrierende" Macht. Zum anderen erachten Männer sie als auffällig weiblich. Anders gesagt, die Verweiblichung der Autorität des Staates durch die Netzbürger erklärt nicht nur ihre Entschlossenheit, die Unterdrückung zu überwinden, sondern offenbart auch eine unbewusst männliche Wahrnehmung des Mädchens in seiner Verkörperung von Macht. Aus dieser Perspektive ist das graue, bedauernswerte *Grass-Mud-Horse* nicht so zahm, wie es scheint. Obwohl es sich intertextuell auf einen obszönen Fluch bezieht, fordert es Erbarmen ein, indem es behauptet, es sei ein unschuldiges Alpaka. Die Botschaft ist hier: Obwohl es sich der staatlichen Kontrolle widersetzt, nimmt es eine harmlose Erscheinung an. Das Zusammenspiel des politischen und sexuellen Bewusstseins chinesischer Netzbürger macht die Botschaft dieses Mangas mehrdeutig und ambivalent. Aber die Existenz aller Arten von Mehrdeutigkeit und Ambivalenz ist Teil der Welt des Internets. Somit lernen chinesische Netzbürger eine heterogene Welt (nicht nur die virtuelle Welt) zu tolerieren.

Falsche chinesische Sprache? Die Aussagefähigkeit lexikalischen und syntaktischen Wandels

Die Geschichte von *Grass-Mud-Horse* und Flusskrebs ergibt eine Neologie, die auf lexikalischem und syntaktischem Wandel basiert. Wie ich bereits erläuterte, ist „Flusskrebs“ ein Wortspiel, das auf den Begriffen „harmonisch“ und „Harmonie“ basiert. Bald erweiterten die Netzbürger die Verwendung des Adjektives und Substantives *hexie* zu einem transitiven Verb: harmonisieren. Die Funktion des Flusskrebses ist es, zu „harmonisieren“, oder, ganz offen gesagt, sog. unpassende oder empfindliche Wörter beziehungsweise Beiträge online zu zensieren, um das Bild einer „harmonischen Gesellschaft“ im Internet sicherzustellen.

Der Akteur dieses Verbs ist in der Regel die zentrale Propaganda-Abteilung, die oft von Netzbürgern scherzhaft als *Xuanxuan* – einem typischen Mädchennamen – im virtuellen Raum bezeichnet wird. Nicht nur die *Xuanxuan* schließt Websites kritischen Inhalts; viele Internetseiten zensieren sich selbst, um zu überleben. Sie löschen die Beiträge ihrer eigenen Leser, um die Gefahr, von *Xuanxuan* geschlossen zu werden, zu verringern. Diese verschiedenen Ebenen der „Harmonisierung“ oder Zensur werden als „Kastration“ bezeichnet, was wieder zurück zur Diskussion des Mangas führt. Hier versetzt *Xuanxuan* die Netzbürger in Angst, aber bereitet ihnen gleichzeitig ein ebenso großes Vergnügen. Das Vergnügen entsteht aus dem Bewusstsein der Netzbürger, dass sie *Xuanxuan* herausfordern und schließlich besiegen. Während hier das politische Bewusstsein der Netzbürger gesehen werden kann, ist die männlich dominierende Perspektive der Macht nicht unproblematisch.

Die Spannung zwischen der steigenden Nachfrage chinesischer Netzbürger nach ihren vom Staat versprochenen Rechten und der Transparenz der Institutionen führte zur explosiven Popularität des Wortes *bei* 被, welches in einer grammatikalisch unmöglichen Stellung verwendet wird. „Selbstmord“ z. B. ist ein Akt, der aus freiem Willen von einer Person begangen wird. *Bei zisha* 被自杀 klingt unlogisch und sprachlich absurd. Er würde übersetzt soviel bedeuten wie „sich selbst *ge*tötet *werden*“. Aber manchmal kann nur Absurdität bestimmte Situationen beschreiben. *Bei zisha* wurde von vielen Netzbürgern verwendet, als ein Fall von einem amtlich bekannt gegebenen Selbstmord online diskutiert wurde. Der Tote war ein ehemaliger

Beamter der Provinz Anhui, der nach Peking fuhr, um über die illegale Nutzung eines Grundstücks, auf dem seine Kollegen ein äußerst luxuriöses Bürogebäude errichtet hatten, zu berichten. Der Beamte wurde ins Gefängnis geworfen und beging angeblich im März 2008 Selbstmord. Weder die Familie des Toten noch die Leser der Nachrichten glaubten an die offizielle Version eines Selbstmordes. Daher wurde die Floskel *bei zisha* erfunden, um andere Möglichkeiten vorzuschlagen, z. B. dass der Tote gezwungen wurde Selbstmord zu begehen, oder dass er einfach im Gefängnis ermordet wurde.

In diesem Fall zeigt die groteske Verwendung von *bei* nicht nur Passivität – wie in seiner grammatikalischen Funktion – sondern auch die Verletzung des freien Willens und Verwehrung der Menschenrechte. Dieser Ausdruck vermittelt ein Gefühl der Machtlosigkeit, sowohl seitens der Angehörigen der Toten als auch seitens der Netzbürger, die möglicherweise nie die Wahrheit finden können, weil sie keinen Zugang zu den Informationen erhalten, über die nur Institutionen, wie die Polizei, verfügen.

Der weit verbreitete Machtmissbrauch seitens der Polizei führte zu einem weiteren Gebrauch des Wortes *bei*: *bei jingshenbing* 被精神病 (in Geisteskrankheit getrieben). Die Struktur dieses Ausdrucks ist noch seltsamer als *bei zisha*, weil Geisteskrankheit (*jingshenbing*) ein Substantiv ist, das nicht zusammen mit dem Hilfsverb *bei* grammatisch verwendet werden sollte. In diesem Fall ist *bei* jedoch auf die Position eines Vollverbs erhoben worden und nimmt eine unabhängige Bedeutung ein: gezwungen werden. Der Ausdruck entstand durch den Fall von Yang Jia, der angeblich sechs Polizisten am 1. Juli 2008 in Shanghai getötet hatte. Nach Yangs Verhaftung in Shanghai wurde seine allein erziehende Mutter in Beijing unter einem falschen Namen in eine Irrenanstalt eingeliefert. Sie wurde vier Monate in der Anstalt ohne Diagnose festgehalten, bis ihr Sohn zum Tode verurteilt worden war. Auf diese Weise war die Mutter völlig ihres Rechts, für ihren Sohn als Zeugin auszusagen, beraubt. Die Netzbürger stellten die rechtliche Begründung der Polizei in Frage, einen gesunden Menschen in die Irrenanstalt zu zwingen und bezweifelten daher die Rechtmäßigkeit der gesamten Gerichtsverhandlung im Fall Yang. Natürlich führten diese Fragen zu einer tiefen Furcht der Netzbürger, in einer Gesellschaft, in der die Grenzen zwischen Recht und Unrecht, Normalität und Wahnsinn so willkürlich verwischt werden, ihre persönlichen Rechte zu verlieren.

Im Jahr 2009 tauchten mehr und mehr „*bei*“ Ausdrücke im Zusammenhang mit verschiedenen Fällen und Situationen auf: u.a. *bei daibiao* 被代表 (vertreten werden, in diesem Falle ohne dem zugestimmt zu haben), *bei ziyuan* 被自愿 (zum freiwilligen Handeln getrieben werden). Es ist keineswegs ein Wunder, dass dieses Wort zum wichtigsten Zeichen des Jahres 2009 gewählt wurde. Laut des bekannten Blogautors Ran Yunfei 冉云飞 zeigt das Ergebnis dieser Abstimmung, dass der Staat die Rechte seiner Bürger – im Namen der Schaffung einer harmonischen Gesellschaft – total missachtet. Das Bewusstsein chinesischer Netzbürger hingegen, ihre Rechte zu verteidigen, nimmt auf der anderen Seite stetig zu.[8]

Fazit

Die Analyse der oben genannten Beispiele der Sprache chinesischer Netzbürger zeigt, dass sie einen pluralistischen *minjian*-Raum im Internet eröffnen. Was die Netzbürger von den politischen Dissidenten der Vergangenheit unterscheidet ist, dass sie, anstelle nach dem abstrakten, hohen Ziel der Freiheit oder der Revolution zu suchen, soziale Vorfälle eng in Zusammenhang mit ihren eigenen, individuellen Rechten in Verbindung bringen. Im Raum des Internets kämpfen die Netzbürger nicht nur darum, der staatlichen Kontrolle auszuweichen, sondern sie lernen dort auch, in einer Welt von Unterschieden und Grauzonen zu leben. Ihre karnevaleske Praxis der Sprache in diesem *minjian*-Raum des Internets leistet einen Beitrag zum langsamen, vielleicht unebenen Wandel Chinas von einer Gesellschaft unter einem totalitären Regime zu einer modernen, pluralistischen Gesellschaft.

8 Ran Yunfei: http://www.bullogger.com/blogs/ranyunfei/archives/352547.aspx (Zugriff am 8. Februar, 2010).

Chinesische Schulen im Wandel: Bericht über den Chinesisch-Unterricht für chinesische Muttersprachler der zweiten Generation

Jingfei Liang

Whilst Chinese lessons have become popular in many secondary schools in Germany, Chinese oversee-parents have begun to put greater emphasis on their children's maintaining the Chinese language. This article focuses on the Chinese heritage language schools for children of Chinese migrants (Huayi zinü 华裔子女). These Chinese schools are less well-known by the public and hence less studied. Based on fieldwork conducted in a Chinese school in Berlin, mostly using a survey questionnaire filled out by parents, and supplemented with interviews and class observations, this article seeks to answer the following questions. (1) How does a Chinese school function and how does it foster Chinese language proficiency amongst these Huayi children? (2) How are the attitudes of Huayi children towards Chinese learning and how are the expectations of Chinese parents for Chinese language acquisition by their children?

1. Einleitung

Der Chinesisch-Unterricht hat sich in letzter Zeit an über 30 Sekundarschulen in der Bundesrepublik Deutschland in allen Schulstufen als reguläres Schulfach (Grundkurs oder Wahlpflichtfach) etabliert. In zahlreichen Bundesländern ist Chinesisch als mündliches und/oder schriftliches Abiturfach wählbar.[1] Während die Bedeutung des Lernens der chinesischen Sprache im Fächerkanon öffentlicher Schulen und in der wissenschaftlichen Forschung zunimmt, ist eine andere Art des Chinesisch-Unterrichts, nämlich der für chinesische Muttersprachler der zweiten Generation im Ausland, weiter von der Öffentlichkeit entfernt und wenig präsent in wissenschaftlichen Studien. In diesem Artikel wird über diese Art der chinesischen Schulen, die gewöhnlich als Huayi Schulen 华裔学校 bezeichnet werden, berichtet. Diese Studie versucht, den folgenden Fragen auf den Grund zu gehen:

1 Christina Neder: „Chinesisch an Schulen in Deutschland. Bericht aus den Ländern“, in: CHUN – Chinesischunterricht 24 (2009), S. 176-177.

(1) Wie funktioniert eine solche chinesische Schule und inwiefern fördert sie den Erwerb der chinesischen Sprachkenntnisse bei Kindern der zweiten Generation?

(2) Was sind die Erwartungen und die Einstellungen der Eltern, die Ihre Kinder in diese Schulen schicken? Was sind die Gründe dafür, dass Eltern ihre Kinder in eine chinesische Schule schicken?

2. Art und Umfang des Chinesisch-Unterrichts an den Schulen

Die chinesische Schule ist nur zu einem gewissen Grad in der Öffentlichkeit sichtbar. Der Unterricht an diesen chinesischen Schulen unterscheidet sich vom Chinesisch-Unterricht in den öffentlichen Schulen und Universitäten, die sich an den deutschen Studenten orientieren. Die Schulen wurden in der Regel zunächst von einer Gruppe chinesischer Einwanderer gefördert, die ihre Kinder in ihrer Muttersprache und Kultur erziehen wollten. Das aktive Mitwirken der Eltern ist von Anfang an ein Bestandteil vieler Kultur- und Sprachprogramme. Ein Teil der Lehrkräfte setzt sich aus den Eltern selbst zusammen, während ein anderer Teil von chinesischen Studenten gebildet wird, die nach Deutschland gekommen sind und sich für längere Zeit hier aufhalten.

In Deutschland finden solche Schulen gewöhnlich nur am Wochenende, meist am Samstag, statt. Jede Unterrichtseinheit dauert drei Stunden. Die Schüler, die Sprachunterricht in der Schule erhalten, werden auch an einer Vielzahl von Kulturaktivitäten beteiligt, die ihnen bei der Entwicklung einer positiven Einstellung zur Sprache und ihrem Herkunftsland verhelfen sollen.[2] Eine der wichtigsten Funktionen der gegenwärtigen chinesischen Sprachschulen scheint zu sein, ein Gefühl des kulturellen und ethnischen Bewusstseins zu schaffen. Der Lehrplan beinhaltet eine umfangreiche kulturelle Komponente, wie etwa chinesische Kalligraphie, Malen, Schach und Go. Für viele Mittelschichts-Immigranten ist das Erlernen der chinesischen Sprache in der Schule eine essentielle Bereicherung für das Leben ihrer

2 L. Hinton, „Involuntary language loss among immigrants: Asian-American linguistic autobiographies", in: James E. Alatis, Ai-Hui Tan (Hrsg.): Georgetown University Round Table on Languages and Linguistics 1999: Language in our time: Bilingual education and official English, ebonics and standard English, immigration and the Unz initiative Languages and Linguistics (Washington DC: Georgetown University Press, 1999), S.203.

Kinder, ebenso wie Klavier oder Tennis. Der Erfolg ihrer Kinder in der Sprachschule erfüllt die Eltern mit Stolz.

Gleichzeitig sind Chinesisch-Sprachschulen ein wichtiges Element, da sie die familiären Beziehungen und das soziale Leben in den Gemeinden fördern. Viele Chinesen nutzen die Chance, sich mit anderen Eltern in der Gemeinde auszutauschen. Das Zusammenwirken zwischen Eltern, Lehrern und Kindern bietet eine umfassende Lernumgebung für das Erlernen der chinesischen Sprache.

Die chinesische Gemeinschaft in Deutschland bildet eine der kleineren und weniger untersuchten Gruppen von Übersee-Chinesen in Europa. Im Jahr 2007 ergaben die Daten des Statistischen Bundesamts, dass 78.096 chinesische Staatsbürger[3] in Deutschland leben. Obwohl die absoluten Zahlen derjenigen Chinesen, die bis Ende des Jahres 2007 in Deutschland lebten, im Vergleich zu anderen ausländischen Staatsangehörigen mit Wohnsitz in Deutschland immer noch gering sind, ist gleichzeitig die Zunahme der chinesischen Bevölkerung in Deutschland in den letzten Jahrzehnten deutlich spürbar.[4] Die Übersee-Chinesen der neuen Welle, welche Ende der 60er Jahre begann, sind in den mittleren Jahren und haben im Allgemeinen eine gute Ausbildung.[5]

Außerdem hat die gute Wirtschaftperspektive in China dazu beigetragen, dass viele Chinesen sich vorstellen können, in Zukunft zwischen beiden Ländern hin und her zu pendeln. Daraus ergibt sich die Tendenz, dass die chinesischen Zuwanderer begonnen haben, bei ihren Kindern gesteigerten Wert auf die Sprach- und Kulturerhaltung ihres Herkunftslandes zu legen, während sie parallel die Anpassung an die Mainstream-Kultur Deutschlands nach wie vor betonen. Ein weiterer Grund dafür könnte sein, dass die politische und wirtschaftliche Bedeutung Chinas immer mehr zunimmt, womit

3 Statistisches Bundesamt (Hrsg.): Fachserie 1, Reihe 2. Bevölkerung und Erwerbstätigkeit, Ausländische Bevölkerung sowie Einbürgerungen (Stuttgart:Verlag W. Kohlhammer, 2008).

4 Karsten Giese: „New Chinese Migration to Germany: Historical Consistencies and New Patterns of Diversification within a Globalized Migration Regime“, in: International Migration 41.3 (2003), S. 155-183.

5 Thomas Weyrauch: „Chinesische Migranten in Deutschland: Analyse und Bewertung aus rechtspolitischer Sicht“, in: Hui-wen v. Groeling-Che und D. Yü-Dembski (Hrsg.): Migration und Integration der Auslandschinesen in Deutschland (Wiesbaden: Harrassowitz Verlag, 2005), S. 93-99.

eine wachsende Popularität der chinesischen Sprache einhergeht. Weltweit werden immer mehr Konfuzius-Institute errichtet und in öffentlichen Schulen die chinesische Sprache als Fremdsprache angeboten. Studien zeigen, dass ein guter Teil der chinesischen Eltern hohe Erwartungen an die zweisprachige Kompetenz ihrer Kinder hat, und sich große Mühe macht, die chinesische Sprache in der jungen Generation zu fördern und erhalten.[6]

3. Die Yizhi (益智) Chinesisch-Schule in Berlin

Es gibt drei Wochenend-Schulen dieser Art in Berlin, die Mandarin-Chinesisch unterrichten. Darunter sind zwei Schulen,[7] die ausschließlich Mandarin und Kurzzeichen vermitteln, eine davon ist die Yizhi-Schule. In dieser Schule fand ein wesentlicher Teil meiner Forschung statt und dort wurde auch die Mehrzahl der Daten erhoben. Da ich während meiner Forschung auch als Lehrkraft in dieser Schule unterrichtete, ergab sich für mich ein leichter Zugang zu den gewünschten Daten. Es gab deshalb bereits im Vorhinein ein Vertrauensverhältnis zwischen den Interviewpartnern und mir, wodurch die Untersuchungen vereinfacht wurden.

Die Gesamtanzahl der Schüler in der Yizhi-Schule liegt bei ca. 125. Darunter sind 103 Kinder und 22 Erwachsene.[8] 86 Schüler haben mindestens einen chinesischen Elternteil und 17 Schüler haben einen rein deutschen Hintergrund. Die Zahl der Schüler mit deutschem Hintergrund ist im letzten Jahr von 4% auf 14% gestiegen. Der Zuwachs deutscher Schüler deutet auch darauf hin, dass die chinesische Schule ihre Türen auch für nicht-chinesische Schüler immer weiter öffnet und somit langsam ins Sichtfeld der deutschen Öffentlichkeit rückt. Das steigende Interesse deutscher Eltern an Chinesisch führt dazu, dass sie ihre Kinder frühzeitig zum Erlernen der chinesischen Sprache in die Schule schicken. Dieses Phänomen wird auch dazu führen, dass sich chinesische Schüler in ihrer Muttersprache bestätigt

6 Lily Wong Fillmore: „When Learning a Second Language Means Losing the First", in: Early Childhood Research Quarterly 6 (1991), S. 323-346.

7 Die dritte Schule wird von Taiwanesen organisiert; in ihr werden Langzeichen gelernt. Sie wird bei dieser Betrachtung vernachlässigt.

8 In der Schule gibt es seit kurzem auch Chinesisch als Fremdsprache für Erwachsene ohne chinesischen Hintergrund.

fühlen und ihnen das Chinesisch-Lernen sicherlich Motivation und Stolz verleiht, wenn die deutschen Mitschüler die Sprache nur unter großem Aufwand und Fleiß erlernen können.

Die Schüler mit chinesischem Hintergrund können zum großen Teil schon vor ihrem Schulbeginn Chinesisch, Mandarin oder einen chinesischen Dialekt sprechen. Was sie in der Schule lernen, ist vorwiegend die Literalisierung – Lesen und Schreiben zu lernen. Dies unterscheidet sich wesentlich von den Anforderungen und Erwartungen der deutschen Schüler.

3.1. Welches chinesische Sprach-Niveau kann in der Schule erworben werden?

Die folgenden Daten basieren auf einer Befragung von 46 Eltern chinesischer Schüler mittels Fragebogen, wobei auch teilweise offene Interviews und Klassenbeobachtungen mit inbegriffen sind.

Um das Niveau, das beim Lesen und Schreiben erreicht werden kann, zu umschreiben, möchte ich eine erfahrene Lehrerin aus der Schule zitieren:

> Die Lehrbücher, die wir für im Ausland lebende chinesische Schüler verwenden (*Zhongwen* 中文), stammen von der Jinan-Universität und bestehen aus 12 Bänden. Nach meiner Erfahrung kann jedes Buch in einem Jahr in normalem Tempo gelehrt werden. Nach Abschluss der 12 Bücher in 12 Jahren werden die Schüler über 2400 chinesische Schriftzeichen gelernt haben, sie werden einfache Aufsätze schreiben und einige kurze Artikel in Zeitungen und Zeitschriften lesen können. Das entspricht dem Niveau der Grundschulabsolventen in China, die diese Sprachkenntnisse in der Regel binnen 5 bis 6 Jahren erreichen sollen.

Dies bedeutet: Am besten können die in Übersee lernenden Schüler das Niveau des Lesens und Schreibens von Grundschulabsolventen in China erreichen, wenn sie die Schule regelmäßig und durchgehend für zwölf Jahre besuchen. Das umfasst die Altersgruppe der 5 bis 17 Jährigen bis kurz vor der Immatrikulation an einer Universität.

In der Realität ist es selten, dass jemand sich bis zum Ende daran halten kann, da die Mehrheit der Schüler unter Druck gerät, sobald sie auf das Gymnasium gewechselt haben, d. h. wenn die Arbeitszeit, Anforderungen und Belastungen in der regulären Schule zunehmen, so dass das Interesse am Chinesischen sinkt. Wenn sie nicht mehr von den Eltern aufgefordert werden würden, in die Schule zu gehen, würde eine Menge von ihnen die Schule abbrechen.

3.2. Einstellung des Kindes zum Chinesisch-Lernen

Allerdings zeigt die Befragung der Eltern ein optimistischeres Ergebnis, als ich erwartet hatte. Insgesamt 67% der Kinder sind dem Bericht der Eltern zu Folge am Chinesisch-Lernen interessiert oder sehr interessiert, während nur ca. 9% überhaupt nicht interessiert sind und gezwungen werden, in die Schule zu gehen. Bei diesen Schülern kann man davon ausgehen, dass sie aus der Schule ausscheiden werden, sobald ihr individuelles Bewusstsein den Respekt vor den Eltern überschreitet.

Tabelle 1. Wie ist die Einstellung Ihres Kindes zum Chinesischen?

	Sehr interessiert	Interessiert	Wenig interessiert	Nicht interessiert	Gesamt
Anzahl der Kinder	9	22	11	4	46
Prozentzahl	19.6%	47.8%	23.9%	8.7%	100.0%

Im Folgenden werden einige Zitate aus meinen Interviews, die die verschiedenen Einstellungen der Kinder zum Erlernen des Chinesischen zum Ausdruck bringen, angeführt. Das erste Zitat stammt von einer Mutter, die ihr Kind vor einem Jahr an der Schule eingeschrieben hat und sich optimistisch geäußert hat:

> Er ist sehr interessiert, jedes Mal (nach der Schule) schreibt er gern seine Hausaufgaben, er mag seine Lehrerin und feut sich, mit anderen chinesischen Kindern in der Schule spielen zu können.

Ganz im Gegensatz dazu hat sich eine Mutter, die ihr Kind zu Hause selbst unterrichtet, wie folgt, geäußert:

> Wenn Sie Ihre Kinder Chinesisch hassen lassen wollen, dann sollten Sie sie in die chinesische Schule schicken.

3.3. Elterliche Erwartungen

Wie vorhin bereits erwähnt wurde, kann nur eine kleine Zahl der Schüler nah an das Lese- und Schreibniveau der Grundschule in China gelangen. Die Eltern haben eine unrealistisch hohe Erwartung an ihre Kinder.

Tabelle 2. Welches Niveau der chinesischen Sprachkenntnisse sollen ihre Kinder erreichen?

Niveau der Sprachkompetenz	Anzahl der Schüler	Prozentzahl
Niveau im Lesen und Schreiben der Oberschule in China	23	50.0%
Niveau im Lesen und Schreiben der Mitteschule in China	6	13,0%
Niveau im Lesen und Schreiben der Grundschule in China	10	21,7%
Konversation im Alltag führen	8	17,3%

Anhand der Tabelle 2 ist ersichtlich, welche Erwartungen die Eltern an ihre Kinder beim chinesischen Spracherwerb haben. Laut der Umfrage erwartet die absolute Mehrheit der Eltern, dass ihre Kinder mindestens das Elementar-Grundschulniveau in China erlangen. Nur 8% der Eltern erwarten, dass ihre Kinder lediglich die Grundkenntnisse des Chinesischen erwerben sollen, damit sie Alltagskonversationen mit ihnen führen können. Die Studie zeigt eine große Kluft zwischen den hohen elterlichen Erwartungen und der Realität. Daraus kann man schlussfolgern, – wie auch bei den Klassenbeobachtungen bestätigt worden ist – dass die Kinder sehr oft die hohen Erwartungen und Anforderungen ihrer Eltern nicht erfüllen können, woraufhin ihr Stolz und ihre Motivation beim Lernen nicht gefördert werden, sondern sehr oft abschwächen. Derartige Kommentare wie der folgende sind nicht selten von älteren Schülern zu hören:

> Chinesisch zu lernen ist sehr langweilig, chinesische Zeichen sind zu schwer zu lernen, ich vergesse sie sofort, und sie sind nutzlos.

In Tabelle 3 wird gezeigt, dass 71,7% der Eltern ihre Kinder aus Gründen des Spracherwerbs und der Bilingualität in die Schule schicken. Mehr als die Hälfte (60,9% und 58,7%) der Eltern verbinden die Sprache mit ihrer ethnischen und kulturellen Identität und sind überzeugt, dass das Beherrschen der chinesischen Sprache die kulturelle Identität ihres Kindes verstärken wird. 37% der Eltern betrachten die chinesische Sprache rein als eine Bereicherung für die Kinder – nach dem Motto: es ist immer gut eine Sprache mehr zu lernen. Während die Mehrheit der Eltern eine pragmatische Ansicht vertritt – ca. 65% denken, dass die chinesische Sprache den Kindern zu besseren Aussichten auf dem Arbeitsmarkt verhelfen wird – hat sich eine große Zahl der Kinder noch keine Gedanken über die potenziellen Vorteile ihrer Chinesisch-Kenntnisse gemacht. Als eine 12-jährige Schülerin befragt wurde, warum sie Chinesisch lernt, zuckte sie mit den Schultern, zog einen Schmollmund und sagte lediglich: „Nur so." Nicht wenige haben auf diese Frage hin geäußert, weil ihre Eltern es so wollten, oder weil sie mit den Großeltern in China kommunizieren wollen.

Tabelle 3. Aus welchen Gründen wollen Sie, dass ihre Kinder Chinesisch lernen?

Gründe	Zahl der Schüler	Prozentzahl
Mit der chinesischen Sprache vertraut werden und ein bilingualer Sprecher werden	33	71,7%
Es ist immer gut, eine Sprache mehr zu lernen	17	37%
Mit den Eltern, Großeltern und anderen Chinesen besser kommunizieren	26	56,5%
Chinesen sollen Chinesisch lernen	28	60,9%
Ihre chinesische kulturelle Identität verstärken	27	58,7%
Bessere Aussichten auf dem Arbeitsmarkt	30	65,2%
Bilinguale Sprecher verfügen über eine bessere Lernfähigkeit und höhere intellektuelle Kapazität	13	28,3%

Im Gegensatz zu den oben genannten Gründen, warum Eltern ihre Kinder in die Schule schicken, gibt es darüber hinaus auch Gründe, warum Chinesen ihre Kinder nicht in eine solche Schule schicken. Manche verbringen nur kurze Zeit in Deutschland und haben eine sehr hohe Anforderung an ihr Kind bezüglich des Erlernens des Chinesischen. Ein chinesischer Gastwissenschaftler an der TU Berlin erläutert:

> Wir planen, später zurück nach China zu gehen. Deswegen unterrichte ich mein Kind zu Hause, das Lerntempo in der Schule ist zu langsam.

4. Die chinesische Sprache in der Praxis und die sprachliche Umgebung der Kinder

> High levels of literacy in a language can be fostered only when a number of conditions coexist that support its development, such as access to language literacy environments, the opportunity to use the language, and guidance from more literate adults.[9]

Es besteht wenig Zweifel, dass die Mehrheit der Eltern die Kinder dazu ermutigen, so viel wie möglich Kontakt mit Chinesisch zu haben. Allerdings besteht eine Diskrepanz zwischen Erwartung und Praxis. 40% der Kinder haben selten Kontakt mit Chinesisch außerhalb der chinesischen Schule. Für sie bestehen keine oder nur wenige Möglichkeiten, die Sprache in der Praxis anzuwenden. In den meisten Fällen fehlt ihnen ebenfalls die Anleitung von Erwachsenen mit hoher Lesekompetenz. Die Ergebnisse weisen darauf hin, dass die Kenntnisse der chinesischen Sprache, die die Kinder in der Schule erworben haben, oft nicht erweitert und durch verschiedene Aktivitäten außerhalb der Schule gefördert werden.

Tabelle 4. Wie oft haben die Kinder noch Kontakt mit Chinesisch außerhalb der Schule?

	Jeden Tag	Oft	Manchmal	Kein Kontakt	Nicht angegeben	Gesamtzahl
Anzahl der Kinder	15	6	13	6	7	47
Prozentzahl	32.6%	13.0%	28.3%	13.0%	13.0%	100.0%

Die Umfrage ergab folgenden Befund: Die Mehrheit der Eltern berichtete, dass trotz des guten Willens, die chinesische Sprache im Familienkreis zu verwenden, die Anwendung des Chinesischen in der Praxis nicht erhöht wurde, da die Eltern, vor allem bei gemischten Familien, mit ihren Kindern zu Hause nicht oft chinesisch sprechen. Tabelle 5 zeigt, dass die Kinder zu

9 L. Tse: „Resisting and reversing language shift: Heritage language resilience among US native biliterates“, in: Harvard Educational Review 71 (2001a), S. 677–708.

Hause mit ihren Eltern viel mehr Deutsch als Chinesisch sprechen, auch wenn die Eltern mit ihnen auf Chinesisch sprechen.

Die Tabelle 5 lässt eine Lücke zwischen dem allgemeinen Wunsch des Chinesisch-Sprechens und der Praxis erkennen. Diese Diskrepanz kann mit der Tatsache erklärt werden, dass die Eltern kein Gewohnheitsmuster des Sprachgebrauchs mit ihren Kindern aufgebaut haben. Nach meinen Beobachtungen sind die Eltern eher geneigt aufzugeben und ins Deutsche überzuwechseln, wenn ihre Kinder in deutscher Sprache erwidern. Ein weiterer Grund könnte sein, dass der Grenzwert der Kompetenzstufe in der chinesischen Sprache verhindern könnte, öfter Chinesisch zu verwenden, insbesondere im Fall der deutsch dominierten Familien.

Tabelle 5. Tatsächlicher Sprachgebrauch innerhalb der Familie

	Eltern gegenüber Kindern	Prozentzahl	Kinder gegenüber Eltern	Prozentzahl
Nur auf Chinesisch	24	26.1%	10	10.5%
Meistens Chinesisch, selten Deutsch	8	8.7%	8	8.4%
50% Chinesisch 50% Deutsch	24	26.1%	22	23.2%
Meistens Deutsch, selten Chinesisch	6	6.5%	12	12.6%
Nur auf Deutsch	19	20.7%	29	30.5%
Nicht angegeben	13	12.0%	13	14.7%
Gesamtzahl	94	100.0%	94	100.0%

5. Schlussbemerkungen und Ausblick

1. Eine der wichtigsten Funktionen der gegenwärtig existierenden Sprachschulen ist es, bei den Kindern ein kulturelles und ethnisches Bewusstsein zu schaffen. Die kulturellen Komponenten helfen ihnen bei der Entwicklung einer positiven Einstellung zur Sprache und zu ihrem Herkunftsland. Das Erlernen der chinesischen Sprache in der Schule ist eine essentielle Bereicherung für das Leben der Kinder. Die Schüler mit chinesischem Hin-

tergrund können zum großen Teil schon vor ihrem Schulbeginn Chinesisch sprechen. Was sie in der Schule lernen, ist vorwiegend die Literalisierung.

2. Der Zahl deutscher Schüler zeigt eine steigende Tendenz. Es verleiht den chinesischen Schülern Stolz und Motivation, wenn die deutschen Mitschüler die Sprache mit ihnen zusammen lernen. Die Ergebnisse meiner Untersuchung weisen darauf hin, dass die Anwendung des Chinesischen in der Praxis nicht erhöht wurde und die Kenntnisse der chinesischen Sprache, welche die Kinder in der Schule erworben haben, außerhalb der Schule oft nicht erweitert und durch verschiedene Aktivitäten gefördert werden. Eine Mehrzahl der chinesischen Eltern hat hohe Erwartungen an die zweisprachige Kompetenz ihrer Kinder und es besteht eine große Kluft zwischen den hohen elterlichen Erwartungen und der Realität. Daraus kann man schlussfolgern, dass die Kinder sehr oft die Erwartungen und Anforderungen ihrer Eltern nicht erfüllen werden.

3. Die Vorschläge, die sich aus dieser Studie ergeben, sind die, dass die Schulen in Abstimmung mit den Eltern arbeiten sollten, um effizientere Partnerschaften zwischen den Elternheimen und den Schulen, die auf die verschiedenen sprachlichen Bedürfnisse und Erwartungen der Eltern und Schüler abgestimmt sind, zu schaffen. Die chinesisch-dominierten Eltern sollten auf ihre eigenen Ressourcen zurückgreifen und die Kinder so viel gesprochenem und geschriebenem Chinesisch wie möglich auszusetzen, wenn sie ein hohes Sprachniveau erwarten. Die Beherrschung der chinesischen Sprache und Schrift kann nur weiter entwickelt werden, wenn die Kinder ihre Lese-Erfahrungen sinnvoll und bestätigt finden. Erzieher und Eltern, die den zweisprachigen Erwerb fördern wollen, müssen kreativ denken und in der Lage sein, den Kindern sehr interessanten Lesestoff und authentische chinesische Lernressourcen zu verschaffen. Eine andere Möglichkeit wäre, Schulpartnerschaften mit deutschen regulären öffentlichen Schulen einzurichten, so dass die chinesischen Schulen sich mehr in der Öffentlichkeit etablieren können und die öffentlichen Schulen durch solche Partnerschaften zur Motivierung der Schüler und der Verankerung des Chinesisch-Faches beitragen können.

Die Regime des (Un)Sagbaren
Überlegungen zur Diskursivierung von Sexualität in China

Anett Dippner

In China sexuality developed from a social taboo to a topic discussed almost everywhere. It is not only a bestseller-guarantee phenomenon in Chinese popular media, but also an upcoming research field in social sciences and medical sciences. But how is it discussed and by whom? According to Michel Foucault's discourse analysis thesis, the formation and characteristics of discourses show structures of power and intentions beyond the actual terms of language. In this kind of communicative action the boundaries and norms of social communities are constructed and defined by 'experts'. The following article will reflect on four exemplary discussions – the academic, the medical-biological, the everyday and the subversive discourse – about sexuality in China in order to show the strategies and consequences of directed communication in each case.

Sexualität und Diskurs

Wie der Volksmund sagt, wird über nichts mehr und lieber geredet, als über das Verborgene, insbesondere wenn es um einen der privatesten Bereiche der Lebenswelt geht, die geschlechtliche Intimbeziehung. Auch in China hat sich trotz einer immer noch andauernden generellen Zurückhaltung seit Ende des 20. Jahrhunderts mehr als ein Diskurs über die Sexualität etabliert. Wie Linda Jaivin konstatiert, hat sich die Sexualität per se von "one of Chinese society's greatest taboos to one of its most ardent obsessions" entwickelt.[1]

Wenn es um die diskursive Aufarbeitung von Sexualität und eine kritische Betrachtung der sprachlichen und handlungstheoretischen Muster dieser Diskurse geht, fällt einem – ganz „unchinesisch" – natürlich zuerst Michel Foucault ein, der beide Aspekte – sowohl die Sexualität als auch die Diskursivierung derselben – für den westlichen Kontext wegweisend zusammengeführt hat. Zudem hat er, indem er den Wandel von Denksystemen

1 Linda Jaivin: „Sex", in: Sonderausgabe der Zeitschrift *Chinese Sociology and Anthropology* 27 (1995-95), S. 3.

in ihrer sprachlichen Umformung untersuchte, den Begriff der Diskursanalyse maßgeblich geprägt. Als Diskurs bezeichnet er den zumeist sprachlich strukturierten Vorgang der Herausbildung jener Wahrheiten, in denen wir uns unser Sein zu denken geben. Es geht dabei nicht nur um die diskursiven Konstruktionen symbolischer Ordnungen im konkret-alltäglichen Gebrauch, sondern um grundsätzliche Strukturmuster und deren Zusammenhang zwischen institutionalisierten Rahmenbedingungen, etablierten (Diskurs-)Regeln, Handlungsnormen und den Formen und Inhalten der Bedeutungsproduktion. Damit rückt der gesamte Konstruktionsprozess in den Fokus der Analyse, nicht nur die Zeichensymbolik und die dadurch konstruierten Dinge an sich selbst. Vielmehr geht es vor allem auch um die *gesellschaftlichen Effekte* von Diskursen, da diese als Agenten der Bedeutungsgenerierung durch strukturierte Aussagezusammenhänge und regulierte Handlungen ein ganz bestimmtes Deutungsschema von Aussagen und Symbolen eine zeitlang stabilisieren und so einen Sinnzusammenhang und eine Wissensordnung im sozialen Kollektiv institutionalisieren.

Der Diskurs geht somit über die bloße sprachliche Praxis, aus der er sich konstituiert, hinaus und trägt, indem er die Gegenstände systematisch bildet, von denen er spricht, maßgeblich zur Wirklichkeitserfahrung des Menschen in der (Post)Moderne bei.[2] Diese ergibt sich nicht mehr nur aus seinen lebenspraktischen Erfahrungen oder tradierten Handlungsmustern, sondern „an die Stelle überlieferter symbolischer Ordnungen treten [...] die wissenschaftliche und professionelle Wissensproduktion und deren Sedimentierung in die außerwissenschaftliche Deutungs- und Handlungspraxis“.[3] Dementsprechend wirken die von Foucault definierten Achsen des Wissens, der Normativität und des Subjekts zusammen, um ein neues Bild von „Wirklichkeit“ zu schaffen: Im Zusammenspiel der Achse der Formierung des Wissens, der Achse der Normativität des Verhaltens und schließlich der Achse der Konstitution der Seinsweisen des Subjekts entwickelt sich die gezielte Sprachverwendung in einen sozialen Akt der Wirklichkeitskonstitution, denn „vom diskursiv prozessiertem Wissen gehen Strukturierungs-

2 Michel Foucault: *Die Archäologie des Wissens*, (Frankfurt am Main: Suhrkamp, 1969), S. 14.

3 Reiner Keller: *Wissenssoziologische Diskursanalyse. Grundlegung eines Forschungsprogramms* (Wiesbaden: VS-Verlag, 2005), S. 11f.

effekte des Realen aus, die spezifische Ordnungen des Wirklichen zulassen, andere im Kontrast dazu eher ausschließen".[4]

Mit diesem Fokus auf die Bedeutungserzeugung geht es Foucault weniger um die Rekonstruktion abstrakter Symbole und Codes (wie beispielsweise noch Roland Barthes im *System der Mode* oder Jean Baudrillard im *System der Dinge*), sondern um die Regelmäßigkeit der Praxis des Sprachgebrauchs in diskursiven Ereignissen einerseits, aber auch um die Genealogie von Macht- bzw. Wissensregimen andererseits. Der Diskurs findet nicht im luftleeren Raum statt, sondern gerät zugleich in die Mühlen der Prozeduren von Kontrolle und Einschränkung, die von außen als Ausschließungssysteme und von innen als Klassifikations-, Anordnungs- und Verteilungsprinzipien wirken. Die Einflussnahme auf die ‚Regime des Sagbaren' ist immer mit spezifischen Ermächtigungs- und Ausschlusskriterien um das Definitionsvorrecht verbunden.

In jenen „Definitionsverhältnissen",[5] die die Identifikation und Definition nicht nur von Risiken bestimmen, sondern auch neue Konzepte, Techniken und gänzlich neue Formen von Subjekten und Erkenntnissubjekten hervorbringen, sind viele verschiedene „Dispositive" von (Vor)Macht – von institutionellen Maßgaben, gesetzlichen Regelungen bis hin zu Redepraktiken, Distributionsnetzen und der Normativierung von Verhaltensmustern – im Spiel, um in den von Foucault diagnostizierten „Wahrheitsspielen"[6] im Wechselspiel zwischen Diskurs und Sichtbarem Bedeutungsvorrangstellungen zu erringen. Beim Durchlaufen der unterschiedlichen Definitionscluster und Zuordnungsschemata erhält das Diskursthema erst ein „Gesicht" – wird jedoch in seinem Aussehen und Erscheinungsbild entscheidend davon geprägt. Die (vorwiegend) kommunikative Praxis des Diskurses, etwa die Verwendung bestimmter Termini und Sprachausdrücke, bestimmt damit zugleich das Verständnis von Wirklichkeit in einer Epoche.

Auch Jürgen Habermas, um hier den zweiten wichtigen Proponenten der Diskurstheorie zur Sprache kommen zu lassen, betont die Bedeutung des

4 Ebd., S. 126.

5 Ulrich Beck: „Weltrisikogesellschaft, ökologische Krise und Technologiepolitik", in: Ulrich Beck, Maarten Hajer, Sven Kesselring (Hrsg.): *Der unscharfe Ort der Politik* (Opladen: Leske u. Budrich, 1999), S. 328.

6 Michel Foucault: *Der Gebrauch der Lüste* (Frankfurt am Main: Suhrkamp, 1984), S. 13.

Sprechaktes im Prozess des kommunikativen Handelns zur Bestätigung und Durchsetzung von individuellen und gesellschaftlichen Geltungsansprüchen auf der Ebene von Wahrheit, Richtigkeit und Wahrhaftigkeit. Erst durch die mündliche Ausbuchstabierung der Thematik werde die Möglichkeit zum gesellschaftlichen Konsens – oder eben auch Dissens – gegeben.[7] Ein sehr sensibles Thema, an dem sich – wie Foucault bereits zeigte – die Funktionsweisen von Diskursen besonders deutlich nachvollziehen lassen, ist die Sexualität. Über Jahrhunderte offiziell tabuisiert, tritt das mit der Psychoanalyse freigesetzte Phänomen der neuen Redefreudigkeit oder gar Rede„lust" immer offensichtlicher zu Tage und bietet sich dadurch besonders zur wissenschaftlichen Betrachtung an.

In China scheint es spätestens seit der Millenniumswende – glaubt man der Medienberichterstattung – zu einem Foucault'schen „Einbruch der Rede"[8] gekommen zu sein. Dass in China Sexualität thematisiert wird, ist jedoch kein neues Phänomen. In der Literatur findet sich eine reichhaltige Tradition des explizit erotischen Genres bereits seit der Ming-Zeit (private Schriften, so genannte *jiaxun* 家训, zirkulierten schon früher); gegen Ende der Qing-Zeit entwickelte sich gar eine eigene Subkultur, in der sich Gossenjargon und Intellektuellensprache im Milieu der Boudoirs und Freudenhäuser vermischte.[9] Während der Republik-Zeit rückte jenseits des dominierenden Diskurses der keuschen *Grande amour* auch die Sexualität im Rahmen von Rassen- und Eugenik-Programmen[10] in den Fokus der intellektuellen Öffentlichkeit. Selbst nach Gründung der Volksrepublik wurde die Beziehung zwischen Mann und Frau nicht vollkommen tabuisiert, sondern fand entweder im Emanzipationsdiskurs oder in Form von Warnungen vor „schädlichem" Sexualverhalten Eingang in Propagandamaterialien. Seit Beginn der Reformperiode in den 1980er Jahren ist das Thema jedoch immer expliziter öffentlich präsent geworden. So häufen sich spätestens seit der Jahrtausendwende in den Medien Sensationsberichte über sexuell

7 Vgl. Jürgen Habermas: *Theorie des kommunikativen Handelns*, Bd. 1 (Frankfurt am Main: Suhrkamp, 1981).

8 Michel Foucault: *Der Wille zum Wissen. Sexualität und Wahrheit*, Bd. 1 (Frankfurt am Main: Suhrkamp, 1983), S. 13.

9 Vgl. Haiyan Lee: *Revolution of the Heart* (Stanford: Stanford University Press, 2007).

10 Vgl. Frank Dikötter: *Sex, culture and modernity in China. Medical science and the construction of sexual identities in the early Republican period* (London: Hurst, 1995).

konnotierte Ereignisse. In Institutionen und Ausbildungsstätten hat sich die Sexualaufklärung durchgesetzt, unzählige Ratgeber und Erfahrungsberichte informieren über alle Spielarten der körperlichen Annäherung und auch die Wissenschaft hat damit ein neues und dankbares, da noch relativ unerschlossenes Themengebiet gefunden. Doch wie gestaltet sich in der chinesischen Gegenwart der „Fluss von Rede und Text [=Wissen]", wie Siegfried Jäger[11] den Diskurs definiert?

Generell lässt sich das Reden über Sexualität in China grob in zwei Diskursbereiche unterteilen, die partiell ineinander übergreifen und sich beeinflussen, teilweise jedoch auch sehr verschieden sind: der wissenschaftlichen Diskurs und der individuelle „persönliche", teilweise sehr subversiv angelegte Diskurs. Zu ersterem zählen der akademische und der medizinisch-biologische Diskurs. An der Schnittstelle beider Diskurse positioniert sich der größtenteils medial vermittelte Alltagsdiskurs, der einerseits sowohl mit wissenschaftlich-medizinischer Argumentation unterfüttert wird, in dem andererseits aber in der moralischen Kategorisierung der Einfluss des subversiven Diskurses mitschwingt. Unter subversivem Diskurs soll hier das quasi-private Sprechen über Sexualität, sexuelle Handlungen und den sexuell konnotierten Körper im öffentlich zugänglichen Raum verstanden werden, so etwa die rege erotisch codierte Internetkommunikation – pars pro toto sei an dieser Stelle nur auf die Blogs von Li Li (Mu Zimei 木子美) und ihren Nachfolgerinnen verwiesen, die eine weitreichende Debatte in allen Gesellschaftsschichten auslösten.

Der akademische Diskurs

In der chinesischen Sexualwissenschaft, die je nach Forschungseinrichtung eine Untersparte der Medizin, Anthropologie oder Soziologie bildet, lässt sich seit knapp einem Jahrzehnt verstärkter Zuwachs quantitativer wie qualitativer Art feststellen. Dennoch bleibt die „Sexology" (性学), wie sie sich selbst benennt, vorläufig noch ein sehr heterogenes Feld, wo unterschiedliche Herangehensweisen und Methoden oftmals zu ganz unterschiedlichen

11 Siegfried Jäger: *Kritische Diskursanalyse. Eine Einführung* (Duisburg: Unrast, 1993), S. 153.

Ergebnissen führen. So setzen beispielsweise die Anhänger der *Xingxue pai* (性学派, Lehre der Sexualität) in ihren Arbeiten die Begriffe „Sex" und „Sexualität" gleich und sprechen damit dem Menschen eine Sexualität außerhalb des Geschlechtsverkehrs ab. Losgelöst von der Praxis und in den luftleeren Raum der Wissenschaft transportiert, stehen die Ergebnisse der medizinischen Analyse näher, da sie gesellschaftliche Implikationen meist völlig außer acht lassen. Auch die Vertreter der *Ceding pai* (测定派), der „Definitionsgruppe", wollen in medizinisch-biologistischer Tradition die Sexualität nach objektiven Kriterien fassen und damit auch bestimmen, was unter „korrektem" sexuellem Verhalten zu verstehen ist und was nicht. Die „Gender-Fraktion" (*shehui xingbie pai* 社会性别派) mit Vertretern wie Huang Lin 荒林 vereinnahmt die Sexualität im Hinblick auf die gender- oder zumeist feministisch basierte Argumentationsführung, wobei vor allem die Geschlechterbeziehung im Vordergrund steht. Zudem wird das Thema Sexualität mit steigender Popularität mittlerweile auch von einigen mehr oder minder „öffentlichen" chinesischen Intellektuellen anderer Fachrichtungen aufgegriffen, um davon ausgehend allgemeine Aussagen zum politischen Gesellschaftsdiskurs zu machen. Die Sexualität wird hier als ein Beispiel verwendet, um über die „allgemeine Vernunft" (*gonglipai* 公理派) in der gegenwärtigen Gesellschaft zu sprechen, beziehungsweise um ein Modell des vernünftigen sozialen Umgangs zu entwerfen.[12]

Inzwischen hat auch der Sozialkonstruktivismus seinen Weg nach China gefunden und wird von einigen Wissenschaftlern wie z. B. Pan Suiming 潘绥铭 und Huang Yingying 黄盈盈 unter dem Etikett „Subjektkonstruktivismus" (*zhuti jiangouzhuyi* 主体建构主意) praktiziert.[13] Sie untersuchen Sexualität und sexuelles Handeln in postmodernistischer und konstruktivistischer Manier im Hinblick auf ihre kontextabhängigen Veränderungen und

12 Siehe zum Beispiel den Beitrag von Tong Shijun 童世君: „Gong yu si. Huajie wenti de guishu wenti" 共与私. 划界问题的归属问题 (Das Öffentliche und das Private: Das Problem der Definition der Markierung), in: Xu Anqi 徐安琪 (Hrsg.): *Shehui wenhua bianqian zhong xingbie yanjiu* 社会文化变迁中性别研究 (Gender Studies im Fokus gesellschaftlicher Veränderung) (Shanghai: Shanghai shehui kexueyuan chubanshe, 2005).

13 Vgl. dazu die Ausführungen von Huang Yingying 黄盈盈: *Shenti, xing, xinggan* 身体，性，性感 (Körper, Sexualität, Erotik), (Peking: Shehui kexue wenxuan chubanshe, 2005).

die subjektiven Sinndeutungen von Sexualität. Auch wenn damit bereits ein großer Schritt in Richtung einer kritischen, reflektierten und zudem eigenständigen chinesischen Sexualwissenschaft getan wird, bleibt die Bedeutung der Sexualität in Bezug auf gesamtgesellschaftliche Erfahrungen und Probleme unterbelichtet. Zwei dominante Forschungsrichtungen zeichnen sich hierbei ab: Entweder bleibt die chinesische Sexualwissenschaft auf die individuelle sexuelle Erfahrung fixiert oder aber sie nimmt ausschließlich makropolitische Prozesse in den Blick. Noch fehlt es an einer eigenständigen „Soziologie der Sexualität", die Sexualität als soziale Handlung zwischen Subjekten in einem gesellschaftlichen Rahmen betrachtet und so die vielfältige Dimensionen der Interaktionsfelder für die Forschung zugänglich macht.

Dieser Mangel mag eventuell dem spezifisch chinesischen Blick auf die Sexualität geschuldet sein. Nach wie vor wird dort in der Wissenschaft das Konzept einer sexuellen Identität abgelehnt. Chinas bekannteste Sexualforscherin Li Yinhe etwa spricht vom „unverdorbenen Zustand des unkorrumpierten Vorwissens"[14] der Chinesen, die historisch nicht gezwungen gewesen wären, Sexualität zum grundlegenden Bestandteil ihrer Identität zu machen und sich daher noch außerhalb der westlichen, schuld- und schambelasteten Dichotomien zwischen richtigem und falschem, normalem und abnormalem Sexualverhalten frei bewegen könnten. Auch Chou Wah-shan erkennt den Grund für das Ausbleiben einer Bewegung für sexuelle Rechte in der Abwesenheit eines dominanten Konzepts der sexuellen Identität. Stattdessen setze sich der Mensch in der chinesischen Gesellschaft aus vielfältigen sozialen Identitäten (z. B. als Familienvater, Sohn, Arbeitskollege, Angestellter, Student, etc.) zusammen, wobei die sexuelle Identität nur eine eher untergeordnete Rolle spiele: „Mann und Frau existieren nicht als essentialisierte Kategorien jenseits von familien- und verwandtschaftsbedingten sozialen Beziehungen".[15] Auch Pan Suiming betont, dass „*xing* [性, Sexualität] niemals eine unabhängige Kategorie, sondern immer von einer größe-

14 Zitiert nach Gary Sigley: "Getting it right. Marriage, sex and pleasure", in: *Chinese Sociology and Anthropology: A Journal of Translations* 31 (1998), S. 30f.

15 Chou Wah-shan: *Tongzhi. Politics of same-sex eroticism in Chinese societies* (New York: Haworth, 2000), S. 21.

ren sozialen Totalität bestimmt war".[16] Dadurch wird die Rolle der Sexualität marginalisiert und auch eventuelle Problemlagen hinter andere gesellschaftliche Fragen, die entscheidender für die Identitätskonstitution des Individuums in China scheinen, zurückgestellt. Pans neues Konzept des „sex for pleasure"[17] als Umschreibung der Sexualität im China des 21. Jahrhunderts gilt somit auch symbolisch für die Stellung der Sexualität in der Wissenschaft und im wissenschaftlichen Diskurs. Eine reine „Vergnügung" mag zwar in der Form des exzessiven Hedonismus zu sozialen Ungleichgewichten führen, ist aber an und für sich als wissenschaftlicher Diskursgegenstand wenig kontrovers, denn das individuelle Privatvergnügen des Einzelnen scheint aus akademischer Sicht nicht unbedingt einer dringlichen Klärung und kritischen Reflexion zu bedürfen.

Den aus westlicher Sicht „mangelnden kritischen Geist" in der VR China möchte dagegen der von Auslandschinesen und Sinologen geführte außerchinesische Diskurs über Chinas sexuelle Entwicklungen wettmachen. Oftmals findet sich dort nicht nur die Dichotomie zwischen sexueller Freiheit im Altertum und Repression mit dem Aufkommen der kommunistischen Herrschaft wieder, sondern auch die Streitfrage, ob das Sexualverhalten der Chinesen und der Diskurs darüber heute nun „frei" sei oder nicht. Sowohl die Kulturkritikerin Zha Jianying wie auch der im Ausland bekannteste „Sexologe" Chinas Ruan Fang-fu vertreten die Meinung, dass Sexualität in China immer noch staatlich unterdrückt werde.[18] Auch Frank Dikötter kommt in seiner Analyse zum Thema *Sex, Culture and Modernity in China* zu dem Schluss, dass die Kopplung der Diskurse zur Sexualität an den Imperativ der Fortpflanzung (und daher ein Verbot von Homosexualität und Prostitution impliziert), das rigide Geburtenkontrollprogramm und der damit einhergehende Eingriff in die Privatsphäre und Sexualität des Einzelnen,

16 Pan Suiming: „Transformations in the primary life cycle", in: Elaine Jeffreys (Hrsg): *Sexuality in China* (New York: Routledge, 2006), S. 24.

17 Ebd., S. 28.

18 Vgl. Zha Jianying: *China Pop. How Soap Operas, Tabloids and Bestsellers are Transforming a Culture* (New York: New Press, 1995), sowie Ruan Fang-fu, V.L Boulloug: „Sex repression in contemporary China", in: P. Kurtz (Hrsg): *Building a World Community. Humanism in the Twenty-First Century* (Buffalo, New York: Prometheus, 1989) und Ruan Fang-fu: *Sex in China. Studies in Sexology in Chinese culture* (New York: Plenum Press, 1991).

aber auch die hauptsächliche Produktion und Kontrolle von Diskursen durch die KP auf eine unfreie Sexualität in einem totalitären Staat hinweisen. Dementsprechend reglementiert seien auch die Diskurse, denn „intellectuals in the PRC who crusade for ‚sexual liberation' often speak the same language when dealing with sexuality as the regime from which they most wish to distance themselves".[19] Auch andere westliche Forscher auf diesem Gebiet stehen dem chinesischen wissenschaftlichen Diskurs sehr skeptisch gegenüber.

Nun stellt sich gemäß des Foucault'schen Konzepts der Diskursanalyse natürlich die Frage nicht nur nach der Formation der Gegenstände des Diskurses und der Begriffe, sondern besonders auch nach den Strategien, wie sich die Themen und Theorien des Diskurses im Wettstreit um die Vorherrschaft in der Wahrheitsproduktion positionieren. Während die Sexualität im wissenschaftlichen Diskurs in China auffallend unpolitisch ist und eher mit der ökonomischen und gesellschaftlichen Entwicklung seit Beginn der Öffnungspolitik (und demnach auch mit dem Einfluss westlicher Lebens- und Denkweisen) in Zusammenhang gesetzt wird, findet sich im außerchinesischen Diskurs auffallend oft der Bezug zur politischen Situation in China. Kaum ein westlicher Aufsatz – ob wissenschaftlich oder nicht – kommt ohne den Verweis auf die Sexual- und Körperfeindlichkeit der Mao-Zeit aus und sieht die staatliche Autorität auch heute noch als Hemmfaktor für die sexuelle Identität. Es scheint, als könne ein auf marxistischen Grundlagen aufgebauter Diskurs, der noch an den natürlichen Geschlechterunterschied glaubt und sich einer bewussten sexuellen Emanzipation samt dazu gehöriger sozialer Bewegungen verschließt, kein „wahrhafter" sein, auch wenn dieser Konnex für chinesische Wissenschaftler kein Problem darzustellen scheint. Indem durch den Verweis auf staatliche und institutionelle Abhängigkeiten den chinesischen Diskursbeiträgern die Legitimation des Sprechens und damit der Konstitution von bedeutungsvollen Interpretationen abgesprochen wird, wird zugleich ein eigener Anspruch festgesetzt.

Vom Standpunkt der „Aufgeklärten", die bereits die Erfahrung einer sexuellen Revolution hinter sich haben und sich dadurch zum Sprechen legitimiert wähnen, betrachtet, manifestieren sich im westlichen Diskurs über Chinas Sexualität positiv beurteilte Veränderungen vor allem im Wie-

19 Dikötter: *Sex, culture and modernity*, S. 186.

dererkennen eigener Verhaltensweisen.[20] Bisher verweigern die innerchinesischen Vertreter der Zunft die Übernahme dieser Diskursstrategie und kontern teilweise mit den in China immer stärker werdenden postkolonialistischen und nationalistischen Denk- und Sprechweisen. Anhand dieser Standpunkte und Entwicklungen lässt sich im Fokus des chinesischen wissenschaftlichen Diskurses über Sexualität die bereits von Foucault diagnostizierte Instrumentalisierung eines Themas zum Kampf um die Vormacht in spezifischen Macht- bzw. Wissensregimen erkennen.

Der biologisch-medizinische Diskurs

Im Folgenden möchte ich weniger auf die im weiteren Sinne dem wissenschaftlichen Diskurs angegliederte medizinische Forschung rund um den menschlichen Körper und seine Sexualität eingehen, sondern den Fokus vielmehr auf die sozialen Folgen ihrer Ergebnisse legen, um zu zeigen, wie naturwissenschaftliche Modelle in den Alltagsdiskurs übergehen und diesen beeinflussen können. Stellvertretend dafür scheinen insbesondere Ratgeberhotlines und Ratgeberliteratur geeignet, wie das Shanghai Health Guidance Centre, die Beijing Women's Hotline, oder regelmäßige Radiosendungen wie „Zeugung, Geburt und Leben" (*shengming, shengyu, shenghuo* 生命, 生育, 生活) der Beijing Broadcast Radio Station oder Bücher wie „*Xing shenghuo yibai wen*" (性生活一百问, 100 Fragen zum Sexualleben), „*Xing chongdong toushi*" (性冲动透视, Das Durchschauen sexueller Impulse), „*Rang xingshenghuo meiman hexie*" (让性生活美满和谐，Lasst unser Sexualleben glücklich und harmonisch sein), oder „*Xinhun fufu zhinan*" (新婚夫妇指南, Kompass für Frischverheiratete).[21] An diesen Schnittstellen zeigt sich nämlich, wie die Expertenmeinungen in die öffentliche Sphäre diffundieren und diese damit überhaupt erst konstruieren. Viele der seriösen Ratgeberhotlines werden von staatlichen oder öffentlichen Einrichtungen betrieben, wie z. B. vom städtischen Familienplanungskomitee und der Sexual Health Education Research Association, und sind zumeist mit Exper-

20 Vgl. dazu: Elaine Jeffreys: *China, sex and prostitution* (New York: Routledge, 2004), S. 54f.

21 Vgl. auch die Untersuchung von Joanna McMillan: *Sex, science and morality in China*, (New York: Routledge, 2006).

ten der Medizin und nicht etwa der Psychologie oder Soziologie besetzt.[22] Dementsprechend forsch-aufgeklärt ist der Umgang mit der Thematik.

Nach wie vor gehört Sexualität nach der allgemeinen Definition in den Handlungsrahmen der Ehe. Ausgehend von diesem Modell, ist das Konzept von Sexualität in Ratgebern und Hotlines weniger eines des neuerdings propagierten „sex for pleasure" denn „sex for *measure*": Es geht primär um den „korrekten" Vollzug des sexuellen Aktes und die Frage: Was ist normal/abnormal? Inwiefern fallen individuelles sexuelles Handeln oder sexuelle Identitäten noch in vordefinierte Normkategorien oder müssen „adjustiert" werden? Die Fragen und Diskussionspunkte drehen sich zumeist um die durchschnittliche Dauer und Häufigkeit des Aktes, der Größe und der Beschaffenheit des Gliedes bzw. weiblicher Geschlechtsorgane, das richtige Alter für erste sexuelle Erfahrungen und um mit dem Sexualleben wieder aufzuhören etc. Mit der Fixierung auf mess- und definierbare Kategorien werden so die im medizinisch-akademischen Diskurs festgelegten Körper- und Sexualnormen (siehe *ceding pai*) weitervermittelt. Dank dieser engagierten Sexualaufklärung weiß der interessierte chinesische Bürger vom Verlauf der Erregungskurve nach Masters und Johnson, wie groß durchschnittlich ein Hoden und Penis ist sowie die dementsprechenden Maße der weiblichen Pendants, der Klitoris und der Vagina. Ferner weiß er nicht nur über nachmessbare Fakten Bescheid, sondern auch darüber, dass beim Akt „der Mann schnell und die Frau langsam, der Mann stark und die Frau sanft, der Mann kurz und die Frau lang engagiert ist" (*nan kuai, nü man; nan qiang, nü rou; nan duan, nü chang* 男快, 女满, 男强, 女柔, 男短, 女长). Nicht nur die Gegenüberstellung von männlichen Geschlechtsorganen und ihrer weiblichen „Entsprechung" lässt eine gewisse vorurteilsbehaftete Einstellung zur weiblichen Sexualität durchschimmern, auch diverse, in den untersuchten Sendungen häufig verwendete Redensarten affirmieren die Klischees. Die Geschlechterunterschiede bedingen somit auch das Sexualverhalten und werden als „Wahrheiten" bzw. „korrektes" Verhalten kommuniziert. Worauf sich diese Wahrheit genau begründet, bleibt jedoch meist

22 Siehe dazu die Arbeit von Kathleen Erwin: „Heart-to-heart, phone-to-phone. Family values, sexuality and the politics of Shanghai's advice hotlines", in: Deborah Davies (Hrsg): *The Consumer Revolution in Urban China* (Berkeley: University of California Press, 2000).

ungenannt. Durch diese Praxis der Normierung und Standardisierung wird der facettenreiche menschliche Körper sowie das Sexualleben quasi-technisiert, indem Vorgaben zur „Funktionsweise“ und Beschaffenheit der Geschlechtsorgane gesetzt werden. Auch werden dadurch neue Kategorien des fehlerhaften, „untüchtigen“ Körpers produziert und problematisiert. Was nicht funktioniert wie es soll, muss „repariert“ und wieder eingegliedert werden. Wie Joanna McMillan in ihrer Untersuchung zur In-Beschlagnahme der Sexualität durch Medizin und Wissenschaft diagnostizierte: „expert's response in the face of human diversity is not to acknowledge it, but to insist on their prescription and pathologize difference [...]. Experts might decide sexual norms, creating abnormality in the process, but [...] they also stand ready to intervene – to assess, enlarge, repair and cure – when bodies do not measure up or when functions fail“.[23] Ein dieses Modell des „funktionierenden sexuellen Körpers“ bestätigendes Beispiel findet sich unter anderem in den Beschreibungen der Hilfsmittel zur manuellen sexuellen Stimulierung. Anstatt diese wie im Westen üblich zur Steigerung des Vergnügens und der Lust anzupreisen, sollen die Gerätschaften zum „Gesundheitserhalt von Erwachsenen“ (*chengren baojian* 成人保健) laut Beipackzettel und Verkäuferinformation zur Überwindung von Dysfunktionen wie Frigidität oder Vaginismus sowie zur Stabilisierung von harmonischen Beziehungen dienen und wirken daher, wie die Bezeichnung bereits deutlich macht, mehr in medizinischer, denn in individuell-lustvoller Funktion.

Der Alltags-Diskurs

Zur Konturierung des Alltagsdiskurses hat insbesondere James Farrer durch seine Beobachtungen zum „sexual story-telling“ im modernen Shanghai einen verdienstvollen Beitrag geleistet.[24] Bezug nehmend auf die Kommunikationstheorie von Kenneth Plummer, geht er davon aus, dass das Erzählen und Diskutieren von in der Gesellschaft geteilten Narrationen den Effekt einer kollektiven Meinungsbildung und Handlungsnormenfestsetzung hat,

23 McMillan: *Sex, science and morality*, S. 39.

24 James Farrer: *Opening up. Youth Sex culture and Market Reform in Shanghai* (Chicago: Chicago University Press, 2002) und James Farrer: „China's women sex bloggers and dialogic sexual politics on the Chinese internet”, in: *China aktuell* 4 (2007), S. 9–44.

die die Gemeinschaft konstituieren. Dem breiten sozialen Diskurs kommt nicht nur die Funktion der Normvorgabe zu, sondern auch der diskursiven Normbegründung, indem im gemeinsamen Reden über exemplarische Handlungen und Haltungen der Moral- und Handlungskodex immer wieder neu ausgehandelt wird und zugleich durch die Durchsetzung eines Mehrheitskonsenses seine Gültigkeit erhält. Gerade sexuelle Aktivitäten und Verhaltensweisen sind Gegenstand dieser diskursiven Aufarbeitung. Einerseits rückt die forcierte staatliche und institutionelle Aufklärungsarbeit das Thema immer mehr ins öffentliche Bewusstsein, gleichzeitig entsteht mit seiner Benennung auch ein neues Problembewusstsein. Im Rahmen von Chinas so genannter „sexueller Revolution" fand eine Aufwertung von Sexualität statt. Vormals „deviante" Spielarten wie Homosexualität, Fetisch, Prostitution etc. werden immer häufiger direkter öffentlich angesprochen. Aber auch „normale" Formen des Sexualaktes gehören nach wissenschaftlicher und staatlicher Meinung zum stabilen und harmonischen Paarleben mittlerweile unabdingbar dazu. Indem die Zweierbeziehung um diese Komponente erweitert wurde, wird die subversive Energie der „sexuellen Befreiung" und Liberalisierung, wie wir sie vom westlichen Vorbild kennen, wiederum in staatlich erwünschte Bahnen gelenkt: nämlich in den Bestand der grundlegendsten sozialen Einheit, der Familie.

Andererseits geht der Alltagsdiskurs über diesen Rahmen hinaus und bezieht abseits von institutionell vorgegebenen Fakten und Normwerten auch gesellschaftliche und moralische Implikationen mit ein. Der einerseits sehr offensive und allzu öffentlich präsente Umgang mit der Thematik erzeugt eine Atmosphäre der Unfreiwilligkeit in der Auseinandersetzung, die laut Farrer zu einer Offenheit im Verhalten, aber nicht im Denken führt.[25] Dadurch wird auch eine Diskrepanz zwischen traditionellen Moral- und Wertevorstellungen, die teilweise immer noch stark den chinesischen Lebensalltag prägen, und der konkreten Handlungsrealität geschaffen. Die Koexistenz von konkurrierenden Denkmustern und Handlungspraxen im engen urbanen Raum der (Post)Moderne erzeugt eine gesellschaftliche Spannung, die sich gerade am sensiblen Topos der Sexualität entzündet. So dienen beispielsweise in ökonomisch schlechter gestellten und traditionell ausgerichteten Schichten die sozialen Narrative des Neureichen (*dakuan* 大款) und seiner

25 Farrer: *Opening up*, S. 72.

Riege von Geliebten, sowie der modernen Geschäftsfrau (*bailing* 白领 oder *nü qiangren* 女强人), die ‚sich nimmt was sie will', oder der verwöhnten Tochter aus reichem Haus und ihre ständig wechselnden Liebschaften als Kommunikationsmittel, um den Wandel der neuen Marktgesellschaft zu diskutieren, denn „such sexual storytelling is a way in which people represent a new market-oriented ‚modernity' to themselves in China, everyday communicative practices that mediate macrosocial changes".[26] Aufgeschlossenheit bedeutet also nicht in erster Linie sexuelles Handeln, sondern vor allem das Reden darüber.

Durch den politischen und gesellschaftlichen Wandel Chinas seit den 1980er Jahren ist eine diskursive Neubetrachtung dieses Themenkomplexes und der Verhaltensmuster notwendig geworden. Da die individuelle Lebensgeschichte in der Moderne zumeist in kulturell vorgeschriebenen narrativen Strukturen konstruiert und kommuniziert wird, bedarf es einer „Erzählung des Lebens". Doch die Postmoderne, in der auch China mittlerweile angekommen zu sein meint, tut sich schwer mit der Aufrechterhaltung von identitätsstiftenden Erzählungen. Das Wegfallen von Meta-Erzählungen, wie etwa der romantischen Liebe, die dem Ich Einheit und Kontinuität verleihen, sorgt dafür, dass die narrative Einheit des menschlichen Strebens (und Liebens) fragmentiert wird. In China brechen insbesondere seit Ende der 1990er Jahre immer stärker traditionelle Meta-Erzählungen weg und hinterlassen ein Gefühl der Unsicherheit, das kommunikativ aufgearbeitet werden muss. „People tell sexual stories to justify their actions to others, to criticize the action of others and to persuade others to act".[27] Während noch in den 1980er Jahren der Glaube an das persönliche Familienglück mit dem „richtigen" Partner vorherrschte, steht die Jugend nun diesem Narrativ skeptisch gegenüber. Der Illusion der dauerhaften glücklichen Beziehung beraubt, bildet sich im Aushandlungsprozess neuer Narrativen der Liebe eine dualistische Einstellung heraus: Einerseits existieren weiterhin romantische „Legenden", andererseits überwiegt aufgrund desillusionierender sozialer Erfahrungen immer mehr der pragmatische Aspekt. Sex hat man nicht mehr einfach – er muss „praktisch" sein.

26 Ebd., S. 2f.
27 Ebd., S. 8.

In der neuen „Ökonomie des Genusses",[28] die parallel zu Chinas stetig steigendem Wirtschaftswachstum ebenfalls zunimmt, müssen verschiedene Faktoren erfüllt und gegeneinander abgewogen werden, um den erwünschten „Gewinn" zu erzielen. Auf der einen Seite steht die individuelle Befriedigung, auf der anderen das Dienstbarmachen von sexuellen Handlungen zum Erreichen und Stabilisieren von sozialen Positionen. So ist eine stark pragmatisch-ökonomische Ausrichtung bei der Partnerwahl immer weniger zu leugnen. Dies zeigt sich auch an den Beiträgen der Bevölkerung zum Alltagsdiskurs. So werden die pragmatischen Aspekte des Körperlichen nicht selten in zynisch-resignativer Weise mit Sprüchen wie „hübsche Frauen sieht man auf der Straße entweder mit alten Männern oder Ausländern"[29] (beiden unterstellt man Reichtum) eingebracht und so mancher Mann stellt ungerührt fest, dass „du nicht respektiert wirst, wenn du den Mädchen kein Geld gibst" oder prahlt gar stolz, dass die Frauen ihn nur wegen seines Geldes lieben. Auch dass in männlichen Heiratsanzeigen Einkommen und Beruf an erster Stelle genannt werden, weist auf eindeutige Präferenzen hin.[30] Doch die materialistischen Ansprüche – ebenso wenig wie die neue weibliche Selbstbestimmung und teilweise Abkehr vom Keuschheitsideal auf der Suche nach dem „besten Fang" – werden im gegenwärtigen Kontext nicht sozial negativ bewertet. Vielmehr bestätigt und festigt das diskursive "sexual storytelling" mit solchen Handlungssträngen den Wahrheitsanspruch und die Normativität dieser Verhaltensweisen in der modernen chinesischen Gesellschaft.

Jedoch behauptet sich auch ein Gegendiskurs, der verstärkt das romantische Ideal propagiert: „As 'getting rich' becomes *the* established motive, a compensatory rhetoric of romantic individualism has become a dominant language of moral, [and] critique", schreibt James Farrer.[31] Hier definieren einzig Liebe und Zuneigung neue Grenzen der Moral und rechtfertigen das Praktizieren von sexuellen Handlungen als Erfüllung der gegenseitigen Zuneigung. Gleichzeitig „adelt" die metaphysische Gesinnung das ganz und

28 Jeffreys: *Sex and prostitution*, S. 65.

29 Zitiert nach Farrer: *Opening up*, S. 104.

30 Vgl. Li Yinhe 李银河: *Zhongguoren de xing'ai yu hunyin* 中国人的性爱与婚姻 (Sexualität und Ehe der Chinesen), (Beijing: Zhongguo youyi chubangongsi, 2002), S. 8–20.

31 Farrer: *Opening up*, S. 18.

gar physische Sexualverhalten: „purity becomes purity of motive, sex for feeling rather than for some material end".[32]

Beide Diskurse sind im öffentlichen Diskussionsfeld parallel und gleich stark vertreten, denn auch im Wettstreit um die Vorherrschaft ihrer Gültigkeit sind beide keine Kontrahenten, sondern entpuppen sich eher als die zwei Seiten einer Medaille. Während der Diskurs der pragmatischen Liebe und des aktiengleichen Gebrauchs des Körpers zur Platzierung auf dem (Heirats)Markt vorwiegend mit der praktischen Lebens- und Alltagserfahrung in der chinesischen Moderne konform geht, behauptet sich die Rede vom romantischen Ideal dennoch weiterhin als geistige Unterfütterung des oftmals als doch sehr entmystifiziert und banalisiert empfundenen Sexualverhaltens.

Der subversive Diskurs

Wie oben dargelegt, wird Liebe zum konstitutiven Gut und zugleich zum Symbol moralischen Handelns. Wenn nun als Ergebnis des sozialen Diskurses Sex in Kombination mit Liebe oder zur gesellschaftlichen Sicherung erlaubt ist, was ist dann mit Sex jenseits solcher Zweckdienlichkeiten? Dies testeten öffentlichkeitswirksam einige Autorinnen wie Wei Hui 卫惠, Mianmian 棉棉 und Mu Zimei – um nur die bekanntesten zu nennen – aus und ernteten für ihr Durchbrechen des Paradigmas des Gefühls und die offen zugestandene Abtrennung von sexueller Aktivität und emotionaler Involviertheit überwiegend Kritik. Sie erzählen von flüchtigen Begegnungen, unverbindlichen sexuellen Arrangements, Gruppensex, Homosexualität und weiteren Spielarten. Einerseits mag dies auf den ersten Blick wie ein Plädoyer, wenn schon nicht für die unmittelbare Nachahmung, so aber doch zumindest für einen liberaleren Umgang mit dem Phänomen klingen. So loben Sexualforscher wie Li Yinhe 李银河 den Effekt der zunehmenden Liberalisierung und der Anerkennung von individueller sexueller Identität in der durch diese Schriften ausgelösten breiten Diskussion. Aber mir geht es in diesem Zusammenhang weniger um die Inhalte der Folgediskussion, sondern mehr um das Bild von Sexualität, das in den jeweiligen Primärtexten

32 Ebd., S. 15.

gezeichnet wird, also um den individuellen Sprechakt der Autorinnen und ihre „Geltungsansprüche“. Trotz der Abkehr von den anerkannten moralischen Handlungsnormen der Gesellschaft sind diese gar nicht so „rebellisch“ und subversiv wie oft dargestellt. Letztlich führen sie die medial, staatlich und wissenschaftlich kommunizierten Denkweisen und Handlungsansprüche nur konsequent weiter. In ihrer Argumentation finden sich deutliche Spuren des biologisch-naturalistischen Diskurses, der die Notwendigkeit des Auslebens des sexuellen Triebs einerseits durch die Erkenntnisse der Psychoanalyse flankiert, andererseits über die körperlichen Funktionen von Hormonausschüttungen und Stoffwechselerscheinungen legitimiert.

Der menschliche Körper braucht die Sexualität zum Funktionieren – und dass er reibungslos funktionieren soll, darüber besteht, wie bereits in den Ausführungen zum medizinisch-biologischen Diskurs erwähnt, kein Zweifel. So schrieb auch Mu Zimei in ihrem Blog: „Die Funktion eines grenzenlos ausschweifenden Sexualverhaltens ist die Sicherstellung, dass der Körper voll versorgt ist und ihm an nichts fehlt. [...] [S]ie [die Sexualität] ist genauso wie alle anderen Verhaltensweisen, die der Mensch braucht, um zu verhindern, dass Herz und Seele zerbrechen.“[33] Sexuelle Interaktion stellt also demnach die Versorgung von Körper und Seele sicher – ebenso wie Essen und Trinken. In dieser Lesart äußerte sie sich an anderer Stelle: „Ich spreche mich stark für eine humanistische Sichtweise aus und nicht für eine Art von staatlicher Moral. Sex wird vom Körper bestimmt und Liebe ist das Produkt von körperinternen Sekretionen.”[34] In dieser Aussage spiegelt sich weniger die Befreiung des und Revolution durch den Körper, die nach eigenen Aussagen angestrebt werden, als die Übersteigerung der Inhalte der wissenschaftlichen Sexualaufklärung und eines gewissen radikalen Konstruktivismus wider.

Zwar führt die Identitätssuche über den Körper – dem einzigen Gegenstand, der in der Moderne noch prägnant bleibt und „auf das einzige Objekt,

33 Entnommen aus Mu Zimeis Blog, das leider nicht mehr online existiert, daher in dieser Fassung zitiert nach Zhai Zhenming: „Sexualität und weibliche Selbstbestimmung“, in: Iwo Amelung, Anett Dippner (Hrsg): *Kritische Verhältnisse. Die Rezeption der Frankfurter Schule in China* (Frankfurt am Main: Campus, 2009), S. 391.

34 Zitiert nach Farrer: „China's women sex blogger“, S. 24.

auf das es sich zu konzentrieren lohnt", wie Baudrillard sagt[35] – aber es bleibt zweifelhaft, ob sich in der Fixierung auf den objektivierten Körper, der ja augenscheinlich ausschließlich nach eigenen biologischen Regeln agiert, auch die Bausteine für eine Identitätsstiftung finden lassen – zumal der Körper nicht nur „existiert", sondern seine Tüchtigkeit und Normentsprechung unermüdlich in der Steigerung (und Übersteigerung) beweist und auch beweisen muss. Auch Hairong Tiantian, eine Nachfolgerin Mu Zimeis im Blogger-Kreis, schreibt über ihr „Penis-Collagen-Projekt", bei dem sie Bilder von männlichen Geschlechtsteilen zusammenfügt: „Der untere Teil des Mannes, obwohl nur so ein kleines Anhängsel, macht doch das männliche Charakteristikum aus und ist das, worauf sich beim empfinden, erforschen und sogar auch beim Verstehen der Männer das Augenmerk richtet. Im gewissen Sinne lässt die Männer dieses Spielzeug, das die Existenz der männlichen Spezies enthält, jede Menge verrückter Sachen machen. Wenn man sich also entschließt, auf dieser Basis die Männer zu analysieren, ist es viel einfacher, direkter, erhellender."[36] Sie begreift ihr männliches Gegenüber also nicht als Individuum und Subjekt, sondern objektiviert es, indem sie den Blick ausschließlich auf die Geschlechtsorgane richtet. Es interessiert sie nur deren vermeintlich hormongesteuerte Erregung, nicht jedoch die psychologischen und sozialen Hintergründe der Reaktion. So schaffen auch die „rebellischen" Underground-Schriftstellerinnen es letztlich nicht, ihren „Diskurs" über Sexualität außerhalb des vorgegebenen Diskussionsrasters zu platzieren, weshalb hier eigentlich nicht von Diskurs im Foucault'schen Sinne gesprochen werden kann, werden hier doch keine neuen Denkmuster geprägt. Vielmehr bewahrheitet sich wiederum Farrers bereits zitierte Feststellung, dass Chinas sexuelle Avantgarde ebenso wie die restliche Bevölkerung vor allem offen im Verhalten, aber nicht im Denken ist.

Und dies mag auch das hervorstechendste Merkmal der verschiedenen Diskurse über Sexualität in China sein: trotz des immer offeneren und vermehrten Redens über das Thema, verläuft der Prozess des kommunikativen Aushandelns neuer Denkkategorien und Handlungsspielräume eher schlep-

35 Jean Baudrillard: „Die Rituale der Transparenz", in: Christoph Wulf (Hg): *Lust und Liebe. Wandlungen der Sexualität* (München: Piper, 1985), S. 395.

36 Hairong Tiantian 海荣天天: „2008 fengkuang renti jihua" 2008 疯狂人体计划 (Verrückter Körperplan 2008), unter: hairongtiantian.blog.hexun.com/18611173_d.html.

pend, auch wenn Reden allemal besser ist als Schweigen. Denn nur durch die Ausbuchstabierung des Problems erlangt es öffentliche Existenz und Anerkennung. Es lassen sich sowohl Bestätigungen für die Repressionshypothese – z. B. eindeutige Anzeichen für institutionelle Anreize zum Sprechen – finden, die den Themenbereich dadurch in die Territorien der Machtkonstruktion und -produktion eingliedern. So stellt das Sprechen über Sexualität nach Meinung von Gail Hershatter keinen Widerstand des Bürgers gegen die Vormundschaft des Staates und seine Eingriffe in die Privatsphäre dar, sondern sind im Grunde mit dem Schweigen der Mao-Ära gleichzusetzen.[37] So wie die Tabuisierung der Sexualität als Gesprächsthema im Sozialismus zur Bündelung der Kräfte für den Klassenkampf und die Revolution durchgesetzt wurde, gehören die heutigen Diskurse über das Geschlechterleben wieder bzw. immer noch zur staatlichen Agenda im Dienste der Modernisierungsbestrebungen und der sozialen Stabilität als Basis für Wohlstand und zur Sicherung der Parteiherrschaft. Aber auch für die These, dass das Sprechen über Sex per se einem subversiven Akt gegen die (staatliche) Unterdrückung und Gleichschaltung gleichkommt, finden sich Anhaltspunkte – man schaue sich nur die Aussagen zur sexuellen Liberalisierung und das Konzept des „sexual citizenship“ vor allem von Internetbloggern an, um Foucault wieder zu finden: „Wenn der Sex unterdrückt wird, wenn er dem Verbot, der Nichtexistenz und dem Schweigen ausgeliefert ist, so hat schon die einfache Tatsache, von Sex und seiner Unterdrückung zu sprechen, etwas von einer entschlossenen Überschreitung. Wer diese Sprache spricht, entzieht sich bis zu einem gewissen Punkt der Macht, er kehrt das Gesetz um und antizipiert ein kleines Stück der künftigen Freiheit“.[38]

37 Gail Hershatter: „Sexing modern China“, in: Gail Hershatter, Emily Honig, Jonathan Lipman (Hrsg): *Remapping China. Fissures of Historical Terrain* (Stanford: Stanford University Press, 1996).

38 Foucault: *Der Wille zum Wissen*, S. 15.

Autorinnen und Autoren

Rüdiger Breuer ist Wissenschaftlicher Mitarbeiter am Lehrstuhl für Sprache und Literatur Chinas an der Fakultät für Ostasienwissenschaften der Ruhr-Universität Bochum. 1988 bis 1995 studierte er in Bochum und Taipei Sprache und Literatur Chinas, Sprache und Literatur Japans und Volkswirtschaftslehre. Er promovierte 2001 an der Washington University in Saint Louis über song- und yuanzeitliche *pinghua*. Zu seinen Forschungsinteressen zählen mündlich-performatives Geschichtenerzählen, das chinesische Theater und die Erzählliteratur der Vormoderne.

Anett Dippner (Jahrgang 1981) ist wissenschaftliche Mitarbeiterin am Institut für Ostasiatische und Orientalische Philologien (Sinologie) der Goethe-Universität Frankfurt. Sie hat von 2001-2007 Sinologie, Theater- und Medienwissenschaft und Publizistik an der Universität Erlangen-Nürnberg studiert und promoviert über Konzepte von Liebe und Sexualität im modernen China. Zu ihren sonstigen Forschungsschwerpunkten gehören chinesische Kunst und Ästhetik, Gender studies und Geschlechterbeziehung sowie das Verhältnis von Tradition und Moderne aus kulturwissenschaftlicher Sicht.

Martina Maria Eglauer (Jahrgang 1964), Studium der Sinologie, Ethnologie und Deutsch als Fremdsprache an der LMU in München, Aarhus (Dänemark) und Chengdu (VR China). Im Jahr 2000 Promotion in Sinologie über den Wissenschaftsbegriff bei Hu Shi; seit 2001 Lehrbeauftragte für Sinologie an der LMU München und tätig in der Erwachsenenbildung; Forschungsschwerpunkte: Geistes- und Sozialgeschichte Chinas.

Robert H. Gassmann (Jahrgang 1946) war von 1985 bis 2008 Professor für Sinologie an der Universität Zürich. Sein Hauptinteresse gilt der antikchinesischen Kultur und deren Schrifttum. Zu seinen grösseren Arbeiten gehören die Studie *Cheng Ming: Richtigstellung der Bezeichnungen* (1988), die rekonstruierende Studie *Antikchinesisches Kalenderwesen* (2002), der mit W. Behr in 2. Auflage publizierte Universitätslehrgang *Antikchinesisch: Ein Lehrbuch in drei Teilen* (2005) sowie die grundlegende Studie *Verwandtschaft und Gesellschaft im alten China. Begriffe, Strukturen und Prozesse* (2006).

Lena Henningsen (Jahrgang 1978) hat an der Humboldt-Universität zu Berlin, der Nanjing Shifan Daxue und der Universität Heidelberg Sinologie, Musik- und Politikwissenschaften studiert und ist seit 2004 Wissenschaftliche Assistentin am Institut für Sinologie der Universität Heidelberg. 2008 hat sie mit einer Arbeit zu Fragen des Urheberrechts in der gegenwärtigen populären chinesischen Literatur promoviert: *Copyright Matters, Imitation, Creativity and Authenticity in Contemporary Chinese Literature.* Weitere Forschungsinteressen: chinesische Konsum- und Populärkultur, chinesische Musik.

Martin Hofmann, Studium der Sinologie in Würzburg und Taipei. Von 2001 bis 2007 Wissenschaftlicher Mitarbeiter am Lehrstuhl für Sinologie der Universität Würzburg. 2005 Visiting Fellow an der Harvard University. Ab 2007 Post-doc am Max-Planck-Institut für Wissenschaftsgeschichte und in Vertretung Wissenschaftlicher Assistent am Lehrstuhl für Sinologie der Universität Leipzig. Seit 2009 Assistent am Lehrstuhl für Ideengeschichte des Exzellenzclusters Asia-Europe, Universität Heidelberg. Promotion zu Klassiker-Kommentaren der Song-Zeit. Weitere Forschungsschwerpunkte: Ideen- und Technikgeschichte sowie historische Geographie Chinas.

Lena Jäger (Jahrgang 1983) studierte von 2004–2010 Sinologie und Romanistik an der Albert-Ludwigs-Universität Freiburg, der Tongji-Universität, Shanghai und am Département des Langues et Civilisation de l'Asie Orientale der Université Denis-Diderot, Paris 7. Ihre Magisterarbeit schrieb sie über Zhou Zuorens Humanismus-Konzept.

Sascha Klotzbücher (Jahrgang 1970) hat in Tübingen, Shanghai, Taipei und Heidelberg Sinologie und Politikwissenschaften studiert und 2005 in Wien promoviert (Titel der veröffentlichten Dissertation: *Das ländliche Gesundheitswesen der VR China: Strukturen, Akteure, Dynamik*). Er ist zur

Zeit wissenschaftlicher Mitarbeiter am Institut für Ostasienwissenschaften der Universität Wien für das Projekt „Capacity-building for health care in Xinjiang".

Jingfei Liang (Jahrgang 1979) ist Doktorandin für Allgemeine Linguistik an der Technischen Universität Berlin. Sie hat 2001-2008 in Berlin und Washington DC Anglistik/Amerikanistik und Sinologie studiert und promoviert seit 2008 über die Chinesische-Deutsche Bilingualität der zweiten Generation. Zu ihren Forschungsinteressen zählen zweisprachiger Spracherwerb, Chinesisch-Unterricht, Chinesische Migrationsgeschichte und Diaspora.

Astrid Lipinsky (Jahrgang 1965) ist Universitätsassistentin für chinesisches Recht, Gender und Taiwanstudien an der Sinologie im Institut für Ostasienwissenschaften der Universität Wien. Sie hat in Bonn, Hongkong und Taiwan Sinologie, Japanologie und Rechtsvergleichung studiert und 2006 an der Universität Bonn über den Chinesischen Frauenverband im marktwirtschaftlichen Umfeld promoviert. Sie forscht u. a. zur Migration in Ostasien und zum Recht im sinologischen Studium.

Kai Marchal (Jahrgang 1974) lehrt als Assistant Professor an der philosophischen Abteilung der Soochow Universität in Taipeh. Studium der Sinologie und Philosophie in Heidelberg, Peking und Paris (1994-2001), Promotion an der Ludwig-Maximilians-Universität München (2006). Forschungsschwerpunkte: Konfuzianismus, politische Philosophie, Ethik.

Kathrin Messing (Jahrgang 1981) ist wissenschaftliche Mitarbeiterin am Institut für Sinologie der Ludwig-Maximilians-Universität München. Sie studierte von 2001 bis 2007 in München und Yangzhou (VR China) Sinologie, Philosophie und Medizingeschichte. Ihre Magisterarbeit befasste sich mit dem qingzeitlichen Literaturkritiker Fang Bao und dessen Rezeption von Sima Qians *Aufzeichnungen des Schreibers* (*Shiji*). Zur Zeit arbeitet sie an ihrer Dissertation zu Chen Shous *Abhandlungen über die Drei Reiche* (*Sanguo zhi*).

Ylva Monschein ist seit 2006 Privatdozentin an der Universität München. Sie nahm Lehraufträge und Professurvertretungen in München, Freiburg, Germersheim und Heidelberg wahr. Von 1988 bis 2006 war sie Mitarbeiterin der Deutschen Gesellschaft für Technische Zusammenarbeit (GTZ). Sie hat in Heidelberg, Beijing und Shanghai studiert, 1980 ein akademisches Übersetzerdiplom (Russisch, Französisch, Jura) erworben, 1984 den M. A. in Sinologie und Slawistik abgeschlossen und 1987 in Sinologie promoviert. Ihre Forschungs- und Interessengebiete sind Wirtschaft und Gesellschaft Ostasiens, Entwicklungszusammenarbeit, Lokalgeschichte, russisch-chinesische Beziehungen, Volksglauben, Erinnerungskultur und Literatur im Alten und Neuen China.

Armin Selbitschka (Jahrgang 1975) studierte Sinologie, Chin. Kunst und Archäologie, Japanologie und Vor- und Frühgeschichte an der LMU München und Chengdu (VR China). Seine Dissertation mit dem Thema *Die Vermittlung von Prestigegütern entlang der Seidenstraße im 2. bis 5. Jh. n. Chr.* entstand zwischen 2005 und 2008 im Rahmen des DFG-Graduiertenkollegs „Formen von Prestige in Kulturen des Altertums". Seit Oktober 2008 ist er Wissenschaftlicher Assistent am Institut für Sinologie in München.

Christian Soffel (Jahrgang 1967) ist seit 2004 Wissenschaftlicher Assistent am Institut für Sinologie der Universität München. Er studierte Sinologie, Slavistik, Mathematik und Theoretische Physik an der Universität München und hat 2001 über den Song-zeitlichen Gelehrten Wang Yinglin promoviert. Er beschäftigt sich vor allem mit der chinesischen Geistesgeschichte von der Song-Dynastie bis in die Moderne, sowie mit der konfuzianischen Kanonlehre (*jingxue* 經學).

Carsten Storm ist Privatdozent für Sinologie an der Ruhr-Universität Bochum und der TU-Dresden. Er hat in Köln und Guangzhou Sinologie, Germanistik und Philosophie studiert. 2004 hat er sich in Köln mit der Arbeit zur Rechtsmentalität in chinesischen Kriminalerzählungen zwischen 1600 und 1900 promoviert. Er ist seit 2008 an der Ruhr-Universität Bochum habiliert mit einer Arbeit zur „Imagination der Geschichte. Historizität, Widerstand und Identität im chinesischen historischen Roman".

Kerstin Storm (Jahrgang 1980) studierte Sinologie, Politikwissenschaft und Wirtschaftspolitik an der Westfälischen Wilhelms-Universität Münster. Nach dem Magister-Abschluss 2005 war sie zwei Jahre in der Windenergiebranche in China tätig, bevor sie von 2008 bis 2009 Mitglied der Forschergruppe „Narratio aliena" der Universität Bonn wurde. Heute schreibt sie an ihrer Dissertation zum Thema Kindheit in der Dichtung Bai Juyis (772-846 n. Chr.) und ist wissenschaftliche Hilfskraft am Institut für Sinologie und Ostasienkunde der WWU Münster. Ein weiteres Forschungsinteresse liegt in der antiken chinesischen Erzählkunst.

Mirjam Tröster ist wissenschaftliche Mitarbeiterin in der Sinologie der Goethe-Universität Frankfurt. Nach dem Studium der Sinologie und Neueren Englischen Literatur in Tübingen, Wuhan, Leeds und Köln hat sie 2005–2007 an der DAAD-Außenstelle in Peking gearbeitet. Zu ihren Forschungsinteressen zählen das moderne Theater im chinesischsprachigen Raum, Identitätsdiskurse und die moderne chinesischsprachige Literatur. Sie arbeitet an einem Dissertationsprojekt zum Theateraustausch.

Rui Wang (Jahrgang 1972) ist Promovierende im Fach Sinologie an der Friedrich-Alexander-Universität Erlangen-Nürnberg. Sie hat Anglistik und Amerikanistik 1991-1996 an der Fudan Universität, VR China, 2002-2004 an der Syracuse University, Bundestaat New York und 2004-2008 Vergleichende Literatur an der University of Georgia at Athens (UGA), USA studiert. Mit dem Schwerpunkt auf chinesische moderne und gegenwärtige Literatur, schreibt sie jetzt ihre Doktorarbeit über die Kanonisierung des zeitgenössischen Dichters Haizi (1964-1989).